中国科学院院士文集

Passions of a Physicist
— Xiantu He

科学家的情怀

—— 贺贤土院士访谈文集

张剑波 马玉婷 应和平 盛正卯　编

ZHEJIANG UNIVERSITY PRESS
浙江大学出版社

前　言

　　贺贤土院士 1937 年 9 月出生于浙江镇海，1957 年考取浙江大学物理学系。贺先生 1962 年毕业后就一直围绕国家的战略需求开展核武器物理研究与设计、惯性约束聚变研究和激光等离子体物理及高能量密度物理相关的基础研究，先后获得多项国家奖励，是浙江大学物理学系的杰出系友。

　　1998 年，同根同源的四所在杭高校合并组建了新浙江大学，1999—2009 年贺先生担任了合并后的新浙江大学理学院的首任院长，2009 年开始担任理学院名誉院长。贺先生在担任院长和名誉院长期间，为浙江大学物理学系的队伍建设和学科发展做出了杰出贡献。

　　在教师队伍建设方面，贺先生呕心沥血，在人才引进和人才培育两方面均做了大量的工作，既重视青年才俊(如后来成为长江学者特聘教授的郑波、袁辉球、陈启瑾)的引进，也重视资深科学家的引进。对资深的著名科学家先部分引进或智力引进，逐渐全职引进。例如 2001 年邀请国际著名的等离子体物理学家陈骝教授为物理学系本科生开课，然后以光彪讲座教授部分引进，2009 年以全职国家"千人计划"引进到浙江大学物理学系；相似地，引进张富春教授，先是兼职教授、物理学系名誉主任，为物理学系的发展出谋划策，后以全职国家"千人计划"加盟物理学系，张富春教授加入物理学系后也主持引进了一批优秀青年科学家；还有朱诗尧教授 2005 年成为浙江大学光彪教授(兼职教授)，2015 年成为中科院院士后全职加盟物理学系；近年引进的重点转向青年"千人"。贺先生在重视引进的同时特别重视对已有人才的培养，千方百计解决他们碰到的困难，为他们的成长创造有利条件。例如，罗民兴教授 2004 年成为国家杰出青年基金获得者，2006 年成为长江学者特聘教授，2015 年成为中国科学院院士；李有泉教授 2001 年成为长江学者特聘教授，2002 年成为国家杰出青年基金获得者；许祝安教授 2002 年成为国家杰出青年基金获得者，2004 年成为长江学者特聘教授等。

　　在学科建设方面，贺先生运筹帷幄，统筹考虑物理学系的现状、物理学发展趋势以及国家的重大需求，扬长补短。早期考虑到学科优势及经费有限，重点发展理论物理，特别重视理论物理各个方向的全面发展，使得浙江大学成为国内理论物理学科方向覆盖齐全的高校之一，为培养具有广泛发展潜力的物理学人才打下坚实基础，2007 年理论物理成为国家重点学科；然后逐渐加强实验研究，特别是凝聚态物理实验方向，一方面积极引进实验人才，另一方面向学校争取经费支持，建设先进的实验条件，为浙大物理学系近年在铁基超导、极端条件下的凝聚态物理、量子计算等相关领域实验研究方面取得的有国际影响的成果打下坚实基础。另外，贺先生还非常重视布局国家有重大需求的学科,如聚变等离子体物理,于 2001 年邀请了 3 位美籍华人——等离子体物理学教授陈骝、林郁和林志宏——为物理学系本科生开设了"等离子体物理导论"(Introduction to Plasmas Physics),通过组织等离子体物理相关的国际研讨会推介浙江大学,吸引国内外人才加盟浙江大学。由于当时国内整体上缺乏聚变等离子体物理高端人才,因此主要以兼职形式邀请国内外专家帮助浙江大学构建等离子体物理学科,并在学校和国内主要研究单位(中国科学院等离子体物理研究所、核工业总公司西南物理研究院和中国工程物理研究院)的支持下,于 2006 年成立了浙江大学聚变理论与模拟中心,聘请国际著名的等离子体物理学家陈骝教授担任中心主任。经过十余年的发展,聚变理论与模拟中心承担了包括以首席单位承担的国家 ITER 计划专项在内的多项国家级重大项目,自主开发了多个大型数值模拟程序,在等离子体物理国际主流杂志发表了一批高水平学术论文,已经成为有国际影响力的以聚变理论和模拟研究为主的等离子体物理研究及人才培养中心。

　　贺先生为我国国防科研做出了杰出贡献,同时又是一位战略科学家,为我国惯性约束核聚变和高能量密度物理的发展做出奠基性贡献,为发展浙江大学物理学科和重振浙江大学理学雄风做出了不可磨灭的贡献,是我们后辈的榜样。值此贺先生八十诞辰及入校六十周年到来之际,为了表达我们对贺先生的感佩之情,特汇集了贺先生学术论文以外所发表的文章、讲话报告、媒体采访他的各类报道以及同事与后辈的回忆文章等,编辑出版《科学家的情怀——贺贤土院士访谈文集》,以便我们更加全面地了解贺先生,并供后辈晚进回顾学习。

2017 年 9 月

目 录

第一篇 采访与报告

第二篇 科学精神和科学情怀

第三篇　重振浙大理学雄风

第一篇　采访与报告

贺贤土 *

贺贤土，1937年出生，理论物理学家，浙江镇海人。1962年浙江大学毕业。1995年当选为中国科学院院士。1988—1997年，担任北京应用物理与计算数学研究所科技委副主任、副所长。2001—2006年先后任中国科学院数理学部常委、副主任、主任以及中国科学院学部主席团成员和执行委员会成员。曾兼任科技部国家863计划顾问组成员、国家自然科学奖评审委员会委员、国家中长期科技规划战略能源组组长等职。现兼任中国工程物理研究院专家委员会委员、863计划领域委员会委员、总装备部科技委兼职委员、浙江大学理学院院长、北京大学应用物理与技术研究中心主任、宁波职业技术学院院长、高功率激光物理国家重点实验室学术委员会主任，中国计算物理学会理事长和国际杂志 *Communications in Computational Physics* 主编。

贺贤土院士长期从事核武器物理理论与设计、核聚变与等离子体物理、理论物理等方面的研究，在国家重大任务的物理理论研究、设计及实验室模拟研究中完成了大量开拓性和突破性工作。曾作为国家863计划"惯性约束聚变"首席科学家，组织领导我国惯性约束核聚变研究，建立了我国独立自主的研究体系。在高能量密度物理、非平衡统计物理、非线性科学、激光与等离子体相互作用和激光核聚变物理等基础研究方面获得重要成果。1991年获国家自然科学奖二等奖，1985年获国家科技进步奖一等奖，1993年获国家科技进步奖二等奖，获其他部委级奖项八项，1992年获光华科技基金奖一等奖，2000年获何梁何利基金科学与技术进步奖，2001年获国家863计划突出贡献先进个人奖。

一、科研创新的身体力行者

1937年9月28日，贺贤土出生在浙江镇海一个普通家庭。镇海隶属宁波，自古人文鼎盛。严父慈母在艰难的时世中，努力为他提供良好的家庭教育。青少年时代的贺贤土兴趣广泛，喜

———————————

* 作者：吴明静。节选自《20世纪中国知名科学家学术成就概览·物理学卷》，科学出版社，2012年。

欢探讨逻辑性强、理论性强的难题,越难越能激起他探骊索珠的兴趣。1956 年,"向科学进军"的号召深深地打动了正在读高中的贺贤土,文理兼优的他立志要成为物理学家。次年,他以优异的成绩考入浙江大学物理系。

浙大有"东方剑桥"的美誉,一大批知名的物理学家如李政道、吴健雄、王淦昌都曾在此学习或工作过。贺贤土最喜欢的课程是基本粒子(场论)和量子力学,学得也特别专注。在浙大的五年给他日后的学术生涯留下了深刻的印记,他经历了一个把书从薄读厚、再从厚读薄的过程,奠定了从事科研的知识基础,同时,不可避免的政治运动和全国性大饥荒也磨砺了他的身心。自此,当人生道路遇到曲折艰难,他都自觉地从研究和学习中寻求突破和解脱,在对物理世界的探寻中获取温暖和力量。后来在"文化大革命"中,有一度他"靠边站",索性与书为友,曾有一个月 56 元工资全部买书的豪举。

1962 年 7 月,贺贤土大学毕业。9 月,他接到通知留校任理论物理专业助教,但是到了 11 月突然改分配到北京"一个重要的国家单位"。因为保密的缘故,调令很含糊,报到单位也与所学专业不对口。国家召唤在即,贺贤土没有过多考虑,按期到北京报到。经过几个月漫长而严格的审查后,他最后进入了核武器研究所。

从 1963 年开始,贺贤土在核武器物理研究领域先后完成了大量开拓性工作。他在原子弹过早点火概率研究方面完成了奠基性工作;在氢弹热测试理论研究方面获得了大量开拓性的成果;在我国第一次地下核试验的核装置理论设计和有关氢弹若干重要过程分解研究方面完成了开拓性的工作;在中子弹原理探索过程中解决了关键问题,实现了原理的重要突破。他因此获得了国家自然科学奖二等奖、国家科技进步奖一等奖等多项奖励。

1986 年 6 月到 1987 年底,贺贤土赴美国马里兰大学做高级访问学者,从事空间等离子体物理研究。

回国后,他领导和从事激光惯性约束核聚变(inertial confinement fusion,ICF)研究。1997 年,他担任国家 863 计划 ICF 主题首席科学家。他和全体科研人员共同努力,突破了多个关键技术难点,在"九五"期间建立了我国独立自主、不断创新的 ICF 研究体系。2001 年底,他因年龄关系卸任首席科学家,只担任 863 某领域委员会委员的 ICF 小组组长,提供科学咨询。

在几十年的科研生涯中,贺贤土不断根据国家和任务的需要调整研究方向。他深入钻研,不懈努力,在每一个研究方向上都获得突出成就。至今,他依然在快点火物理研究、强激光与等离子体研究等领域保持着旺盛的研究激情。

二、充满激情的学术生涯

20 世纪 60 年代初,核武器研究所聚集了彭桓武、邓稼先、周光召、于敏等一批著名理论物理学家,他们经常开设讲座、做报告,整个研究所洋溢着民主科学、大力协同、攻坚克难的热烈气氛。贺贤土特别珍惜向大科学家们学习的机会,获得了很多在学校里没有学过的新知识。

他尤其佩服科学家们在分析学术问题时能很快抓住要害的本领。周光召先生的逻辑思维非常严谨,于敏先生物理概念十分清晰,彭桓武先生善于抓问题的物理本质,能迅速地通过粗估给出主要的物理规律。他们的治学方法给了贺贤土很大的启发,他不断体会科学家们的思维方式,比较自己的思路,经过不断的研究实践和琢磨感悟,他逐渐形成了一套自己的思维方法,这对他后来的研究工作和学术成长起到了非常重要的作用。

他经常去请教彭桓武先生。彭先生的数学运算技巧很巧妙。一次,彭先生向贺贤土提起自己在英国留学时学过的一本数学书 *A Course of Modern Analysis*,建议贺贤土也找来学习。当时原版书买不起,贺贤土便去旧书店淘来一本认真研读,做了书中的大量习题。

1. 研究原子弹"过早点火概率"

入所后,贺贤土参与的第一个课题是研究原子弹爆炸后中子在大气中的深穿透。他与一位老同志合作,用了大半年的时间圆满完成了任务。当时正值我国第一颗原子弹爆炸前夕,领导们立刻又交给他一个重要课题:研究和计算原子弹的过早点火概率。

原子弹在达到高超临界状态时,由于突发涨落中子,可能会引起在预定点火时刻以前的过早点火。过早点火的概率是原子弹研究设计中的一个重要问题,这项工作以前有好几位专家在不同的物理模型下进行过计算,但结果均不太可信。贺贤土初始研究时,有老同志辅助,后来很快便由他独自承担。他虽初出茅庐,但勇于另辟蹊径,在总结前人工作的基础上,从概率论出发推导得出与流体力学耦合的积分偏微分方程。通过深入研究,他获得了对很多物理规律的认识。仅仅经过近一年的时间,他就比较透彻地理解和分析了相关物理问题,给出了方程的数值计算的物理方案,并与从事计算数学的汤礼道合作,编写了计算机程序,精确地算出了过早点火概率,解决了几年来未解决的难题。这项成果不但在我国第一颗原子弹爆炸的过程中得到应用,也在此后的核武器设计与试验中一直被应用。

以后,贺贤土又计算出含钚裂变材料核装置的过早点火概率。根据过早点火概率的限制,他还对材料杂质的控制等问题进行了研究。这期间,他完成了关于核装置的过早点火问题和超临界系统中子点火的随机过程的内部论文。

2. 参与第一颗氢弹的研制工作

我国的氢弹研制,没有任何资料或模型可以参考和借鉴,完全是白手起家。贺贤土参加了氢弹探索早期的调研工作。他和同事们到外交部、北京图书馆拉回成捆成捆的《纽约时报》《华盛顿邮报》等英文报纸,大家一起翻阅,试图寻出蛛丝马迹。但是花了半年多时间,本质性的东西一无所得。

以彭桓武、邓稼先、周光召、于敏为领头人的科研集体,克服种种困难,自力更生,顽强攻关,实现了氢弹理论的飞速突破。年轻的贺贤土加入热测试理论研究组,成为主要骨干之一,负责氢弹作用过程的聚变当量、热核反应温度、中子和 γ 射线穿透特性及能谱分布、元素活化特性等的研究和计算。这一工作为核爆炸时的物理测量提供方案和量程,并在热试验后利用测得的数据与理论计算比较,以研究氢弹爆炸过程的物理规律及理论设计的可靠性。

他运用从彭桓武等科学家那里学到的知识,抓主要矛盾,建立了多个物理模型,研究氢弹原理试验和大当量氢弹爆炸过程中子、γ射线的产生及其在弹体穿透中能量慢化和被吸收的物理规律,并与数学专业的同志一起进行计算机数值模拟。核试验后,他与实验人员合作分析试验后的数据,阐明爆炸过程的物理规律,并给出爆炸当量等参数。在总结这段时期工作的基础上,他完成了多篇内部报告论文,开拓了以后热测试有关物理问题研究的理论基础。

贺贤土十分重视理论与试验的结合,多次前往核试验基地,了解具体情况,与同行讨论问题,因此积累了有关氢弹特性的大量数据,为深入研究提供了重要基础。他还从实际工作中提炼了很多基础问题,既拓展了研究深度,提升了研究质量,也提高了自己的学术水平,积累了大量科学资料。

3. 领导我国第一次地下核试验的核装置理论设计和热测试物理理论研究

在高空核试验获得完全成功后,中国政府决定进行地下核试验研究。1967年初研究所成立第一次地下核试验理论研究小组,贺贤土被任命为组长。

小组的研究任务包括两方面内容:一是负责理论设计地下核试验原子弹型的核装置;二是鉴于当时氢弹原理中若干重要物理问题还需进一步实验了解,因此,对氢弹作用过程需要进行物理分解研究,在地下核试验时进行实验测量。这些都是全新的课题。

对核装置设计的总体要求是"三不":不冒顶、不放枪、不泄漏。不冒顶就是爆炸后的威力不能太大,威力太大会把山顶掀了。爆炸后,冲击波在山中转播,把爆室外廊道未填满的半截给压实了,核装置物质被封在里面出不来,就是不放枪。但是如果当量小的话,冲击波的压力就不够,压不实,里面的东西就冲出来了,叫"放枪"。不泄漏是指不能让放射性物质从山的裂缝中泄漏出来造成污染。

要满足"三不"设计要求,就得把核装置爆炸的当量算得非常准确,这在当时难度不小。他多次实地了解试验场的情况,参与讨论"三不"要求。他领导小组经过两年多的总体数值模拟研究,终于提交了试验核装置的材料、构型和尺寸的理论设计模型,给出了可几当量和上下限值,顺利提交工程设计和制造。

另一方面,他又组织组内其他人员进行氢弹作用过程物理因素的分解研究和计算,以便向负责试验的同志提供热试验测试理论方案。他自己负责研究来自一个特殊小孔高温热源的X射线辐射,X射线作用在物质上产生的热击波效应,以及研究材料的破坏效应和机理。他和同事经常往返北京与上海嘉定,利用嘉定的大型电子计算机进行数值模拟计算,同时又不断出差青海和新疆,与试验场的研究人员讨论试验方案。

1969年9月23日,中国首次地下核试验爆炸获得成功。试验结果表明,贺贤土研究小组的设计圆满完成了"三不"的任务要求,为以后几次地下核试验提供了重要的基础。

一年之后,贺贤土再次前往试验基地,负责第一次地下核试验后有关数据的测试和物理方面的总结。他和同事们实地调查,深入到曾放置核装置的爆室中。事隔一年,爆室壁的温度仍高达 50℃ 以上,人们穿着防护服,一会儿就汗流浃背。洞内通风条件又不好,积贮了大量一氧化碳,吸入后胸闷气喘,出洞后头便像裂开一样疼痛,贺贤土深刻体会到核爆炸的余威。

试验基地总结结束后,贺贤土回到了核武器研究所,又领导了所内第一次地下试验物理实验和测试数据总结,为此后的多次地下核试验提供了准确的参数。针对第一次地下核试验数据严重受干扰影响的问题,他和同事们总结了经验教训,清楚分析了干扰如何进入测试仪器,提出了预防与屏蔽的方案。在他们总结的基础上,到了第三次地下核试验时,干扰已完全得到控制。

4. 突破中子弹原理

中子弹研究是贺贤土在黄金研究岁月的又一突出贡献。20 世纪 70 年代中后期,他再一次被任命为组长,率领十几人的研究团队,攻克中子弹原理和装置的理论设计。

核武器作用原理的核心问题有两个:一是找到一条实现点火的途径;二是实现热核点火后核燃料的深度自持燃烧。中子弹的点火和自持热燃烧不同于通常氢弹的传统途径,需要建立新的理论去获得点火和自持热燃烧条件,这件事一直困扰着贺贤土。他仔细分析了中子弹这个复杂系统的特性,分解了从点火到自持燃烧过程的大量物理因素(子系统),分解研究了众多子系统之间的竞争和互相制约的关系,特别是能源与能耗竞争之间的消长关系,建立了多个物理模型并进行有关方程的近似求解。经过长期研究,他发现在多种相互交缠作用的因素中只有几个是起主导作用的因素,通过对这几个主导因素的集成研究,他终于找到了新的点火和高效燃烧途径。

1980 年,贺贤土在他晋升副研究员的报告中用理论证明了这种点火和自持燃烧机制的可能性。为了进一步证实,他推导了整个作用过程的总体方程组,组织研究人员编制总体程序进行总体数值模拟研究。与此同时,他组织大家一起分解大量因素进行数值计算,发挥集体智慧,进行反复讨论。经过了许多个不眠之夜,通过大量数值模拟和计算结果分析,终于证实新路子是正确的。

在探索原理过程中曾有过争论,有一种意见认为中子弹设计应该立足于传统的认识和经验,不可能有其他途径,坚持要贺贤土集中力量回归传统认识。而贺贤土研究小组通过大量分析研究认定,他们正在探索的新路子是完全靠得住的,因此坚定了信心。

1984 年 12 月的中子弹试验进一步验证了贺贤土团队提出的新的点火和自持燃烧的理论是完全正确的,至此,中子弹原理宣告完全突破。这是中国人自力更生、自主创新能力的又一证明。

在此期间,贺贤土完成了一系列保密论文和部分公开发表的基础性论文。

中子弹原理突破以后,贺贤土觉得自己应该去接受新的挑战,开辟新的研究工作。1985 年初总结完成后,他转任一个新的研究室的副主任,负责基础和高技术研究。

对贺贤土来说,20 世纪七八十年代是他最富有创造力的时期,也是他克服困难最多的时期。经过近 20 年的大量研究,他积累了很多经验,研究方法也日趋成熟,形成了自己的一套独特思维方法,这使得他有足够的能力与自信,与全组同志团结合作,发挥集体智慧,探索掌握科学规律,突破科研瓶颈。他还因此对大科学工程研究阐发了深刻感悟:要做好科研领导,既要进行正确科学的判断,充分发挥群体的力量、群策群力、集思广益,同时也要尊重和发挥个人的主观能动性,支持、肯定和鼓励别人的成果。忽略了这一点,研究人员就会没有积极性,一个单位的发展也会受到很大影响。

5. 出国做访问学者,从事空间等离子体物理研究

1978 年改革开放政策一实施,时任核武器研究所所长的周光召即安排 6 位业务骨干出国深造,贺贤土是其中之一,但是由于保密问题等原因,几次都没有获得批准。随着改革开放的不断深入,1984 年,已调任科学院副院长的周光召再一次推荐贺贤土到美国马里兰大学吴京生教授领导的研究组从事空间等离子体物理研究。1986 年 6 月,贺贤土作为高级访问学者到达美国。

由于他以前从未接触过空间等离子体物理,到美国后不得不从头学起。在吴京生教授的帮助下,贺贤土选择了研究太阳风作用下新生彗星离子(特别是质子)激发哨波及频率比质子回旋频率高但带有混合静电和电磁偏振的波的不稳定性。

在国内,计算程序都由数学专业的同志负责,他只负责物理模型研究和计算结果分析,现在从方程推导和最后数值解都得自己干,他就向组内的年轻人请教,学习计算方法和编制程序。他工作十分努力,周末也在办公室,半年多后,完成了任务,与吴京生教授在著名的地球物理杂志 *Journal of Geophysical Research-Space Physics* 上联合发表了论文《新生彗星离子体激发哨波以及静电、电磁混合偏振波》。

一年即将期满,回国前,马里兰大学物理系主任刘全生教授又发出邀请,经国内批准,贺贤土延长了半年签证。刘全生教授是著名的理论等离子体物理学家,早年在参量不稳定性等的研究方面取得了奠基性的成果。刘教授要贺贤土依据自己的兴趣研究,并帮忙带一个来自台湾的博士生。贺贤土在那里完成了一篇自生磁场产生的论文。刘教授再次帮他延长签证一年,但贺贤土考虑到所里批准的半年时间已到,仍然按照原定计划离开美国。应邀去比利时自由大学讲学一月后,1987 年底他从欧洲回国。

6. 领导我国激光驱动惯性约束核聚变研究

从 20 世纪 80 年代末开始,贺贤土为我国的惯性约束核聚变(ICF)研究发展倾注了全部心血。

ICF 是利用物质内爆运动的惯性,约束高温高密度氘氚等离子体产生热核点火和自持热核聚变反应,目前驱动器主要是高功率大能量激光器。激光驱动(提供能量)ICF 过程又叫激光聚变,是一个大科学工程,具有聚变能源、国防和基础研究等重要应用。

1988 年,归国后的贺贤土先后被任命为北京应用物理与计算数学研究所科技委副主任和副所长,主管 ICF 物理理论研究。当时,我国的 ICF 研究基础十分薄弱,贺贤土接手后感到最

大的困难是没有足够的经费,同时缺乏一个长远的发展规划,因此他建议王淦昌先生上书中央,把 ICF 研究纳入国家 863 计划。同年 11 月,王淦昌、王大珩、于敏三位院士联名致信邓小平等中央领导。很快,李鹏总理约见了王淦昌、王大珩、于敏、邓锡铭、贺贤土五位科学家,听取了专门汇报,同意将 ICF 研究纳入 863 计划。根据总理的指示,ICF 总体规划和立项论证专家组成立,贺贤土任组长,并由他执笔起草了我国 ICF 总体发展战略报告。

1990 年前后,贺贤土成功领导理论研究与实验合作,在神光 I 激光器上获得了我国第一次热核聚变出中子实验的成功。

1993 年 3 月,863 计划直属的 ICF 主题专家组正式建立,下设若干专题专家组和很多课题组,全国 1000 多名科研人员参加了这一工作。第一任首席科学家为陶祖聪先生,贺贤土任秘书长,他协助首席科学家规划了主题研究多个方面的主要工作内容。

1996 年开始,贺贤土全面负责 ICF 主题工作,1997 年被任命为 ICF 主题第二任首席科学家。

在"九五"计划前后约 10 年的时间里,贺贤土领导大家一起努力,打破了西方对我国的封锁,在 ICF 物理理论和模拟、物理实验、精密诊断技术、制靶、高功率激光器(包括元器件技术)等五个方面,突破了大量关键科学与技术难点,取得了阶段性的重大成果,在原来基础十分薄弱的情况下建立了我国独立自主的 ICF 研究体系,为进一步发展 ICF 事业奠定了基础。

2000 年神光 II 激光装置运行后,他负责组织在神光 II 上进行物理理论和实验研究,取得了中低能量激光器上物理研究具有国际先进水平的成果,为国家中长期科技规划中的点火工程的立项提供了十分重要的物理基础。2001 年底,因为年龄的关系,贺贤土不再担任首席科学家,成为 863-8 领域委员会委员和领域 ICF 组组长,这使他有较多精力来考虑我国 ICF 发展战略。他先后完成了《我国 ICF 发展战略研究》《863-8 领域 ICF 发展战略报告》等论文。研究总结了美国发展 ICF 的经验,根据我国国情,提出了立足中心点火,努力探索快点火,发展我国 ICF 事业的设想,为国家重大专项点火工程的战略发展提供了思路。

除了组织领导 ICF 事业发展外,他还积极从事 ICF 物理的探索研究,并取得了丰硕成果。

1993 年,贺贤土建议了一个新的 ICF 点火模型,在国际上首次提出了从局部热动平衡(LTE)热核点火和燃烧发展到非 LTE 点火和燃烧的惯性约束聚变模型,被国外专家评论为重要的发现。

在快点火物理研究中,他提出了用圆偏振激光代替通常线偏振激光加热产生点火热斑的建议,发现了圆偏振激光在等离子体产生的轴向磁场对相对论电子束的传输具有很好的准直性能。他与合作者数值模拟研究了相对论电子束在高密度物质中的传输过程,观察到了很多重要特性,对快点火加热有重要科学意义。

贺贤土在国际 ICF 和等离子体学界享有很高知名度,在国际 ICF 会议上做大会特邀报告达 30 多次,使国际同行了解中国 ICF 研究发展,为我国 ICF 和等离子体物理研究赢得了很高的声誉。2001 年 3 月在美国华盛顿的一次国际会议上,贺贤土应邀介绍了中国 ICF 的进展,与会者反响很大,惊讶于中国取得的成就。2006 年,国际原子能机构在中国召开聚变能国际会议,贺贤土被邀请在大会上做有关惯性聚变能报告的"综合报告"。此外,他还多次为国际杂志撰写中国 ICF 研究进展的评论论文。

从 20 世纪 90 年代初以来,他多次任国际上有关 ICF 研究和等离子体物理国际会议共同主席或会议的咨询委员会成员。他一直是 1999 年开始的两年一次的"惯性聚变科学与应用"(International Conference on Inertial Fusion Sciences and Applications,IFSA)系列国际大会的国际科学顾问委员会成员。还曾任国际原子能机构(International Atomic Energy Agency,IAEA)惯性聚变能咨询小组成员,参与国际惯性聚变能发展的咨询。在他与日本科学家的积极推动下,亚洲核聚变与等离子体物理协会得以顺利建立,亚洲核聚变与等离子体物理研究和发展得到推动。

1994—1996 年,贺贤土率团先后访问了法国里梅尔国家实验室和美国利弗莫尔实验室,促进了我国 ICF 研究与国外相关实验室的学术交流。他还多次访问日本,推动我国与日本大阪大学激光工程研究所(Institute of Laser Engineering,ILE)和日本国立聚变科学研究所(National Institute for Fusion Science,NIFS)的合作,并组织国内有关研究单位与它们签订了合作协议,选派多名年轻人前去攻读博士学位。

他的组织领导推动了我国 ICF 研究的国际合作与交流,提高了研究水平,扩大了视野和影响,使得我国 ICF 研究在国际上占有一席之地。

7. 在基础科学研究中取得了多项成就

贺贤土十分重视并积极投入基础科学研究,他认为这不仅有利于提高个人学术水平、拓宽自己的研究领域,而且也有利于所从事的任务研究夯实科学基础。

20 世纪 70 年代初期,国际学术界在无碰撞等离子体中相干湍流中孤立子的发现、70 年代中后期非平衡耗散系统自组织理论和协同学学说的提出,以及 80 年代后期至 90 年代中兴起的混沌研究热,对贺贤土的基础研究产生了很大影响。由于 20 世纪 70 年代激光惯性约束聚变研究的发展,贺贤土的很多基础研究都建立在这一科学背景基础上,他致力于发展我国的高能量密度物理科学。

他是国内等离子体相干湍流研究的开拓者,而且也是在国际上用 Vlasov-Maxwell(V-M)方程组自洽场理论深入研究这一问题的先驱者之一。20 世纪 80 年代,用 V-M 方程组自洽场理论在国际上首次导得了广义 Zakharov 方程组,并首次导得了立方—五次方非线性 Schrödinger 方程,获得了这一方程的孤立波解析解,发现了孤立波中粒子加速机制并获得了加速后的能量分布。

为了进一步探索相干湍流系统的内在规律,20 世纪 90 年代初,他开展了斑图形成和斑图动力学的研究。从发表的文献来看,他是国际上最早研究斑图动力学的学者之一。他发现了立方—五次方非线性 Schrödinger 方程解得的类孤立子斑图准周期行为,观察到斑图运动时间混沌、空间相干的演化过程。在 Zakharov 方程组的研究中,他发现了初始激发的多个周期性斑图随着时间演化表现出从时空相干性,到时间准周期随机性和斑图空间结构相干性,最后到时空混沌三个不同的阶段,揭示了一类多自由度近可积连续介质哈密顿系统的内在本质,对了解系统中能量和物质流输运有着重要的作用,被国际同行评论为"在直接数值模拟中发现近可积哈密顿系统的时空混沌"。

贺贤土从 20 世纪 70 年代末开始研究强激光与等离子体作用自发产生的准静态磁场问题。他从 V-M 方程组自洽场理论出发,在 80 年代初导得了激光在等离子中传播过程产生的非线性准静态自生磁场的表达式,解决了当年关于电磁波产生自生磁场的物理机制和表达式的争论。20 世纪 90 年代,他和学生朱少平、郑春阳将研究工作从非相对论推广到相对论的情况,获得了圆偏振超强激光与等离子体作用的相对论轴向准静态自生磁场,同时用二维和三维 PIC 程序模拟证实了这种磁场的存在,较好地解释了实验结果。近几年他与学生乔宾从 V-M 方程组出发,又统一地导得了包含圆偏振和线偏振超强激光与相对论等离子体作用的角向和轴向自生磁场。经过多年的发展,在强激光诱导自生磁场的理论研究和数值模拟方面,形成了较为完整的研究体系,为有关的各种应用提供了理论基础。

近几年来,他带领学生努力发展超强激光与相对论等离子体作用下台式加速器的理论研究。他提出用圆偏振激光研究电子的共振加速机制,发现了包含准静态电磁场的回旋频率与多普勒移动激光频率共振时的共振峰,以及电子被捕获绕轴向自生准静态磁场运动的准直效应,这对台式激光电子加速器的研制具有重要的应用价值。

他在 20 世纪 70 年代和 80 年代初的许多研究成果都早于国外。他写了不少基础研究论文,但是由于保密的原因,这些研究成果均未被国际同行及时了解和引用。一直到 80 年代末,他才得以在国外重要杂志上发表论文。他先后在国内外著名杂志上发表论文 150 多篇,其中包括约 30 篇国际大会邀请报告和论文,得到了国际同行很高的评价。

8. 学养深厚,培育新人

贺贤土十分重视人才培养和高水平人才的引进。他深深缅怀 20 世纪六七十年代突破氢弹时的学术民主风气,更以真挚的热情,为许多年轻后生提供了及时的支持与关心,为我国的高科技事业输送了众多优秀人才。他培养了多名研究生,从国外引荐了多位科研骨干,许多人都成为重要技术岗位的组织者,有的已当选为中国科学院院士。

辞去 ICF 首席科学家之后,贺贤土投入一定时间和精力到高等教育,把他在科研中的体会和经验用于教育事业。

2000 年,他接受母校浙江大学的邀请,兼职浙大理学院院长。他积极引进优秀人才,鼓励年轻人在教师队伍中脱颖而出。在他的领导下,浙大理学院得到了很大发展。由于他在发展浙大理学院时的贡献,浙大授予他最高奖——竺可桢奖。

2000 年他还接受宁波市人民政府的聘请,兼任宁波职业技术学院院长。不同于要培养"实际操作型"人才的传统观点,他提倡高职教育要努力发展"产、学、研"结合,一方面培养企业急需的能够突破技术瓶颈的研究型人才,为地方经济服务,一方面进一步提高师资水平,促进高职教育的可持续性发展。他的理念在教学实践中得到验证,宁波职业技术学院的许多毕业生进入了企业的设计、研发机构,从事技术研究工作。如今的宁波职业技术学院业已成为全国知名高职院校。

2007 年,北京应用物理与计算数学研究所与北京大学联合建立了应用物理与技术研究中心,他被聘为主任。在他的领导下,中心综合双方的研究优势,积极培养人才,推动相关领域的研究发展,不断扩大在国内外的学术影响。

"以不息为体,以日新为道",贺贤土始终保持着对科研事业的热爱。几十年来,他笃行"学之广在于不倦,不倦在于固志",奋斗在国防高科技事业、国家大科学工程研究以及基础科学研究前沿。他性格热情开朗,工作作风明快,感染影响了身边一大批年轻科研人员。在他身上,"两弹一星"精神留下了深刻的烙印。

三、科学成就

1. 核武器物理研究领域

贺贤土完成了高超临界系统过早点火概率的研究,为第一颗原子弹试验提供了重要数据,并为以后其他核装置有关点火问题研究提供了科学基础。

在突破第一颗氢弹的任务中,完成了氢弹原理试验和大当物量氢弹爆炸过程中子、γ 射线的穿透慢化规律和内活化效应的理论研究。与实验人员合作分析试验后的数据,阐明了物理规律,给出了爆炸当量,开拓了以后热测试有关研究的理论基础。

在第一次地下核试验任务中,成功领导了高性能的核装置设计和氢弹若干重要物理过程的分解研究,为以后地下核武器试验装置设计和氢弹重要物理过程分解研究提供了重要经验。

组织领导了我国第一颗中子弹的作用原理探索和一维理论设计,提出了不同于传统方法的新的热核点火和自持燃烧理论,为我国自力更生、自主创新突破中子弹原理做出了重要贡献。

2. ICF 研究领域

组织领导了我国激光驱动惯性约束聚变研究,突破了多项关键科学和技术难点,建立了我国独立自主、自主创新的 ICF 研究体系,为 ICF 事业奠定了重要的发展基础。

在 ICF 点火研究中,提出了从 LTE 热核点火和燃烧发展到非 LTE 点火和燃烧的惯性约束聚变模型。发现了预热强弱对流体力学不稳定性有十分重要的影响。

在快点火物理研究中,提出了用圆偏振激光代替通常线偏振激光加热产生点火热斑的建议,发现了圆偏振激光在等离子体产生的轴向磁场对相对论电子束的传输具有十分重要的优越性。与合作者数值模拟研究了相对论电子束在高密度物质中的传输过程,观察到了很多重要特性,对快点火加热有重要科学意义。

3. 基础科学研究领域

用 Vlasov-Maxwell 方程组自洽场理论发展了相干湍流的研究,发现了相干湍流很多重要特性。提出了斑图动力学研究,揭示了一类近可积性连续哈密顿系统斑图重要性质。在 Zakharov 方程组的研究中,发现了初始激发的多个周期性斑图随着时间演化存在三个不同的阶段,对了解系统中能量和物质流输运有着重要的作用。国际同行评论为在直接数值模拟中发现近可积哈密顿系统的时空混沌。

用自洽场理论在国际上首次获得了圆偏振和线偏振电磁波(激光)在非相对论和相对论等离子体传播过程产生的准静态电磁场的表达式,建立了系统的研究方法。在圆偏振激光作用下研究了电子的共振加速机制,发现了包含准静态电磁场的回旋频率与多普勒移动激光频率共振时的共振峰,以及电子被捕获绕轴向自生准静态磁场运动的准直效应,这对台式激光电子加速器的研制具有重要的应用价值。

四、贺贤士主要论著

He X T(贺贤士). 1983. The ponderomotive force and magnetic field generation effects resulting from the nonlinear interaction between transverse wave and particles.物理学报,32:325.

He X T,Liu Z J. 1984. On the soliton of large amplitude langmuir waves and its Lyapunov stability. Chin Sci Bull(KEXUE TONGBAO),29:1328.

Tan Y,He X T,Chen S G,et al. 1992. Pattern form and homoclinic structure in Zakharov. Phys Rev A 45:6109.

He X T,Chen S G. 1992. Basic dynamic properties of the high-order nonlinear Schrodinger equation. Phys Rev A46:2277.

Zhu S P,He X T. 1993. Ponderomotive force in unmagnetized Vlasov-Plasmas. Plasma Physics and Controlled Fusion,35:291.

Zhou C T,He X T. 1994. Spatial chaos and patterns in laser-produced plasmas. Phys Rev E 49:4417.

He X T,Zheng C Y. 1995. Spatiotemporal chaos in the regime of the conserved Zakharov equations. Phys Rev Lell 74:78.

Zhu S P,He X T,Zheng C Y. 2001. Slow-time-scale magnetic fields driven by fast-time-scale waves in an underdense relativistic Vlasov plasma. Physics of Plasmas,8:321.

He X T,Zheng C Y,Zhu S P. 2002. Harmonic modulation instability and spatiotemporal chaos. Phys Rev E 66:037201.

Zhu S P,Zheng C Y,He X T. 2003. A theoretical model for a spontaneous magnetic field in intense laser plasma interaction. Physics of Plasmas, 10: 4166.

Liu H, He X T, Chen S G. 2004. Resonance acceleration of electrons in combined strong magnetic fields and intense laser fields. Phys Rev, E 69: 066409.

Zheng C Y, He X T, Zhu S P. 2005. Magnetic field generation and relativistic electron dynamics in circularly polarized intense laser interaction with dense plasma. Physics of Plasmas, 12: 044505.

Qiao B, Zhu S P, Zheng C Y, He X T. 2005. Quasistatic magnetic and electric fields generated in intense laser plasma interaction. Physics of Plasmas, 12: 053104.

Qiao B, He X T, Zhu S P, et al. 2005. Electron acceleration in combined intense laser fields and self-consistent quasistatic fields in plasma. Physics of Plasmas, 12: 083102.

Qiao B, He X T, Zhu S P. 2005. Fluid theory of magnetic field generation in intense laser plasma interaction. Europhys Lett, 72: 955.

He X T, Zhang W Y. 2007. Inertial fusion research in China. European Physics Journal, D 44: 227−231.

Zhou C T, He X T. 2007. Influence of a large oblique incident angle on energetic protons accelerated from solid-density plasmas by ultraintense laser pulses. Appl. Phys. Lett. 90: 031503.

Zhou C T, He X T. 2007. Intense laser-driven energetic proton beams from solid density targets. Optics Letters, 32: 2444.

Zhou C T, He X T, Yu M Y. 2008. Intense-laser generated relativistic electron transport in coaxial two-layer targets. Appl Phys Lett, 92: 071502.

Zhou C T, He X T, Yu M Y. 2008. Laser-produced energetic electron transport in overdense plasmas by wire guiding. Appl Phys Lett, 92: 151502.

参考文献

徐群飞. 贺贤土传. 宁波: 宁波出版社, 2004.

我的核盾路　我的强国梦

——贺贤土八十华诞访谈录*

记者：贺老师好！非常高兴您能在八十华诞之际，回顾自己的人生道路，将您的治学思想和人生感悟拿出来和年轻科研人员一起分享。

贺贤土：今年我八十了，你让我谈一谈我的人生道路，我想，咱们就随便地谈一谈，谈一点自己的心得与体会，不一定能达到你所说的高度。

记者：贺老师，您是镇海人，对吗？镇海是院士之乡。

贺贤土：对。我是浙江宁波镇海县人，祖居在北仑新碶一个叫大路村的地方。镇海被称为院士之乡，出了约 30 位院士，那个地方文风很盛。

我家是一个非常普通的家庭，抗战开始不久，为谋生机父亲到重庆合伙开了一个书店。战乱时期兵荒马乱，从重庆寄钱到宁波经常寄丢掉，有时虽然寄到，但被人冒领，这时家里生活就会困难，靠母亲劳动维持生机。但是祖父和父亲并没有把赚钱看得很重，总是希望我们兄弟读书上进。祖辈的期望之高，从我的名字可见一端。我的名字原来叫"燮堃"，有调理阴阳、运转乾坤的意思。上学后，老师认为这个名字既不好念气势又太大，根据我在族谱中的排行，又参考我五行缺土，就把我的名字改为"贤土"了。

一、人生立志需尽早

记者：科学家走过的人生道路不尽一样，有些很早就显露才华，有些小时平平，在一定机遇下突然爆发出潜能。您是第一种，从小学业成绩就很优秀，对吗？

贺贤土：我小时候学习成绩还不错。上小学时，就能够做到学习时不受外界干扰，不做完作业绝不出去玩。中学时期②文科、理科的成绩都很好。我很喜欢文学，自己还写过小说呢！也阅读了大量名著，尤其喜欢胡风的文学评论，这一点和其他孩子不太一样，因为胡风的文字

＊　作者：吴明静。
②　贺贤土初中就读于私立辛成中学(今镇海中学)，高中考上宁波中学，都是重点中学。

是很晦涩的，不是很多人爱读的那种，但我偏偏看得津津有味，大概是喜欢里面很强的逻辑性。

不过，尽管文科很好，但我很早就确定了要学理科。后来上大学后，有时候也会想起自己喜爱的文学，未免有些遗憾。

记者：您为什么会弃文学理呢？

贺贤土：为什么决定学理？有两件事情对我触动很大。

第一件事是大约1951年，中华人民共和国刚成立不久，国家建设急需人才，团中央号召"学习成为中国青年特别突出的任务"。我那时上初中，是学生会干部，感到要以身作则好好学习，长大了建设祖国。报纸上刊登了当年北大研究生周光召的事迹，我觉得他的事迹非常值得学习，想不到参加工作后他竟是我的领导。第二件事是高二寒假时，宁波市团委为我们这些学生干部组织了一个培训班，培训班上放映了一部小电影《王淦昌在杜布纳》，王先生在电影里讲核物理、讲基本粒子，满腹经纶，侃侃而谈，很吸引人。我一下子就决定了，大学一定要学物理专业。

就在高三那一年，我自学了苏联物理学家福里斯著的《普通物理学教程》的一部分内容。那是一本大学教材，但是新书太贵，我买的是别人用过的旧书。

现在回想起来，少年时期的环境和一些优秀老师的影响，事实上引导了我的人生道路。我在朝着人生目标前进的过程中，虽然经历了许多艰难，却也充满自信、充满意趣。

二、平生得书慰藉多

记者：您大学就读的是浙江大学物理系，浙江大学有"东方剑桥"之称，大学生活对您影响深刻的事情有哪些呢？

贺贤土：1957年我上了大学，大学里所有的课程我都喜欢！最喜欢的是基本粒子（场论）、理论核物理和量子力学，尤其对基本粒子（场论）中的推导，着迷得很。

大学时期，我特别喜欢泡图书馆，一坐进图书馆的阅览室，就觉得踏实、舒坦。但那时大学并非象牙之塔，我们这批学生不得不忍受政治运动和饥饿的轮番冲击，尤其是因为我"只专不红"，一开会就要我"拔白旗"，困扰很大。

记者：您受到过哪些冲击呢？

贺贤土：1957年夏天，宁波中学开始反右派，据说批判校长培养资产阶级尖子学生名单中有我的名字，好在我已上了大学，没有受到影响。但是在大学里，在反右倾的风气之下，像我这种只顾埋头学习的学生，有时要受批判。我有个很要好的中学同学当时在浙江师专读书，因为父亲在海外受到批判，[①]我和他之间一直有通信往来，所以有一年多的时间，我也受到连累。

另外，因为"大跃进""大炼钢铁"等全国性的政治运动，正常学习都停下来。

二十世纪六十年代初，我们还遇上了全国性的大饥荒。食堂开饭只摆出来几大桶米汤，我

---

① 王奕年同学，因为有复杂的海外关系，受到政治运动的冲击，贺贤土被迫与他中断联系。

得了浮肿病。

记者：这些艰难情况，是否影响了您的学习？

贺贤土：因为浮肿病，本来学校要保送我读研究生，但是体检没通过。除了这件事，基本上对我没有太大的影响。我找到了一种躲避世俗尘嚣的办法，那就是专注投入到学习中。我千方百计地把因为政治运动耽误的读书时间弥补回来。泡图书馆。我喜欢泡图书馆。而且在大学时期，我经历了一个"把书读厚再读薄"的过程。

一旦在学习中碰到问题，我会抓住不放，冥思苦想，并与同学讨论，向老师、同学请教，到图书馆寻找资料，拓展自己的知识面，不断地思考和学习。先拓展自己的知识面，然后再尝试去粗取精，书就由厚读薄了，自己的知识储备和理论深度自然也就上了一个台阶。

其实在大学时期，我的学习成绩并不十分突出，但是在此期间思想较活跃，对问题有一股执着追求、不搞清楚不罢休的精神，对以后从事科学研究很有帮助。

工作以后，在"文化大革命"中，我成为"逍遥派"沉浸于书籍中。别人拉帮派搞运动，我正好利用这段时间读书、思考问题、求教大科学家。那一段时间，我成长很快。

后来有人说我是"因祸得福"，我不赞成，"因祸得福"这种说法有点"歪打正着"的意味，而做研究是我的志向所在，无论别人怎么批判，我都会坚持读书、坚持做研究工作，志向是不可偏移的。

记者：您对书是非常痴迷的，有很多有意思的故事，比如说一个月的工资全拿去买书，还有买旧书的事。请您讲讲？

贺贤土：大学生参加工作一年后转正，转正后的工资是 56 元，除了吃饭，我的大部分工资都拿去买书，那时我已经到北京工作了，经常跑西单旧书店、王府井新华书店。的确曾经有一个月的工资，全花在了买书上。我结婚时没什么积蓄，好在妻子李敏那时在青海工作，除了工资外，她还有高原补贴。她很支持我，我买书，她就给我买书柜，一个实木的很结实的书柜，用了很多年，好几次搬家，都舍不得扔。

我到九所后，有一次去请教彭桓武先生，彭先生提起自己在英国留学时学过的一本数学书 *A Course of Modern Analysis*，建议我也找来学习。我就赶紧进城去书店，当时原版书太贵，便去旧书店淘来一本二手书，认真研读，做了书中的大量习题。

前面说到的高三自学的大学物理，也是买的旧书，这本大学物理已经不在了。不过，彭先生推荐的书，现在还放在我的书架上。这本旧书是我的珍藏。看到它，总让我想起彭公对我的帮助与指导。

三、学术民主受益丰

记者：请您谈谈您是怎么到九所，在彭桓武、周光召等大科学家指导下开展工作的吧。

贺贤土：大学毕业后，一开始，是分配我留校当物理系助教的，我很满意，因为离家近，又可以继续做理论物理研究。但是到了 11 月中，系主任通知我，要调动我去北京一个很重要的单位。什么单位,系主任也不清楚,只是说很重要,他猜想王淦昌、彭桓武等大科学家都在那里。

我那时很不愿意到北京去,一是浙大离我的宁波和上海的家很近,而且专业又对口;二是南方人很惧怕北方的寒冷。但是我们这一代人,有一个朴素的想法,国家需要,就得服从。所以,虽然心里很不愿意,我还是到了北京。报到的地方是煤炭工业部的招待所,在德胜门外,那里尘土飞扬,很荒凉的。我在那里待了三个多月,刚到的时候心里直打鼓:煤炭工业部要我来干什么?是不是煤炭里有放射性,需要搞理论物理的人去研究?但是过了一阵子,也就释然了,因为不断来报到的人有穿军装的、也有北大、清华和武汉大学来的,都是学物理数学力学的毕业生,那时我就想:大概不会专业不符合的。

1963年3月,我终于通过了各种审查,到二机部第九研究所报到。接待我的人是谁呢?周光召!我是又惊又喜。老周就介绍,九所是搞核武器的,我要去的一室是搞核武器的理论研究。我心里就踏实了。

因为我国计划于1964年爆炸第一颗原子弹,所以,当时所里的工作很紧张。开始安排我们听课。第一堂课是彭桓武先生讲的。在彭先生讲课过程中,我发现有一位年纪与他差不多大的先生,老是向彭桓武先生提问题,彭先生做报告,他就在下面一个问题又一个问题提出来。我当时就觉得纳闷:这个人怎么这个样子?我们在大学里是老师讲、学生听,一边听一边记笔记,哪能打断老师?后来听我们组组长说,他就是程开甲先生。程先生毫不"客气",彭先生也不跟他"客套",两个你来我往,争辩得很厉害。我们这些大学生有时候听得不是很明白,但也慢慢地听懂了一些。从此,给我一个印象:研究工作原来是要讨论和争辩的。

不光是程开甲先生和彭桓武先生争论,整个"两弹"突破时期,九所的风气都是这样民主的。王淦昌、彭桓武、周光召、于敏等等,这些大科学家没有门户等级之见,相互之间争论、辩论,也鼓励年轻人积极参与。大家面红耳赤都是为了学术问题,私下里,先生们风度良好,整个九所的气氛也很融洽。而我们这些大学生,每次大胆发表自己的意见和建议,也总能得到大科学家们的鼓励与支持,从中获益甚多。

记者:您在上面做报告,大专家们在下面提意见,您会紧张吗?

贺贤土:不紧张,他们自己辩论很激烈,但是对年轻人,还是鼓励得多。彭公特别喜欢年轻人发言,在很多场合都鼓励年轻人发表自己的见解。

一次,我们小组中一位年轻人做报告,彭公也坐在下面听,听了一会,彭公就插话,多说了几句。这位年轻人赶紧说:彭公啊,彭公,您的思想都包含在我的思想里了!我们这些听众忍不住哈哈大笑,他也觉察出来话说得有问题,挺不好意思的,但是彭公也只莞尔一笑,并不在意。

像我这样的年轻人可以直接敲他办公室的门去问问题,他很欢迎,也很耐心。不仅是彭公,我接触的大科学家们,像老周、老邓、老于,他们对年轻人很真诚,非常乐于扶持年轻人成长,而且他们也善于帮助年轻人成长。

我得益于他们的指导与帮助。至今仍然非常怀念那个火红的年代,怀念那段奔腾的岁月。

四、科学思维很重要

记者：您五十多年的研究生涯，前面二十多年经历了原子弹、氢弹的相关研究，后来又实现了中子弹科学理论的突破，后面近三十年投入到 ICF 研究。很多人会对您丰富的研究经历感兴趣，能谈谈您所从事的核武器理论工作吗？

贺贤土：我从事的具体的研究工作，最早有原子弹的过早点火概率研究计算，后来又进行氢弹热测试理论研究。当过第一次地下核试验理论研究小组组长；七十年代又领导了中子弹科学原理突破小组；二十世纪八十年代末九十年代初开始领导 ICF 研究一直到 2001 年 12 月，这些工作，以前都讲过。我想，这次主要谈谈一些感想。

第一个感想，做科学研究，最重要的是建立科学思维。

书本知识，在某种意义上说是死的，你只要肯努力，总可以学到。但思维方法是活的，你得不断地总结实践经验，同时向周围人们学习一点一滴考虑和分析问题的好思维方法。

我来到九所，在青少年时期的偶像王淦昌、周光召先生以及彭桓武、邓稼先、于敏先生等大科学家领导下，和他们一起工作。我经常听他们报告，和他们一起讨论问题，有时我会被他们分析问题、一下子抓住问题要害的方法所迷住。我经常问自己他们为什么这样分析，如果我又会怎样分析，久而久之，就越来越有体会，再加上自己不断思考和感悟，经过一年、两年直至多年的不断努力，我逐渐形成了自己的一套科学思维的方式。

我从大科学家们身上学到很多东西，我很感激他们。尤其是彭桓武先生，他有个很突出的特点，在分析学术问题时能很快抓住要害。我很佩服这一点，就经常去请教他。有一次，彭先生在解一个复杂微分方程时候，他根据他的物理概念，先估计方程各项的量级，然后他砍掉一些项，最后居然解出来了。他跟我说，3 与 1 相比，3 就是无穷大，也就是，如果一项是 1，另一项是 3，你就可以把 1 的那项去掉，方程就容易解出来，虽然数值会差一点，但主要物理图像就抓住了。后来我们把这种方法叫作"粗估"。这对我启发很大，在以后工作中努力实践这种抓主要"矛盾"方法，先抓住主要图像，然后再精确数值计算，整个物理图像就十分清楚。

打个比方，你要研究一种动物，什么动物你不知道。但你通过"粗估"，知道这个动物的鼻子特别长，那只能是大象，别的动物就不用研究了。你就集中精力深入详细研究大象。而如果不抓主要矛盾，各种动物一一研究，别人早已得出结果，而你连是什么动物都还不知道。

核武器物理是非常复杂的作用机理研究，里面充满着各种各类的矛盾，我们分析问题时，就要学会抓主要矛盾。主要矛盾是 3，次要矛盾是 1，只要抓住了主要矛盾，次要矛盾就可以放在一边，这样突破起来就快。我们之所以能走出一条有具有中国特色的核武器发展道路，快速取得进步，就得益于彭桓武等大家的高明思想。

彭先生指导我读书，但是书毕竟只是一个载体，要由书本上的知识、从前人的研究工作中建立起属于自己的良好的科学思维，才是做好科学研究的关键因素。

在承担第一颗原子弹的过早点火概率计算时,我就努力运用抓主要矛盾方法,用流体力学运动解耦来解决计算问题。在第一颗氢弹热测试理论研究时,我也运用抓主要矛盾的方法,建立了多个物理模型,紧紧围绕氢弹原理试验相关物理规律进行研究,并与数学专业的同志一起进行了计算机数值模拟,为核爆炸时的物理测量提供了方案和量程,对氢弹爆炸过程的物理规律及理论设计的可靠性有了比较深入的认识。

记者:您在突破中子弹原理时,也是娴熟运用了抓主要矛盾这个哲学思想。

贺贤土:核武器作用原理的核心问题有两个:一是"点火",要找到一条实现点火的途径;二是实现热核点火后核燃料的深度自持燃烧。中子弹的点火和自持燃烧不同于通常氢弹的传统途径,需要建立新的科学理论。

中子弹是个十分复杂的自组织系统,大量因素错综复杂相互作用和演化。我分解了从内爆过程到点火,再发展到自持燃烧过程的大量物理因素(子系统),研究了众多子系统之间的竞争和互相制约的关系,特别是能源与能耗竞争之间的消长关系,建立了多个物理模型并进行有关方程的近似求解。最后终于建立了实现热核点火和自持燃烧的物理和数学模型,并在1980年副研究员论文报告时进行了报告。同时,我组织了团队成员进行这些因素的数值分解研究,发现在多种相互交缠作用的因素中只有几个是起主导作用的因素。然后组织总体模拟,确认了模型可靠性,我们团队终于找到了新的点火和高效燃烧途径。但当时很多人不相信我们的模型,坚持要我立足于氢弹热核燃烧原理进行设计,我们艰苦地在保证我们新的原理和氢弹燃烧原理条件下进行设计,最后热试验完全证实了我们新的理论模型,突破了中子弹科学原理。这里再一次表明抓住主要矛盾敢于突破旧框框和努力创新的科学思维方法的意义。

对我来说,二十世纪七十年代是我一生中创造力最丰富、克服困难最多、也是工作最有意义的时期。经验有了,研究方法和思维方法也成熟了,我和全组同志团结合作,发挥集体智慧,探索掌握科学规律,不断突破科研瓶颈,实现我们的科研梦想。

五、集体智慧破难关

记者:请您接着谈。

贺贤土:第二点感想,就是要发挥集体的智慧,团结一批人共同完成大科学工程。

核武器事业是集体的事业,靠个人的力量是完成不了的。我们不否认带头人的智慧,而且这个领导者的智慧对事业发展来说很重要。他不仅要具备扎实的理论基础,在关键问题上做出正确判断,为研究进展指明方向;更重要的是他必须具备卓越的领导才能,团结带领科研人员,共同完成一项大工程。

一位高明的领导者,必然也是一位善于观察、善于发掘、善于团结同志的智者,他能发挥团队中每个人的长处,看到个体研究者发挥的作用,用各种方法调动大家的积极性,鼓励人才快速成长。所以,一位高明的领导者,必然富于人格魅力,他的团队,必然成果丰硕、人才辈出。

九所历史上的八大主任,他们就是这样的优秀的领导者。为什么在两弹突破时期,九所涌现了一大批人才,这和这些领导者及他们开创的两弹精神紧密相关。

在具体的科研实践中,我深深感觉到,一定要集中集体智慧来做工作。我们突破中子弹原理小组是很团结的,大家群策群力努力工作。虽然,有些人不相信我们的物理模型和结论,但我们团结一致,通过大量分析研究,发挥集体智慧,反复讨论,经过了很多个不眠之夜,通过大量数值模拟和计算结果分析,我们深信我们探索的新路子是完全靠得住的,确信我们抓住了中子弹"牛鼻子",坚持不动摇。

在我的成长过程中,渴望过大科学家大专家的支持与帮助,也得到过珍贵的支持与帮助。所以,我在后来任副所长和 ICF 首席科学家,以及在别的工作岗位上时,十分关注、支持、帮助年轻人才成长。

记者:您为武器研究培养和扶持了很多优秀人才,如今这些人才已经成为事业的骨干。请您谈谈您的人才观。

贺贤土:人才是我们事业发展的关键因素之一。我发现过一些好苗子,想方设法做了些引进工作,鼓励他们加入武器研究,如赵宪庚、张维岩、朱少平等等。也有一些学生,他们离开了武器物理研究,从事基础研究,我也支持他们的选择。

现在到处讲科技创新。两弹突破时没有"创新"这个词,可是我们处处都在创新。没有创新,中国核武器研究不可能取得这么多的重要成就。那时,我们不仅是在科学技术和工程设计上的创新,也有制度设计和人才培养上的创新。我们现在要支持、帮助年轻人才脱颖而出,就得为他们去除制度和观念上的一些陈旧的东西,比如论资排辈等等。中物院建院 60 年了,再鲜活的文化经过 60 年的沉淀,也会泛起陈腐的渣滓,我们的制度和观念是不是需要更加创新一些?让真正的创造者和劳动者得到应有的尊重,让进入这个集体的年轻人才感受到共同目标的光辉牵引。

我总觉得,培养人才快速成长、促使他们多出成果、快出成果,与发挥集体智慧、引导团队力量,是并行不悖的。我们的集体主义观念和科技创新观念应该考虑这个问题。

六、基础研究强根基

记者:您的科学生涯还有一个很突出的特点:基础科学研究做得非常出色。除了核武器理论研究和 ICF 物理,您在高能量密度物理、非平衡统计物理和非线性科学方面的成果蔚为壮观,您在《自然—物理》《物理评论通讯》《物理评论 A》《物理评论 E》《光学通讯》《等离子体物理》等杂志上指导学生及与合作者公开发表了约三百篇科学论文,完成了几十次国际会议大会邀请报告。而且您在二十世纪七十年代和八十年代初就写了很多基础研究论文,这些研究成果早于国外,但由于单位的保密性质,均未公开发表,未被国际同行及时了解和引用。您是如何在承担繁重的国家任务之余,坚持开展基础研究的?

贺贤土：你说到我的第三点感想了：围绕国家任务这个不变的主题，一定要善于从中提炼科学问题、加强基础研究，使大科学工程研究建立在深刻科学认知基础上，同时，通过基础研究不断提高个人学术水平、拓宽研究领域，这也必然有利于所从事的国家任务研究。

为什么同样参加任务研究的人，最终做出的贡献有所不同？我觉得，关键就在于是否真正重视基础研究和具体实践。基础研究的核心是什么，就是"创新"。在科学实践中不断向自己提出问题，绝不轻易放过有价值的和值得思考的每一个问题，去破解这些问题并知其所以然，这都是创新的驱动力。我之所以能在工作中做出一些成绩来，基础研究及其获得的成果为我提供了扎实的基础。

2007 年，中国工程物理研究院和北京大学联合成立北京大学应用物理与技术研究中心，就是依托北大与我们院的科研力量，从大科学工程中提炼出来的基础科学问题牵引基础研究，面向国家重大需求，为国家重大专项课题、为武器研究强基固本，同时也发展了有关基础科学，培养了人才。

记者：您目前还在孜孜以求地做基础研究工作，这是很让年轻人感动的一点，您是如何保持研究激情的？

贺贤土：说到研究激情，研究的兴趣。我不太赞同兴趣驱动这个笼统提法，依我看来，应当是研究驱动兴趣。在研究工作中，积极思考，解决了问题后，阐发和挖掘出更多更深层次的问题，进而引发了更多解决问题的渴望。兴趣从哪里来？就是从研究工作中来。为了实现创新，在科研实践中要不断提出问题，多问为什么，绝不轻易放过值得思考的每一个问题。

从 1963 年工作到现在，50 多年了，一半时间做核武器研究，一半时间做激光驱动惯性约束聚变（ICF）研究。也一直坚持做基础研究，我就是坚持一个观点：大科学工程研究要建立在科学规律认知基础上。

七、矢志不渝追点火

记者：请您谈谈 ICF 工作吧。回顾我国 ICF 研究历史，您恰巧经历了最艰难的一段时刻。特别是在"九五"前后约 10 年的时间里，您领导了这一主题工作，对这一阶段的工作，您是怎么看的？

贺贤土：我对 ICF 研究很有感情。中国的 ICF 研究要走自己的道路，这是非常重要的一条经验，也是我的第四条感想：要坚定地走中国特色的道路。

从 1993 年到 2001 年，我我先后担任 ICF 主题的秘书长和第二任首席科学家。ICF 研究在二十世纪九十年代初基础十分薄弱、被很多西方同行轻视的情况下，经过"九五""十五"两个周期，突破了多个关键技术难点，打破了西方对我们的技术封锁，取得了一系列重大成就，国家对我们评价很高的。我们在"九五"期间，基本上奠定了一个独立自主的、自主创新的 ICF 研究体系。在 2000 年神光Ⅱ开始做实验以及后来神光Ⅲ原型样机、神光Ⅲ主机装置相继研制成功并投入使用，我国开展了大量 ICF 靶物理研究实验，现在正向着点火目标前进，可以说，我国 ICF 研究现在已经位于世界前沿。

两弹突破时期，我们形成了解放思想、科学分析、结合国情、准确判断、坚持国家利益、立足自主创新的根本经验，这是我国核武器研究能迅速发展的深刻体验，对于指导 ICF 研究发展，也是极具现实意义的。

现在美国的国家点火工程遭遇到挫折，我觉得，这是我国科学工作者的挑战和机遇。国防科技事业需要一代代人的接力，需要一代又一代人的持续奋斗，核武器研究、ICF 研究，都是如此。尤其是 ICF 研究，如今取得的成果，不过是一个序幕，高潮在后头。

八、爱国激情老弥坚

记者：您曾经说过，很喜欢和年轻人交流。也曾在北京大学、浙江大学等许多高校为年轻学子做过报告，在您八十华诞之际，请您对年轻科研人员谈一点希望。

贺贤土：我要对年轻人说的第一点，要踏实。如果想有所成就，就不能瞻前顾后，不能患得患失，不能投机取巧，不要寄希望能够快速地到达目标。要成为一位真正的科学家，要成为一位对国家有贡献的人，必须要有所付出，扎扎实实地深入下去，注重基础研究，提高自己的科学思维能力，这个非常重要。

第二，要执着。作为科学工作者来说，只有执着追求，一心投入到研究工作中去，围绕国家重大需求问题，解决国家发展所需要的问题，你的工作才有意义。

第三，要爱国，爱国是最重要的一点。只有提炼和树立为国家服务的精神和志向，你的努力才能得到最大的支撑。这是我几十年亲身经历所得。你知道，改革开放后我去美国进修，我就有一个强烈的感触：美国的青年很爱国，要是有人骂美国总统，他们很可能跟着骂两句，可是要有人骂美国，美国年轻人可不干，一定会跟你争论。人人爱国，是国家强大、国民心理强大的表现。我们那一代出国的经历充满酸甜苦辣，比如说，二十世纪八十年代中，我穿了西装在美国走路或出席会议，别人误认为我是日本人，当时在西方人眼里中国人是很穷的而被看不起。还有一件事，比利时自由大学邀请我访问，我去签证时，比利时的签证官员非要我出示回中国的机票，担心我想移民呢，因为受不了这种歧视，我和他们大吵了一架。这些刺激也激发了我回国后一定要把自己微薄力量献给祖国的想法。

要改变西方对我们的看法、突破他们对我们的种种封锁，很不容易，需要经过一代人甚至几代人的努力。现在我们的 ICF 研究很受关注，我们的对外交流也非常踊跃。成绩是苦干出来的，我们这一代人为改变这种现状身体力行，尽了绵薄之力。现在，旗帜交到了年轻一代手中，我相信他们的智慧和力量。

回顾自己走过的路，回顾从事的工作，原子弹、氢弹、中子弹、ICF 等等，我和我的同事们，从一开始就很清楚地知道，做这些工作，做得再好再出色，也不可能获得诺贝尔奖，但是我们没有任何的怨言，没有任何的后悔，相反，我们感到很满足。我想，这是国防科技工作者的特殊幸福。

记者：谢谢贺老师！感谢您为我们提供了如此生动而真挚的访谈。祝您健康长寿，福乐绵绵！

从"幕后英雄"到"多产科学家"

——记浙籍院士、著名理论物理学家贺贤土[*]

1964 年 10 月 16 日 14 时 59 分 40 秒,我国西部"马兰"基地,随着一朵巨大的蘑菇云冲天而起,一个震惊世界的消息响彻五大洲:中国自行研制的第一颗原子弹爆炸成功了。时隔两年零八个月,沉寂的戈壁大漠上空再次升腾起一朵不停翻滚的蘑菇云,世界再次震惊,中国第一颗氢弹原型爆炸成功。"两弹"的成功爆炸,让新中国"两弹元勋"的名字出现在世人的眼前:钱学森、周光召、于敏、王淦昌、邓稼先、朱光亚、陈能宽、彭桓武等等。然而,在这些伟大的科学家背后,还有成千上万的"幕后英雄",他们在当时虽然默默无闻,但同样为"两弹"升天做出了重要贡献。一直从事理论物理学研究的贺贤土院士就是其中突出的一位。后人将永远记住新中国的"两弹元勋"和这些"幕后英雄"。

一、与核结缘,"两弹"爆炸的"幕后英雄"

1937 年,贺贤土出生在宁波市镇海县,1962 年从浙江大学物理系毕业,分配到北京应用物理与计算数学研究所工作。贺贤土没有想到,这次分配把他带入了一个神秘的领域——核研究,也是这次分配,让他与核研究结下了几十年的不解之缘。

从创建之日起,北京应用物理与计算数学研究所便承担着一项光荣而艰巨的任务——研究和物理设计核武器。美国一些政客曾扬言要在朝鲜战争中对中国使用核武器,事实上,自从日本的广岛和长崎上空飘起蘑菇云那一刻起,核武器的威慑力便被人所熟知。压在研究所科研人员肩上的担子无比沉重。贺贤土在研究所创建四年后,加入到这支使命艰巨的队伍中来,开始了他数十年如一日为核武器默默耕耘的光荣岁月。

初进研究所,贺贤土踏实肯干、刻苦学习的工作态度赢得了上级的信任,很快便负责了具体任务——研究"过早点火概率"。当时研究原子弹的条件十分有限,贺贤土解过早点火概率方程的数值计算早期是在手摇计算机或者计算尺上进行的,大量的数据需要反复运算,手摇计

---

* 作者:王桂荣、顾春雨。原载于《在京浙江人》,2008 年第 5 期。

算机根本没法跟现在的计算机比拟,速度非常慢,动辄就是成千上万次计算,成千上万次用手摇动。"草稿纸都用麻袋来装,堆得顶住天花板。"

刚开始的时候由老同志带着贺贤土调研、写方程,但很快便由贺贤土独自承担起来。这种概率当初已有好几位专家在不同的物理模型下进行过计算,但结果不太可信。贺贤土初次涉足科研,一方面向老科学家请教,一方面寻找另辟蹊径的方法。研究过程中的方程非常特别,解析非常困难,贺贤土运用了分析复杂物理问题抓主要矛盾的方法,在方程的各项中,通过物理量估计保留了量大的项,而把量小的项忽略掉。经过这一方法处理后,方程能近似被解出。这一方法的采用,使他在原子弹过早点火概率的研究中获得了很多物理规律的认识。在物理问题研究清楚后,他给出了物理方案,与一位数学专家合作编了一个计算机的程序,可以把这概率精确地算出来,解决了几年来未解决的技术难题。这项成果不但在我国的第一颗原子弹爆炸的过程中得到运用,也在此后的核武器设计和试验中也一直被应用。

1964 年 10 月 16 日 14 时 59 分 40 秒,寂静的罗布泊上空出现了耀眼的闪光,一团巨大的火球腾空而起,渐渐形成一朵美丽的蘑菇云,成功了!中国自行研究、设计、制造的第一颗原子弹爆炸成功,举国沸腾。这一天,贺贤土刚刚走出研究所大门,就看到地上有人用粉笔写了密密麻麻的字:"感谢你们,为祖国争光"……"当时真的流眼泪了,感动得热泪盈眶。"至今,贺贤土对此仍记忆犹新。

在原子弹成功爆炸的喜悦氛围里,研究所的科研人员又开始了新的征程——研制氢弹。"身为研究所的一员,我感到了压力,也感到很骄傲。"肩负使命,贺贤土与同事们迫不及待地投入到了氢弹研制之中。

说起来简单,做起来却并不简单,从原子弹爆炸到氢弹爆炸,苏联人用了四年,美国人用了七年。最初的工作从信息收集开始做起,贺贤土负责调研十几年来的外文报刊,查找美国、苏联有关氢弹试验的消息,希望从报道中找到有关氢弹作用原理的线索。他们把整捆整捆的报刊从图书馆拉回来,一个字一个字地看过去,不放过任何一个单词。然而,调研了大半年,得到的有启发性的东西几乎为零,得到的结论是:自力更生。

自力更生,研究所成了奋战的海洋。核试验研究分成了几个小组,贺贤土属于热测试理论研究组,主要负责氢弹爆炸作用过程中若干可供实验测试物理和放化问题的理论研究和计算,以及对热测试后测到的数据进行理论分析以确定热实验当量大小、核反应过程、推断装置爆炸后的物理参数。

这是一个反反复复的过程,贺贤土和同事们,对设计好的氢弹装置作用过程进行大量细致数据模拟计算与分析,争分夺秒、昼夜不停。他是拧紧了发条的时针,在不停地运转着,每天夜里一点多才和同事们回到宿舍休息;有时嫌吃饭太麻烦,便在吃早饭时多买几个馒头,饿的时候咬几口。他生活极其简单,几乎把所有的时间都用到了工作之中。这个过程为氢弹原理突破试验、氢弹大当量试验和以后的多次热试验提供了大量数据,并积累了有关氢弹特性的大量资料。

1966 年 12 月,氢弹原理试验成功。1967 年 6 月 17 日上午 7 时,沉寂的戈壁大漠上升起了一颗神奇壮观的"太阳"。距离第一颗原子弹爆炸成功仅两年零两个月,中国研发氢弹的速度比苏联快了近两年,比美国快了近五年。

"两弹"爆炸后很多大科学家被媒体包围,贺贤土不在其列,他总是默默无闻地做事,从不嫌弃交给自己的工作细小。我想,我们铭记"两弹元勋"的同时,更不该忘记许许多多像贺贤土一样无私奉献的"幕后英雄"!

二、设计精准,圆满完成"地下核试验"

研究所人才荟萃,云集了很多有名的物理学家,这让从小就喜欢物理的贺贤土如鱼得水,在经过"两弹"的历练后,他从一个初出茅庐的大学生成长为研究所的业务骨干。当研究所的工作转入到了第一次地下核试验的理论研究中时,贺贤土顺其自然地担当起十分重要的角色——设计原子弹型的核装置。之所以说这个角色重要,是因为这是一个全新的课题,其设计总体要求非常高,要求是"三不":不冒顶、不放枪、不泄漏。众所周知,地下核试验是在山内进行的,不冒顶就是爆炸以后的威力不能太大,太大把山顶掀了,就是"冒顶"了;不放枪,就是当量不能太小,太小就要"放枪",即装置爆炸后的物质及廊道里的填充物都冲出来了,叫"放枪";不泄漏,是不能让放射性的东西从山的裂缝中泄漏出来,都要埋在里面,否则就造成污染。这就需要把核装置爆炸当量算得非常准确,大不得,小不得。

为了保证设计的准确性,贺贤土经常往返奔波于北京与新疆之间,试验场在距离北京几千公里之遥的新疆马兰基地的罗布泊,每次要坐三天三夜的火车,然后再坐十几个小时卡车才能到达马兰。卡车所行走的山路崎岖,被称为"搓板路",一路颠簸,还要翻过天山,可以说危险至极,卡车是敞篷的,到了马兰,人脸上、眉毛上、头发上全都铺了一层厚厚的灰。

马兰基地的核试验场,没有人烟、没有树木,甚至连一点显示生命的绿色也难以找到,只有浩瀚的戈壁沙漠,望不到边际。这是一个与世隔绝的神秘世界。酷热难耐,暴风肆虐,黄沙漫卷,干旱缺水,常常使仅有的水与饭中充满了沙子。这里,夏天像火炉,冬天像冰窖,睡在帐篷里的贺贤土和他的同事们就是在这样恶劣的条件下忘我地工作着。雨天睡在雨水里,雪天冻得手生疮,雨雪天气供给不足,大家就饿着肚子干活。在这里,贺贤土每次都要住上两三个月,然后回到所里进行设计,然后再回来……克服了种种困难,经历了无数次计算与实地验证,贺贤土带领他的小组,设计出了原子弹爆炸当量。

1969年9月,中国首次进行地下核试验爆炸,坑道自封闭技术获得成功。实验结果表明贺贤土小组所设计的原子弹当量相当成功,圆满地完成了"三不"的任务。

此后的几年间,贺贤土作为骨干先后参与了多次地下核试验有关数据的测试和总结,获得了很多准确的参数,为我国地下核试验积累了丰富的研究经验。

三、推陈出新,率队突破"中子弹"

1977 年,贺贤土接受了"中子弹"的研究任务。中子弹是核武器家族中的三个重要成员之一,当时美国已经宣布掌握了中子弹技术。中子弹具有很强的穿透能力,而且"只杀人,不毁物"。我国虽然有原子弹、氢弹的基础和经验,但研究中子弹却要突破新的理论。贺贤土作为组长带领十几个人负责突破中子弹原理。

面对一个全新的课题,贺贤土没有固守现有的一些理论,而是推陈出新,努力探索一条新的途径。贺贤土物理思想活跃,提出了很多新思想,带领大家研制了很多不同条件下的中子弹模型,推导出了多种研究中子弹作用过程的方程,并对方程进行了解析和数值计算。

自从接受研制"中子弹"的任务,办公室变成了贺贤土的"家",他开始经常"夜不归宿",偶尔回一次家,也是匆匆忙忙地返回,妻子有怨言,女儿不高兴。当妻子看到贺贤土在家里的饭桌上还用筷子来计算方程时,她半开玩笑地说:"你还是去单位算吧,你这样算来算去我们也没法吃饭了。"就是这样,贺贤土一次次尝试,一遍遍计算,数不清经历了多少个忘餐之日,记不得过去了多少个不眠之夜,经受了多少次失败的打击,1980 年,贺贤土推导出了包含各种物理过程的中子弹反应过程总体方程,给出了物理方案,并通过百万次计算机模拟计算分析,证实了新途径的正确性,基本阐明了中子弹有关原理,从而在理论上设计完成了中子弹。

但由于贺贤土所采用的是一条新的途径,很多同志并不相信他的理论,还有同志劝他回到以前的老路子上去。但贺贤土领导的小组坚信他们的方法理论是正确的。1984 年 12 月,中子弹原理核试验成功,证明了贺贤土小组的理论是完全正确的,也打消了其他同志的疑虑。

至此,核武器家族三大成员原子弹、氢弹和中子弹全面被我国所掌握。

四、细说家事,简陋的房子温暖的家

一心工作的贺贤土从不计较个人得失,从他的分房经历就可以看出。1966 年他结婚时,由于妻子李敏的户口在青海,按照规定分不到房子,他就跟所里借了一间房子当新房,房间里只有一张木板床和几张未油过漆的平板凳,半年后所里要用房子,贺贤土毫不犹豫地和妻子搬回了集体宿舍。1967 年,妻子李敏怀孕,愣是挺着大肚子一直住集体宿舍。后来所里领导程开甲先生家腾出一间屋子给贺贤土住,贺贤土夫妇才算有了个落脚的地方。女儿出生后,所里又临时借给贺贤土一间屋子。贺贤土真正有了属于自己的家是在 1972 年。这时妻子再次怀孕,他分到了一间房子,实际上就是筒子楼里面的宿舍,母亲过来照顾孙女和妻子,三代四口人挤在18 平方米的空间里,做饭的地方都没有,只好把灶具放在走廊里。1982 年,贺贤土已经是副研究员,分得一套 70 多平方米的房子。此时距他结婚已经有 16 年,夫妻分居住集体宿舍 6 年,一家四口挤在 18 平方米的筒子楼里 10 年。

贺贤土忙于工作,家庭的重担便落在妻子一个人身上。提起妻子,他心存内疚。1967 年,产期即将到来的妻子敦促贺贤土发封电报给岳母,让她过来帮忙。但贺贤土那段时间忙着"地下核试验"的研究,愣是把这件事情给忘记了,傍晚时,妻子躺在床上问及发电报的事,在床边看书的贺贤土此时才想起来,拍着脑门说"忘记了",然后竟又接着看书。妻子李敏生气了,抬腿便踢掉了他手中的书,由于用力过猛,造成腹痛,被送往北医三院,经医生诊断后说不碍事。恰巧此时单位打来电话,有紧急任务,贺贤土匆匆离开医院回到工作岗位。第二天凌晨他接到医院打来的电话,医生告诉她,妻子已经给他生了个女儿。贺贤土赶紧问医生:"母女平安吗?"打电话的医生劈头盖脸地说:"你这个做父亲的,女儿都生出来了才知道着急,早干什么去了!"贺贤土一时语塞,没心思争辩,风风火火地赶到了医院,呈现在他面前的是瘦弱的妻子和瘦小的女儿,女儿只有三斤八两重,只能生活在暖箱里。此时的贺贤土心里像打翻了五味瓶一样,非常难受,自己只顾着一天到晚工作,是个不合格的丈夫,眼泪在他的眼眶里打转。此时,躺在病床上的妻子向他微笑着:"贤土,我们有女儿了,以后你不在家,有人跟我做伴了……"

有这样的好妻子,贺贤土十分欣慰,她把家庭的负担扛在身上,使贺贤土能够专心工作,而她自己,放弃了自己的专业,牺牲了自己的事业,全身心地哺育儿女,支持丈夫。

五、注重基础,核研究领域的"多产科学家"

贺贤土在核物理领域取得了多项成果。1988 年起,贺贤土组织领导并参与了激光驱动惯性约束聚变理论研究,与研究人员一起成功获得神光 I 激光装置上间接驱动内爆出热核中子。2000 年在神光 II 激光器上又获得 4×10^9 高产额热核中子,使我国成为国际上五个具有整体研究惯性约束核聚变能力的国家之一。1989 年起,他主持并完成了国家 863 计划惯性约束核聚变主题专家组("416"主题)的立项论证和报告研究。1993 年起惯性约束聚变成为国家 863 计划的一个直属主题,贺贤土先后任主题的秘书长和首席科学家,组织领导我国激光驱动惯性约束核聚变的研究工作。在他领导下,我国建立了独立自主的惯性约束核聚变研究体系。在基础科学研究方面,他主要从事高能量密度物理、非平衡统计物理、强场物理、激光核聚变物理和非线性科学方面的研究工作。他的大量成果受到国际同行很高评价。他是国际上很有影响的惯性约束核聚变的著名专家。他先后在国内外著名杂志上发表了 150 余篇科学论文,多次应邀在国际大会上做特邀报告和评论报告,并多次担任有关国际会议的主席、合作主席和科学顾问委员会成员。

伴随着一个又一个科研成果的取得,各方面的荣誉也接踵而至,他先后获国家自然科学奖二等奖一项,国家科技进步奖一等奖和二等奖各一项,部委级奖七项,还获得何梁何利基金科学与技术进步奖等奖项。2001 年获国家 863 计划突出贡献先进个人奖。

贺贤土把他在核研究中取得的成绩归功于重视基础研究。他说:"基础研究中,尤其要创新,多提出问题,多问为什么。要知其然,更要知其所以然。"

六、老骥伏枥,情系家乡育桃李

1999 年,贺贤土欣然接受四校合并后的浙江大学的邀请,回母校兼任理学院院长。他当时的想法是我国的高校与研究所之间是互相脱节的。一方面,高校有大量的优秀人才,特别是年轻人,他们思想很活跃,没有更多思想框框,而研究所则缺乏这样的人才;另一方面,研究所有很强的专业知识和高水平的仪器设备,高校却无法很好地利用它们进行研究。如果两者能互补,不是更好吗!所以他想做一尝试,把两者联结起来进行优势互补。当然,作为一个从事 40多年科学奥秘探索和研究的理论物理学家,贺贤土有一个愿望:把他多年来的探索与研究、成功与失败、经验与教训反馈给教育,传授给下一代,为祖国培养有用人才。事实上,在从事研究工作和担任领导工作的同时,他从 20 世纪 80 年代末就开始担任博士生导师,培养了数十位研究生。

2000 年,贺贤土应家乡领导的要求,又出任宁波职业技术学院院长。他对宁波职业技术学院也倾注了很大心血。对于高等职业教育他有着独特的理解,尤其对当前高职教育培养目标、人才培养模式及类型、产学研结合等问题有着独特的看法。他认为:"培养的人才一定要满足社会经济发展需要,特别是地方经济发展需要。高职的培养目标和要求与地方经济发展实际紧密结合起来,高职就会有很强的生命力。"因为产、学、研紧密结合,宁波职业技术学院的毕业生近年来在大学生就业难的大背景下出现了供不应求的局面。

贺院士几乎每月都到职业技术学院指导一次工作,参与学院在发展和管理方面的决策。贺院士的老伴说:"自己的小孩他都没有这么用心过,孩子的功课都是我辅导,现在整天想着宁波那些学生。"的确,七十岁上下的他不顾旅途劳累和身体不适,往返在京甬之间 1000 多公里的路途上。这是怎样一种精神呢?我们尝试着寻找这位早出晚归老人的动力源泉。当看到贺院士谈起自己学校的毕业生就业情况时的欣慰神情,我们找到了答案。

"多产作家"

——记贺贤土院士*

朋友,当你有幸进入科技领域,并想在某个方面做出一点成就的话,请记住:永远不要在科研探索道路上知足……

——贺贤土

他又一次站在那里,身后是宁波镇海的新碶镇,这个昔日的滨海小镇,已成为北仑大港。金塘岛犹如一把利剑插向大海深处,将这里变成一个天然避风良港,隔着来往穿梭的艘艘万吨巨轮,遥望那天水之间影影绰绰的一道黑线,一声汽笛又将贺贤土的思绪拉回到了1942年的春天……

一、"赐福使者"与聪颖好学

父亲、姨夫和贺燮堃(贺贤土在家的曾用名)乘着渡轮驶离了新碶,去金塘岛参加大表哥的婚礼。对于小燮堃来说,这是一次难得的出行,令他兴奋不已。但他没有想到,由于聪颖机敏,这次贺喜,拉开了他充当"赐福使者"的序幕。

镇海一带有一个几千年流传下来的风俗:要选两个五六岁的男孩,在婚礼中充当喜郎。除了孩子本身要聪明伶俐之外,家族还要有连续的长寿史。贺燮堃荣幸地当选,并按习俗在婚礼的前夜睡在了洞房的新床上,去圆大表哥一家人丁兴旺的梦。

李家峃的祠堂张灯结彩,大红喜字高悬,香烟缭绕,烛火通明,喜幛林立,大堂的显著位置张贴着一篇数百字艰涩骈文写就的祝文,洋洋喜气溢满一堂,欢快的鼓乐声簇拥着新人行至堂前,众亲戚和前来道贺的乡亲,人人争相一睹新娘的娇容。

"诵祝文。"司仪一声宣布,大堂里霎时静了下来。

小燮堃跨前一步施礼,镇静地迎着道道热切的目光,抑制着一丝不安:祝文晦涩难懂,有不少字以前没见过,更不理解含义。昨晚上父亲和姨夫稍加点拨,他读两遍之后就全部认得了。

"维中华民国……"朗朗童声抑扬顿挫,清脆地萦绕于众宾客的耳际。

* 作者:吕旗。节选自《中国当代著名科学家故事》,贵州人民出版社,1998年。

"这孩子多大？读得这样好。"

"看上去不过五六岁，能认这么多字，真聪明。"

"他是谁家的？"

"好像是新碶来的，新郎是他大表哥。"

"哦，下次我家办喜事，不知能不能请到他当喜郎？"

"去问问看。"

这次婚礼上的出色表现，使燮堃的喜郎生涯一发而不可收，在其后的十几年中，亲戚叫，乡亲请，他一共当了不下二十次的"赐福使者"。

他读起书来很专心。小学的功课门门都名列前茅，经常得到老师的嘉许。如果作业不完成，即使是最好的朋友，也别想把他从书桌前拉入游戏的行列。凡是能找到的书，从《幼学琼林》《孟子》《论语》到一些武侠小说，他都广泛涉猎。

1949年，他刚好小学毕业。随着大陆的解放，舟山群岛解放战役拉开了帷幕。新契集结了大批的人民解放军，新碶镇作为重要的入海口之一，经常遭到国民党飞机的骚扰轰炸，学校被迫停课。

为了躲避战事，他来到乡下一个山吞的姨夫家。有一次，他随表哥上山放牛，山上有一片很大的墓场，埋葬着从清朝以来的成百上千亡灵。富丽堂皇的坟头，挡不住时代的前进。而那些遣词组句讲究的碑文，对仗工整的楹联，却成了勤学不倦的教材。从此后，他与表哥一起逐块碑文细细研读，加上他以前背过大量诗文，到后来他也开始摇头晃脑地吟起了"炊烟缭绕始起，鸟啼庄客犹眠……"等自己创作的田园诗句。

二、向科学进军

尽管在小学时老师为了方便，将大雅的贺燮堃改成了大俗的贺贤土，但这丝毫未能改变他勤于思索的习惯。大自然中的一些现象，特别令他着迷：蜻蜓为什么会飞？平时沉在水底的石头，为什么能在水中打出一连串的水漂，然后才沉下去？……类似的问题，他给大人一提就是一大堆，得到的回答却不多。一种求知的欲望，使他成为同龄伙伴中为数不多坐得住的几个人之一。一个问题不弄得水落石出，他绝不轻易地放弃。不懂的事情，就要寻根问底找出道理所在，弄懂之后，又增加了向更难的问题冲击的信心。周而复始，使他对科学道理的兴趣越来越浓厚。

这时发生的两件事和他间接认识的两个人，对他的中学生活产生了巨大的影响。

1952年，团中央发出了"学习成为中国青年特别突出任务"的号召。一天，他在《中国青年报》上读到了一篇文章——《他为什么能扛大旗》，其中详细地介绍了北大毕业班学生周光召刻苦学习的事迹，令贺贤土钦佩不已。作为校学生会主席的他，积极响应党的号召，把周光召当作楷模，激发出了极大的学习热情，成绩一直保持着全年级的第一、二名。

无论是在私立辛成中学(今镇海中学),还是在宁波一中(今宁波中学),他都是一个全面发展的好学生。特别是高中之后,他历任校团委的体育部长、文化部长,是学校的尖子学生。所学的课程已不能满足他如饥似渴的求知欲。他开始涉猎不同领域的知识,了解了许多解释生活中为什么的自然科学道理,就连一般中学生不太愿读的胡风等人写的文学评论文章他也念得有滋有味,颇有心得。自然科学、社会科学的丰富内容让他流连忘返。那么,今后考大学究竟读什么专业呢?

他的上几辈都是本分人,从爷爷起就深信:只要学好一门手艺或技能,哪怕社会动荡,都能有口饭吃。但是,今天的社会历史环境和社会发展要求,让他有了更高远的志向;太多的选择可能,又使他在人生道路的十字路口上举棋不定,踟蹰不前。

1956年寒假,在党中央"向科学进军"号召下,共青团宁波市委组织了学生干部学习班。在一个内容丰富的展览上,半导体、原子能、裂变、聚变,在他的眼前展示出一个前所未有的科技空间。放映的影片中,有著名物理学家王淦昌先生在苏联杜布纳工作的情景和基本粒子方面的成就,令他十分崇敬,也深深地激起了他的兴趣。他为我国科技发展前景而激动,更为科技应用于社会主义建设事业已取得的成就而兴奋。这次学习,使文科与理科都很出色的他下定了决心:研究自然科学,响应党的号召,向科学进军。开学后,他开始自学大学的课程,一本本地啃起了那套苏联物理学家福里斯编写的《普通物理学教程》。

1957年,他成为浙江大学物理系理论物理专业的新生。

三、初期成果的获得

1962年11月,已在浙江大学留校任教的贺贤土被重新分配到了当时中国核武器研究所理论部。

为了搞出中国自己的核武器,国务院从全国各地抽调了大批科技骨干,在一个不太大的院落里,云集了我国当时一些最优秀的科学家和全国各大学的优秀毕业生。

没有想到的是,对贺贤土的学习生活产生过重要影响的王淦昌、周光召,现在成了他的同事和直接领导者。

能与自己学生时代所崇敬的人及一大批国内外知名的科学家共事,贺贤土十分兴奋。到了理论部后,原子核、原子、电子、中子、γ射线……一系列看不见、摸不着的研究对象,使贺贤土进入了一个虚无缥缈的抽象世界。而在整个核武器设计制造的系统工程中,这些物质又无时无刻地不在产生着决定性的作用。要在这些顽皮的小精灵身上,套上一根根无形的绳索,让它们顺从设计者的意志,在物理过程中按部就班地发挥作用,对于刚参加工作的他来说,无疑是一个极具诱惑力的挑战。

他在老同志的指导下,承担了原子弹研究中一项难度较大的课题,经过两年的努力,在同事们的积极协助下,他出色地完成了这一任务。随后,在氢弹原理突破和我国首次地下核试验的理论研究中,他在核试验诊断理论、核装置理论设计和核武器多种物理过程分解等多个研究领域,均做出了值得称赞的成绩。这个年轻的理论研究人员,经历了一段磨炼,在而立之年,已经成长为一个经验丰富,可以承担重大任务的优秀科研工作者。

四、从"逍遥派"到专家

十年浩劫的风暴,席卷到中国大地的各个角落。贺贤土有过"前科"——在大学曾被冠以"只顾学习,不关心政治,走白专道路"的罪名,数度被拔过"白旗",遭受批判。从浙大到理论部之前,又因有亲戚在海外,被审查了近半年。在这场旷日持久的劫难中,开始他还表现出积极态度,但很快他就只配当一个"逍遥派"了。这种处境,却正好使他置身于台风眼中,能够安心于努力从事业务工作,同时排除干扰,把思维的触角伸向许多新的学科领域,这使他研究工作涉及的面愈来愈广。1975 年,他负责的小组承担了一项难度很大的核武器理论课题,1977年又承担了某种新型核武器原理探索工作。作为主要研究者,他领导研究小组对十分复杂的理论过程以及一系列关键环节进行了大量的分解研究,终于对有关的物理规律取得了重要认识,为这种新型武器装置的理论设计并确保试验成功,做出了重要贡献。工作成果使他荣获了国家科技进步奖一等奖和国家自然科学奖二等奖。长期的核武器研究和设计实践,使他成为一名优秀的核武器理论研究专家。

五、蜚声海内外

贺贤土是个科学研究的有心人,在应用研究的过程中,他常常提炼出很多基础研究的课题进行深入研究。他坚持认为,要想深刻了解应用问题的本质,必须借助于基础研究的成果和思维方式,才有可能在应用研究中提高研究水平。这也成为他多年来在变化多端的各项工作中都能有所建树的一条重要经验。

20 世纪 70 年代初,结合所从事的业务,他选择了非线性等离子体作为主攻方向。从 1980年开始,他的研究论文陆续在国内外有关学术刊物上登载,受到同行们的关注。1986 年,经周光召先生推荐,他应邀到美国马里兰大学进行等离子体物理研究。出国工作期满后,1987 年底他毅然按期回到了魂牵梦萦的祖国。

在非线性等离子体物理和非线性科学基础研究领域中,他充分地展示出骄人的才华。

他在国内外重要杂志上发表了大量论文,不少论文被国外同行大量地引用。"这是粒子加速的重要机制之一""这是近期湍流研究的创新模型""该研究为该领域中重要贡献""应用贺的方法进行研究""关键的发现"……这些来自国际重要学术刊物及一些重要学术交流活动中国内外同行的评价,肯定了他在近百篇论文中所取得的成果的价值,也使他成为短期内就跻身于非线性等离子体领域的知名的中国学者。

六、站在中国惯性约束核聚变研究的前沿

1989年1月26日,正午的阳光照耀着静谧的中南海,载着于敏和贺贤土的轿车,缓缓驶入中南海西门。王淦昌、王大珩、邓锡铭也相继到来,被迎进总理办公室。少顷,李鹏总理笑容可掬地出现在大家面前,与大家一一握手致意。工作报告开始,王淦昌院士首先简要地介绍了惯性约束核聚变(ICF)原理和作为能源的发展前景。作为电力专家的总理,非常详细地询问了许多专业的技术细节。于敏院士详细介绍了ICF原理,并分析了当前国际ICF发展现状及我国开展该领域研究的重大意义、研究水平和实力……三小时很快过去了,李鹏总理对于我国已开展的ICF工作给予了充分肯定,并对今后的发展做了重要指示。

这是贺贤土归国不久参加的一次重要活动。回国后他开始负责研究所的ICF理论研究。中南海汇报后,在王淦昌、王大珩、于敏三位院士的指导下,他开始负责起草我国ICF研究整体工作规划,并出任国家863高科技计划ICF立项论证小组组长,执笔完成了《惯性约束核聚变研究项目立项报告》。1992年10月,国家863高科技计划惯性约束核聚变立项评审小组在报告上写下了这样的评语:"该报告深入和全面地规划了我国ICF研究的意义、目标、目的、主要研究内容和分段实现目标的步骤,建议该项目立即纳入863计划。"1993年2月,国家863高科技计划惯性约束核聚变主题专家组成立,贺贤土任专家组秘书长,协助首席科学家全面负责该项目的组织、落实。

贺贤土成了一个大忙人。用他的话说:"时间、精力真是不够用啊!"

1996年,在全国各地近千人的艰苦努力和主题专家组的协调领导下,惯性约束聚变主题取得了喜人的成果。

看到我国ICF研究迅速发展的势头,作为该主题的秘书长,贺贤土感到骄傲与兴奋。他不仅为整个研制工作的整体规划和组织协调管理呕心沥血,也在具体的研究中,对于靶点火的模型提出了独特的构想,被国外评论为"重要的发现",数篇论文也相继在国际学术会议交流和有影响的学术刊物上发表。

1995年,贺贤土当选为中国科学院院士。由于他在国防科研、基础理论等多个领域中都做出了贡献,他被称为科学界勤奋不辍的"多产作家"。

干净的最终能源

——访惯性约束聚变专家组首席科学家贺贤土院士[*]

激光惯性约束受控热核聚变是强激光技术与等离子体物理、核物理等多学科结合形成的一个新领域。聚变能将逐渐成为人类的最终能源，同时将从根本上改善地球的环境和资源状况。

发生在太阳内部的轻核聚变反应所释放的能量是地球上所有生命形式的能量之源。实现可控热核聚变使得取之不尽的聚变能造福人类，这一直是科学家们的梦想。与其他形式的能源相比，聚变能有无可替代的优越性，被人们称之为"干净的最终能源"。1964年，我国著名物理学家王淦昌提出激光聚变概念。1993年，国家863高技术惯性约束聚变主题专家组成立，组织全国的科研力量，在国际上首先取得间接驱动产生热核聚变中子的成果，在这一领域的研究中我国科学家做出了有自己特色的贡献。

能源问题始终是现代文明向前持续发展的一大障碍，经常是引发冲突的根本原因。激光惯性约束受控热核聚变将在21世纪中叶实现商业运行，它证明爱因斯坦的质能方程 $E=mc^2$ 不仅能造出原子弹、氢弹，同时也为解决人类的能源问题带来希望。

记者：请您谈谈受控热核聚变能源有哪些优势。

贺贤土：它跟传统的能源，如煤、石油、天然气完全不同，所用的原料材料是氢的同位素氘和氚，也叫重氢和超重氢，可以说是取之不尽的。据估计，1吨海水中大约有40克氘，氚怎么来呢？1吨海水里约含0.1克锂6，锂6在中子照射下就会产生氚，所以自然界有大量的氘和氚，聚变的材料比裂变的重核材料多得多。有人估计过用海水提炼出来的氘和锂6产生聚变能，不是一两万年能耗尽的。煤大概只能用100年，石油再用30年就差不多了，用铀产生的裂变能也只能用100来年。核能源与常规能源比，它的最大的好处是大大减低二氧化碳的排放量，可以缓解温室效应。裂变能要处理半衰期很长的放射性废料，而聚变能的放射性很微弱，也就是那些放射出来的中子打到物质上产生的短半衰期的放射性，因此聚变能源

---

*　作者：邓梓俊。原载于《Newton-科学世界》，2001年第5期。

比裂变和常规能源干净得多。

记者：人类现在利用得较多的是裂变能，而您研究的是聚变能。请您解释一下两者的区别。

贺贤土：原子核可以分为重核、中等重量的核和轻核。重核如铀、钚等，核里边中子比质子多得多，当中子打到重核上面时，它就可能变成两个碎片（当然钱三强也发现了小概率变成三个碎片的情况），与此同时它就释放出能量，根据爱因斯坦的质能公式，这是一种质能的转换关系，质量亏损后放出的结合能就是裂变能。

而轻核如氘、氚，因为它的核子数很少，在一定的条件下易克服两者之间的电磁斥力聚合在一起，并释放出高能中子，产生聚变能。一次裂变可以释放 180 兆~200 兆电子伏的能量，合并两个到三个中子，这些中子又去打另外的核，这就形成了所谓的链式反应。聚变是轻核之间的聚合，比如氘和氚在一定条件下会变成一个氦，同时出来一个中子，整个释放过程会放出 17.6 兆电子伏的能量，其中中子带了 14.1 兆电子伏。虽然一次裂变比一次聚变释放的能量要多，但是因为单位质量的裂变核数量个数要比轻核的少得多，所以单位质量轻核释放的能量比重核多。从整体来说，仍然是轻核释放能量要多。这两种途径都是释放核的结合能，一种是重核裂变产生的，一种是轻核聚变产生的。

记者：请您谈谈热核聚变反应和聚变能的基本原理。

贺贤土：在高温下，氘核和氚核相互作用，会聚合成一个比较重的氦核，也就是 α 粒子，同时放出一个中子，并释放聚变能。虽然一个氘核和一个氚核聚变释放的能量微不足道，但 0.1 克的氘氚（粒子数各约 $1.2×10^{22}$ 个）聚变却可以释放相当于 8 吨 TNT 炸药的能量。如果这些能量在短时间内放出，足以把一座山夷为平地，氢弹就是通过氘氚聚变在极短时间内放出巨大能量产生强大的破坏力的。要想和平利用聚变能造福人类，就必须实现可控热核聚变，也就是要使能量平稳放出，要实现可控热核聚变必须创造两个基本条件：一是从外界提供能量，把一定量的氘氚燃料加热成高温等离子体状态，实现点火，使热核反应（燃烧）自持地进行；另一个条件是设法约束住高温等离子体，使它不会因为快速膨胀而灭火，令热核燃烧充分进行。当然，在可控热核聚变的条件下，氘氚装置和它产生的功率将受到限制，不会造成像核武器那样的破坏力。

记者：目前正在研究的受控热核聚变途径有哪些？

贺贤土：目前比较可行的方式有两种，一种是磁约束，另一种是惯性约束。在高温条件下，聚变原料都处于等离子体状态下，粒子杂乱无章地互相碰撞，压力很高。如果不把这些粒子约束起来，那它们很快就会跑掉，而一旦让它们跑掉，反应物的密度就会很低，温度也很快降低，那样就不可能产生聚变反应。把这种高温等离子体约束起来的其中一种途径就是利用磁场。大家都知道在磁场的作用下，带电粒子沿着磁力线运动，所以它就不可能跑掉，磁约束现在比较典型的装置叫托克马克（Tokamak）。托克马克就像一个"游泳圈"，圈里面就是高温氘氚核，圈外面绕着线圈，通上电流后线圈就产生磁场。为了保证带电粒子沿着磁力线运动，产生磁场的结构需要特殊的设计。也就是说，利用磁场使参加热核聚变的粒子沿着磁力线运动而不会跑掉，这叫磁约束。

实现惯性约束聚变,首先要有一个驱动器,通常是使用大功率的激光器,另外用离子束也是一个途径。先将氘氚燃料(一般只有几毫克)装在一个球形小容器里,称为靶丸。靶丸就像一个小球,球的内部是冷冻的氘氚主燃料层和一个充有稀薄氘氚气体的大空腔。用驱动器在很短的时间里提供非常大的能量,均匀地作用在靶丸表面,将其加热成高温、高压等离子体。高温不断烧蚀壳层产生等离子体,高压使等离子体快速向外喷射,同时形成一个向球内作用的强大反冲力,使没有被烧蚀的"冷壳"层和氘氚燃料以很高的速度向小球的中心会聚,这就产生了所谓的内爆。大家都知道火箭,在喷气的同时火箭向前推进,惯性约束的整个过程有点类似于火箭运动。

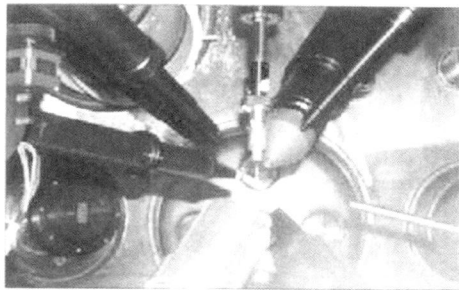

左图为目标腔外部。靶丸(氘氚燃料)装在球形目标腔容器里,超强激光通过目标腔汇聚到靶丸上。上图为目标腔内部,目标腔的内部是靶丸燃料的地方

记者: 为什么叫作惯性约束的聚变呢?

贺贤土: 跟磁约束通过磁场来约束高温等离子体的途径类似,惯性约束是通过惯性来约束的。在内爆过程中,压力从四面八方向中心汇聚。这就像百米赛跑,当我们以很快的速度跑到终点时是不能即时止住的,得往前冲一点。所以在刚才提到的反作用力下,反应材料基本上都被推到中心,因为惯性基本还在向中心挤,就像一圈人在看热闹的时候,如果外头的人使劲往里挤,因为惯性的原因大家都会自然地往里压。同理,在热核反应区,尽管温度和压力已经很高了,反应物要向四面八方散开,一旦向外飞散开来就会发生灭火现象。但由于惯性作用,高温、高密度的氘氚在保持向心运动的惯性作用下,在来不及散开的一个很短的时间内(约 0.1 纳秒)进行了充分燃烧,同时就会达到一个很高的能量增益。所以经过激光照射到靶球表面产生高压内爆,达到点火条件以后,通过惯性,在很短的时间内不让反应物飞散开来而维持燃烧,放出大量聚变能完成热核燃烧,这就是为什么把这种核聚变途径称为惯性约束的原因。

记者: 您刚才提到的"高增益"具体是一个什么样的指标?

贺贤土: 所谓"增益",这里指的是热核聚变释放的能量和驱动器输入的能量的比值,高增益指的是比值达到 100:1 左右。从建造电厂的角度来看,这一前景是十分诱人的。这也是科学家一直锲而不舍地追求实现可控热核聚变的动力。

记者: 通过磁约束或惯性约束产生聚变能这两种途径,哪一种会先期进入商业应用?

贺贤土: 惯性约束核聚变大概要到 2010 年才有可能实现点火,达到一种实验室演示的程

度。对于托克马克,前一段时间日本 JT60 有了重要的进展,它的输出功率和输入功率之比已经超过 1,但要实现自持的点火,也就是说点火之后它能自己燃烧下去,现在看来还有一段时间。

据估计,2025 年左右将会达到实验室演示的程度。2045 年左右有可能进入商业运行,也就是说发电。对于核聚变来说,除了科学可行性之外,还有大量的工程问题需要解决。对于惯性约束核聚变还要进一步提高驱动器的效率,有每秒能发射几个脉冲的能力,这方面目前已有想法,正在取得进展。驱动器与反应堆可以分离,也是惯性约束核聚变用于能源的一个重要优点。工程可行性问题解决了就可以建设电厂进行演示,进一步就是要降低造价,达到经济上可行、电费可以接受的程度。

记者:惯性约束聚变研究的状况是怎样的?

贺贤土:1964 年,王淦昌先生提出了用激光照射氘和氚组成的靶球产生热核聚变的方案,这就是惯性约束聚变最早的雏形。后来中科院上海光机所的邓锡铭开始研制高功率激光器技术,研制成六路激光器。激光聚变研究不仅是器件问题,更重要的是搞清楚物理规律,因此要进行理论、实验、诊断技术、制靶以及激光器的同步研究。1993在国家 863 计划内成立惯性约束聚变主题

专家组,规划了我国惯性约束聚变发展的总体蓝图。神光 II 是"十五"计划惯性约束聚变物理研究的主要驱动器,现在正在进行神光 III 的研制,预计在 2010 年建成,这是点火前物理研究的驱动器。目前我国的总体蓝图是 2015—2020 年建成神光 IV,在实验室演示点火,在 2025 年以后,实现演示电厂的目标,进而在 21 世纪中叶实现惯性约束聚变能发电。

记者:1989 年,美国科学家宣布,他们成功地在实验室实现了"冷核聚变"。请问冷核聚变的可行性如何?

贺贤土:"冷核聚变"曾经热了一阵子,但是总的结果就是没有很好地得到重复。发现一个新的聚变机制,它的实验基础必须是十分牢固的,通过大量的实验去搞清楚到底有没有发生聚变,为什么会产生中子,这才能逐步形成一种新的理论。到目前为止,"冷核聚变"的第一步还没有做到。据我所知,尽管很多人都说有重复但从整体来看,不能重复的占绝大多数。没有足够多的重复,使人们没法利用这些数据去探索产生这样的现象以及产生中子或者产生其他过程的原因到底是什么。所以,我认为到目前为止冷核聚变还是处于一种缺乏实验数据的状态。"冷核聚变"现在叫"室温核聚变"或者叫"反常核现象"。尽管与其相关的国际会议也不少,但到目前为止还是没有一个明确的看法,很难定论。

记者:除了实现热核聚变,惯性约束聚变还有什么其他的用途?

贺贤土:它还有很多用途,一个是国防上,另一个很重要的就是用于基础研究。如已有人用它在研究超新星爆炸的过程,研究地球的高温高压地核特性,用惯性约束聚变激光驱动器研

究 X 光激光,利用超短、超强的激光器研究原子在极端条件下的各种过程,等等。

记者：彭先觉院士不久前向外界透露了用核爆炸手段实现"藏水北调"的构想,您做何评价？

贺贤土：彭院士是我的同事,我们曾讨论过能否用核爆炸的方法进行一些工程量巨大的交通基础设施建设的问题,例如把一座山炸掉。用核爆炸手段实现藏水北调工程除了技术上的问题之外,还要考虑到经济上合不合算。从技术的角度看,在地下进行核爆炸会尽量选择一些比较干净的核原料,但核爆炸不可能完全是聚变反应,肯定有一部分是裂变的,如发生裂变,就会产生半衰期很长的放射性污染物,它们会慢慢渗透到地下水里,这影响就很大了。这个设想很好,但如果具体实施起来,工程、技术、经济上的可行性都必须得到很好的满足才可能实现。

记者：您对基础科学与应用技术这两方面的研究有何体会？

贺贤土：实际上我是两条腿走路的。一方面从事基础研究(我是 973 非线性科学专家委员会的委员),另一方面也从事以应用为主的研究(比如说国防和聚变的研究)。现在有些从事技术的人,只对自己的技术领域感兴趣,而对基础科学是怎么促进这项技术发展的了解得不多。

为什么我们国家多年来在超新技术方面的创新比较少,我认为这是一个非常重要的原因。所以我认为搞技术的人也应该搞一些基础研究,这样可以开阔思路而且对技术问题了解得更深入,通过基础研究来促进技术的发展。

记者：您曾经呼吁过要重视素质教育,特别提到自然科学与人文科学的关系,您觉得现在问题的症结在哪儿？

贺贤土：从事人文科学的人应该了解一些自然科学,从事自然科学的人也应该了解一些人文科学。从事人文科学的人,比如说记者,如果不了解一些自然科学的内容,那报道的内容肯定不会是确切的。同时,科学素养能促进人思维的发展。搞自然科学的人也一样,人文素养能陶冶他们的情操。

如果没有一定的人文科学水平,即便科研工作搞得很好也不能精确地运用文字把思想表达出来。搞科研是一个群体的行为,研究的过程实际上就是群体讨论、交流、相互吸取的过程。任何一项科研成果,在某种意义上来说都是建立在前人的基础上的,所以现代的科学家也好,年轻学生也好,都必须理解自己跟他人、跟社会的关系。科学的理念是通过群体的行为转化为技术力量的,我想这是很重要的。

中科院院士贺贤土的故事[*]

贺贤土,中国科学院院士。1937 年 9 月 28 日出生,祖籍宁波镇海(今北仑区)。1954 年镇海中学(原辛成中学)毕业,升入宁波一中。1957 年考入浙江大学物理系理论物理专业。1962 年毕业后进入中国工程物理研究院(前身为二机部九院),在北京应用物理与计算数学研究所(前身为九院九所)工作。1986 年 6 月至 1987 年 11 月任美国马里兰大学物理系访问科学家和物理科学与技术研究所高级研究员,1987 年 11—12 月任比利时自由大学访问教授并讲学。1988—1997 年任研究所科技委员会副主任、副所长(1991 年起)。1995 年被评为中国科学院院士。1996—2001 年任国家 863 计划惯性约束聚变主题首席科学家。

现任中国科学院学部主席团成员和执行委员会成员、中国科学院数理学部主任;中国工程物理研究院专家委员会委员、研究员、博士生导师;863 计划领域委员会委员;浙江大学理学院院长、宁波职业技术学院院长;总装备部科技委兼职委员、国家自然科学奖评审委员会委员、高功率激光物理国家重点实验室学术委员会主任等职。

长期从事核武器物理、核聚变与等离子体物理、理论物理专业研究。发表了 120 多篇科学论文,并多次在国际性学术会议做邀请报告和担任有关国际会议的主席、合作主席及科学顾问委员会成员。"九五"期间,在他组织、领导和努力下,我国惯性约束聚变研究取得了阶段性重大成果,建立了独立自主的研究体系。获国家自然科学奖二等奖一项,国家科技进步奖一等、二等奖各一项,部委级奖七项。2000 年获何梁何利基金科学与技术进步奖;2001 年获国家 863 计划突出贡献奖。

一、与著名科学家在一起

1962 年,贺贤土大学毕业,被分配到中国工程物理研究院工作。中国工程物理研究院人才荟萃,精英云集,其中"两弹一星功勋奖章"获得者、著名科学家于敏、王淦昌、邓稼先、朱光亚、陈能宽、周光召、郭永怀、程开甲、彭桓武等都曾经在该院工作过。

尽管在进入这个研究所之前贺贤土做过种种猜测、遐想,尽管贺贤土也知道在这个研究所

* 作者:徐群飞。原载于《天下宁波帮》,2005 年第 4 期。

工作的有大名鼎鼎的科学家,但他从没想到,首先接待他的竟是他心中的偶像周光召。

周光召当时是九所常务副所长,看上去很年轻,三十几岁的样子,与贺贤土相差不了几岁。贺贤土既兴奋又紧张。兴奋的是能与自己崇拜的偶像一起工作,而且在专业上也可以彻底地放心了,因为周光召也是搞理论物理研究的;紧张的是自己能不辜负大科学家们的期望吗?能把学生时代的梦想变成现实吗?但从周光召温厚的笑容里,从周光召信任的目光里,贺贤土对未来充满了信心。

到研究所的第二天便开始上课,第一个执教者就是著名核物理学家彭桓武。他教贺贤土他们怎么计算核武器爆炸后伽马射线的当量。当时我国第一颗原子弹爆炸在即。当原子弹爆炸后,会释放出很多诸如中子、冲击波、伽马射线等物质。它们都有很多参数需要计算和测量。伽马射线的当量会因为距离的不同而有所不同。譬如一公里处的当量是多少,十公里处的当量是多少;先计算出一个理论上的数据,给测量的同志一个范围,然后运用各种仪器进行测量。彭桓武教的就是测量和计算的方法。

但每每在彭桓武先生讲课的时候,碰到什么问题,总见旁边一个中年男子站出来对彭先生发表不同看法。彭桓武先生也不以为意,与对方展开讨论。有时甚至争得面红耳赤。但过后,他们又和好如初。开始的时候,贺贤土感到十分奇怪,这是谁呢?这样的授课方式在大学里也不曾有过的啊!

后来才得知,那位与彭桓武先生展开论争的就是著名科学家程开甲先生。

彭桓武先生上课的时候如此,程开甲先生上课的时候也是如此,彭桓武先生也与他展开论争。习惯了以后,贺贤土他们也参与其中,有什么不懂的,或有疑问的,或有自己的见解的,都可以随时提出来。

整个研究所里洋溢着浓郁的、自由的、平等的学术氛围。

事后想起来,贺贤土十分怀念那段岁月。他说,正是这种自由、平等的论争,消除了疑问,碰出了火花,激发了灵感。真理愈辩愈明。科学研究既需要"板凳能坐十年冷"的寂寞,也需要这种旨在追求真理的论争。科研单位与学校有什么不同?区别就在于此。

所有这一切,都给贺贤土留下了深刻的印象,成为他毕生献身科学事业的精神财富和无穷动力。

二、研究氢弹试验的热测试理论

在我国第一颗原子弹爆炸成功之后,1965年1月,毛主席又明确指示:"原子弹要有,氢弹也要快。"有了氢弹以后,我们的翅膀会更硬,美国人会感觉到中国人越来越不好对付。于是我国又投入了氢弹研究。在当时的情况下,贺贤土主要从事的是氢弹试验的热测试理论研究。

关于核武器研制,首先要突破物理原理,取得热试验证实,以后就进行各种型号的物理设计(总体理论设计)。理论部门完成总体物理设计后,交给工程设计部门进行工程总体设计,接着是生产部门的核装置部件的生产和加工，最后是总体组装。核装置组装后要在核试验场进行热试验，成功后，再进行各种环境试验，最后变为武器，才能交付部队。

热试验时要进行物理的、化学的测量，并对测得的大量数据进行分析，以确定装置的性能，最后反馈给物理设计人员，为下一步的设计提供依据。所以热试验前后从事理论和实验研究的人员要密切合作。理论人员常常先要提出测试项目，并对项目的物理内容进行研究，建立物理模型，并通过大型计算机算出数据，提供给实验人员进行实验量程和测试方案考虑，测试后又要与实验人员进行分析。为此，九所建立了一个热测试理论研究组，组长是老同志陈乐山。在第一颗氢弹试验前后，贺贤土是这个组的主要业务骨干之一，主要负责氢弹爆炸过程中若干可供实验测试物理和放化问题的理论研究和计算，通过实验测量研究以确定热试验的当量大小、核反应过程，推断装置爆炸后的参数。

当时，贺贤土与数学组同志合作，对已设计好的氢弹装置作用过程进行大量细致数值模拟计算，并与实验人员一起研究测试方案和试后分析，通过试后研究，积累了有关氢弹特性的大量数据。贺贤土发挥他好学深思、追根究底的研究习惯，对问题总是抓住不放，冥思苦想，剥茧抽丝，找资料看文献，总想要了解其所以然，不满足知其然，从工作中提炼出很多基础问题进行研究。对研究成果，贺贤土写了很多内部报告，建立了不少有关的物理模型。从近似解析解和数值计算去研究物理问题。这不仅对所研究问题有更深入的了解，提高了研究质量，而且对自己研究水平的提高很有帮助。

由于他不仅仅满足于计算出结果，而且能深入探讨物理规律，举一反三，把问题说清楚，能解决很多实际问题，所以较受实验研究人员欢迎。无论是院里的实验部同志，还是马兰基地的研究所同志，一看见贺贤土他们来，便很高兴，因为他们知道，带给他们的，将是能令他们畅游一番的理论之水。

三、艰苦而危险的地下核试验

在原子弹、氢弹空爆成功后，我国又进行地下核试验。试验的地方是新疆的马兰。1969 年8—9 月，正值我国第一次地下核试验前夕，贺贤土他们在试验场的工作十分紧张，也十分不安全。当时工兵挖了山洞以后，贺贤土经常与做实验的同志一起去洞里爆室附近看地位，安放测试探头，做实验。有一次一种测试仪器偶然被带进洞里，结果计数器上的数字跳动得非常厉害，急剧升高。专家们都很着急，这是怎么回事？是产品本身的放射性物质泄露了，还是山洞内有贫铀矿？后来才发现原来是氡气。氡气是一种含放射性的气体，吸入量大了对人体会构成很大威胁，对人的呼吸系统，特别是肺部危害很大。虽然地面上也有氡气，比如房间里装潢，像大理石就有氡气，但一般浓度不高；但洞里氡气的浓度就相当高，加上通风不太好，就更具威胁。然而，战士以及做实验的同志都是一连几个月都待在那里，天天在洞里喝水、吃饭，一心想的是干好工作，不懂得怎样保护自己。王老（王淦昌）就向上级提出来，这样的环境对战士、对实验人员很不利。当时基地有个司令,指挥作战很有一套,但不懂科学,他不信,便跑到山洞里跟战士们一起吃午饭,以示同甘共苦。以致后来九院的军管会还批判王老,说他贪生怕死,自私自利思想严重。王老哭笑不得。

马兰基地地处戈壁深处,戈壁滩的特殊气候决定了那里白天像火炉,冬天像冰窟。1970年冬天,贺贤土在核试验基地的红山的核试验研究所负责第一次地下核试验测试项目总结,有一个晚上忽然停电了,室内气温突然下降到−30~−20℃,贺贤土盖了三床被子仍瑟瑟发抖。在研究所条件还算好,而在试验场地的戈壁深处,距本部还有半天的路程,冬天晚上更冷,住的房子是干打垒和帐篷。那里有一座山叫南山,8、9月份正是那里的雨季,雨下得非常大,帐篷里全是渗进来的雨水,连夜里也睡不好觉。因为连续下雨,马兰基地的东西运不进来,后勤供应保障困难,贺贤土他们便常常设法自己改善生活,有时就到波斯腾湖去捕鲫鱼吃,湖里的鱼很多而且很大,捕来后烤着吃,很香。没有柴怎么办?就到戈壁滩的溪流中去捡,溪边原来有很多胡杨、红柳等树木,溪水干枯时树也便枯死了。

四、突破中子弹原理

为了全面开展中子弹研制,贺贤土负责一个十几个人的组,负责突破中子弹原理和一维理论设计。

核武器作用原理的核心问题有两个:一是如何找到一条实现点火的途径;二是如何实现热核点火后核燃料的自持燃烧。对于中子弹来说,解决这两个问题的关键是:分析清楚中子弹作为一个十分复杂的系统,在作用过程中出现的多种因素之间的竞争和发展的关系,特别是能源与能耗竞争的消长关系。

他十分重视基础研究,物理思想活跃,提出了很多不同近似下的物理模型,并推导了多种方程,进行近似解析分析和数值计算。领导他的小组分解研究了中子弹系统大量矛盾竞争关系,组织大家进行复杂的物理因素分解研究。不知经过了多少个忘餐之日,也不知经过了多少个不眠之夜,在大量因素中排除了众多次要因素,披沙拣金,去芜存菁,最后终于发现了相互制约的几个关键因素,抓住了主要矛盾,获得了清晰的物理图像,从而获得了解决这几个矛盾的办法,发现了一条新的点火和自持燃烧途径。1980年,贺贤土在他晋升副研究员的报告中基本上阐明了与中子弹有关的物理原理和主要结论。随着研究的深入,他又与全组同志一起完成了大量研究工作。

然而这还是第一步。接下来,还要进行更为具体精确的总体集成计算和总体设计。他推导出了包含各种物理过程的中子弹反应过程总体方程,给出了物理方案,并组织数学组同志编成总体程序,组织全组进行总体计算和分析。通过百万次计算机上大量数值模拟和计算结果分析,进一步证实他们的探索的新路子是正确的,从而理论设计了中子弹。

但在当时,少数同志仍不相信贺贤土组研究得出的结论。但贺贤土坚信自己大量研究的结果在科学上是靠得住的,并在最后的设计中始终坚持了自己的思想。终于,1984 年 12 月的核试验证明了贺贤土他们研究出的原理是正确的,他十分高兴。

作为一个组长,贺贤土既要统筹规划、明确方向,又要把大家的想法、结果综合起来,厘清思路,抓住主要矛盾,从探索研究中总结出明确的概念。他十分注意研究组同志之间的团结合作,充分发挥大家智慧和积极性,他深深感到一个大的科学工程如果没有团队的齐心协力是很难取得突破的。时任中共中央政治局常委的胡启立去参观的时候,看到满屋子堆着的计算机计算结果的纸带,深感这个组的集体力量。你不能丢一张纸、一个数字,万一有某一个关键性的数据在那里边,丢了以后就白算了。

对贺贤土来说,20 世纪七八十年代是他最富有创造力的时期,以前十几年的大量研究工作,已让他积累了很多经验,研究方法也比较成熟,更重要的是已形成了自己独立的一套思维方法,这使得他有足够的自信心与能力,与全组同志们团结合作,面对困难,重视基础研究,探索和掌握科学规律,突破科研瓶颈。同时也是他人生中最有意思、最艰苦的时期,不分白天黑夜地干,他因此得了胃溃疡,落下的后遗症到现在还没好。在此,贺贤土也深深感到,在核武器的研究工作中,特别是突破新武器的原理,作为一个领导,既要充分发挥群体的力量,群策群力,集思广益,有很高的科学判断能力,进行正确科学判断;同时也要充分尊重和发挥个人的主观能动作用,积极支持、充分肯定别人的成绩,更不能占有别人的研究成果,忽略了这一点,研究人员就会没有积极性,一个单位的发展肯定会受到很大影响。

五、成为惯性约束聚变主题的首席科学家

随着地球上的能源资源愈来愈稀缺,发展核能源已愈来愈成为经济、科技发达国家的共识。目前世界上核能的利用有两种,一种是核裂变能源,另一种是核聚变能源。从国外回来后,贺贤土成为 863 计划的直属主题——惯性约束聚变(ICF)主题的首席科学家。当时,贺贤土是北京应用物理与计算数学研究所副所长;而且,1995 年的时候他已经是中科院院士了。他感到压力很大,责任很重,他不但要主管所里的高科技和基础等科研工作,而且还要投很大精力到 ICF 工作。他需要研究 ICF 的总体发展战略,提出不同阶段主题的主要任务和中长期目标,清晰地认识和解决发展中的问题,把握研究方向。他是一位理论物理学家,面对惯性约束聚变这样大的科学工程,他需要学习更广泛的科学技术知识,因此他除了自己努力学习有关的知识以外,还不断地虚心向专家们请教,逐步弄懂了有关科学技术上的一些大问题。在做出决策以前,他总是要征求有关专家的意见,深思熟虑,尽量避免给国家造成损失。

作为 863-416 主题首席科学家,又作为北京应用物理与计算数学研究所的副所长,他不得不竭尽全力去做科研组织领导工作。功夫不负有心人,在他领导下和全体参加研究专家和技术人员努力下,ICF 研究逐渐摆脱了 90 年代初的基础薄弱、国际上没有一席之地的情况。到了"九五"结束和"十五"初,研究团队已突破了多个关键技术难点,建立了一个独立自主、自主创

新的我国 ICF 研究体系。在国际有关场合中,中国 ICF 研究已受到国际同行重视,成为国际会议的组织者之一。主题具体工作取得很大进展:神光 Ⅱ 在主题支持下解决了很多技术难点,2000 年正式出光运行,开始提供实验研究,神光 Ⅲ 原型开始建造,关键技术取得了很大进展;靶物理理论研究取得了很大成绩;物理实验和诊断设备研究取得了很大成果;靶的制备已能满足现有激光聚变实验需要。而对于这成绩,作为首席科学家,虽然个人少写了不少论文,但是为了国家的需要,他为自己做出的奉献感到自豪。

2001 年,国家 863 计划验收评估报告,对 416 主题评价很高:"九五期间,取得了阶段性的重大成果,基本上奠定了我们国家独立自主的 ICF 研究体系和发展的基础。"这是对贺贤土他们工作的最大肯定,是对在贺贤土领导和组织下,全国参与此项研究的 1000 多名专家的肯定。这项成果的取得,与中国科学院、中国工程物理研究院、教育部、核工业总公司等有关下属单位的参加与支持是分不开的。

贺贤土对 416 主题的贡献不但在于在"九五"前后约 10 年的时间里,领导了这一主题,打破了西方对我国在这方面(与核有关的敏感方面)的封锁,使之从无到有,在原来十分薄弱的基础上建立了我国独立自主的 ICF 研究体系,为进一步的更大发展奠定了基础;而且他自身的 ICF 的物理研究也结出了丰硕的成果,他是国际上有关 ICF 研究和等离子体物理多次国际会议共同主席或会议的科学顾问委员会成员,受到了国际同行的尊重,在国际 ICF 界享有很高的知名度,他和 416 主题的其他一些成员在国际上积极活动,为我国赢得了很高的声誉。

六、热心教育工作

从 1999 年开始,贺贤土接受浙江大学和故乡——宁波北仑区人民政府的邀请,担任两个学院的院长,一个是浙江大学理学院的院长,另一个是宁波职业技术学院的院长。但贺贤土的主要工作仍放在科研上,每学期抽出一定时间从北京去杭州和宁波参与学校在发展和管理方面的决策,其他事务则放手让副手们干。贺贤土搞了四十年的科学研究,照他自己的话说,对学校管理原先可谓一窍不通。担任院长后出于工作上的需要,他看了很多资料,加上经常出国,在美国也呆过几年,对外国的教育情况有所了解。于是他把国内外的情况结合起来,经过一段时间的思考、摸索,很快就确立了自己的办学理念,认为大学应与研究所结合,把浙江大学理学院办成名副其实的研究型学院。为此,他积极说服学校,改善理学院的硬件设施;同时鼓励教师积极申请国家科研项目、国家自然科学基金以及校外一些研究单位的研究课题,改善自己的研究环境。就任院长五年来,他先后为理学院争取到了一些大型的研究设备和大量经费;从国外引进了多名优秀专家,同时也引进了国内一些研究单位的院士、专家、教授;鼓励教师走向研究所,利用研究所的一流设备,参与研究所的专业研究,在教学和科研上实现双赢。

对于职业教育,贺贤土认为应该考虑市场的需要和技术的进步,用科学发展观因时因地发展高职教育,既要考虑到现在和长远的需要,也要考虑到不同地区的需要,所以除三年制以外,还应当培养四年制和研究生高职人才,要与时俱进来考虑对高职生的培养。

虽然原来约定只在每学期的开学和中途来学院,但贺贤土基本上每月都来。而一到学校,他不管旅途劳顿,便全身心地投入工作。"我认为人的价值,而且是非常重要的价值,就是奉献精神。"这是贺贤土有一次在接受采访时说过的一句话。其实这句话也是贺贤土自己忘我工作、无私奉献精神的一个真实写照,研究核武器如此,从事教育工作也是如此。

贺贤土院士：献身核武器事业　我无怨无悔 *

1962 年 7 月，贺贤土从浙江大学物理系顺利毕业，当时他的想法很简单，就是希望自己能够留在浙江大学当一名老师，而校方也有意让他留校当助教，并且工作几乎已经是铁板钉钉了。但是事与愿违，到了 11 月中旬，物理系主任李文铸教授却通知他到北京一个很重要的单位去报到。具体是什么单位，李文铸教授说他也不知道。

没有过几天，贺贤土就拿到了报到证。但是一看，他却傻眼了：自己明明是学习理论物理的，通知书却居然要求他去当时的煤炭工业部招待所去报到！

"煤炭工业部是管挖煤的，他们要理论物理方面的人才干什么？难道是要我去挖煤不成？这和我学的专业又有什么关系呢？"贺贤土心中充满了疑惑。尤其是报到的地点是在招待所里更是让贺贤土很不安。

但是心里打鼓也还是要出发的，他们这一代人总是有"祖国有需要就要服从"的心理。11 月 30 日，贺贤土启程踏上了北上的列车。到北京之后，贺贤土几经周折才找到报到的招待所。

在这里，贺贤土看到了很多像他一样前来报到的年轻人：军人中有海军的、陆军的，大学毕业生中有清华的、北大的，还有其他一些著名高校的，物理、数学、力学等一些专业的都有。另外，还有一些大学的老师。

"总不至于这些方面的人都是来搞煤炭的吧！"这时，贺贤土已经隐隐感觉到他即将从事的工作和煤炭没有任何关系，他心中悬着的石头总算落了地。

"在招待所接待我们的人没有一个人告诉大家我们的任务到底是干什么。并且一个负责接待我们的人也很神秘，他一有空就在房子里看书，但是一看到我们他就把书藏了起来。"贺贤土和很多年轻人当时心想，他们将要从事的肯定是十分秘密的工作。但是究竟是什么工作，他们谁也不清楚。

直到后来贺贤土才知道，为了应对美国的威胁和讹诈，早在 1955 年中国就已经决定要研制原子武器了。1956 年，中国原子武器工程正式启动，决心搞出自己的原子弹。1960 年春，中国第一批特别工程队进入罗布泊，开始进行中国第一个核试验基地的建设。1962 年 11 月，国家决定选调 100 名技术骨干，选拔 6000 名刚刚毕业的大学生和中专生，进入到原子弹的研制队伍中。贺贤土就是这 6000 名毕业生中的一员。但是当时，他们对此一无所知。

---

* 作者：李鹏（《北京科技报》记者）。

一个多月以后,招待所的很多人陆陆续续调往在北京西郊刚刚建好的秘密单位中。贺贤土想自己也该快了吧。但是左等右等,始终不见他的调入通知下来。后来一问才知道是政审人员发现自己档案中的海外关系有问题。

原来他爷爷的一个亲兄弟有一个孙子,也就是他的远方堂兄,那时正在美国。并且他以前还负责过蒋介石的膳食,1949 年前夕随国民党到了台湾,后来又辗转到美国定居。堂兄有一个比贺贤土小几岁的儿子,在贺贤土读浙大时还在杭州大学物理系读书。1960 年,国家允许国内有海外关系的人去香港探亲,堂兄的儿子于是去香港探亲,并从香港去了美国,没有回来。由于贺贤土他们和这个远方堂兄多年以前就没有什么联系了,对于这些,贺贤土并不知情,因此并没有填写在自己的档案中,但是不知是谁后来给填了上去。于是贺贤土麻烦了。

当然,麻烦的并不是只有贺贤土一人。由于大中专毕业生的分配一般在七八月份就已经完成,而国家的这次选拔已经到了当年的 11 月份。加上选拔时间比较紧张,针对很多选拔的人员初审并不严格,然而也因为这,在当时政治状况和成分论比较讲究的年月,给很多所选拔人员的使用都留下了麻烦。因为政审通不过,一些人后来就不得不离开了。

贺贤土自己也开始打起了退堂鼓,准备到上海市一家理化研究所或者是北京市的一家加速器研究所去工作。

但是上面并没有放人。"他们不取也不放,让我在北京南郊果子市客店足足待了 3 个月,这一段时间内,心里真不是滋味,天气又冷。"

不过后来事情出现了转机。推荐他的系主任李文铸教授坚信贺贤土的人品和政治可靠性,他给当时的高教部副部长兼浙江大学校长周荣鑫打电话,后者又给二机部部长刘杰打电话,具体讲明了贺贤土的情况后,贺贤土终于等到了调令,得以进入秘密单位。

这时贺贤土才知道他所进入的就是二机部第九研究所(中国工程物理研究院的前身)——中国核武器研究的最前沿阵地。

报到的时候,贺贤土被分在研究所一室,他完全没有想到接待他的常务副主任居然是在初中就已经成为他心中偶像的著名科学家周光召,而该室的主任就是邓稼先。

能够在这些顶级科学家的手下工作,贺贤土前一段苦闷的心情马上来了一个 180 度的大转弯。他同时为自己感到庆幸。要是他当初就知道自己的海外关系情况并如实进行了填写,在浙大推荐时他可能就已经遭到了淘汰,根本就不会再有机会来到现在的研究所。

贺贤土进入研究室时,已经是 1963 年 3 月初,这时原子弹各个方面的工作都已经在摸索中前进。贺贤土的第一件工作就是跟着一个老同志计算原子弹爆炸以后中子在空气中穿透的距离。大半年以后,这个工作得以顺利完成。因为出色的工作能力,第二年他就又开始负责研究跟原子弹爆炸点火有关的"过早点火概率"问题。

"我们当时决定采用内爆法引爆中国的第一颗原子弹。按照这种方法,原子弹在发生内爆以后,所产生的冲击波会把裂变材料压缩到高密度,达到高超临界状态,这时通过中子源点火就会使裂变材料产生链式反应,从而发生大量裂变,并在瞬间释放出巨大能量产生爆炸。但是中子源的点火时刻通常都是预先设定好的,如果原子弹在内爆压缩到预定点火时刻之前,外界突然降临少量中子，提前点火引燃了核材料裂变，就有可能产生两种后果，一个是导致原子弹提前爆炸不能达到预期的当量，一个是根本还没有炸起来，就已经把核材料熔化了，从而导致原子弹爆炸试验的失败。因此，我们需要计算出现这种问题的概率。"

虽然此前已经有好几位专家计算过这个概率，但是都不太可靠。贺贤土于是另辟蹊径，开初与老同志一起，后来他独立进行新的艰苦探索。那时，中国没有现代电子计算机，他们的很多演算只能通过手摇计算机、计算尺和笔头来完成，草稿纸装了一麻袋接着一麻袋，最后都快抵住了他们工作房间的天花板。

在艰苦努力下，最后贺贤土完成了物理方案，并与一位搞数学的同志合作，编成了数学程序，终于计算出了原子弹爆炸的"过早点火概率"，为我国原子弹 1964 年 10 月 16 日的成功爆炸提供了重要的数据支持。

1967 年 6 月 17 日，中国在罗布泊成功爆炸了第一颗氢弹。但是据贺贤土透露，实际上在1966 年 12 月，他们就已经完成了氢弹爆炸原理的突破的核试验。

"在原子弹爆炸前一两年，我们对氢弹的研究和探索就已经开始了。但是当时由于美、苏、英三个已经成功试爆氢弹装置的国家严密封锁消息，中国研制氢弹没有任何资料和模型可以参考或者借鉴。"贺贤土说他接手氢弹的第一项工作就是搞调研，希望从一些外文报纸和杂志关于美、苏、英氢弹的报道中找到一些具有启发性的材料。为此他专门组织了几个人成立了一个调研小组，跑到外交部、北京图书馆，用小轿车把一些外文报刊拉回来，然后关起门来进行查阅。

"但是我们整整看了大半年也没有取得任何进展，报刊中根本就没有找到多少有用的信息。研制氢弹只能完全依靠我们自己的力量进行钻研和摸索了。"贺贤土说。

接下来，贺贤土开始从事氢弹爆炸的热测试理论研究。当时，贺贤土还没有结婚，为了一些计算，他常常要干到深夜一点多才回到集体宿舍睡觉。有时他嫌吃饭浪费时间，就在早餐时多买几个馒头，饿了就啃几口馒头，喝上几口开水。

正是在贺贤土等成千上万科研人员日以继夜的努力下，中国得以成为世界上第四个拥有氢弹的国家。

"法国人原子弹爆炸在我们的前面，中国在世界上是继美国、苏联、英国、法国之后第五个搞出原子弹的国家，但是我们的氢弹爆炸试验跑到了法国的前面，他们的第一颗氢弹到 1968 年 8 月 24 日才得以成功试爆。"贺贤土表示。

由于贺贤土在第一颗原子弹和氢弹爆炸试验时工作极为出色，而后他就被委以重任，担任研究组组长，负责中国第一次地下核试验的理论研究。当时的核试验基地在距离北京几千公里之外的新疆马兰基地的罗布泊试验场。因此，贺贤土就要经常出差去罗布泊。

"当时，从新疆去基地的路异常难走，尤其是进入罗布泊的很多地方连路都没有修，等到所乘坐的敞篷卡车开到试验场，眉毛、脸上和头发上全是灰。"

但是对贺贤土等到试验基地的人员来说，路途的艰难还不是最大的考验。罗布泊夏天像个火炉，冬天则像个冰窖。尤其是冬天，现在贺贤土回想起来还觉得和噩梦一般：在试验基地，夜间温度会降到 $-30 \sim -20℃$，有时断电盖上三床被子他还是瑟瑟发抖。

1969 年 9 月 23 日,中国首次进行地下核试验爆炸,贺贤土他们圆满完成了预定的任务,虽然此次实验数据受到严重干扰,但是此后由于贺贤土等人通过多次结果分析和经验总结,到第三次地下核试验时,干扰已经得到了完全控制。

1977 年,中国开始进行中子弹的研究。贺贤土受命担任一个研究组的组长,负责中子弹原理探索和理论设计研究。通过艰苦探索,他以独到的见解进行研究,到 1980 年时他在报告中就已经阐明了中子弹作用的物理原理和主要结论。在大家的努力下,1984 年 12 月,中国中子弹原理试验成功,这充分证明贺贤土等人提出的原理和设计的正确性。

"1999 年,美国发布报告声称中国窃取了他们的中子弹技术,实际上我们依靠自己的力量在 80 年代早期就将中子弹搞出来了。只是我们以前一直没有对外公布而已。"贺贤土说。

也正是因为在核武器物理理论研究方面的突出成就,1995 年,贺贤土当选为中国科学院院士。

实现中子弹突破以后,我国又较快完成了核武器小型化的任务。1996 年,中国在全面核禁试条约上签字以后,贺贤土等人又开始受命在实验室条件下进行核武器的相关研究。

80 年代末,贺贤土开始领导科研人员进行尤其是激光核聚变的研究。1988 年,王淦昌、王大珩和于敏三位院士上书中央,1993 年,该项目得以进入国家 863 计划,成立惯性约束聚变主题专家组。贺贤土先是主题专家组秘书长,1996 年起,他便以首席科学家的身份来负责这一项目的研究。

2000 年,命名为"神光 II"的高功率实验装置成功运行,实验时,在十亿分之一秒的超短瞬间内,该装置传输发射出相当于全世界电网功率总和数倍的强大功率,达到了国际同类物理实验装置的最好水平。

2001 年 12 月,因为年龄的关系,贺贤土把首席科学家的位置让给了年轻人,不过直到现在他依旧在指导着这方面的一些研究工作,把握总体发展方向。

"激光核聚变不仅在军事上具有重要意义。它在国防、能源、基础研究和工业生产中都具有重要作用。中国在这一大科学工程研究上已经在世界上占有自己的一个重要的位置。"贺贤土说。

由于保密的需要,为我国从事核武器研究的科学家在很长时间内都需要隐姓埋名做无名英雄,贺贤土也隐姓埋名了将近 30 年。在很长时间内,他不能发表相关论文,也不能出国学习考察和进行科研交流,没有媒体的聚光灯,没有社会公众的鲜花和掌声。但是贺贤土依旧表示,他对此无怨无悔。

他说,从事核武器研究的大多数科学家都是在这样的情况下工作的,要增强中国的国防力量,保证国家安全,为老百姓提供一个安居乐业的和平环境,总得有人做出牺牲。

院士职业教育纵横谈[*]

贺贤土（中国科学院院士、浙江大学理学院院长）：

《决定》有深远的历史意义，没有《决定》，我国的教育事业不会有现在的发展。职业教育的发展对于技术在基础层面上的发展起着非常重要的作用，对全社会的和谐发展具有非常重要的意义。

对于一个国家或团队的发展而言，不同层次、不同类型的人才都很重要，不可或缺。2000年，我到宁波职业技术学院任院长，当时很多人不理解，但有一位老朋友理解我。他曾在欧洲参观中国台湾的一个展览时，看到一项非常好的发明，就问发明者是台湾清华大学还是台大毕业的，回答说二者都不是，毕业于技职系列的科技大学。同时还提到，仅靠台大、台湾清华那几所学校，台湾是发展不起来的。由此他理解了职业教育的重要性，也理解了我。在美国，每个教授小组都有一个技术师（technologist）专门负责维护维修，其待遇、地位不比教授低。

要发展就一定要有知识产权。以能力为主还是以学历为主，是值得进一步思考的问题。目前，政府已认识到知识产权的重要性，我国在这方面的确存在严重问题。例如，我国生产一台 DVD，要给国外十多美元；上海大众汽车即使改动一个小零件，也要向德国公司请示报告。一台 MP3 的利润有七十多元，我国只赚一元钱，因为知识产权在国外。要有自己的知识产权，就得有技术创新能力，而创新不仅靠理论也需要实践能力。在美国，研究型大学只有 120 多所。就目前情况看，我国有几十所就够了。可许多大学都要求成为研究型大学。国家真需要这么多研究型大学、研究型人才么？

高职比本科有动手方面的优势，产学研结合是职业教育非常有生命力的一点。目前，在我国很多地方特别是广州、深圳等地，高职毕业生的就业率比本科生要高，原因就是他们适应当前经济发展的需要。本科毕业生到工作岗位后，需要较长的磨合期，而产学研结合较好的高职毕业生，就能直接顶岗。因此，许多民营企业更愿意招收高职毕业生。

产学研结合的好处在于，学生不仅能学到理论知识还能真正感受到生产实践，动手能力提高很快。需要强调的是，职业院校的教师应注意与当地经济相结合，研究其发展进程中的瓶颈问题，努力解决实际问题。这样，当地经济发展了，教师的素质也提高了。

---

* 节选自《职业教育研究动态》，2005 年第 26 期。2005 年 7 月，为纪念《中共中央关于教育体制改革的决定》（简称《决定》）颁布 20 周年，中国职教学会在北京召开了座谈会。中国工程院、中国科学院的 4 位院士应邀参会并发言。本文为贺贤土院士和刘盛纲院士的发言摘要。

重视职业教育中的基础理论教育,注重学生的发展后劲。目前,技术发展非常快,职业人才必须要有很强的适应能力。我认为职业教育比较强调技能培养,基础理论相对薄弱。技能型人才不仅要有重复劳动的能力,还要有自主创新能力,知识创新能力可大可小。因此,要重视将基础理论与技能培养结合起来,让学生有发展后劲。无论是高职还是中职,都应给学生提供继续深造的途径。

国家要从政策上真正重视职业教育。作为高职院校的校长,我深感办职业教育最困难的就是经费。国家要发展职业教育,就要加大对它的投入,切实帮助职业院校解决一些实际困难。目前,许多高职院校争着升本科,除拔高因素外,另一个重要因素就是钱,升本科后办学经费多出一倍。

此外,社会上对于职业教育的歧视,不仅来自老百姓的传统观念,还存在于自上而下的各级领导。嘴上说重视职业教育,可其生源是最差的:第五批招生、别的学校不要的学生才进职业学校,又缺少必要的经费支持,这样,职业学校怎么能办好?

刘盛纲(中国科学院院士、成都电子科技大学教授):

教育最重要的是培养学生能力,并保证他按照适合自己的方向发展。有这样几件事情值得我们深刻反思。

今年,香港大学到内地招生,面试后有十多个省份的高考状元未被录取。在提及拒绝的原因时表示,不要"高分低能"的学生。

2002年,我应邀和德国一个大型科教代表团访问清华、北大,校领导介绍每年可招收多少高考状元。对此,一些代表很奇怪,问为什么只介绍招多少优秀学生,却没介绍培养出多少优秀毕业生呢?实际上,美国在评价大学时,很重视学校的二次入学率,即学生入学一年后,有再次选择学校的机会和权利。二次入学率的高低才真正体现学校的质量。目前,我国许多高校过分重视科学引文索引(SCI),不重视真正质量,以至于SCI被国外改称为"Stupid Chinese Idea"。

前不久,美国的一个科研机构评价中国的科技水平,认为科技投入增加了,水平却下降了;论文数量增加了,引用率却下降了(原来15%,现在不足7%)。这表明科研成果对别人没有价值。

2004年,诺贝尔化学奖给了日本一个企业的员工。第一次将诺贝尔化学奖颁给一个没有博士学位的人,这引起了极大异议。但评审委员会最后仍坚持这个决定,原因就在于诺贝尔奖注重原创性。

教育最重要的使命是培养学生真正的能力,并让他们按照适合自己的方向发展。每个层次和类型的教育都是非常重要的,关键在于办出特色。美国宾夕法尼亚大学200年来一直没有培养研究生,学校定位非常明确,不培养研究型人才,而培养实用型人才。国家也需要这类人才,因此学校得以持续200年。

我国现在对职教的重视还不够,最重要的是政策上没有体现。我国官方公布的人口是13亿,70%是农民。今后,其中40%的人口,也就是说5.2亿人要逐步实现城市化。怎么实现城市化?城市还有几千万下岗工人,怎么实现就业再就业?职业教育对实现城市化和就业再就业是非常重要的。但是,目前国家在政策上对职业教育并没有体现出真正的重视,如职业院校第五批招生就是一例。

不要给职校的学生封顶,让他们有继续发展的出路。要给职业学校的学生发展出路,让其中的优秀生也有机会读研。其次,要重视教师的动手能力。国外的职业教育就非常重视教师的实践能力,如德国的工科院校与工业的联系非常紧密,他们要求工科院校的教师都要有三到五年的实践工作经验。

国家省一省,就能拿出支持职业教育的经费。国家发改委要拨款 5 个亿扶持职业教育,5 个亿就是建 5 至 10 公里高速公路的钱,国家省一省就可以拿出来。如果还不支持职业教育,不对农村人口进行培训,几年后五亿多人的城市化压力是非常大的。

重视科学技术，独立自主创新

——贺贤土院士谈惯性约束核聚变研究*

新中国成立 50 多年以来，在各方面都取得了辉煌的成就，成为一个屹立于世界东方的大国。这一方面归功于党中央的正确领导，另一方面则是广大人民群众通过自力更生、艰苦卓绝的工作所取得的。在这之中，从事国防高科技领域的广大科技工作者所做出的贡献尤为瞩目。他们服从祖国需要，牺牲个人利益，在艰苦的环境下克服艰难险阻，运用有限的科研和试验手段，突破一个个技术难关，群策群力，最终使中国人民的"争气弹"发出了震撼世界的巨响，从而带动了我国工业的发展，尤其是带动了我国的材料、计算机等高科技的发展，推动了科技的进步。现今，新一代的国防科技工作者继承老一辈科学家的光荣传统，不计辛劳，潜心科研，在无名的战线上，默默无闻地为我国国防高科技的发展贡献着自己的青春和热血。为了广泛宣传科学精神，普及科学知识，使公众了解我国国防高科技的发展。我报于国庆前夕采访了著名理论物理学家贺贤土院士，请他就我们感兴趣的问题予以解答。

记者：贺院士您好！首先感谢您在百忙之中抽出时间接受我报的采访。

贺贤土：不客气，宣传科学精神，普及科学知识是我作为一名科技工作者的义务。就这个层面来讲，我还要感谢贵报给予我这样一个机会。希望通过今天的访谈使公众了解科学，了解科学工作，提高科学素养。

记者：今天主要是想请您谈谈我国在国防高科技领域上的发展状况。那么说到这一点，就不得不讲到我国为什么要在建国初期极端困难的条件下，提出发展核武器。时至今日，仍有人提出，当时花那么大的代价去搞核武器，不如将有限的资源用于国家的基本建设。

贺贤土：我想这一观点有点误解。事实上在当时我国决定发展核武器是不得已而为之，完全是为了新生共和国的生存和发展。50 年代初，我国与美国交兵于朝鲜半岛，势均力敌，鏖战不已。在这期间，美国人曾多次威胁要对我国使用核武器，实施外科手术式的打击，包括在越战中，亦多次在各种场合扬言对我国进行核打击。在这样的国际形势下，新中国为了生存，为了获得良好的发展环境，就必须发展我国自己的核力量，以反对西方国家的核讹诈，打破核垄断。于是在 1956 年党中央做出了发展核武器的决定，并于 1958 年建立了我所。在当时的情况下，我国经济基础薄弱，技术设备欠缺，科技水平远落后于世界水平，同时，以美国为首的西方

* 原载于《大众科技报》，2006 年 3 月 16 日。

国家对我国又进行了技术封锁。在这样的国情状况下，献身于这一伟大事业的广大科技工作者自力更生、自主创新，不但成功爆炸了原子弹和氢弹，在极短的时间里实现了拥有核武器，而且仅仅通过 45 次试验就达到了美国通过近千次试验才能达到的同一档次的设计水平，有力地保卫了新中国，实现了战略性的目标。

记者：从您个人的角度来看，我国核武器的研制成功依靠的是什么？积累了哪些经验？

贺贤土：核武器的研制成功一方面是党中央领导的正确决策以及各级领导的组织；另一方面是参与这项事业的科学家、科技工作者为国争光的献身精神和自力更生、自主创新、群策群力、贡献集体智慧的结果。

此外，我体会最深的是：突破核武器研制技术难关，最重要的一点是要重视科学，不能只抓技术和就技术论技术。科学是技术的灵魂，在突破核武器过程中，我们首先要从基础研究入手，分解核武器的各个作用过程，并深入研究清楚它们的物理规律，掌握核武器作用的科学原理，理论设计出核武器，然后才是工程设计、材料生产、部件加工和组装、实验室冷实验等一系列过程的技术攻关和创新（事实上在技术攻关过程中也要解决很多科学问题），最后核装置运到核试验场进行热试验。通过这样的研制途径，我们较快地于 1964 年 10 月成功爆炸第一颗原子弹，1966 年 12 月我们又赶在法国人前面成功地进行了氢弹原理试验，1967 年爆炸了大当量的氢弹，80 年代又突破了中子弹原理和技术，90 年代实现了核武器小型化，经过 45 次的核试验，在设计水平上达到与国际先进水平同一个档次。这里我深深体会到：任何事物，包括一项复杂的技术（工程），它总是被内在的科学规律所支配，只有充分了解它的物理规律，才能知其所以然，从而做出自主创新的成果来，才能有自己的知识产权。这是发展核武器的经验，我想也应该是发展国防和其他高科技，特别是大科学工程的经验。

记者：您主要从事的是国防高科技的工作，据了解，多年来您作为首席科学家负责 863 计划中直属主题惯性约束核聚变的研究工作。对于公众而言，核聚变技术是陌生的，请您简述一下这是一个什么样的新科技，应用前景如何，您是如何开展这项研究工作的，以及我国在这一高科技领域的研制状况和发展前景如何。

贺贤土：首先，提一下核能问题。随着地球上的化石能源资源愈来愈稀缺，发展核能源已成为很多国家的共识。目前世界上核能的利用有两种，一种是核裂变能源，另一种是核聚变能源。

所谓核裂变能，就是指中子作用于裂变核材料以后发生链式反应裂变，释放出大量裂变能量。在可控制的条件下，这种裂变能可用来发电，即今天的所谓核电，如我国秦山、大亚湾等的核电厂。在不控制条件下，裂变瞬时放出巨大能量，例如，原子弹爆炸。由于核裂变产物具有长寿命放射性，所以大量使用裂变核能需要处理大量放射性废物，以免污染环境，这带来很大技术难题。

现在简要回答你提出的聚变能问题。所谓核聚变能，是指氢的同位素（例如氘和氚）聚合在一起所释放的能。受到高温加热后氘和氚等轻核发生快速碰撞聚合在一起，然后放出氦核和中子，同时放出结合能，即热核聚变能。在可控条件下，聚变能用来商业发电就是聚变能源。

在不控制条件下,瞬间放出巨大聚变能,例如,氢弹爆炸。

核裂变能源所采用的材料是铀,地球上铀矿蕴藏量是有限的,即使利用快中子增殖堆大约也只有几百年之用。但是核聚变能源的材料可以说是无限的,1吨的海水就可以提炼40多克氘,全世界有那么多海水。还有一种叫锂,1吨海水大约含0.17克锂,中子作用在锂上可以产生氚,所以海水里的氘氚可以说是取之不竭的。与裂变不同,聚变有一个特点:反应过程没有放射性,不产生放射性核废料。

利用可控热核聚变提供聚变能有几种途径。一种叫磁约束聚变,是在外加磁场约束高温氘氚等离子体条件下发生聚变反应,释放聚变能。较成熟的一种装置叫托卡马克(现在我国作为六方之一参加了国际热核聚变实验堆(ITER)计划,ITER的构型就是托卡马克类型),其他构型装置也在研究。另一种叫惯性约束聚变,是由驱动器提供能量使内含氘氚的小球发生内爆,利用物质向球心运动的惯性,在燃料来不及飞散前的短时间内,完成氘氚热核反应释放大量聚变能。较成熟的一种驱动器是高功率大能量激光器。激光驱动(提供能量)又叫激光聚变。此外,还有离子束及Z箍缩辐射发生装置作为驱动器。

由于可控热核聚变能商用研究的科学和技术原理十分复杂,无论磁约束或惯性约束聚变,目前仍处在实现热核点火和自持燃烧前夕,国际聚变界估计到21世纪中叶才能开始聚变能的商业应用,真可谓是任重而道远。

下面我专门谈一下我所从事的激光驱动惯性约束聚变研究。惯性约束聚变既可作为聚变能源应用,又可用于实验室核爆模拟研究核武器。从历史上看,俄罗斯的科学院院士巴索夫、我国著名科学家王淦昌院士等各自独立提出了利用激光加热燃料发生聚变,放出中子的概念。当时提出激光引起聚变的概念,虽然是雏形,不可能很完善和明确,但这个概念的提出很重要,给后来的研究提供了很大启发。现在的惯性约束这个概念是美国的科学家纳考斯1972年在公开杂志上提出的。由于惯性约束聚变研究是聚变能源和国防高技术前沿,世界上很多技术发达国家进行了积极研究,包括美国、法国、日本、俄罗斯都在研究,发展速度很快。美国正在建造国家点火装置(NIF),计划2010年左右实现热核点火和自持燃烧。法国也在建造百万焦耳激光器(LMJ),向着点火目标前进。日本在原有研究基础上,正在执行点火计划。

至于我们国家,1964年王老提出激光引起聚变以后,虽开始起步,但由于当时条件所限,不可能大力发展。我国于80年代建成了神光Ⅰ激光器,加速了研究步伐。1993年,经国务院批准,我国激光驱动惯性约束聚变研究纳入到国家高技术863计划,成立了国家863计划直属惯性约束聚变主题,我有幸先后成为该主题专家组秘书长和首席科学家,"九五"期间组织领导了全国从事这一领域的科技专家。在国家惯性约束聚变的总体发展战略指导下,我国惯性约束聚变研究得到快速发展。

通过十几年来全体参加这一项目的专家和技术人员的努力,我国惯性约束聚变研究在90年代初的基础薄弱基础上,经过"九五"和"十五"的十年努力,突破了很多科学和关键技术难点,取得了大量阶段性重大成果,建立了一个独立自主、自主创新的我国惯性约束聚变研究体系。在国际有关场合中,中国的工作研究已受到国际同行重视。我国建成了神光Ⅱ激光装置,从 2000 年运行以来性能稳定，提供了大量物理实验。三倍频能量万焦耳级的神光Ⅲ原型也开始出光；三倍频能量 15 万~20 万焦耳的神光Ⅲ的设计正在进行。此外，在惯性约束聚变物理研究（理论、数值模拟和实验）、精密诊断方法和系统的建立、靶的制备和有关材料研究以及激光驱动器的关键技术攻关等方面都取得了重要进展。

最近在法国举行的一次大型国际会议上，我应邀向大会介绍了中国惯性约束聚变进展情况，与会者反响很大，不少国家的研究人员向我索要报告的拷贝，他们惊讶于中国取得的进展。现在国际惯性约束聚变学术界都知道中国正在建造"神光Ⅲ"巨型激光器，并正在计划于 2020 年左右建成与美、法点火装置能量相当的百万焦耳神光Ⅳ，实现我国自己热核点火和自持燃烧目标。

记者：通过多年来对激光驱动惯性约束聚变项目的研究、领导和组织，请问您有什么样的感受以及可值得借鉴和总结的经验？

贺贤土：首先，我的最大的感受是惯性约束聚变作为一项大科学工程，它的发展必须动员和整合全国有关的优势力量，大力协同，集体攻关。在这一点上，国家 863 高技术计划是发展很多大科学工程十分有效的计划，可以克服单个部门承担大科学工程的局限性。其次，我要再次强调的是在研制大科学工程时，始终要坚持科学探索，带动技术发展的做法。惯性约束聚变技术既包括了大量需要探索研究的复杂的物理问题，又需要攻克大量工程技术中的难关。像研制核武器一样，在惯性约束聚变研究中，对于科学问题我们始终坚持从基础研究入手，分解研究了强激光与物质相互作用、能量转换、辐射输运、内爆动力学、流体力学不稳定性、热核点火和自持燃烧等等一系列物理过程，通过物理模型研究、高性能计算机数值模拟和激光器上进行物理实验，深入掌握了各种过程的物理规律，然后，在高精度物理研究基础上对这些过程进行优化和集成，为得出整体科学结论提供基础。在建造高功率大能量激光器工程技术问题上，我们不仅攻克了材料、关键支撑技术等难关，同时把激光器整体分解成多个分系统进行研究。例如，在建造神光Ⅲ原型机时，我们把它分解成了七个分系统，然后在每个分系统上分别进行实验，获取大量科学数据和进行系统的改进，最后再通过计算机模拟优化集成，为原型装置建造提供了基础。同样，在氘氚实验靶的制备和相关材料研究以及高精度诊断设备的建立上也都采用了类似的分解研究和集成方法。

最后，我想再说明一下，由于西方国家对这一敏感项目的科学和技术的封锁，我们主要依靠自力更生，努力创新的精神，才能取得今天的进展。

记者：您除了完成核武器及激光聚变主要任务以外，还积极参加了国家自然科学基金、国家 973 基础研究计划等支持的大量基础研究工作。请您介绍一下基础研究的内容和进行这类研究的重要意义。

贺贤土：基础研究实际上包括两个方面内容：一方面是以探索物质基本结构和特性以及发现自然基本规律为目的的研究；另一方面则是从科学与技术活动以及生产实践中提炼出来的大量科学问题。前者通常称为纯基础研究，选题主要由好奇心和兴趣所驱动，然后，在长期研究积累基础上，偶然的灵感常常会带来研究的突破。后者也称为应用基础研究，选题通常是任务性科技实践中的科学问题和衍生的更深入的基础问题,目的在于通过深入探索获得科学规律认识,促进科技活动的深入发展。这两者研究的对象虽有所差别,它们的共性都是探索事物的未知的运动规律。在科技快速发展的今天,很多情况下两者的界限已很难划分。

我的基础研究涉及的领域和方向主要包括高能量密度物理、非平衡统计物理、惯性约束聚变科学问题、非线性科学等领域,其中很多内容都是从我所从事的核武器和激光聚变研究中提炼出来的课题,不少是这些问题的衍生领域。如高温高密度热核反应系统的临界现象和相变理论,非平衡系统弛豫过程动力学,输运及涨落现象,烧蚀流体力学不稳定性和天体中射流,快点火模型的点火热斑形成机理;激光与等离子体相互作用系统中波的不稳定激发和非线性现象,带电粒子加速机制,等离子体湍流和能量输运;超短脉冲、超强激光在相对论等离子体中传播特性,相对论电子的产生和亿高斯自生磁场的产生机制及其对高能电子的准直作用;非线性科学中的斑图(Pattern)动力学理论,包括斑图形成与竞争以及向时空混沌演化的机制及物理特性等等。近年来我对天体物理研究也十分感兴趣。这些都得到国家自然科学基金、国家973基础研究计划的支持。这些研究大大拓宽了思路,提高了学术水平,从而也提高了我对核武器、惯性约束聚变等的研究水平。我在工作实践中深深体会到,不同现象的科学基础具有共通性,如果一个人在某一个方面能够做出有深度、高水平的成绩来,那么再拓展到另一不同的领域时,相信也同样能做出高水平的成果来。创新是基础研究的核心,而要创新,就要在科研实践中不断地向自己提出问题,多问为什么,决不轻易放过自己认为有价值的思考和探索的每一个问题;要渴望去破解其所以然,这些都是获得创新的驱动力。我认为一个人能在工作中做出一些成绩来,除了执着追求的勇气和创新的精神以外,重视基础研究,努力探索新的自然规律是十分关键的。

记者:您除了做了大量的科学研究工作外,还作为一名教育工作者为培养下一代的科研工作者倾注了大量的精力和心血。请问您这样做的初衷是什么?对于科研上的后来人您又有何种期盼?

贺贤土:我从事教育事业可以说是因为一个偶然的机会。我是1962年浙大物理系毕业生。九十年代末浙江大学等四校合并成立新的浙大。1999年母校希望我兼职理学院院长,因为母校情结,推却不成,我答应了。我当时的想法是我国的高校与高校外的大量研究所是互相脱节的。一方面,高校有大量的优秀人才,特别是年轻人,他们思想很活跃,没有更多思想框框,研究所用不上,同时,高校的设备远比专业的研究所差,却不能很好利用研究所仪器进行研究。另一方面,研究所则缺乏在大学里没有思想框的人才,但仪器设备的水平却相当高。如果两者能互补,那不是更好吗!所以我想能否做一尝试,把两者联结起来,进行优势互补。当然,另一方面我也感到,我长期从事研究工作,在这方面也积累了一些经验,应当回报教育,培养一些优秀人才。

后来,我的老家所在地宁波北仑港,经教育部批准成立了宁波职业技术学院,家乡领导几次到北京和杭州说服我再兼那里的院长。由于家乡情结,我也只好答应。原来我对职业教育缺乏认识,兼了院长后,我才逐步了解职业教育的重要性。从实践中我体会到,我国的本科教育只重视理论教育,大学生在校时缺乏技能训练,而大专的职业教育虽然理论教育比不上本科,但他的技能教育和实践却比本科生强,在宁波这样经济发达城市中,很需要快速适应企业要求的人才,高职生就业率在99%以上,比本科生就业率高得多,这说明高职教育的重要性。

当然,我当院长主要是出主意,讲我的办学理念,大量具体工作由副手去干。我十分重视优秀人才的引进和在职教师的水平的提高,这花了我很大精力。

关于对从事科研的年轻人,我的希望是他们不要被当前一些急功近利的坏风气所侵蚀,要做出成绩来必须还要有为科学献身的精神。同时,希望他们在研究工作中一定要注意自己形成一套好的思维方法,善于分析和抓住最复杂事物本质的规律,这需要在实践中感悟和总结自己的实践经验。我感到好的思维方法对他们研究工作非常有帮助。

热爱祖国　奉献自己

——贺贤土院士访谈录*

郭桐兴：各位观众，各位网友，大家上午好！欢迎大家来到"院士访谈"栏目，首先请允许我介绍今天请来的嘉宾，中科院院士贺贤土先生，欢迎您贺老师！

贺贤土：很高兴能参加这次访谈。

郭桐兴：今天我们请贺老师主要谈谈自己人生经历和体会、感受，首先请贺老师谈谈我们国家为什么要发展核武器。

贺贤土：非常高兴跟网友们谈谈我的一些认识和体会，我们国家为什么要发展核武器？这还要从新中国成立以后我们国家遇到的情况谈起。朝鲜战争对年轻人来讲可能有点陌生，朝鲜战争时朝鲜和美国打仗，最后我们中国人民志愿军与朝鲜人民军一起把美国军队挡在三八线外。当时战争打得非常激烈，在这样的情况下，美国总统杜鲁门曾经想动用核武器。实际上在新中国成立以后，西方国家，特别是美国，总是对我们新中国耿耿于怀，他们就是想在军事上动用核武器，把我们国家遏制下去。不光杜鲁门，还有后来成为总统的艾森豪威尔将军以及美国国防部门。从后来美国陆续公开的机密文件来看，他们当时都准备在特定的情况下或不得已的情况下对中国动用核武器。

所以，在这样的情况下，新中国要生存，没有别的办法和出路，只能发展核武器。你要威胁

＊ 原载于腾讯科技，2006 年 8 月 7 日。

我、欺负我,我也要以这个来还击你,你可能就不敢了。当时在毛主席领导下,中央政治局在1955年决定发展中国的核武器。1956年中国搞科技规划,其中就把发展核能事业作为重要内容。1958年,当时第二机械工业部下面成立了第九局(1963年起叫二机部九院),主要负责核武器的研制工作。与此同时,在新疆建立了核试验基地。从历史上来说,我们所建所的日子,就定为1958年。

郭桐兴:我们国家为什么发展核武器呢?主要是当时碍于美国对中国人民的恐吓和威慑,为了打破美国帝国主义当时的核垄断?

贺贤土:对。美国人民跟我们是友好的。对我们威慑的不是美国整个国家,而是美国政府的决策者。我们国家发展核武器就是为了反对核讹诈、核垄断,最终消灭核武器。因为你有了,我有了,大家都不敢轻易去用,最终达到消灭核武器的目的。

我们国家发展核武器,每次试验成功,中央每次都声明:我们不首先使用核武器。你要威胁我、讹诈我,我才用这个反击你!

当年国家在全国各个部门抽调了很多科学家,包括彭桓武、王淦昌、邓稼先、周光召等专家,抽了108位,我们叫作"108将"。此外还从大学分配来很多大学毕业生。

郭桐兴:听说当时的科研条件非常艰苦。在这样艰苦的条件下,您是如何从事国防尖端科学研究的?

贺贤土:我刚才讲了我们国家发展核武器的重要性,这里我还要补充一点,目前核武器仍然是平衡世界军事战略力量的重要因素。美国发展了这么多核武器,现在还要进一步发展高质量和高水平的核武器。最近他们有一个RRW计划,把核武器的性能更提高一步,更快地适应实战需要。美国还有一个反导弹计划就是专门针对中国的核武器,也针对俄罗斯,但俄罗斯说他们有突破美国反导弹的能力。所以核武器仍然是非常重要的。我们研究核武器的时候,碰到的困难是比较多的。

我先讲一下,我们研究核武器时遇到的困难,然后讲我们生活当中碰到的困难。

大家知道核武器是很保密的,当年在资料上找不到核武器具体是怎样的。这里我声明一下,我是从事核武器物理研究的,所以我讲的只是科学研究方面。核武器是很复杂的系统工程,涉及很多学科,不仅仅需要从事科学研究的人,而且也需要工程技术人员,需要很多的工作人员,包括我们的解放军、干部和工人。如彭桓武、邓稼先先生等从事科学研究的人,虽然是非常著名的科学家,但当时只知道原子弹、氢弹等名词,并不知道原子弹、氢弹的具体作用过程,这对我们来讲非常困难。当年你想在书刊上找一些关于原子弹、氢弹的详细资料,是找不到的。

在这样的情况下,我们只能发挥自己的智慧,自力更生地研究原子弹、氢弹的作用过程(爆炸过程),搞清每一个过程是怎样发生的。只有把这些过程研究清楚了,把物理上的规律搞清楚了,才能从理论上设计出核武器。这是第一道工序。没有这道工序,你无法进行后面的工程设计和加工,更不要说核试验了。

彭桓武、邓稼先等科学家们从他们的理解出发把原子弹分成了多个过程,从炸药起爆、内爆压缩到裂变物质达到高超临界。他们就这些过程提出了看法,并组织刚分配来的年轻的大学毕业生,一起讨论,一起研究,克服了很多困难,获得了物理规律认识。这是非常不容易的,完全是靠我们自力更生、自主创新的结果。

我在这里说一下,当时苏联跟我国有一个国防协定,这个协定规定要帮我们设计原子弹,但是后来因为意识形态的原因,这件事情没有成功。他们曾派了专家过来,但是专家来了之后只给少数领导讲了简短的一堂课,没有关键性的内容。后来协定就撕毁了。苏联专家就撤走了。

郭桐兴:当时苏联撤走专家的时候,没有给我们留下任何资料?

贺贤土:没有给我们留下任何关键资料。1959年时,苏联专家还在,但是他们已经不吭声了。

郭桐兴:保持沉默了?

贺贤土:对,我们有问题问他,他不吭声,我们都称他为"哑巴和尚"。有一次,我们一个同志去他办公室找他,他正在看书,看到有人来了,就马上把书藏到抽屉里面,其实这本书是《爆炸物理》,是最基本的书。有的专家是友好的,但是有的专家非常不友好。有个专家走的时候说:"我们走了以后,你们20年也搞不出原子弹。"

郭桐兴:按照当时1959年来算,按这位苏联专家的说法,我国到80年代才有可能搞成原子弹?(笑)

贺贤土:他们的说法并没有影响我们,反而激励了我们自力更生、自主研究的决心。在全国人民的支援下,我们更有信心攻克原子弹的设计困难。事实证明,通过科学家和我们年轻的科学工作者以及工程技术人员等各方面的共同努力,我们在1964年10月就爆炸了第一颗原子弹,代号为"596",以记住苏联专家1959年6月撕毁协定的这一日子。

郭桐兴:按照苏联专家讲的,我们要在20年之后才能研发出原子弹。但实际上没过几年我们第一颗原子弹就研发成功了。

贺贤土:对,6年。前面我谈了自力更生研究设计原子弹时遇到很多困难。我这里举一个例子。在我们计算原子弹作用过程时,要计算炸药爆炸产生冲击波,冲击波内爆向球心方向汇聚,把芯部裂变材料压缩到高超临界,点火后裂变发生链式反应,瞬间释放巨大核能,发生原子弹爆炸。计算时要算出一个重要的物理参数,这个参数苏联专家在讲课中曾经提到过。当时我们的计算条件很困难,用计算尺拉和手摇计算机算,后来有了电动计算机。经过几周的计算,这个参数计算出来了,但是比苏联专家给我们讲的小。当时,大家有些迷信苏联专家,总认为我们错了,所以就一次一次复算,经过了九次计算,总是比苏联人讲的小。花了大半年的时间,遇到这样的困难,怎么继续下去呢?当时周光召已于1961年从苏联回国,到核武器理论研究设计室,他反复检查了九次计算结果,感到没有错。怎么证明计算结果是对的呢?他想到用最大功原理。就是炸药爆炸产生的冲击波,全部用来做功,没有耗散。这个想法是很巧妙的。通过他的计算以后,发现即使在这样的理想情况下,这个参数也要比苏联专家给我们的数据小。说明苏联专家的这个数据是错的。

郭桐兴：是苏联专家给了我们错误的数据？

贺贤土：这个问题很难说，一个可能性是苏联专家故意给我们错的，还有一个可能性是当时听课的同志记错了。周光召的证明解开了近一年的研究困惑，相信我们计算是对的，于是我们就全面铺开了第一颗原子弹的理论设计。我们把原子弹的材料、结构和尺寸设计完之后，再交给工程人员进行工程设计。1963年九院的大部队已迁到青海。青海的人员就在那里进行材料研制、部件加工和实验室中一系列实验等等，之后进行组装，运到新疆的核试验基地进行核爆炸试验。这一系列过程，涉及千军万马。

1964年10月份第一颗原子弹试验成功，中央领导非常高兴，周恩来总理当时在人民大会堂开会，当即就宣布中国有了自己的原子弹，大家高兴得跳了起来，欢呼"中国人民有了原子弹"。研制工作是非常保密的，外人不知道。但是因为清华、北大等学校有学生分配到我们这儿来，所以在校学生他们大概知道我们这个单位是做什么的。第一颗原子弹试验成功了之后，报纸就发了号外。那天当我们中午去吃饭的时候，看到门口地上密密麻麻写着"祝贺你们""你们给中国人民长了志气"等字样，我们非常激动。尽管我们的研究工作很保密，不能让外界知道，但是试验成功之后，看到全国人民都在支援我们，我们非常高兴。

原子弹获得突破之后，接下来就是氢弹。原子弹的当量比较小，氢弹的当量大。原子弹需要裂变的材料，氢弹还需要聚变的材料。

原子弹试验成功了，但是我们还不知道氢弹是什么作用原理和怎样进行设计。这又是十分艰巨与困难的任务。早在突破原子弹的前夕，钱三强先生就在原子能所组织了氢弹原理探索小组。突破原子弹后，为了加强氢弹研制，这一小组就加盟我们九院理论部，与我们一起探索氢弹的作用原理。当时为了突破氢弹，我也参加过调研，想从报纸以及杂志上寻找有关氢弹作用原理的线索。因为美国每次氢弹试验，报纸上都会报道，我们想从字里行间抓住一些可供研究氢弹的启示。

郭桐兴：美国这些研制氢弹、原子弹的消息都会在报纸上公布吗？

贺贤土：每次试验都会在报纸上报道的。当时国内不能随便看外国的报纸，因为是资本主义的，所以当时仅限于我们组的人。要找这些报纸只能到北京图书馆、外交部等部门，还需要开证明，小轿车拉回来后只能我们几个人看，其他人不能随便看。调研了大半年，最后没有得到任何启发性的东西。

郭桐兴：没有可以借鉴的？

贺贤土：没有。在这样的情况下，完全靠我们自力更生，靠我们科学家和科技人员的智慧，自力更生研制氢弹。当时为了研制氢弹，发动了理论部的全体同志，大家献计献策，每个人都可以畅谈对氢弹的设想，这给我的印象很深。

当时彭桓武先生是九院的副院长，邓稼先先生是理论部主任，周光召先生是常务副主任，于敏、黄祖洽等是副主任，还有数学家周毓麟、秦元勋、江泽培等也是副主任，他们跟我们年轻人一起，群策群力，大家畅谈氢弹的作用过程是怎样的。因为全国人民对我们有热切的期望，大家都想尽快打破美国的核垄断。当时大家的思想很集中，一起思考怎么把氢弹研制出来。

讨论非常热烈,甚至偶有争论。不管是科学家还是年轻人,每个人都可以在黑板上写出自己对氢弹作用过程的理解,它的结构是怎样的,等等。

很多同志到半夜一两点都还在干,当时党委书记的任务是催促我们回去休息。可以看出大家都想赶快把氢弹研制出来。在大家讨论和畅想的基础上,彭桓武和邓稼先等先生考虑了几种情况,定了三条路子,由周光召、于敏、黄祖洽三个人分头带领不同的研究人员去研究、突破。

1965年下半年,于敏先生带领的小组在上海计算,他们在深入分析加强型原子弹的基础上,发现了氢弹原理。上海的计算机叫"J501",运算速度是50万次/秒。大家一边计算,一边讨论。于敏先生通过反复论证,抓住了氢弹的"牛鼻子"。氢弹的作用原理清楚之后,再进行理论设计,工程人员再一步步推进工作,终于,氢弹原理在1966年12月试验成功。这时离第一颗粒原子弹试验成功只过了两年零两个月,迄今为止在氢弹研究史上,我国的速度是最快的! 1967年300万吨左右的大当量氢弹试验成功,大长了中国人的志气! 当时,我们知道法国人也正在研制氢弹,他们突破第一颗原子弹的时间比我们早,所以大家都想争口气,在法国人之前突破氢弹,为祖国争光。

郭桐兴: 等于是一种鼓舞,是一个激励。

贺贤土:对,我们克服了很多困难。1966年12月,氢弹原理试验成功;1967年,大当量氢弹试验成功。至此,我国有了原子弹,又有了氢弹。

郭桐兴: 法国第一颗原子弹试验成功比我们早,氢弹比我们晚。

贺贤土:对,我们第一颗原子弹试验成功比他们晚,但是氢弹试验成功却比他们早。

郭桐兴: 当时世界上有几个国家在研制氢弹?

贺贤土:美国、苏联已经有了氢弹,法国和我国当时正在研制。不过法国起步比我们早,我们能赶在法国前面把氢弹研制成功,主要在于中央的领导……

郭桐兴: 和你们科学家和年轻的工作人员的努力结果也是分不开的,你们也是非常了不起的!

贺贤土:主要还是中央的领导和决策。20世纪80年代初期,我们克服了很多困难,经历了探索、困惑、争论和坚持,突破了中子弹的原理。这样,我国自力更生研制成了原子弹、氢弹和中子弹。因为第一代核武器个子比较大,比较笨重,为了核武器的生存,要小型化、机动化,我们又完成了任务。1996年,我国在禁止地下核试验的条约上签了字。为了保持核武器的可靠性和有效性,现在我们又在实验室条件下进行研究,当然,只能在实验室中模拟,以及在次临界条件下进行研究。

我们发展必要而有限的核武器,只是用于自卫,打破核垄断和核讹诈。有同志说,你们发展核武器花的钱花在发展国民经济上不是更好吗?实际上我们研究核武器的经费只有美国的1%~2%。

上面讲的是研制原子弹、氢弹、中子弹过程中的困难。下面讲一下我们在生活上遇到的困难。这里因时间关系,我只简要说一下。

1958 年成立核武器研究所的时候,由于经过 1956—1957 年这段困难时期,1958 年的生活是非常困难的,不可能盖像现在这样漂亮的房子,盖房时设备也比现在简单。为了克服困难,我们和工人们一起盖。在什么地方呢? 就在北京郊区的一片坟地上,现在那里当然非常漂亮了。那时候冬天很冷,1958 年邓稼先带领刚分配来的大学毕业生和工人们一起盖房子。当时住的条件很差,办公室条件很简陋。工作条件也很差,我们用的工具只有手摇计算机,到 1963 年的时候才有运算速度每秒几十次的计算机,到后来设计第一颗原子弹时用的是每秒一万次的电子管计算机,跟现在每秒十亿次的微型计算机没法相比。

郭桐兴:您从什么地方分配到这个部门?

贺贤土:我是 1962 年在浙江大学毕业后分配到九院的。

郭桐兴:我听说您来北京工作,还有一段小故事?

贺贤土:是这样的,我是浙大物理系理论物理专业毕业的。1962 年 9 月,学校已经跟我谈了,准备让我留校当理论物理助教,但是在 11 月中旬的时候,一位老师找我,说北京有一个很重要的单位需要你去,当时我家在上海和宁波两地,我不想来北京,因为北京很冷,吃也不习惯。但是尽管心里不愿意,却本能地感觉到这是国家的需要,还是接受了分配。非常有意思的是,报到通知书让我去煤炭工业部去报到,我吓了一跳,当时的思想斗争非常厉害。心想,我是学理论物理的,为什么要我到煤炭工业部去? 是不是煤炭里面有放射性的东西要学理论物理的人去研究啊?

郭桐兴:您的想象力还挺丰富的。

贺贤土:就这样,我到煤炭工业部报到,当时煤炭工业部有一个招待所在王府井附近,先到那里,但是那里的人说不知道,让我到德胜门外的另一个招待所去试试。

郭桐兴:和上海相比,您觉得北京怎么样?

贺贤土:那肯定和上海差远了! (笑)

郭桐兴:60 年代初的北京还是比较落后的。

贺贤土:是的。到了德胜门外的招待所报到之后,看到来报到的同志都是学物理、数学和力学的,就感觉我的专业不会不对口到哪里去。报到后感到非常神秘。当年 12 月份组织我们去郊区劳动,先用车拉我们到似乎是研究所和未来的生活地,停一会儿,什么也不说,又把我们拉走了。一个月后别人都进所了,我就是进不去,我很奇怪,后来我才知道,是因为我有海外关系。1958 年开始研究核武器,1962 年 10 月中央开了全会,决定要加快研制速度,只好临时调人,但 10 月份大学生已经分配下去了,我们来的时候,都是从学校里留校的人中抽来的,还有已分配到部队的。对抽来的人要求很高,既要学习成绩优秀,又要政治可靠。但 1962 年时因为去调学生的干部时间匆忙,审查不够仔细,有些有海外关系的也调来了。

郭桐兴:亲属有海外关系的也不行吗?

贺贤土:对。所以,我当时和一些有海外关系的人一样不能进所,在北京南郊一个小店等了三个月。后来我的老校长也是当时高教部的副部长周荣鑫给二机部打电话,说"这个年轻人我可以保证,没问题",之后我才进所的。

我们在"文化大革命"时期，因为林彪的一号命令到了四川，但是因为那里没有什么工作条件，就又回到北京。当时我和爱人已经有第一个孩子了，我母亲从上海到北京来带孩子。我们三代人住一间房子，一住就住了几年，住房很困难。生活上也很困难，那时买粮、油、盐、糖都要凭户口发票。我们去四川时户口已迁去了，没有户口就没有东西吃。最后给中央打了个报告，邓小平批示："临时户口，正式待遇。"生活上算是解决了，但如果孩子考不上大学还得到四川去工作，给家庭增添了很大压力。回想这段时间，虽然很困难，但是为国家做出了一些微小的贡献，我自己还是感觉非常高兴的。

郭桐兴：听完您刚才介绍的情况，在那么艰苦的环境下，科学家在中央的正确领导下，为中国的核武器做出了这么卓越的贡献，我们非常敬佩！另外，请贺老师谈谈在您的经历当中，您感受最深的是什么。

贺贤土：我刚才已经谈到了，我感受最深的是我们这个事业得到中央非常有力的领导，各级领导的支持，以及全国人民的支持。我们这个事业当然需要全体从事这一事业的人的自力更生精神和集体的努力。

要完成一个大科学工程，我感到只有通过从事这个工程的人员的集体努力，才能获得成功。核武器也是这样。现在我们国家正在发展很多大科学工程，这对国家的发展是非常重要的。这些大科学工程里面，每一个人都应该有自己的定位，扮演好自己承担的角色。

我为什么这么说呢？因为人与人的合作非常重要。我们要充分发挥每个人的智慧和作用。集体中的个人像生产线中的流程一样，上一个流程和下一个流程要配合得非常密切。搞大科学工程也是这样。我们这些人当中有搞物理的，有搞数学的，有搞工程的，还有搞实验的。这是一个大的系统工程。在一个集体里面，每一个人必须进行很好的合作，即使是一个组，人与人也要进行很好的合作。可能有人认为个人兴趣非常重要，但是个人兴趣是可以改变的。国家需要你从事重要的工作，你扎下去后就会有兴趣。兴趣很重要，但是自己的兴趣必须跟集体的工作密切联系起来，不能自己想搞什么就搞什么。在一个大的目标下面，只有大家紧密配合、紧密合作，这个大工程才能够做好。

现在很多年轻人是独生子女，在家里面都养成了习惯，以自我为主，但是当你从事了工作，就是在一个社会群体中，不能你想干什么就干什么。当然，这个社会有很多的空间可以让你发挥，有很多的空间让你翱翔，但是你不能脱离群体。虽然获诺贝尔奖的科学家看起来主要是个人作用，但背后有多少人给他们打基础啊。像你去图书馆找一本书，管理员为你服务等等，看起来是你一个人的行动，但是实际上都是很多人合作的结果。所以充分认识个人与集体的关系，发挥个人在集体中的作用，对我们国家非常重要，对于大科学工程尤其重要。个人必须要合群，要融入团队当中去。

下面我想谈一下，正确的思维方法对完成工作的重要性。我们在学校里面学习了一些知识，这些知识是书本上的，需要经过实践才能掌握好。好的思维方法在工作实践中非常重要。如果把在学校里学到的知识融会贯通，并把它应用到具体工作中去，这就体现了你的能力，工作就很出色。我在工作中向周围学习了很多好的思维方法，使自己以前的思维方法不断得到改善,在这方面体会很深。我有幸在彭桓武、周光召、于敏、邓稼先等领导下工作,他们的思维方法对我影响很大。如果你没有很好的思维方法,眉毛胡子一把抓,即使做得很辛苦,做出来的成果也比不上人家优秀。

郭桐兴:不能达到你预期的要求。

贺贤土:尽管你刻苦的程度比别人高,但是你实际的成果还是比别人差。我这么多年来在工作中,一直在仔细琢磨、体会,提高自己的思维方法。在刚从事工作的时候,有一次我有一个数学方程式解不出来,就请教彭桓武先生,他很快就解出了近似解,抓住了主要的物理图像。彭桓武先生的数学基础很好,他常常把方程中小的项扔掉,大的项保留,方程就可以很容易地解出来。他经常说:3 与 1 相比,3 就是无穷大。意思是,经过分析,若方程中一个项的量级是3,而另一项量级是1,你可把另一项扔掉,保留 3 的项。这叫抓主要矛盾。这个思维方式对我影响很大。

彭桓武、周光召、于敏先生分析问题的时候,他们一下就可以把主要矛盾抓住。我就琢磨他们为什么这么分析,我对这个问题怎么分析;比较跟他们的差别,体会自己要改进什么。时间长了就有了更多体会和自己经验的积累,然后融会贯通到以后问题的分析中去,在长期实践中不断琢磨和积累。

举一例子,假如你研究一个动物,你原来不知道,但通过去粗取精,抓住主要矛盾分析以后,你发现这个动物的鼻子特别长,身子、尾巴都比较短,那么你基本上可以肯定这是大象。至于大象身躯多高、耳朵多大,是下一步的问题。但是至少经过这样的分析之后,你可以知道这个动物是大象,抓住了主要矛盾。如果眉毛胡子一把抓,不抓住重点进行研究的话,你就不知道这是大象。抓主要矛盾说起来容易,实际很难。所以在以后的研究当中,我就注意用抓主要矛盾的思维方法分析问题,也累积了一些经验和体会。我非常感谢彭桓武、于敏、周光召等先生给我的启发,当然也要有自己的感悟和积累。我能获得一些科学成果,得益于这些专家、老师对我的帮助。

还有一个就是信念。我们当时研究核武器的时候,就是憋着一口气,一定要为国家争光,为祖国做出贡献。因为祖国是使你成长、受到培养和教育的地方。我 1966—1967 年在美国马里兰大学做访问学者,发现美国年轻人的思想很自由,可以骂总统,可以批评领导,但是有一条,如果你说美国不好的话,他非得跟你争。我有一次就碰到这样的情况。我现在忘了说什么问题,我说你们美国太欺负我们了。他就跟我急,说我们美国没有欺负你们,欺负你们的是决定美国政策的人。

美国人民有一种自豪感,对祖国这个概念看得非常重,不允许别人说三道四,这点给我的印象非常深。美国在小学的时候就有爱国主义教育,而且在美国每个学校、每个单位门口都挂国旗。但是我们国家很少见。我觉得我们国家应该从中小学开始教育青少年为祖国感到自豪。你可以看到,我国有核武器,也是联合国安理会常任理事国,同时我国经济发展令世人瞩目,我国现在的国际地位越来越高。但是我们以前被某些国家歧视,因为我们穷,国力不强。当年我出国时,人家一看我穿的衣服就知道是中国人。

郭桐兴：对，我记得当时如果能在红都定做一套西服，那是非常了不起的。

贺贤土：1987 年我在美国工作结束的时候，比利时自由大学一位物理学家——也是欧洲和比利时科学院院士——他邀请我去比利时讲学。而且他答应我，从美国到比利时以及我回中国的机票由他提供。比利时大使馆同意给我签证，但是当我去拿签证的时候，比利时大使馆工作人员就刁难我，要我给他看回中国的飞机票。邀请我的教授替我买了回中国的机票，但机票在布鲁塞尔，要等我去讲学时再给我。我说明了原因，但他们还是不给我签证。

郭桐兴：为什么？

贺贤土：他怕我留在比利时不回中国啊。当时，我就在电话里面跟他们吵起来了，我说我是一个堂堂的中国教授，如果我留在比利时，还不如留在美国，因为美国比你们更富有，生活条件更好。我非常生气，我说我怎么能看得上你们比利时呢？当时我非常气愤，受到很大刺激，觉得祖国需要更快发展。所以祖国在每个人的心目当中应该占有很大的地位，为祖国做出贡献对我们来说不是一句空头话。只有祖国强大了，你才不会受到别人的歧视，这是我出国之后一点深刻的体会。

郭桐兴：您讲得很精彩！再一次感谢您。各位观众、各位网友，我们的今天的"院士访谈"栏目到这里就结束了，下周的同一时间我们再见！

贺贤土：再见！

细微之处见真情

——贺贤土院士追忆王淦昌先生[*]

中国科学院数学物理学部原主任、浙江大学理学院院长贺贤土院士曾多年在王淦昌先生领导下工作,深受先生的影响,也深得先生的青睐。在纪念王淦昌先生诞辰 100 周年时,贺贤土欣然接受《科学时报》的采访,谈起了他记忆深处的王淦昌先生的学术威望、为人以及对自己一生的影响。

一、"先生的录像影响了我事业的选择"

贺贤土原本酷爱文学,喜爱音乐,并拉得一手好二胡。但在 1956 年,贺贤土在宁波中学上高二时,国家急需人才,发出了向科学进军的号令。宁波中学组织学生干部,集中介绍国家发展需求,请老师讲解半导体、核聚变等物理知识。在一部录像片中,学校介绍了王淦昌先生在苏联讲课的情形,特别提到了核聚变,如托卡马克装置等。在录像中,贺贤土第一次看到了王淦昌先生。王淦昌先生很善于抓住年轻人的心,物理课讲得十分生动,过人的学识令贺贤土非常佩服。对文科有浓郁兴趣的贺贤土,最后在高考时还是决定考理科,并顺利进入王淦昌先生曾任教多年的浙江大学物理系。由此,贺贤土与核物理结下了终身之缘。

贺贤土大学毕业来到北京应用物理与计算数学研究所时,没想到王淦昌先生就是自己的上级领导。不同的是,王淦昌先生做的是实验研究,贺贤土做的是理论研究。

据贺贤土介绍,在讨论问题时,王淦昌先生对年轻人好的想法,常常立即给予支持。

二、"百鸟在林,不如一鸟在手"

贺贤土认为,王淦昌先生不仅是一位威望很高的科学家,还善于协调与组织。为进一步推动激光核聚变事业的发展,20 世纪 70 年代末 80 年代初,王淦昌先生知道中科院上海光机所的

---

* 作者:王静。原载于《科学时报》,2007 年 5 月 28 日。

优势是高功率激光技术,而当时的二机部九院在激光聚变能物理研究方面有优势,他建议中科院上海光机所和九院开展合作。因为激光核聚变需要多学科的合作,如在靶物理理论基础上,需要制靶、研制驱动器,并进行诊断,最后开展靶物理实验。由此王淦昌先生提出"合则成,分则败"和"瞎子背瘸子"的观点,强调中国搞激光核聚变研究只能用一个牌子,即"中国牌"。

在王淦昌先生的领导和推动下,"上海高功率激光物理联合实验室"于20世纪80年代建立。以后的实践表明,当时的联合实验室后来为我国的惯性约束聚变事业发展做出了不可磨灭的贡献,中国开始了"神光Ⅰ"激光器的设计。该激光器于80年代后期建成,1994年退役。虽然光束质量不理想,但它开启了我国利用高功率激光器进行物理理论、实验、诊断、制靶、整体研究的时代。我国物理学家在"神光Ⅰ"上做了多项实验,其中重要的标志性成果是第一次测得了热核聚变中子。

王淦昌先生还多次提到,中国的核物理发展事业是被国外封锁的,要强调自力更生。他在发展我国核电事业的讲话中谈到自力更生与引进的关系,"百鸟在林,不如一鸟在手"。在惯性约束聚变的研究中,他要求坚持自力更生精神。他和王大珩院士向聂荣臻元帅报告"神光Ⅰ"建成时提到,整个工程体现了自力更生和勤俭节约的原则。这得到了聂荣臻同志的高度赞扬。

1992年,李政道问王淦昌先生:"您所从事的科研工作中,哪项是您最为满意的?"王淦昌先生考虑片刻后回答说:"我对自己在1964年提出的激光引发氘核出中子的想法比较满意。"因为这个想法在当时不仅是一个全新的概念,后来还成为国际上惯性约束核聚变(ICF)的一个重要研究方向,使人类有可能彻底解决聚变能源问题。

另外,据很多从事实验物理的技术专家介绍,王淦昌先生在实验方法方面经常有自己的绝招。

三、核试验中为士兵健康呼吁

1969年,我国开始第一次地下核试验。在一次探察地下情况时,经常在实验基地工作的王淦昌先生发现,带电粒子探测器不断发出滴滴答答的声音,他意识到洞内一定有问题。通过检测分析发现,洞里含有损害健康的氡气,而且远远超标。当时,很多解放军战士和实验人员在洞内操作。王淦昌先生十分痛心,立即向相关领导报告。他呼吁,要保证战士的健康。由于当时正是"文革"时期,有些上级领导不尊重科学,反而批判他的呼吁是活命哲学,扰乱军心。王淦昌先生不为所吓,坚持科学,坚持自己的意见。

"王淦昌先生关心同事、下级和后辈的事例很多。在核科学研究领域工作的人,只要谈起王淦昌先生,无不肃然起敬。"

贺贤土介绍,王淦昌先生有一次在辽宁认识了一位航天部四川某单位的科研人员,得悉这位研究人员患了癌症后,他马上写信给予安慰和鼓励。在病榻前,这位科研人员让爱人连续念了几遍信件,感动地说:"先生那么忙,还抽空给我写信,那么谦虚。我这辈子能结识这样一位学识渊博、待人和蔼、谦虚谨慎的老前辈,很幸运。"

　　贺贤土最后说:"一个科学家的命运与国家发展的兴衰密切联系,王老身上充分体现了这一点。因为当时的中国没有条件,他测量中微子的方案只能写在论文上发表,最后让外国人用他的方法测到了中微子,使诺贝尔奖与中国失之交臂。如果他 1964 年提出的激光核聚变思想是在旧中国,则也会与测量中微子出现同样的命运。只有在新中国,特别是改革开放后,激光核聚变这样一个大科学工程才会得到国家重视,才会得到很好的发展,在中长期规划中成为重大专项,科学家个人才会发挥自己的才能,国家才能兴盛。王老一生扎根国内,我们特别希望年轻人能够深刻体会国家强盛对个人发展的重要性。"

桑梓情深的甬籍院士贺贤土[*]

六月的一场阵雨过后,记者在宁波职业技术学院见到了德高望重的贺贤土院士。虽然贺老已经年近七旬了,但是看起来要比实际年纪年轻很多,彬彬有礼的举止中透着一股知识分子的儒雅。

一

贺贤土 1937 年出生在镇海(现为北仑)新碶一个叫大路下的村子里。父亲那时在外地工作,家里全靠母亲支撑。母亲的吃苦耐劳精神对童年的贺贤土影响很大。贺贤土说,母亲不仅生育了我,更重要的是在最困难的年代还能想尽办法为我提供良好的成长和学习环境。

贺贤土 6 岁上学,进了当地很有名的新碶小学。童年的贺贤土也是很贪玩的,但与别的小朋友不同的是,他是先做好作业才去玩的,在作业没有做好之前,绝不出去玩。有时小伙伴喊他出去玩,见他不动,就在他身边嬉戏说笑,想分散他的注意力,可他就是不为所动,一笔一画地做作业,等他写完最后一个字,还要再仔细检查一遍,没错误了才放心跟大家一起去玩。他的这个习惯一直保持到高中毕业。他之所以这样做,是因为他知道父母和年迈的爷爷很关注他的学业,自己不学好功课,对不起千辛万苦供他上学的长辈。

1951 年贺贤土考入了镇海辛成中学(后来的镇海中学)。在中学里,贺贤土的门门功课出类拔萃,次次考试名列前茅,还担任了学生会主席。

1954 年,他以优异的成绩考入了宁波中学。在宁波中学,多才多艺的贺贤土先后担任了团委的军体部长和学生会的文化部长。在那里,他喜欢上了民族音乐,特别喜欢拉二胡。虽然在以后的日子里,贺贤土一直忙于科研,没有时间练习拉二胡了,但每当紧张劳累时,他还是习惯听上一段二胡曲子,譬如《二泉映月》,作为自我放松和休息的方法。那如泣如诉的弦声,像潺潺的流水淌过他的心田,冲淡了他的烦恼和忧虑。

另外,贺贤土小时候在爷爷和父亲的指导下练过书法,能写一手漂亮的行楷,并多次在书法比赛中获奖。他组织学生文工团表演的舞蹈节目,在省市里都是捧大奖的。

---

* 作者:刘文娟。原载于《宁波晚报》,2007 年 6 月 23 日。

在高中时，贺贤土酷爱文学，也喜欢理论性很强的评论，越是有难度的文章越是让他感兴趣。他还学写过小说，甚至做过长大当个文学家的梦。一般人在高中时就会显现出对文科或者理科的偏好来，但贺贤土文理科都好，形象思维和逻辑思维都很强。这可让他犯了难：将来学什么专业呢？仿佛有数条路摆在贺贤土面前，踌躇满志的他不知道哪一条路真正能够通向成功之巅。

最终让他明确自己奋斗方向的是 1956 年参加宁波团市委组织的培训班学习的经历。在培训班时，他在纪录片上看到一个西装笔挺、长相英俊的教授满腹经纶地讲核物理的基本粒子，生动的讲解让贺贤土听得如醉如痴。这位教授就是我国核物理学家王淦昌。贺贤土仿佛听到自己内心的声音：我也要学物理！

有了报考物理专业的想法之后，贺贤土把刚刚萌芽的文学梦悄悄地埋葬了，而把整个心思转向物理学习。但高中的物理教材已经不能满足他的求知欲望了，高三那年，他就自己读完了一本大学的物理教材。1957 年，贺贤土考进了浙大物理系，向他的理想目标跨出了具有决定性意义的一步。从此，漫长的半个世纪，他心无旁骛地致力于理论物理的研究。

二

考进大学后，贺贤土如饥似渴地学习专业课程。物理科学就像一座神奇的迷宫，刚进去时，他感觉"山重水复"，等他找到迷宫大门的钥匙时，就进入了"柳暗花明"的境界了。每次发现科学奥秘都让他兴奋不已，贪婪地想发现更多。但好景不长，平静的学习生活持续了不到一年，各种荒唐的政治运动开始了。学校里不能正常上课，学业被荒废了，他心里真的很痛苦。

到了困难时期，大学生每个月的伙食只有 7.5 公斤的定量。贺贤土所在的杭州高校还算比较好的,每天食堂能供应上米汤,有的地方已不得不靠挖野菜充饥。但是如果去晚了,米汤就变得很稀薄,几乎是米水了。喝完了,不到半天就饿得饥肠辘辘,连走路的力气都没有。贺贤土发明了一个抵抗饥饿的方法:每当饿得难以忍受时,他就到图书馆里读书,注意力转移了,就不会老想肚子饿的事。最后,由于营养不良,贺贤土得了浮肿病,以至于他这个本来被学校定下保送的研究生,因为浮肿病而在体检时被淘汰了。

虽然五年的大学生活给这个来自乡村的懵懵懂懂且十分单纯的青年留下很多创伤,但那也是让他最为难忘的五年时光,他在这五年里完成了人生角色的转变:从一个学生成为一名科学研究者。

本来已经留校当助教的贺贤土,1962年11月时突然被通知到北京一个单位去报到。尽管生于南方、长于南方的他对北京的严寒和路途的遥远有所畏惧,但还是服从了分配,北上了。经过一番周折后,他终于进了二机部的第九研究所,即今天的中国工程物理研究院,进入了中国核武器研究的前沿阵地。

核武器的试验基地在戈壁滩的深处,夏天热得像火炉,冬天则冷得像冰窖。雨季时住在帐篷里,雨水渗进来,晚上根本睡不好。遇到连续的阴雨天,后勤保障跟不上,吃饭都是问题。在青海,贺贤土高原反应很厉害,手碰到雪水就红肿。

为了科学试验,贺贤土和科学家们可谓吃尽了各种各样的苦。第一颗原子弹成功爆炸了,第一颗氢弹爆炸了……每一次成功后,他们又转移到下一个课题研究。由于所从事的工作保密性很强,所以贺贤土和从事核武器研究的科学家们在将近30年的时光里一直隐姓埋名地工作,默默地做着无名英雄。他所从事的研究尖端而神秘,各种专业术语不是我们常人所能理解和明白的。我们只能想象一下贺院士在那个时代和那个特殊的领域里所经历的种种困难和艰苦。

辛勤的汗水结出了累累的硕果。贺贤土先后获得国家自然科学奖、国家科技进步奖、7项部委级奖项、何梁何利基金科学与技术进步奖等奖项,大量不能公开发表的保密论文记录了他对我国核武器事业的贡献,他的很多理论至今仍在被运用。

三

在贺院士众多的头衔中,其中一个就是宁波职业技术学院院长。

一位院士来担任高等职业技术学院的院长,在目前中国的两院院士中,贺贤土是第一位,也是唯一的一位。消息刚被发布出去时,许多人都表示惊讶和难以理解:一个堂堂的院士居然去担任职业技术学院的院长,究竟怎么想的?

是不是因为他当年去了北京当了科学家,在浙大没当成老师,而留下深深的教育情结的缘故?其实他早在1982年就开始带研究生了,现在还带着几位博士生,1999年还被母校聘为理学院的院长,应该说已经了却了心愿啊。

谈起这个职业技术学院院长的头衔,贺贤土说,时任宁波经济技术开发区党工委副书记的汪友诚请他看在宁波职业技术学院所在地北仑是他的故乡的份上,接受聘请,来担任这个院长。贺贤土说他倒并不因为是院士就不能担任职校职务,而是一来自己本身的工作就已经很忙了,担任着一个国家的研究项目的首席科学家和973计划专家委员会成员,兼职太多;二来他不想只做个挂名的院长,要干就要担起责任来,否则会耽误学生们的前途,而自己一直搞科研,当时对职业教育没有概念。但为了报答这块生他养他的土地,贺院士于2002年接下了这个聘请。

走马上任后,他先翻阅了大量的资料,同时了解世界其他国家和地区的做法,知道职业技术教育与我们的生产实践密切相关,是培养高级技术应用人才的,对一个国家的发展来说十分重要,可以说是目前本科教育的一种很好的补充。

当了几年的院长,贺院士对高等职业技术教育有了深刻的认识,并在各种场合为高职教育奔走呼吁。他对学院的发展尽心尽力,每隔一段时间便会从北京赶到北仑指导学院的工作。在他的带领下,宁波职业技术学院走出了一条"产学研"相结合的道路。据宁波职业技术学院党委书记、执行院长苏志刚介绍,贺院士担任该院院长后,投入了很多精力。他把"院士"精神引进到校园,经常带领中科院的院士到学院来给同学们做讲座,并对广大师生寄予了厚望。身为院士,他站得高、望得远,总是说要以"学生为本",积极开拓创新,为国家多做贡献。现在宁波职业技术学院被国家教育部、财政部确立为重点支持建设的国家示范性高职院校,宁波职业技术学院独创的"三三模式"在全国高职教育领域产生了深远影响。

记者采访的当天下午,贺贤土院士就给该学院的学生们做了一场有关相对论的报告。讲座持续两三个小时,年近七旬的贺院士一直是手持话筒站着讲的,其实他的腰并不是很好。

　　自从担任了宁波职业技术学院院长后，贺院士回北仑的次数多了。"少小离家老大回，乡音无改鬓毛衰"，用这句诗来形容他的心情再恰当不过了。他原先生活过的村庄早已被一座座拔地而起的高楼代替，道路也变得认不出来了，留在他记忆深处的童年的点点滴滴已经无法印证了，只有远处的横山依旧默默地与这位离家半个多世纪的老人对望着，或许它还记着那个聪明好学的少年？

人文之美科学精神

——贺贤土院士七十华诞忆往事[*]

听一位走过七十年人生道路的学者讲述他的人生故事总是大有裨益的。

在简朴的工作室里，应记者的要求，中科院院士贺贤土沉浸于往事的回忆中。睿智平和的漫谈，深刻独特的感悟，娓娓道来，使人仿佛看到他那如江河奔流的人生，有青春时期的丰沛奔腾、壮年豪情的汪洋恣肆，然后愈加宽阔浩荡，直指更辽阔的海洋。

一、一篇传记改变人生轨迹

贺院士出生在人文鼎盛的宁波，严父慈母给予了他良好的家庭教养。他自幼聪明，小小年纪曾多次担任婚礼上的"赐福使者"，在典礼上背诵吉祥如意的贺词。花团锦簇、典故堆砌的四六骈文，大人教了一遍，他就朗朗上口了，乡人至今仍赞其幼而神异。

他曾经逃过难。国民党内战败退之际，疯狂轰炸宁波，他避到乡下，和一个放牛的表兄整日漫步荒野。他们穿梭于墓碑之间，大声诵读碑文，荒败的现实和华美凄清的石刻文字，将一个个充满变数的人生展示给少年。人生苦短，天地一逆旅，到底生命的意义何在？少年开始思索。他曾经是文艺青年。中学时期喜爱《远离莫斯科的地方》和《钢铁是怎样炼成的》等苏联文学，更爱的是胡风的文艺评论。胡风的文章以深奥晦涩著称，但越是难懂，他越有钻研的劲头。他还写过小说，描绘一个中学同学，形象逼真，在同学中流传一时。

他拥有二十世纪五六十年代典型的热血气质。一篇介绍年轻核物理学家周光召的文章打动了他，"要像周光召一样从事最顶尖的科学研究！"这个令他血脉贲张的梦想使刚出发的文学探索戛然而止，而浙江大学物理系则增加了一个优秀学生。

缪斯的召唤在他的科研之路投下深深的印记。四十余年的科研生涯使他不止一次地感受到，文学、哲学和科学三者密不可分。他认为，对从事科研的人来说，具备科学的思维方法非常重要，哲学可提供正确的思维方法，文学可提供更丰富的想象空间。创新就需要丰富的想象力和出类拔萃的提炼能力。艺术和科学能够结合起来，触类旁通，反过来，科学也能促进艺术在哲学美上的实现。

---

* 作者：吴明静。原载于《科学最新闻》，2007 年 9 月 28 日。

贺贤土院士学术报告会

二、到祖国最需要的地方去

毕业后母校留他任教,突然间他又接到了国家分配赴北京的命令,因为保密,命令很含糊,报到单位也与专业不对口。

四十年前,南北差异较大。江浙富庶安逸,而北方生活艰苦。幼年时他被过继给一个姑妈,独身的老人与他相依为命,少年在考大学时就舍北京而就杭州,在浙大任教更是心愿满足。可是,此时的他手捧一纸调令,将赴北京。

"国家需要,就得听从召唤,没办法。我们那时候从没有消极逃避的想法。"贺院士回忆道。

他们这一代人目睹了民族之新生,对国家的感情浓厚炽烈深沉。贺院士还记得,二十世纪五十年代随父到上海,在南京路上一家商铺的橱窗里看见一副国产乒乓球拍,父亲指给少年看,激动得不得了:这是我们国家自己制造的产品,中国人是聪明有能力的!

处身于热烈的时代洪流中,贺贤土胸中跳动着一颗朴素的爱国之心。"克服个人困难,到祖国最需要的地方去!"于是,他们这一代人把自己的生命和智慧无怨无悔地奉献给了新中国。在发黄的老照片上,青春的微笑坦荡、爽朗、真诚。

他又是幸运的,在新的工作岗位,他惊喜地见到了青少年时期的偶像周光召先生,并有幸在周光召、王淦昌、彭桓武、于敏等科学家的指导下工作,在研究原子弹、氢弹、中子弹的工作中展露才华。人生的际遇令他感慨庆幸。

三、14 号楼灯火辉煌

年轻的贺贤土初次涉足科研,被安排研究原子弹过早点火概率问题。初出茅庐,他大胆探索,另辟蹊径,成功解决了几年来未能解决的技术难题。他的研究成果使他在此后的核武器设计和试验中一直担当重任。

他虚心向周光召、彭桓武等先生请教,在具体工作和治学方法方面得到了许多有益的指点,从课题研究中获得了许多物理规律的认识。他优秀的物理直觉以及对于科学研究的执着给大家留下了深刻的印象。

他的个性是愈难愈想去探索。于是,在突破氢弹原理的工作中,他全身心投入到氢弹实验的热测试理论部的工作大楼 14 号楼,每天晚上灯火通明。还没结婚的贺贤土,干脆以办公室为家,累得不行才回集体宿舍睡一觉。他甚至嫌吃饭也麻烦,在早餐时多买几个馒头,馒头放久了又冷又硬,就着白开水啃几口凑合凑合。如今,"14 号楼灯火辉煌"的典故已成为激励新一代核武器人奋发工作的典范。

四、两件引以为豪的事

时代造就英才,英才辉映时代。1995 年贺贤土当选中科院院士,作为一个获得过众多荣誉、成就卓著的学者,他对自己的两件工作感到自豪:一是领导了中子弹的研究,在困难的情况下,坚持了正确的科研方向,获得了成功;二是领导了惯性约束聚变(ICF)研究,披荆斩棘,白手起家,使我国的激光驱动惯性约束核聚变的研究从无到有,获得了一系列令世人瞩目的成就。

二十世纪七十年代,虽然研究人员在原子弹、氢弹研究方面积累了一定的基础和经验,但是中子弹研究却困难重重,关于中子弹点火和自持燃烧理论的研究完全超出了当时的认识基础,中子弹需要新的原理突破。贺贤土物理思想活跃,基础研究扎实,他从非线性科学的自组织现象和协同学的临界点研究得到启发,开始了新的探索道路。在总结前人工作的基础上,他领导研究小组分解研究中子弹系统大量矛盾竞争关系,组织进行复杂的物理因素分解研究。在大量因素中排除了众多次要因素,去芜存菁,终于发现了关键点,获得了清晰的物理图像,发现了中子弹点火和自持燃烧的途径。进而,他推导出了包含各种物理过程的中子弹反应过程总体方程,给出了物理方案,并组织其他研究人员编成总体程序,在理论上成功设计了中子弹。二十世纪八十年代,核试验顺利进行,证明了贺贤土的研究获得圆满成功。

惯性约束聚变的原始概念是从核武器作用原理上引发出来的,王淦昌先生是这一原始概念的独立提出者之一,曾在二十世纪六十年代进行过探索尝试,但因时代的特殊原因,成效不显。1989 年 ICF 被纳入国家重大项目计划,贺贤土承担了重要的研究和管理工作。1996 年,他成为项目主题首席科学家。立项伊始,ICF 研究工作基础薄弱,在国际上也没有一席之地,经过十年艰难跋涉,到了"九五"末和"十五"初,相继突破了多个关键技术难点,建立了一个自主创新的研究体系:2000 年神光Ⅱ正式出光运行,开始提供实验研究;神光Ⅲ原型开始建造,关键技术取得了很大进展;靶物理理论研究取得了突出成果;靶的制备已能满足现有激光聚变实验需要。在国际有关场合中,中国的 ICF 研究已受到国际同行重视,贺贤土成为国际会议的组织者之一。作为首席科学家,他功不可没。在圆满完成国家任务的同时,他还陆续发表了一百多篇高质量的国际论文。

他经常向年轻科研人员提出建议,一定要重视基础研究,在搞任务的同时要善于提炼基础问题,进行深入研究,提高自己的科研水平。他还经常鼓励年轻人,在不违反保密规定的前提下,多发表有影响的论文,想办法提高自己的学术造诣。

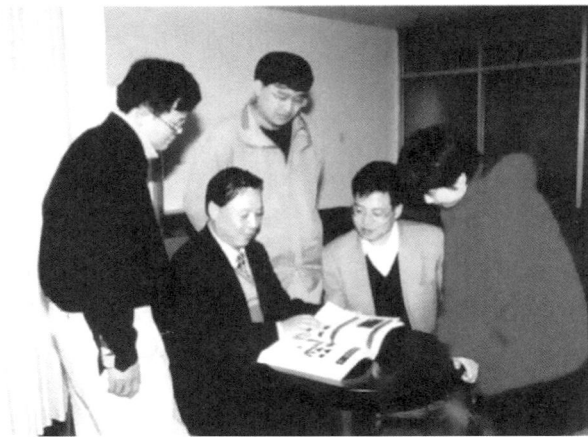

指导博士研究生

五、红都西服的故事

他有一个红都西服的故事。那是二十世纪八十年代到西方发达国家进修的许多人共同的情感经历。那个时代,每个有机会走出国门的人都会定做一套西服出国穿,隐含着对异域文化的礼敬,尽管这种礼敬出于简单的、好奇的、粗线条的文化感悟。当时的名牌红都西服是北京人的不二选择。在美国,贺贤土发现,红都西服的确也被赋予了特殊意义,代表了美国人对中国大陆的漫画式看法。他在美国人有意无意流露出的不屑中出色地完成了工作,提出了一些令人耳目一新的观点,令美国同行刮目相看,原来中国人横溢的才华被谦抑地隐藏了,从此,谁也不敢轻视这个来自中国的学者。

而他也由红都西服带来的文化符号含义产生了意味深长的感悟:

"一个开放的社会,一个人与人广泛接触的社会,是发展的社会;一个封闭的社会,一个自我满足的社会,将不会有所进步。"事过境迁二十年,他经常这么提醒自己。

在美期间,他的工作得到了比利时学者巴列斯库的欣赏,后者邀请他到比利时访问。办理签证时出了麻烦,比利时的使馆人员要他出示回北京的机票,潜意识里认为每个中国人都有移民的倾向。隐含歧视的无理要求像一把野火,烧得他的心疼起来。他内心的激愤像火山一样爆发了,一番义正词严的驳斥后,比利时人讪讪无语,乖乖地签发了签证。

在美国的两年,他的心灵一直在遭受冲击,一方面见到了美国的发达,人民享有安宁富裕的生活;一方面深深感受到美国青年的爱国热情。他多么渴望自己的祖国也能富强起来,渴望国人的民族自信心和民族凝聚力更加壮大。虽然比利时之行顺利成行,但是他心中的渴望因此更深了,他无比深刻地感受到个人命运与祖国命运的紧密相连。

"中国人一定要争气,否则要被人看不起!"

带着深深的感慨和渴望,他回来了。从此,在致力于科研探索的同时,他也致力于物色优秀的海外学子回国效力。张维岩、赵宪庚、朱少平,在他的感召下先后回国,成为发展核武器事业的宝贵人才。

这就是他们这一代人的可贵之处:他们书写了感天动地的历史,完成了时代的使命,而又以独特的人文精神超越了时代。

建国近六十年,事业发展五十年,如今已进入了一个相对平缓的时期。在新的高潮到来之前,他们还在继续奉献热诚,用深邃的目光审视现实,投向未来。老骥伏枥,勇于前行,他们身上焕发出大智慧的光芒。

在采访中,贺院士多次深情地说:"我认为人的价值,就是奉献精神。"这就是一位坦荡忠诚、无怨无悔的创业者的真诚心声,也是一位科学家为科学奉献一生的光辉写照。

创新是一个民族发展的灵魂

——访中国科学院院士贺贤土*

　　2008 年 3 月 26 日,本刊记者采访了理论物理学家、中国科学院院士贺贤土先生。贺贤土院士长期从事国家重大任务以及核聚变与等离子体物理、理论物理专业研究。在国家任务的物理理论研究、设计及实验室模拟研究中完成了大量开拓性工作。在惯性约束聚变研究方面,曾组织领导了我国这一领域的研究工作,建立了我国独立自主的研究体系。我去的时候,贺院士正在翻看案头的一摞博士论文。贺贤土说,中科院正在组织他们评选年度优秀博士论文,这是经过初选后送来的,还都是很有水平的。贺贤土接着说,他们现在的环境好多了,我们那时候的研究环境就不一样了。记者的采访就是从贺老当年科学研究的艰苦环境这个话题开始的。

一、对祖国的热爱和中华民族的自豪感

　　记者:是什么力量促使您在那么艰苦的条件下坚持科学研究,一路走到今天?

　　贺贤土:我想,第一是对祖国的热爱和民族的自豪感。二十世纪五十年代,新中国成立不久,在朝鲜战争中,西方曾多次计划和扬言要对中国动用核武器。面对严酷的形势,共和国要生存,别无选择,中央决定发展我国核武器,后来苏联又卡我们,给我们造成了很大困难。为了祖国的强大,使别人不敢欺侮我们,我们只有咬紧牙关,把核武器搞出来。我们中华民族有这种智慧和能力,别人能搞出来的,我们也一定能搞出来。正是有这种精神力量和信念支撑让我们坚持到了最后。虽然当时环境非常艰苦,无论是生活条件还是工作条件,都比较差,困难很大,但很快于 1964 年爆炸了第一颗原子弹,1966 年底突破了氢弹原理。开始突破氢弹时,我们知道法国人(他们比我们早爆炸第一颗原子弹)已经在研究氢弹,当时我们都憋着一口气,为了给祖国和民族争光,一定要在法国人之前把氢弹搞出来。最后我们终于赶在法国人前把氢弹研制出来了,为此我们感到十分自豪。

　　第二是对科学真理的执着追求、忘我克服困难的精神,没有这种精神是很难做出成绩来

　　* 作者:韩跃清。原载于《科技创新与品牌》,2008 年第 6 期。

的。开始研制核武器时，我们还是来自各行各业的专家和大学刚毕业的年轻人，除了知道原子弹、氢弹这些名词外，从来没有接触过核武器，对核武器的具体结构、材料、复杂的作用过程等几乎一无所知。就是凭着对核武器事业的执着追求的精神，大家学术民主，群策群力，攻克了一个又一个科学和技术难关，最终获得了成功。

第三是对科学研究的兴趣。核武器研究是一个大科学工程，其中包含大量的科学和技术问题。当你去深入探索和研究如何解决这些问题时，你就会被它们所吸引，从而产生强烈的兴趣，总想去了解究竟，去解释和掌握这些科学规律。你钻得越深，你对了解它们的渴望会越强烈，你就会越有兴趣去探索，从而产生强大的研究动力。通过研究，一旦当你有所发现，掌握了科学的真谛，使之很好地用于解释你所探索的现象，并最终被实验所证实时，你就会感到一种极大的乐趣，这种乐趣别人是无法体会到的。

二、善于在复杂事物当中抓住最本质的东西

记者：科学研究中取得成就，关键取决于哪些因素？

贺贤土：我个人体会，首先要有正确的思维方法。这种思维方法就是善于在复杂事物当中抓住最本质的东西，因为这些最本质的东西支配了复杂现象的表现。由于复杂事物（看作一个系统）总是由多种较简单的事物（子系统）错综交叉作用而成，这就首先要把这复杂系统根据它的变化（过程）和特征分解成多个子系统（或不同阶段的子过程），然后分别去研究每个子系统。当研究某一个子系统时，可把其他子系统给定，这样研究就相对简单，研究容易得出结论。当你研究各个子系统后，你一定会发现，事实上只有主导这种复杂系统（现象）出现的少数子系统才是重要的和本质的，这样最终通过集中研究这少数重要子系统的相互作用，进行集成，就可较快掌握复杂现象发生和发展的规律，问题就简单得多了。如果没有正确的思维方法，不善于分解研究，就会眉毛胡子一把抓，不知道对复杂现象的研究怎么入手，怎样才能抓住最本质的东西加以解决。所以要逐步形成正确思维方法，抓主要矛盾。形成正确的科学思维方法，比学书本知识要难得多。书本知识是死的，你只要用功学，终会得到知识，但科学思维方法是活的，是在不断总结自己实践经验和提炼认识基础上逐步形成和完善的，也是通过不断吸取人家高水平的分析问题的思维方法，再加上自己感悟后逐步形成的，不是一朝一夕的。

第二，像前面提到的，要有一种执着追求科学真谛的精神。科学研究面对的是十分复杂的自然现象和物质运动形式，要搞清产生自然现象的本质和内在运动的规律，不可能是一帆风顺的，要坚持不懈地去探索，经得起挫折，执着地追求，不轻易放弃，努力克服困难，才会取得成功。

第三，一个人要能够和群体和谐地结合起来。一个人的研究工作不是孤立的，诺贝尔奖获得者虽然只有 1 到 3 人，但获得者的成果建立在别人大量工作的基础上，也就是说他们是踩在

很多前人的肩膀上前进的。任何一个人不可能从基本原理开始从头做到尾,只有把人家的工作成果经验吸取过来、为自己所用,这样才会较快出成果。

现在大量研究工作都是集体做的,特别是从事大科学工程,一个人干是不可能完成的,所以应该学会如何与群体和谐合作,不要把自己孤立起来。现在有些年轻人喜欢关起门来自己干,自己搞自己的,有时尽管可以做出一点成绩来,但我想其水平肯定不如一起合作高。在自己独立思考的基础上,要学会与别人交流,从交流中激发自己新的思想和灵感。要多听别人报告,而且不能只听,必须积极地开动脑筋,积极地提出问题,进行学术"争论",这样可以对人家的成果有更深刻的了解,吸取他人的有用的部分为你所用。

三、鼓励对科学研究和技术革新有重要意义的创新

记者：请您谈一下,创新在科学研究中的作用是什么?

贺贤土：科学研究和技术革新没有创新,就没有发展。创新是研究工作最基本的要求。没有创新,就只能跟着人家跑,就没新的内容,你的研究工作就不可能有发展。创新就是去发现一些别人没发现的东西,这样研究工作才可以发展,国家也才能发展。我们国家目前的创新力量还是不强,很多东西都是模仿和学人家的。中央号召建立创新型国家,提出要在三个层次上努力创新,要求我们在工作中努力实现,这是一个光荣而艰巨的任务。创新是一个民族发展的灵魂,我们曾在"两弹一星"等多个方面体现了我们中华民族的创新能力,相信在年轻一代的努力下,在今后十几年内我们的创新能力和水平将会有很大提高,为我们中华民族立于世界民族之林而自豪。这里要利用这个机会谈一点我的看法。现在创新很多,别人没有的你想出来、做出来了,都可以叫创新,但很多是脱离实际的,技术上不可能存在,也没有科学基础和意义。这样的创新,易误入歧途,我们千万要注意。我们的任何发现,都应该对科学技术的发展进步有意义,这样的创新是社会需要的;而对科学的发展社会的发展没意义的创新,就应该放弃,所以要正确理解创新。

记者：青年科研工作者应该如何对待创新?

贺贤土：青年科技工作者,应该把重点放在国家急需的、对科学的发展和技术的进步有很大作用的领域的创新,为建立创新型国家做出自己的贡献。避免做对科学的发展、技术的进步没有什么意义的所谓创新,以免浪费宝贵的精力。

四、物理学会有新的突破

记者：现在有一种观点,认为物理学面临着一次大的突破。您对此如何看?

贺贤土：我是研究物理学的,我同意现在物理学在一些方面会有新的突破的看法。例如,

对宇宙是怎样形成的了解？大爆炸以后物质怎么起源的？大爆炸在早期都是高温辐射，没有现在意义上的物质，那么怎样从辐射到物质，最早的物质是什么？现在虽有些看法，但需要证实。又如物质与能量的关系是什么？现在虽有熟知的爱因斯坦的质量与能量互相可以转换的公式 $E=mc^2$，这是四维空间中动量能量张量守恒中得出来的，它的物理的本质是什么？也就是能量是怎样转换为质量的？质量又是怎样转换为能量的？这种深层次的理解，对于宇宙的构成的了解是十分重要的，一旦获得突破，就可以理解今天的宇宙是怎么进化来的，从而了解我们宇宙的未来发展将会怎么样。现在发展超大的加速器，比如欧洲即将建成的超大加速器 LHC，以及激光加速器的探索，对于探索物质的起源会有很重要的作用。

上面是从大的宇宙尺度极端来说的，另外一个极端是在微观结构的极小尺度里，标准模型是不是有普遍意义？需经过不断的检验，得出一个明确的看法。现在计划在 LHC 上找 HIGGS 粒子，如果找到，标准模型预言就被证实，这也是大的突破，对解释宇宙现象也会有帮助，这也是非常重要的。

另一方面，是否有超出标准模型的东西存在？这个问题也在研究，因为人的认识是不断深入的。通过这样的深入研究，在现在的物理学条件下，也可能会有新的突破。我个人这几年一直在从事超强激光与物质相互作用的研究。我想，利用超强激光作为工具进行研究，可能解答物理学上的一些没有解释的问题，包括粒子的超相对论加速、标准模型有效性、夸克胶子等离子体的产生等等，因此有可能使整个物理学的发展揭开新的一页，有新的突破，这是我现在的看法。所以，有人说物理学到头了，这不是事实。

另外，物理学还应该跟医学、生命科学等很好地结合起来，这样使得物理学能够在以前没有涉及的领域里充分发挥它的作用。

记者：请您给我们杂志提几点建议。

贺贤土：你们杂志的定位是科技创新与品牌，杂志很漂亮，印刷也很精细。恕我直言，刚接触你们杂志时，我的第一印象是你们是做产品广告的，从名称上来说就有可能容易发生一种误解。后来才发现几乎是包罗万象的，内容十分丰富。现在杂志很多，你们要有自己的特色，这是很重要的。你们几乎什么都有，从科学到环境都有，你们可能要凝练一些方向，突出重点，有显著的特色，把你们的这个蛋糕做大，加深大家的印象，希望你们办得更好。这是我个人很不成熟的看法，可能是错的，供参考。

我国高性能计算缘何"高"不起来*

一提到计算科学发展,不少人脑海里首先浮现的就是计算机。"正是基于这种片面的认识,以至于错误地以计算机的发展规划代替了计算科学发展规划。"在近日召开的主题为"我国高性能计算的发展与对策"的香山科学会议上,会议执行主席之一、中科院院士贺贤土等人呼吁,目前我们还缺乏从国家层面应用计算科学解决国家重大问题的思考,应认真研讨规划我国高性能计算发展之路。

会上,来自计算科学领域的数十名专家学者指出,我国计算科学近年来取得较大发展,但还必须加强具有自主知识产权的应用软件(包括提高物理建模和算法的水平)和适用于科学计算的高性能计算机系统的自主创新研发力度,并使两者协调、平衡发展。

"目前我国对于对国家有重大意义的项目需要并行度高、内存大以及共享和 I/O(输入/输出)快,有三维视算系统等性能的用于大规模科学计算的高性能计算机缺乏发展规划,也缺乏对研制这种计算机强有力的支持,严重影响了我国计算科学的发展和国家竞争力。"贺贤土一针见血地指出。而早在 20 多年前,美国就从战略需求出发,先后执行了三次计算科学大计划,巩固了其军事地位,并带动了基础科学、应用科学和工程设计的跃升。

"世界上以峰值速度排名的 500 强中,运算速度在每秒百万亿次以上的都是高效的科学计算机,它是受应用牵引而专门研制的,而我国在这方面差距很大。目前我国百万亿次和正在开发的千万亿次计算机几乎都是集群机,这种计算机由于本身局限性以及缺乏研究对象实际应用为牵引,它用于大规模科学计算时效率较低。"贺贤土担心,长期下去,我国科学研究水平和创新能力将会大受影响。

做同样的复杂系统科学研究,国外科研人员是在运算速度在每秒几十万亿次以上的高效计算机系统中进行计算,而我们有时甚至停留在 PC 机的"手工作坊"水平,以至于出论文难,引用率低……贺贤土告诉记者,由于社会对计算科学战略意义的认识存在误区,我国使用运算速度在每秒万亿次以上的高性能计算机进行大规模计算的单位少之又少。

更使大家忧心忡忡的是,具有自主知识产权的数值模拟应用软件研发严重不足。"自主开发软件要经过十几年磨一剑,谁来认可?"香山会议另一位执行主席钟万勰院士说,正是评价体制等原因,致使我国从国外大量购买应用软件。"由于这些软件不可能附有源代码,就会造成

---

* 作者:陈磊。原载于《科技日报》,2008 年 11 月 10 日。

'别人一改(源代码),你就得买'的恶性循环。"贺贤土说。此外,我国在高性能算法和建模等研究上也亟须提高创新能力。

针对这些发展瓶颈,专家建议,我国发展计算科学应该根据牵引需求,通盘考虑,制定统一规划。同时,结合国际发展经验,增强自主创新能力,密切联系用户,以应用为牵引,加大研究经费和力度,研制开发并行速度高、内存大、共享和 I/O 快、环境友善的高性能计算机系统,提高相关技术的设计研制水平。

此外,要改变"重硬轻软"的倾向,加大自主研制、开发应用软件力度。应该清楚地认识到,应用软件研制是关系到计算科学能否在科研与工程设计中发挥作用的关键因素,它的研发经费在高性能科学计算开支中占据最主要的部分。因此,迫切需要改变目前投入严重不足,应用研发力量薄弱、分散,跨学科综合人才缺乏,应用软件研发单位少,学术交流渠道少的局面。

大家还建议,要优化资源管理,提高用户使用效率,避免高性能系统的浪费;重视和加强计算科学的新型交叉人才培养,建立对此类交叉学科人才的合理评价机制;等等。

职业教育不能患有"近视症"

——访中科院院士、宁波职业技术学院院长贺贤土[*]

十几年前,"大哥大"是一种财富的象征,现在几百元即可买到手机,而且功能比原来大为拓展。那么五年、十年之后通信领域的发展趋势如何,职业院校的专业设置准备好了吗?

早在五六年前,大家对纳米与基因非常陌生,现在这些都已经成为科学常识,其研究与发展周期较之前大为缩短。职业院校的教师是否关注到这个现象?

"紧盯就业市场的职业院校,很少有人顾及这些!"本月中旬,在结束宁波职业技术学院公务与香港学术演讲后,国内第一位以中科院院士身份担任职业技术学院院长的贺贤土在北京接受本报记者专访时发出这样的感慨。

他既讲述了6年任职的感受,更对中国职业教育发展发出了急切的心声。"职业教育的核心是培养应用型技术人才,不光要有技术能力,而且还必须具备发展后劲,如果职业院校一味地跟着市场跑,就业率可能高,但将来肯定要受阻。"

记者:据我了解,目前国内的院士直接到职业技术学校任职的并不多。作为学术大家,您是怎样与职业教育结缘的?您对职业教育近年在国内迅速发展的态势如何看待?

贺贤土:6年前,从事尖端技术研究的我对职业教育没有任何概念。时任宁波经济技术开发区党工委副书记的汪友诚请我出任家乡这所职业技术学院院长。我不想当挂名院长,既来之,就应该负责任地担当起这份历史重任,把搞科研的锲而不舍精神带到院长工作中来。成千上万学生的前途与命运和学校紧密相连啊!

一次在机场偶遇台湾一位副校长的经历,给了我办好职业教育的信念与决心。学生去欧洲看中国台湾知名企业的展览,就问:"你们是台湾大学,还是台湾清华大学的学生?"那位副校长回答:"都不是,如果光靠那么几所大学的话,台湾经济社会发展不可能这么快"。台湾一两百所大学,绝大多数是高等职业教育。中国大陆发展的态势完全一样,大力发展职业教育是经济社会发展到一定程度的必然现象。早几年前,我国西部高职教育需求量很少,但当时东部宁波、上海、深圳等市的职业院校学生就业率都在95%左右。目前,职业教育与地方经济社会发展紧密结合,现已占了普通高等教育与高中阶段教育的"半壁江山"。

记者:很多高职院校是由普通中等专业学校升格而成的,很多学校在师资和硬件的建设上

---

* 节选自《中国青年报》,2008年10月20日。

都没有跟上这种升格。宁波职业技术学院亦是中专升格而来。在实际的工作中,您觉得教学和师资会遇到哪些挑战?

贺贤土:十几年前像 286 电脑当属先进设备,现在双核 CPU 广泛使用,PC 机的速度与功能大大提高,可职业院校早期教材的案例都是以 286 电脑为蓝本,如果教师没有深厚的专业知识背景,只能依葫芦画瓢地给学生讲,学生学的技能和知识会与现实社会严重脱节。

很多高职院校的专业教材能五年更新一次就已经非常不容易了,教材严重滞后于经济社会与科技发展。因此,职业院校教师的理论必须密切与一线企业、地方经济社会发展有机结合,带领学生去解决企业发展的现实问题,这样既能把研究成果传授给学生,又能提高教师的专业理论与技能水平。目前,基层企业大量存在的技术问题一般不为本科大学所重视,这恰恰给了职业院校施展拳脚的舞台。

记者:职业院校强调"务实"地培养学生实践技能。那么,在科研领域,职业教育学校的教师有没有可为的空间?

贺贤土:几年前,职业教育界只提产学合作,根本不提"研"。有人误解职业院校不能"研",实际上恰恰相反,"研"是职业教育发展的一个非常重要的途径。它代表了职业院校教师队伍的水平,能够提升当地经济发展的技术以及学生的素质水平。

我们学院敏孚机电系主任俞岳平就是浙江敏孚集团的老总。他培养模具设计专业学生的方法是,通过激光扫描仪、三维定位仪,把国际先进的产品内部结构映射出来,学生在此基础上根据企业需求不断地进行调整与创新。毕业生非常受企业的青睐。学院化工专业的孙副教授发现道路上反光的交通标识磨损后效果不好,他就带领学生深入企业通过改进产品性能,延长了道路反光标识的使用寿命,同时还救活了一家濒临倒闭的企业。

职业院校这个"研"与本科大学、研究型大学"研"的对象和内容各有侧重。前者除了为当地培养高技能应用型人才外,院校教师与科研设备等资源都要充分为地方经济社会发展服务,并提供智力支撑。

记者:中职、高职都是三年"三段"制,即"一年学基础,一年学技能,一年顶岗实习",毕业即就业。这个群体的学生怎样突破层次上升过程中的"玻璃门"?

贺贤土:东部与中西部发展存在较大差异,因此全国职业教育发展不能搞"一刀切"的模式。

东南沿海经济发达地区完全具备了开设职业教育本科甚至研究生层次的需求。职业教育是为经济社会发展服务的,不同的企业、岗位对技能应用型人才也有高低之分。社会上普遍认为,高层次的技能应用型人才应由本科院校去培养。对此,我个人认为,当前本科教育与经济社会发展联系方面还存在缺陷。

职业教育的本科与现在本科、研究型大学的培养模式不一样,他们延续与当地企业、经济社会发展的密切关系,在理论基础知识方面比现在三年制高职学生要好,且这个理论知识结构能很好地为技术的发展、创新提供支撑,这是现在本科教育所不能替代的。由于经济的快速变迁和科技日新月异的发展,人力需求结构呈现出灯笼型或钻石型的局面,居中间大部分是拥有高级技术知识的专业技术人员。

中国青年报：现在教育行政部门对职业教育的定位就是就业教育，对此您是怎么理解与认识的？

贺贤土：现在过分强调职业教育以市场与就业为导向，其实质就是一种"近视症"。难道本科教育与研究生教育就不为学生就业考虑？这种"近视症"，不是从社会的需要、经济发展的需要，有预见性地考虑职业教育，完全是为给考不上大学、普高的学生找一条出路，这与办"培训班"的理念差不多。

教育的核心使命是使培养出来的学生有创造能力与创新精神，如果只顾盯住条条框框，毫无预见性地按现在经济水平和模式去考虑问题的话，职业院校培养出来的学生不会有多少创新能力与持续发展的后劲。像基因测序在美国已经开展，未来5~10年可能普及到普通消费人群。虽然探索基因发展不是由高职教育来承担，但服务基因技术发展则为职业教育提供了一个重要的机遇。

因此，当前职业教育应以高素质师资队伍与产学研建设为抓手，从教育层次方面谋求突破口，理性引导，扭转"千校一面"的现象。

"只讲产学不讲研"不利于高职教育发展[*]

一、职业教育占据"半壁江山"

近年来,我国职业教育发展取得了历史性的突破,2008 年全国中等职业教育与高等职业教育招生规模达到 1100 万人,在校学生总数超过 3000 万,分别占据了高中阶段教育和高等教育的"半壁江山"。最近,《国家中长期教育改革和发展规划纲要》正在向社会公开征求意见,职业教育被列为其中 11 个重大战略专题之一。如何增强职业教育的吸引力,如何改革职业教育发展模式,调动行业、企业兴办职业教育的积极性,解决职业教育规模数量、专业设置与社会需求相吻合的问题,既是本次《规划纲要》征求意见的重要内容,又是关乎民生的热点、难点问题。

二、高职没有"研"的能力,是一个误区

"从这几年的经历中,我体会到发展高等职业教育一个很重要问题是不应该只提'产学'结合,还应该加上一个'研',变成'产学研'结合。现在很多人认为高职没有'研'的能力,但是我体会这是错的,是一个误区。"在两会期间,由中国青年报社、亚洲教育北京论坛联合主办的 2009 全国职业教育发展论坛上,贺贤土院士亮出自己的观点。

这一观点与社会普遍认为的职业教育培养"实操型"人才的看法"不完全一致"。

贺贤土院士还有一个工作岗位:宁波职业技术学院院长。这个工作岗位让他对职业教育发展"想得比较多",作为高职教育管理者和实践者,他对高职教育倾注了更多的心血;作为中科院院士,贺贤土站在院士的高度对高职教育发展进行着探索和研究。

贺贤土的理念在教学实践中得到了验证。宁波职业技术学院培养的学生,很多人进入了企业的研究机构。有一个实例,宁波有一家台资企业,专门生产汽车配件,企业里的许多年轻

* 作者:赵凤华。原载于《科技日报》,2009 年 3 月 24 日。

人来自宁波职业技术学院，这些高职学生在车间干了一年后，一部分人去了企业的设计、研发部门，从事技术方面的研究工作。

"为什么高职教育要产学研结合？强调要包括'研'，即研究。"

贺贤土的理由是："高等职业院校，有教授、副教授、讲师人才队伍，这是一支重要的技术研究的力量；另外，高等职业技术学校有很好的实训设备，这些资源可以为研究工作服务。通过研究，解决当地企业和农业中的技术瓶颈问题，为地方经济的发展服务；同时通过研究提高师资水平，培养出更好适应企业需要的学生；最后，产学研结合可以更好地促进高职教育的持续发展。"

三、产学研结合，解决当地企业的技术瓶颈

贺贤土指出，过去认为产学研中的"研"只是研究型大学和普通本科高校的事，这样的认识不准确。研究包含很广泛的内容。

他客观分析说，高职院校师资和条件目前比不上一般本科院校。他认为研究重点应当面向当地企业，主要是中小企业，特别是中小民营企业，以及农业的技术改造和革新中的技术问题，这样的技术问题是大量的，很多产品通过技术改进可以提高产品的科技附加值。

还有，由于体制、评估体系等原因，一般本科高校不可能去深入进行这样技术问题的研究，因为他们被 SCI 论文等评估指标所限制。高职院校有能力和责任去从事这样的研究，服务当地经济，推进地方经济的发展。这就是为什么高职院校不仅需要产学结合，而且一定要产学研结合的原因之一。

他说在报上曾看到温州打火机出口到欧洲，因为儿童安全性问题被打回来。又如有朋友告诉他，福建最近生产的一种鞋，弹性好，而且不容易崴脚，在现在的金融危机下，出口反而增加。他认为，像这样的技术问题，高职院校完全有能力研究出来。

他又列举了自己学校的一个案例。宁波职业技术学院通过研究，获得了一种比现有性能高很多的道路标线涂料专用石油树脂，拯救了一个濒临倒闭的企业，使其年产值一下达到 6000 万元以上。

"例子很多很多。这些技术高职院校完全有能力研究出来，为地方经济做贡献。其他高校不一定感兴趣，我们这些高职院校应该去研究。"贺贤土重申道。

四、通过研究，提高了师资水平

贺贤土强调，搞产学研，特别是研，是培养师资队伍非常重要的"力量"。培养学生也一样，人才需要提高水平，研究是很重要的方面。"产学研结合，通过研究，提高了师资水平。教师给

学生讲课时,可以补充他的研究成果,使学生获得新的知识,学得更好。现在科技发展十分快,新编的教材很快有些内容就过时了。"贺贤土说。

他再次举例说:几年前有一位老师告诉我,当时的教科书中讲计算机的案例是 286 计算机,但那时已是 586 了。所以,教师不搞研究就只能按书本讲,学生的质量怎么能高呢?另外,教师搞研究,能更好地为当地经济发展服务。无论哪个部门,人才是根本。人才水平高了,高职教育质量也就高了。所以,研究很重要。

五、高职教育应有前瞻性

贺贤土认为,产学研结合,是高职教育很重要的方面,可以保持前瞻性。

他还是用例子佐证:"几年前纳米技术、基因技术,大家还很陌生,但是现在一般被大家接受了。五年以后、十年以后,到底技术发展到什么程度,现在没有人能预料,但是可以通过研究了解今后发展的去向,这对高职学院是非常重要的。我想大家都记得十年前大哥大非常大,现在的手机已经很小了。所以高职教育应该奔着这个方向走。产学研结合的研究是更好地了解技术发展趋势的重要的途径。"

他指出,发展高职教育培养学生应当考虑到五年后,甚至十年后的需要,要有前瞻性。

六、社会需要高职教育有高职本科、高职研究生

为了与高职开展研究匹配,贺贤土提出,要设高职本科、高职研究生。他的这个观点来自企业的需求:"很多企业给我提出来,他们希望高职教育培养出不同层次的人才,满足他们今后发展的需要。"

他认为,要确保高职教育持续发展,高职教育不能像现在这样一刀切,应该有两年制、三年制,高职本科、高职研究生,这样才能满足用人单位的需要,高职教育才可以持续发展。

他讲了一个事实。宁波职业技术学院去年与台湾一起组织了一次高职研讨会,台湾方面来了台湾科技大学、龙华科技学院等学校,这些学校就有高职本科、高职研究生。"曾经有一位美籍华人士告诉我,他到欧洲看展览,在台湾展览馆看到高级展品,就问参展的专家,你们是台湾大学还是台湾清华大学毕业的?他们听了哈哈大笑,说我们要是那些院校毕业的,台湾不可能有今天的成就,其实他们都是高职院校毕业的。所以我想大陆的高职要逐步开展两年、三年制的高职本科、高职研究生计划,来满足多方面需要。"

文理兼通　探秘科学

——记中国科学院院士、理论物理学家贺贤土[*]

中国科学院院士贺贤土,性格热情开朗、思维敏捷、治学严谨。本报记者在和他一个小时的交谈中,深深地被他的丰富经历和大科学家的学养才情所感染。他对科研事业的执着精神,对年轻人才的鼎力推荐,秉承了我国科学家的优良传统,在他身上,不难发现"两弹一星"精神的深刻烙印。

贺贤土上大学时曾是浙江大学民族乐团的二胡手之一,每逢庆祝活动文艺演出,他与同学们的二胡合奏都是保留节目,一曲深情哀婉的《良宵》,使在座的听众无不如痴如醉。

一、弃文从理　执着半生

青少年时代,贺贤土是一位追求上进的爱国青年。他从小酷爱文学,小学时就喜欢看武侠小说和古典小说,到了中学时期,又痴迷于苏联文学,保尔·柯察金的小英雄形象多少次闯入了年少的贺贤土的梦中。在高中学习阶段他对茅盾的《子夜》、巴金的《家》《春》《秋》,以及鲁迅、郭沫若的作品爱不释手。贺贤土不仅平时作文写得很好,还曾尝试写过一篇情节跌宕、文笔流畅的小说。然而,一次学校组织学生干部在宁波的学习改变了他的人生道路。"王淦昌"和"核物理"这两个概念牢牢铭刻在了他的心里。从此漫漫半个世纪,贺贤土专注于理论物理的研究,心无旁骛;但在他心里,也留下了许多遗憾,偶尔想起,那鲜活如春水般的文学情愫会使他怀念起青少年时代自己曾有过的爱好。或许没有参加那次去宁波的学习,中国会多一个著名的文学家吧!

但对文学的爱好使贺贤土在后来的科学研究道路上受益匪浅。他在长期从事理论物理的研究中,文学的火花不时地点亮科学理论之灯,使他在一刹那间,洞穿一条"众里寻他千百度,蓦然回首,那人却在灯火阑珊处"的时空隧道。文学的熏陶使贺贤土写起学术论文来,下笔如有神,他发表的许多物理学论文在文字表述方面都得益于他早年打下的深厚的文学功底。

---

[*] 作者:杨济华。原载于《科学时报》,2010 年 3 月 12 日。

优秀的学业成绩促成了贺贤土走上核物理研究的道路。大学毕业时,为了便于照顾家人,他首先选择了留校任理论物理专业助教。1962 年 11 月,学校领导突然找他谈话,要把他改分配到北京"一个重要的国家单位"。因为保密的缘故,调令很含糊。虽然报到单位与他所学的专业不对口,刚刚毕业不久的他没有过多考虑,选择了把自己的命运同祖国的命运连接在一起,选择了国家最需要他的地方。经过了几个月漫长的审查,贺贤土进入了中国核武器研究所。令他惊喜的是,在研究所里,他有幸在彭桓武、邓稼先、周光召、于敏等著名理论物理学家的领导和指导下工作。他常常听他们讲课,学到了很多在学校没有学过的新知识。他尤其佩服科学家前辈们在分析学术问题时能很快抓住复杂问题之要害的本领。据贺贤土介绍,周光召的逻辑思维非常严谨,于敏的物理概念十分清晰,彭桓武善于抓住问题的本质,能迅速地通过粗估给出主要的物理规律。他们的治学方法给了贺贤土很大的启发,他不断体会科学家们的思维方法,比较自己的思路,经过不断的研究实践和琢磨感悟,逐渐形成了一套自己独特的思维方法,这对他后来的研究工作和学术成长起了非常重要的作用。

二、学养深厚　培育新人

贺贤土院士十分重视人才培养和高水平人才的引进。他深深缅怀二十世纪六七十年代研制氢弹时的学术民主风气,也以自己的热诚,为许多年轻后辈提供了及时的支持与关心,为我国的高科技事业培养了众多优秀人才。他培养了多名研究生,从国外引荐了多位科研骨干,他们都成了重要技术岗位的组织者,有的已当选为中国科学院院士。

在卸任惯性约束核聚变项目首席科学家之后,贺贤土将一些时间和精力投入到高等教育事业中,并把他在科研中的体会和经验运用于教育事业。2000 年,他接受母校浙江大学的邀请,兼职浙大理学院院长。他积极引进优秀人才,鼓励教师队伍中的年轻人才脱颖而出。在他的领导下,浙大理学院得到了很大发展。他说,浙江大学是研究型大学,他希望自己能够为国家的大科学工程和基础科学领域培养研究型人才,使他们既有深厚的科学知识又有灵活的思维能力,能够分析和抓住复杂科学问题的本质,有较强的解决问题的能力。

贺贤土还受宁波市政府的聘请,在自己的家乡兼任宁波职业技术学院院长。他刚到宁波职业技术学院时,看到有些老师只照课本讲,书中有些案例已过时,贺贤土很是着急。贺贤土认为,与校园文化建设、师资设备力量等相比,如何让培养出的学生符合社会发展需要是更加重要的问题。为了提高教师的教学水平,他提出教师一定要到当地企业去实践,了解企业需要解决的技术难题。通过解决问题,提高自身水平。这样做,一方面能帮助地方和企业解决了许多技术问题,服务当地经济发展,受到了企业的欢迎;另一方面,教师讲课就会很深刻,讲自己的研究成果,学生收获就大,促进了教学工作的开展。而且还使学生就业有了着落。他提倡的高职教育要产学研结合,不仅为地方经济发展提供了很好的服务,而且在他及学院领导的努力下,宁波职业技术学院已经发展成为全国知名的高职院校。

2007年,北京应用物理与计算数学研究所与北京大学联合建立了应用物理与技术研究中心,贺贤土院士被聘为主任。在他的领导下,中心综合了双方的研究优势,积极培养人才和推动相关领域的研究发展,扩大了在国内外的学术影响。

三、积极创新　再创佳绩

谈到中国科学院的创新文化建设,贺贤土院士不无感慨地说,创新文化的氛围很重要,它有利于广大科研人员在工作中积极发挥创造性思维,创新的氛围又必然推动创新文化建设进一步发展。贺贤土院士说,创新文化建设提出以来,中国科学院这几年变化很大。第一,近些年我国提出要建设社会主义创新型国家,作为科技工作者我们正在积极努力有所发现、有所发明;第二,中国科学院通过"千人计划"等方案引进了大批优秀人才,为创新文化营造了良好的氛围;第三,知识创新工程实施以来,我们也取得了有目共睹的累累硕果,如高能物理所的正负电子对撞机、上海的同步辐射光源、安徽合肥的全超导托卡马克等一系列成果。

贺贤土院士认为,总体上说,知识创新工程进展得非常好,但在科研人员中还存在着一些浮躁情绪。譬如还有这样的问题存在。一是我们的科研人员了解国外的同类信息不够。有的领域做得不错,但总体不够,这方面有待进一步提高。因为无论是基础研究还是大科学工程,晚人一步,就有可能失去实现的意义。二是我们的许多科研人员尚缺乏正确的思维方法。贺贤土说,他常见一些人知识储备很充足,但抓不住事物的主要矛盾。在怎样抓住复杂问题的要害,培养严密的逻辑思维能力上,我们要做有心人,吸收别人的长处,看别人怎么做,多分析比较。

贺贤土院士现身说法：
培养高水平科技创新人才，社会有重要责任[*]

记者手记：

贺贤土院士与其他科学家相比似乎更有亲和力。这一点在记者一大早跨入他的家门时就感受到了，很难相信，这样德高望重、成果斐然的科学家会把自己的家当作办公室。在他的书房里，记者看到，电脑、打印机等办公设备一应俱全，手机在充电，还不到早晨9点，已经有电话接二连三地进来。

这种就像CEO一样的状态，别说对一个已经70多岁的科学家，就是一个年轻科学工作者恐怕也要"不胜其烦"，但是，听得出来，贺先生打出去的安排会议的电话和接听的回馈电话，都干脆明确、简洁高效。语气也都是平静从容。当记者已经超出约定的采访时间，看得出来贺先生的焦急，但他还是宽容并且认真地回答了记者的每一个问题。很显然，他的日程是以小时来安排的。在头一天约定时间的时候，他就说，他上午要看完有关评审材料，下午要去开会。待记者上午11点多走出贺先生家时，一路都是歉疚的感觉。

但是，同时，和那扑面而来的春夏之交的温暖与热烈一样，贺先生清楚晓畅略带宁波口音的每一个回忆、每一次回答，都给记者以非常美好的感觉。坦荡、大气、热情、决不遮遮掩掩、满怀赤子之心。特别是他对当下科技创新人才培养，对战略科学家培养等话题的见解，别有一番情怀在心头。

1962年11月，他被分配到核武器研究所，参加中国核武器的研制，在原子弹、氢弹和中子弹的理论研究中取得了多项重要突破，后来又从事激光驱动惯性约束聚变的研究，成为国家863计划直属主题的首席科学家。贺先生他们那一代科学家在成长过程中有自己独特的时代背景，他们既没有博士、硕士学位，在求学期间也没有出过国，留过学，但是，他们为国家贡献了聪明才智，同时也做出了具有国际水准的研究成果，是什么使他们在承担国家任务时快速地成长？其中有哪些个人因素和社会因素？当记者和贺先生谈到这个话题时，这也正是贺先生思考的问题，他回首往昔，用自己的亲身体会，在给中央写的报告中说，"领军人物与战略科学家的培养，全社会都有责任"。

---

[*] 原载于《出版人》，2010年6月。

贺贤土院士观点一：我认为，现在关于培养高水平的创新人才的讨论，也就是热烈讨论的"钱学森之问"，把高水平的科技创新人才的培养任务都压在大学了，这是不全面的。我的看法是：高等教育非常重要，应该培养一批有好的基础知识，同时又思想灵活、善于思考问题的人才。但是大学仅仅是基础，大学学得好，不见得他研究工作就搞得好，科研实践中的这种例子不少。我认为，要培养高水平的科技创新人才，大学是非常重要的基础，但关键是在离开大学后，在实践工作当中，除了个人努力，社会（特别是工作单位）应当承担发现人才、在实践中培养和提高他们水平的责任。

一、成长经历：在大学里并不是学得最好的

问：请您谈谈家庭教育，小学和中学的时光，您对知识的渴望是从什么时候开始的，是怎么开始的？

答：我是宁波人，宁波人的特点就是，即使家庭经济情况不好，也要千方百计让孩子上学。原因呢，我想是因为我们那边很多人都在国外，信息很灵通，了解知识的重要性。我的好几个堂兄都在国外，我家里就是这样的，尽管不富裕，但要子女读书，只要你能读上去。

我父亲很明确，他希望我们子女都有"一技之长"。而且我大一点的时候，我父亲总是告诉我要"知足常乐"，这样你不会去搞与社会格格不入的东西。我想这是家庭对我的影响。

什么时候我对科学产生了兴趣，这一点很难说，但有一点，我小学的时候，对武侠小说非常感兴趣，除家里有的拿来读，还从同学那里借来读。我家里有些古书，都是线装的，后来也拿来读。我对文学渐渐增加兴趣还有这么一段经历，我老家在现在的北仑港，解放舟山前夕，解放军集结在那里，准备渡海解放舟山。在舟山的国民党飞机飞到我们所住的地方扔炸弹，我们逃到山坳里一个亲戚家去住。那时有意思，我跟着亲戚的侄子放牛，这个哥哥比我大，也喜欢文学。山里有很多坟墓，墓碑上有些词特别好，那时放牛没什么事情干，就去看那些墓碑，上面的好多诗都能背下来，我非常感兴趣，自然也对文学越来越喜爱。

舟山解放以后我上了初中，在镇海中学。高中时我考上宁波一中，是省重点。无论在初中还是在高中，我都没有感到像现在那么累，那时作业做完就完了，我的成绩在班里是最好的。中学我开始喜欢苏联文学小说，买了很多这方面的书，《红日》《钢铁是怎样炼成的》《卓亚和舒拉的故事》等，我全都看过。同时我也喜欢读文学评论，对当年胡风晦涩的评论文章也一遍一遍地啃读。到高二的时候，我还决定不了上大学到底是学文还是学理。当时理科我也很喜欢，物理、数学成绩都很好。1957 年进大学后才知道，当时反右派，翻出我读高中时校长培养尖子学生的名单，名单中就有我。

问：就是说您曾经对文学非常感兴趣，但后来为什么大学读物理？

答：是的，转变是从 1956 年开始的。1956 年，高三上学期的时候，党中央号召向科学进军，寒假里宁波市团委把学生会干部召集起来学习，并请一些物理老师讲原子能、半导体的知识。

还放影片，其中放了一段王淦昌先生在苏联杜布纳研究所的研究工作，王先生西装革履，非常英俊的样子，为我们介绍核聚变原理，就这样，我感到物理很重要，决定大学报考物理专业。

我现在常常想，社会的某些影响，可以改变一个年轻人的一生。高三开始，我就放弃了文学，开始啃读大学物理。1957 年的高考是非常难的，因为正好 1956 年农业歉收，导致 1957 年国家经济困难，我们这一届只招了 9 万多人，这是中华人民共和国成立以来招生人数最少的一次高考，我们班只有少数几个人考上大学。

我 1957 年秋考上浙大物理系。浙大物理系原来是很有名的，但是 1952 年院系调整以后，浙大以工科为主，物理系王淦昌等名教授大部分都调走了，物理系只成立了一个物理教研室，给工科学生教普通物理。但也留下个别名教授，例如，著名的核力专家王谟显教授等，留下的年轻教师很多是以前物理系那些大科学家的研究生，受过较严格的训练，基础很好。后来教育部感到条件还不错，1957 年，国家决定重新成立浙大物理系，我就是重新招生的第一批学生。我去的时候，只有一个专业，就是理论物理专业。重新建立的浙大物理系，完全按综合性大学物理系办。后来李文铸教授从北京近代物理所进修结束回浙大物理系教理论物理，力量更强了。我在浙大物理系读了五年，只有 1957—1958 年真正读了一些书，1958 下学期"大跃进"等各种政治运动开始，一直到 1960 年结束，所以真正的学习时间也就三年多一点。

毕业后，物理系主任李文铸老师要我留校，在理论物理专业当助教。几个月后李文铸老师又找我谈，要我去北京一个很重要的单位，同时告诉我这个单位有一些很有名的专家。我很意外，因为我已经准备留校了，而且我家里也不同意我去北京，但我还是服从了。我们这代人，这种觉悟还是有的，就这样我来到北京，经历一些波折后，最终进入了核武器研究的前沿阵地。

问：您在大学时成绩是很好的吗？

答：不是很好。

问：那为什么让您留校，又让您到北京来呢？

答：我想我有一个特点，就是喜欢思考问题，很喜欢跟人讨论问题，我也很喜欢到图书馆去看一些书，李文铸老师很喜欢我这一点。我的成绩大概是排在年级第五第六吧！当时研究生是推荐的，我也被推荐了的，但体检时发现我有浮肿，这是三年困难时期造成的，我就被淘汰了。李老师让我留校，后来让我来到北京，大概就是看重我这一点，他告诉我希望我在外面给浙大物理系创个牌子，以后毕业生好分配出去。

贺贤土院士观点二：我认为，科技创新人才培养，社会责任更加重要。所谓社会责任，就是学生毕业到工作岗位后，社会的每一个部门，包括研究所、大学、社会的各个部门，特别是他的工作单位，有责任发现优秀人才，并为他们的成长提供很好的环境，包括条件和机会等。例如，在工作中，为他们提供深造的机会，包括尽可能为他们在科研工作中提供优秀的导师指导和帮助，传授给他们研究经验和思维方法，让他们尽快成长。

一个人在大学阶段是学习知识的基础和发展的起步，以后走得好不好，有没有成就，在实践过程中除了他个人要努力，社会的责任和作用是至关重要的。我感到，现在，社会的责任尽得不够,怎样努力发现和对待那些有才华的人,不同的部门差别较大,有些单位领导怕优秀人才超过他,设法压制人家,这很不健康。

二、成长经历:恩师周光召及科学上的大鸣大放

问:**您多次提到,到北京一开始工作,就是跟着著名科学家周光召、于敏、彭桓武等一起做。待您做出成就后,您慢慢也成为学科带头人,做首席科学家,这个过程是怎样演变的?**

答:说到周光召先生,非常有意思,我初中时就受到他的影响,1951 年,国家号召"学习成为中国青年特别特殊的任务"。我是学生会干部,经常学习一些优秀学生事迹。有一天,我在报纸上看到报道,北大学生周光召因为学习好,在国庆庆典时,走在学生队伍中前面过天安门,接受中央领导检阅。后来,我又从俄文杂志《知识就是力量》(有中文翻译)中,看到专门介绍周光召在苏联杜布纳的工作成就,所以周光召给我的印象是很深的。后来非常巧,我进到核武器研究所第一天,接待我的就是周光召先生,当时他是九所理论研究室的常务副主任,我就在他领导下开展工作。他给我们讲课,组织讨论,对于工作做得好的人,他是非常看得起的。后来他又亲自把我送到美国去进修,希望进一步提高我的业务水平,开阔我的研究视野。某种意义上,周光召先生应该是我的恩师,有这个缘分,我很感谢他。

问:**在研制原子弹、氢弹的时候,当时和彭桓武、周光召、于敏等先生一起讨论,你们这些晚辈是否只能听着,插不上话?**

答:彭桓武、邓稼先、周光召、于敏等他们既是我们的领导又是科学大家,他们平易近人,没有任何领导和大科学家的架子。他们启发你提问,与你进行讨论,所以我们也没有拘束,尽量发表自己意见。开始的时候的确我们有点拘束,比如彭先生一坐,就没有人敢说话了,但后来发现不是这样,他先跟你讨论起来了,那就不拘束了。我从大学进到研究所的时候,第一堂课是彭桓武先生给我们讲的,程开甲院士也在旁边听,我很奇怪,程先生总是不断向彭先生提问和谈自己的看法,有时两人甚至争论,完全不同于我们大学学习时的做法,我很感兴趣,感到这才是做学问,很有收获。

突破氢弹理论的时候,氢弹到底什么原理和结构,谁也不知道,什么文献都找不到,只能靠自力更生和中国人自己的智慧。当时邓稼先、周光召先生等就发动大家进行科学上的"大鸣大放",就是在科学上有什么想法、思路都可以说。大家甚至在会议室的黑板前,找几个人,就开始讨论了。后来讨论的人越来越多,彭桓武先生、王淦昌先生,他们都去听年轻人讲,讨论氢弹到底是怎样的,在黑板上画,没有固定的时间,晚上大家都不肯离开,一有报告所有人都自动会去听,年轻人的思想火花就这样迸发出来。然后这些大科学家把大家的想法和智慧集中起来,归纳了突破氢弹从几个方向去研究。当时气氛的热烈程度是很难想象的,不断讨论和争论,有时甚至就和吵架一样,吵完就完,没有隔阂,但常常就有了好想法。我现在非常怀念当年那个时代和那个集体。

我们经常听彭先生、周光召和于敏先生等分析问题,我印象很深刻,他们一下子就能抓住

问题要害。我很感兴趣，常常问自己，他们为什么是这样分析，巧妙在什么地方，如果是我会怎么样分析，并从实践中不断感悟，一次两次三次，慢慢地就能形成一套自己的独立科学思维的能力，这对我以后的工作帮助非常大。

问：您参与研制中子弹时，似乎特别受益于这种讨论？

答：在研究中子弹时，我负责一个组 14 个人，探索中子弹原理。我发动大家不断进行讨论和争论。现在想起来，我的很多点子就是大家讨论和争论时被逼出来的，为什么？因为争论中思想高度集中，争论越激烈，你就越会迸发出很多有意义的想法来，这样就互相有启发，深入研究后常常有新的发现。科学研究就是要互相启发。我领导大家把中子弹可能的复杂作用过程，分解成为几十个、上百个因素。有些因素根据物理判断和量级估计认为不重要，很快可以去掉；剩下的进行一个一个的研究。在这样的问题研究中，我的方法就是，当研究某一个过程或因素时，把与它作用的其他很多过程或因素暂时作为参数给定，这样可以建立相对简单容易研究的物理模型。所有因素或过程研究完后，你就会发现，一个很复杂的多因素（或过程）交叉作用的现象，事实上只有几个主要因素起重要作用，这样你在分析问题时就不会眉毛胡子一把抓，就可去掉很多不重要的因素，去粗取精，得出清晰的物理图像，很快抓住问题的本质。最后，把主要因素集成以后，你就会得出一个正确的结论。如果没有这种思维方法，抓不住问题的主要图像，计算机算出来的数据根本没有办法分析，弄不清关键问题是什么。

我现在年纪大了，经常回忆那个时期，思考这些经历。我想再不讲出来时间越来越少了。我们的经验要一代代传下去，我不是要年轻人照搬我们这一套，而要有自己的体会和感悟。思维方法不是一朝一夕养成的，而是长期积累的结果。到现在我还在不断积累，说实在话，人家报告做得很好时，我就会琢磨，为什么他会这样想，这可能对我有用有启发，活到老，学到老嘛！

贺贤土院士观点三：科技创新人才除了扎实的科学知识基础外，必须具有很强的科学思维能力。我认为从某种意义上说，正确的科学思维方法比知识更重要，知识你可以从书本和文献中不断学，你只要努力学，可以学得好；但是，科学思维能力一般不可能像书本知识那样学，需要在实践中不断地改变和改正自己分析问题的方法，总结提高自己思考和分析问题的能力，特别是不断有意识地吸收周围的人分析问题的长处，通过自己不断总结和感悟，逐步形成自己的一套科学思维方法和能力。在实际工作中总可以发现，一些人知识很丰富，但分析问题不能很好抓住问题的本质，眉毛胡子一把抓，就不能取得很大成绩，这与正确的科学思维方法和能力有很大关系。此外，要理论和实践密切结合，我们的基础研究是为了探索自然的规律，自然规律必须要经过实践证明以后才有意义，如果没有认识这一点，他就不会成功。

三、成长经历：科学思维的能力与执着的探索精神

问：您参与了原子弹、氢弹和中子弹的理论研究，您怎样能保证在做每一个项目时都有突

破呢？您当年也没有读博士、硕士，也没有出国留过学。

答：我们那时因为条件的限制，不能读博士、硕士学位，但我们在当时的条件下，知识的训练似乎比现在要扎实一些，我也不知道为什么，现在大学四年，第三年去找工作了。我们大学五年，虽然有运动，但上课的时间还是在一门心思、扎扎实实地上课。而且，我们上中学时也没有现在这么累，我想在启发人的思维和创造性上要比现在好。八十年代中，我到美国做访问学者，去了两年不到，我倒不是学到了很多知识，而给我的印象是美国人并不比中国人聪明，但是他们条件好，科研经费充足，可以充分讨论，信息交流很快，这是他们的优点。我刚去时没人愿意跟我讨论，后来我做了一个报告，就有很多人来找我请教和讨论，美国人比较实际。

我想我能做出一些成绩，还是在于上面说过的个人执着的追求精神，努力学习知识，特别是努力提高自己科学分析能力，这些是我的核心体会和总结，确保自己不断创新和有所发现。

问：您这一代知识分子与上一代也不一样，比如王淦昌、彭桓武等都有国外留学的经历，跟您的后面一代也不一样，是很独特的一代，之所以有这样的成就，与您一开始与非常厉害的人在一起有关，是否也有您自身的因素？

答：彭桓武、周光召、于敏等先生的确对我影响较深，与他们在一起我得到他们很多指导与帮助。但是我也感到一个人的勤奋和执着的追求精神非常重要，只有这样才能在大科学家影响下较快成长。我那时没有星期天，家里条件差，都是到办公室看书，人家看电影，我不看。我执着追求，搞清楚研究东西的物理规律，刨根到底了解为什么是这样的，这是我的基本特点。我总是跟我的学生说，你们算出来的东西，一定要好好分析。分析就是研究，就要花时间，只看数据，你是无法提高的。我的体会就是一定要问一个为什么，真正把原因搞清楚。

核心问题还是思维，我认为这是非常重要的，作为一个科研工作者，能够把复杂的问题分析得比较清楚，抓住主要矛盾，把其他因素都忽略掉，就争取了时间。当时我来北京的研究所的时候，也曾被看不起，因为是浙大的，北大清华的就比较吃香。在做第一个工作的时候，是我和一位老同志一起做，后来老同志去探亲了，他们就担心我讲不清楚，我还比较争气，讲得比较清楚，后来感觉我还是可以发挥作用，这里面还是有人的思维的能力问题，思想方法得当，这不是所有人都能做到的，后来距离就越拉越大。

问：您为什么一直非常强调科学的思维的重要性？

答：在大学学得好，分数高，但首先要思想灵活，积极提出和思考问题。现在有些人，书本知识学得很好，可是他真正到实践当中就不行了，这里面就涉及科学的思维能力。一个人分析问题的正确的科学思维能力，对他的人生至关重要。书本知识，某种意义上说，是死的，你只要努力学，就可以学得好，但是，你搞科研工作，面对的是复杂问题，你怎样去分析它，抓住问题的主要矛盾（本质）和规律，这就需要科学的思维能力。在好的大学中，那些好的老师讲课的时候就会贯穿着他的思维能力和解决问题的能力，在课堂上，老师给你分析，这个问题为什么会是这样的，怎么去理解它分析它，无形当中老师已经给你启示了。

我认为大学本科生必须由科研能力强的老师去教，这是一个关键。但是我们现在的大学，研究性大学可能好一些，一些地方大学，老师刚刚毕业自己都搞不懂，教学生一定是以其昏昏使人昭昭。所以老师必须搞科研,搞科研他才能搞清楚讲课的核心在什么地方,这堂课教学生应该如何去思考,怎样去分析这个问题,这样一来,学生在学校受到潜移默化的影响。到工作岗位时间长后会忘记很多基础知识,但基本的精神和关键问题不会忘,真正到了工作岗位上以后,他还要看很多的书籍和文献。大学里培养启蒙性的思维能力非常重要,有些学生稀里糊涂的学习,那就被淘汰了,有些学生领悟了,他就慢慢在这个地方发展。到工作岗位后还需要通过实践,通过向周围的人学习,这是我的亲身体会。通过实践,通过向周围的人学习,吸取人家的长处,提高自己的思维水平,提高分析问题抓住主要矛盾的能力,这是在书本上学不到的,必须自己不断琢磨,不断在讨论问题当中,在和人家交谈当中感受。

惯性约束聚变正处在热核点火前夕
2020 年左右我国将演示实验室点火和热核燃烧*

　　"自从 20 世纪 60 年代初激光器问世以后,中、美、日、苏联等国即着手激光驱动惯性约束聚变研究,40 多年来,该研究已取得重要进展,目前正处在实验室演示热核点火和燃烧前夕。"日前,刚从法国参加完 2011 年惯性聚变科学与应用国际会议的中科院院士贺贤土在接受科技日报记者专访时表示。

　　贺贤土透露,美国国家点火装置(NIF)有望在明年进行点火演示,如果成功,则可证明惯性约束聚变(ICF)的科学可行性,这将是 ICF 研究的重要里程碑。同时,我国走了一条完全独立自主的 ICF 研究路线,预计 2020 年左右演示实验室点火和热核燃烧。

一、美国预计将在 2012 年实现实验室点火

　　热核聚变能源是人类理想的干净能源。目前,实现可控核聚变主要有两种技术途径。一种是用托卡马克装置开展"磁约束聚变"的研究,如国际热核聚变实验堆(ITER)计划;另一种就是 ICF。ICF 是利用高功率大能量驱动器(目前是激光器)提供能量,使含氘氚聚变燃料的靶丸发生内爆压缩和热核点火燃烧,释放高增益的聚变能。ICF 研究除了应用于聚变能源之外,还可用于国防和基础科学研究。

　　"实现聚变能需要经历实验室演示热核点火和燃烧、聚变发电演示和商用发电 3 个阶段。"贺贤土介绍,近年来,随着大能量激光器的建造和发展,特别是美国 NIF 的建成,研究正处在 ICF 点火前夕。

　　2010 年 9 月以来,美国在 NIF 上进行了国家点火攻关(NIC)实验:用 192 束激光,在约 20 纳秒脉冲内,输出 0.3 微米波长激光能量 1.0 兆~1.4 兆焦,入射到直径和长度各约 1 厘米柱形黑腔内壁产生高温辐射;同时高温辐射作用在腔内放置的初始半径约 1 毫米的氘氚靶丸烧蚀层表面,使靶丸产生内爆压缩和热核点火聚变。

　　贺贤土介绍,在本次大会上,美国国家聚变点火装置计划首席科学家约翰·林达综合报告

　　* 作者:陈磊。原载于《科技日报》,2011 年 11 月 21 日。

了研究进展。在2010年9月—2011年9月财年的第一轮实验中,他们取得了过去50年ICF点火和热核燃烧探索以来的重要进展,包括取得了热斑内2微克氘氚燃料已达到增益为1的结果,具有里程碑意义。这一轮实验旨在了解点火过程流体力学等的分解研究,以掌握点火过程中各种重要物理因素的数据和规律,为进一步演示实验室点火做准备。该团队认为他们已确认了达到点火的优化内爆的步骤。

据悉,从2011年10月—2012年3月,该研究团队将进行第二轮实验,计划继续调整靶的性能,并提高激光能量到1.6兆焦,目标瞄准2012年实现实验室点火。

二、我国走了不同于美、法的自主研究路线

那么,我国ICF研究进展如何?其实,早在1964年,我国著名核物理学家王淦昌就在国际上独立提出激光驱动聚变的建议,由此掀开了我国ICF研究的历史。

"我国的研究起步比较早,但由于种种原因一直到1993年被纳入国家863计划后才有很大的发展。"作为国家863计划ICF主题专家组原首席科学家,贺贤土介绍,该计划规划了国家ICF发展目标,确定了激光驱动器和单元技术、靶物理理论、靶物理实验、精密诊断设备、靶的制备"五位一体"协调发展思路,各方面均取得重大进展,打破了西方垄断和封锁,建立了独立自主研究ICF体系,为2020年左右我国演示实验室点火和热核燃烧计划打下重要基础。

在本届大会上,贺贤土代表我国ICF研究团队做大会邀请报告,综合介绍了我国ICF研究物理理论和数值模拟、物理实验和高功率激光器方面的重要进展。

"我国独立自主走了完全不同于美、法的研究路线。美国是直接从万焦耳级能量靶物理研究结果定标推到能量大50~60倍NIF的兆焦耳激光器上进行点火演示。"贺贤土说,我国ICF点火研究采取的是一种从万焦耳级到十万焦耳级,再到百万焦耳级的循序渐进的路线图,即在近期万焦耳级激光器(神光Ⅲ原型、神光Ⅱ,以及即将运行的神光Ⅱ升级装置上)研究基础上,到2014年左右进入激光能量20万~40万焦耳神光Ⅲ平台研究。经过这一中间平台对靶物理进行充分研究,然后外推到激光能量为神光Ⅲ能量4~5倍的神光Ⅳ上进行惯性约束聚变研究和点火演示,这样可以减少风险。这一路线选择也得到了国际同行的认可。

据悉,神光Ⅲ装置设计是48束激光,今年1月已出第一束激光,预计今年可安装完16束,计划2014年全部出光运行,进行物理实验。

三、惯性聚变能有望在本世纪中叶商用

"ICF研究经过近50年的努力和几次国际大评审,总结了经验和教训,发展基本上是健康的。"贺贤土认为,从最近国际上的进展来看,美国有可能在2012年左右实现实验室中点火演

示,目前还没有发现物理和技术上不可逾越的重大障碍。但仍需充分重视深化靶物理研究,充分掌握各个主要环节的物理规律。

在谈到科学可行性证明时,贺贤土说,能源用驱动器需要发射每秒约 10 次脉冲,每次脉冲需要达到像 NIF 那样的激光能量,美国代号"水星计划"的项目已有多年研究,目前中国、日本和法国也在积极研究。它涉及元器件关键技术、材料、排布等一系列复杂技术问题。从技术和经济角度看,目前其他驱动器(如准分子激光器、Z-Pinch 装置、重离子束驱动器)还需做更大探索。

"惯性聚变能反应堆和电厂的建造和商业化,仍然需要工程上和经济上的论证和努力,但如果驱动器能解决,这些不是不可逾越的障碍。"贺贤土表示,展望本世纪中叶,人类有可能利用没有污染的惯性约束聚变能发电。

点火前夕的国际惯性约束聚变研究进展

——美国国家点火攻关实验进展和我国惯性约束聚变研究取得的重要成果[*]

热核聚变能源是人类理想的干净能源,目前主要有磁约束聚变(MCF)和惯性约束聚变(ICF)两种技术途径。ICF 是利用高功率大能量驱动器(目前是激光器)提供能量,使含氘氚聚变燃料的靶丸发生内爆压缩和热核点火燃烧,释放高增益的聚变能(这里增益指热核聚变释放的能与驱动器提供的能量之比)。ICF 研究除了聚变能源以外,还可用于国防和基础科学研究。近年来,随着大能量激光器的建造和发展,特别是美国国家点火装置的建成,目前正处在惯性约束聚变点火前夕。

"惯性聚变科学与应用国际会议"(IFSA)是国际上交流惯性聚变科学研究成果的大会,每两年一次,今年我国中国工程物理研究院等单位的 19 位专家赴法国参加了 IFSA 2011 大会。贺贤土院士从大会上归来后,10 月 23 日接受了记者的采访。他告诉记者,此次大会人们关心的焦点是关于美国国家聚变点火装置(NIF)研究 ICF 的进展情况。2000 年 9 月以来美国正在 NIF 上进行国家点火攻关(NIC)实验:用 192 束激光,在约 20 纳秒脉冲内,输出 0.3 微米波长激光能量 1.0 兆~1.4 兆焦,入射到直径和长度各约一厘米左右柱形黑腔内壁产生高温辐射;同时高温辐射作用在腔内放置的氘氚靶丸烧蚀层表面,使靶丸产生内爆压缩和热核点火聚变。如果点火演示成功,则意味着证明了 ICF 的科学可行性,这将是 ICF 研究史上一个重要的里程碑。然后经过技术上的努力,人类有可能利用没有污染的 ICF 能发电。

贺贤土介绍,在本次大会上美国 NIF 计划首席科学家 J. Lindl 代表 NIC 团队综合报告了研究进展,认为在 2010 年 9 月—2011 年 9 月财年的第一轮实验中,他们取得了过去 50 年 ICF 点火和热核燃烧探索以来的重要进展,包括取得了热斑内 2 微克氘氚燃料已达到增益为 1 的结果,具有里程碑意义。他们的第一轮实验旨在了解点火过程流体力学等当的分解研究,包括激光等离子体不稳定性、内爆速度、绝热压缩程度、氘氚主燃料层和点火热芯的压缩参数、对称性、流体力学不稳定性和混合、热斑形状、热核中子产额等实验测量,以掌握点火过程各种重要物理因素的数据和规律,为进一步演示实验室点火做准备。

为了避免氘氚靶热核聚变中子数超过一亿亿(10^{16})个后,可能对流体力学等实验研究的影响,在 2010 年 9 月—2011 年 2 月的实验中,他们用氢(H)置换部分氘(D)并增加氚(T)个数的

———————————

* 作者:王静。写于 2011 年。

THD 靶,代替通常氘氚各 50% 的点火靶,所用激光能量 1 兆~1.3 兆焦。在这一阶段的实验中,他们发现原来设计的点火靶参数与实验结果有明显差别。随后,他们对靶的尺寸和掺杂等进行了调整。2011 年 6 月,研究人员开始改用氘氚各 50% 的靶进行实验,并提高激光能量到 1.4 兆焦,结果表明内爆速度达到点火要求的 90%,其他参数也有一定改善,但与点火要求仍有一定差别。通过第一轮实验,NIC 团队认为他们已确认了(identified)达到点火的优化内爆的步骤。

2011 年 10 月—2012 年 3 月,NIC 团队将进行第二轮实验。他们计划,继续调整靶的性能,并将激光能量提高到 1.6 兆焦。这一轮实验显然对惯性约束聚变点火十分关键。

在本次会议上,美国利弗莫尔国家实验室负责 ICF 研究的副所长 E. Moses 还做了 NIF 用于高能量密度科学和用户装置的综述性报告。

会上有些专家报告了近期国际上十分关心的冲击点火的研究工作进展;欧洲的专家还介绍了欧洲进行 ICF 研究的高功率激光能研究装置(HiPER)发展的路线图。快点火是近年 ICF 研究十分关注的课题,日本在大会报告中介绍了实现快点火实验计划(FIREX)研究进展。他们宣称,经过改进,今年实验已获得加热激光转换点火热芯能量的最新效率 10%~20% 的有意义的结果。

"我国的 ICF 研究起步比较早,但由于种种原因一直到 1993 年被纳入国家 863 计划后才有很大的发展。"在本届大会上,贺贤土代表我国 ICF 研究团队做大会邀请报告,综合介绍了我国 ICF 研究物理理论和数值模拟、物理实验和在高功率激光器方面的重要进展,并阐明了我国 ICF 点火研究的路线图是:在近期万焦耳级激光器(神光Ⅲ原型、神光Ⅱ,以及即将运行的神光Ⅱ升级装置上)研究基础上,到 2014 年左右进入激光能量 20 万~40 万焦耳神光Ⅲ平台研究。经过这一中间平台上靶物理的充分研究,然后外推到激光能量约为神光Ⅲ能量 4~5 倍的神光Ⅳ上进行 ICF 研究和点火演示,可以减少风险。我国独立自主走的这条路线,完全不同于美、法直接从万焦耳级能量研究结果定标到能量大 60~70 倍的 NIF 和 LMJ 上进行点火演示。

在本次大会上,他还代表由于签证问题未能到会的郑万国研究员做了神光Ⅲ装置研制进展的第二个大会报告,神光Ⅲ装置(48 束激光,3 纳秒脉宽,0.3 微米波长激光能量约 20 万焦,5 纳秒 40 万焦)于今年 1 月已出第一束激光,预计今年可安装完 16 束。我国应邀做大会报告的还有中科院国家天文台的仲佳勇研究员,他做了高能量密度物理有关的神光Ⅱ上黑腔内磁重联的实验结果报告。

同时,我国还有多位与会专家在分会上做了多个有关 ICF 研究的口头报告和会外的张贴报告。贺院士和他同事的报告在国际同行面前展示了我国 ICF 研究的重大进展,在与会国际同行中引起很大反响。他们纷纷向我国参会人员祝贺,惊讶于我国取得的成就,同时也谈论到我国 ICF 研究路线图选择上的明智。有些与会专家告诉我们,中国的报告是这次大会的一个亮点。

了解核聚变有了新工具

——X 射线激光实验研究温稠密物质获得重要进展 *

温稠密物质(warm dense matter)是在宇宙星体、地幔内部、实验室核聚变内爆过程中广泛存在的一类物质。因此，在实验室生成温稠密物质，研究它们的特性对模拟惯性约束核聚变、超新星爆炸和某些行星内部结构、地幔的物质演化和成矿机理等具有重要指导意义。

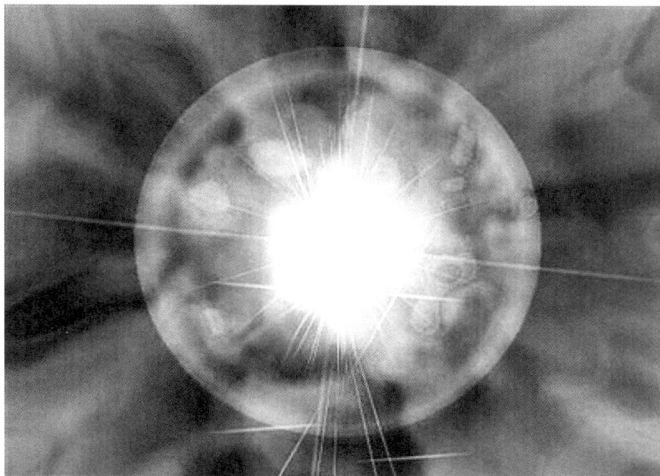

温稠密物质范围很宽，可以定义为热能小于或稍超过费米能状态的物质，是通常凝聚态物质和高温完全电离等离子体之间的一类物质，其电子处于部分电离、部分束缚的状态，成分包括自由和束缚电子、离子、原子、分子，以及它们组成的束团，一般处于高压状态。通常这类物质具有高的能量密度特征。

一、极端 X 射线探测极端物质

内布拉斯加林肯大学物理与天文学教授唐纳德·乌姆斯塔德说，要在实验室造出稠密等离子体，一般方法是迅速加热一个固体密度物质，如一薄层金属箔。如果加热速度足够快，就

＊ 作者：常丽君。原载于《科技日报》，2012 年 10 月 8 日。

能使密度保持相对恒定,接近于通常固体密度值。超短脉冲激光是能将固体快速加热到稠密等离子体的首选。

最近,一个由牛津大学的奥兰多·希瑞克斯塔和英、美、德、澳等国科学家组成的国际研究小组利用目前世界最强的 X 射线激光源——斯坦福大学的直线加速相干光源(LCLS),将铝箔在约 80 飞秒(1 飞秒 = 10^{-15} 秒)内加热到 70~180eV(热力学温度 80 万~200 万开)。由于在短时间内加热,压力达到几千万个大气压,铝箔来不及膨胀,还几乎保持着原来固体密度,生成了温稠密等离子体,研究小组对其内部的电离情况进行了直接检测,并将相关结果以论文形式发表在《物理评论快报》上。

在以往实验中,所用激光只有近红外到紫外波长的激光,新实验用了完全不同的激光:X 射线自由电子激光(XFEL)。相干 X 射线能量很高,可达到千电子伏特以上,能将铝核 K 壳层电子直接击出原子,而红外光基本上只能激发外壳层电子。X 射线还能更深地穿透材料,均匀照射整个目标,将其加热到 100eV(热力学温度百万开以上),生成固体密度等离子体。

正如研究小组领导、牛津大学的贾斯廷·瓦克所说:"X 射线激光非常关键,我们无法在别的地方进行这种实验。"LCLS 为实验提供了特需条件:用于检测极端现象的严格受控的环境,相干 X 射线能量极高而且能精确调整,精确检测特殊固体密度等离子体属性。

希瑞克斯塔等人检测了铝箔系统内高电荷离子的 K 壳层电离电子的荧光,反推内部压力电离下有效电离势连续降低的变化,发现实验结果和广泛使用的 Stewart-Pyatt 模型(1965 年提出,简称 SP 模型)所预测的结果不符,却和更早的 Ecker-Krll 模型(1963 年提出,简称 EK 模型)吻合得较好。研究人员指出,从研究核聚变能源到理解恒星内部的运行机制,这一结果将对许多领域产生重要影响。

二、两种模型的含义

推翻沿用半个世纪的模型意味着什么?理论的改换将会对哪些研究产生影响?为此科技日报记者还专门采访了中国科学院院士、北京大学应用物理与技术研究中心主任贺贤土。

贺贤土解释说,温稠密物质中存在复杂的电离效应,精确了解不同粒子的电离程度,可以很好了解强耦合下温稠密物质内各种粒子和束团的状态和成分,这对研究温稠密物质特性,如局部热动力学下的状态方程和输运系数十分重要。

目前还没有一种合适的理论能很好描述温稠密物质的性质。虽有好几种压力电离模型,但很难判断它们的准确性,如何实验诊断难度很大。目前国际上很多数值模拟程序都采用 SP 模型,它是用离子间距作为考虑有效屏蔽的平均离子模型的参量;而 EK 模型是用离子和自由电子密度之和表示粒子间距,将其作为考虑有效屏蔽的平均离子模型的参量。

希瑞克斯塔等人用两种模型预言了温稠密物质的有效电离势发生连续下降的特性,并表明了 EK 模型将产生更大的下降,这对精确研究温稠密物质状态方程、电导系数和热导率、离子辐射等性质都有重要意义。

实验的重要性还在于他们筛选出了更好的模型。实验数据与 EK 模型吻合的更好,这表明在计算等离子体密度时不能忽略电子的影响,考虑电子数量的模拟效果更好。但 EK 模型仍有不符合实验的地方,还需要更多实验和细节上的修正。这也体现了等离子体内部电离的复杂性。

贺贤土说,我国目前还没有像可调谐的千电子伏特以上能量相干的 X 射线自由电子激光器,上述实验由于条件的限制还无法开展。我们主要利用我国神光 Ⅱ 和神光 Ⅲ 原型激光器从整体上进行温稠密物质的状态方程等研究;理论上研究温稠密物质主要从量子统计出发研究它们的电离度、等离子体相变(PPT)、化学势、自能等物理量,并在密度泛函和 Green 函数等框架下理论研究它们的粒子数密度,进而获得了状态方程和输运系数,精确了解通常要从第一性原理出发进行数值模拟研究。

三、温稠密物质研究有广泛应用

热核聚变能源是人类理想的清洁能源。目前,实现可控核聚变主要有两种技术途径。一种是用托卡马克装置开展"磁约束聚变"的研究,另一种是激光驱动的惯性约束聚变(ICF)。ICF 研究除了应用于聚变能源之外,还可用于国防和高能量密度物理基础科学研究。ICF 靶丸在内爆过程中受压缩的燃料就是温稠密物质,因此,更好的模型对于指导我国的实验也是重要的参考。同时 ICF 研究使用的高功率、大能量纳秒脉冲激光器,以及能产生相对论等离子体的超短、超强皮秒和飞秒激光器,可以提供高能量密度物理研究的重要实验条件。它们不仅对 ICF 研究,而且对建立地球上天体物理模拟实验室、推动超高能精致台式加速器研究、地幔特性和成矿机理研究、超高能核物理研究等都具有十分重要的意义。

贺贤土还指出,高能量密度物理是目前国际上快速发展的新兴学科。在我国,北京大学应用物理与计算研究中心在这一领域中重点开展了以下五个方面的研究:一是高能量密度状态下物质的特性,尤其是温稠密物质研究;二是强场作用下原子的电离研究;三是强场作用下带电粒子加速研究;四是可压缩流体湍流与流体力学不稳定性研究;五是相关数学模型研究和计算机程序开发,目前已获得了大量有国际影响的成果。今年 10 月,北京大学应用物理与计算研究中心还将主持召开高能量密度物理国际会议,国际上很多这一领域的著名科学家将来华参加这一盛会,进行学术交流和讨论合作研究。

贺贤土院士：高能量密度物理方兴未艾*

"高能量密度物理（HEDP）是一门正在兴起的物理学前沿交叉学科,研究的主要内容是能量密度大于每立方厘米10万焦耳状态下的物质特性和运动规律,是物理学的一个重要分支。"近日,在高能量密度物理国际会议间歇,中科院院士贺贤土微笑着向记者开始了科普。

宇宙中的恒星和行星都是高能量密度物质。为了研究宇宙物质的规律,在地球上,科学家们利用高功率激光器瞬间压缩物质,来模拟实现天体中的高能量密度状态。

让科学家们感到兴奋的是,他们发现,高能量密度物理会涉及大量用传统物理无法完全解释的新现象。其中,典型的高能量密度（HED）现象,一般表现为量子效应与经典效应并存。

贺贤土

贺贤土解释说,在高能量密度状态下,物质温度通常小于费米温度,分子离解,原子部分电离,多种粒子共存。这种状态导致物质性质十分复杂：大量粒子自由度被激发,常常呈现出很强的集体效应和明显的非线性效应,并且常常形成复杂的可压缩流体形态。

"高能量密度物理已成为物理学研究中的一个亮点。"贺贤土说。

贺贤土指出,高能量密度物理揭示了极端条件下物质的新结构和新特性。对高能量密度物理进行研究是物理学家面临的新挑战。

他进一步介绍道,高能量密度物理研究需要解决大量基础科学问题和应用问题。

不过,随着高功率激光器的发展,高能量密度下的物质特性常常可用强激光进行研究,例如,天体物理实验室就是用强激光来研究观测到的高能量密度天体。因此,高能量密度物理研究不仅提供了激光驱动惯性约束聚变的物理基础,也有利于检验高能量密度物理的一些重要研究结果。

"事实上,激光聚变研究的最大动力来源于人类对能源的需求。"贺贤土说,"在激光聚变过

* 作者：王静。原载于《中国科学报》,2012年12日15日。

程中,大量的科学问题属于高能量密度物理问题。如果其中的规律被弄清楚了,人类就能设计出合适的聚变装置和燃料球,从而产生源源不断的聚变能。不过,该研究目前尚不成熟,投入使用尚需时日。"

因此,世界各国竞相对其进行研究。

其中,美国走在世界最前列。该国在 20 世纪 80 年代中期就设计并建成了纳秒级脉冲宽度、蓝光输出能量 20 千焦的 NOVA 激光装置,并在此基础上展开了大量有关激光聚变物理的实验研究。

90 年代中期,美国又升级了 NOVA 和 OMEGA 激光装置,输出纳秒级脉宽、蓝光能量 30～40 千焦,随后开始了国家点火装置(NIF)的建造,其总能量达到了 1.8 兆焦。

而我国于 80 年代中期建成了神光(SG)-Ⅰ激光装置;2000 年,建成神光(SG)-Ⅱ激光装置,供物理实验。SG-Ⅱ激光装置可以输出 8 束、共 3 千焦的蓝光能量,已用于 5000 多次物理打靶实验,当前正在进行进一步升级。

神光(SG)-Ⅲ激光装置于 2006 年开始建造,设计能量为蓝光 200 千焦以上,预计近年内将正式运行。这些高功率激光装置的建成,使得我国激光聚变和高能量密度物理实验室研究得到了快速、蓬勃的发展。

贺 贤 士 [*]

——甬江边走出的中国核武人

浙江镇海,山清水秀,素有"浙东门户"之美誉。

镇海位于中国大陆海岸线中段,长江三角洲南冀,东临舟山群岛,西连宁绍平原,南接北仑港,北濒杭州湾,与上海一衣带水。自古以来镇海就是对外交往的主要口岸,系古代海上丝绸之路的起碇港。长江与京杭大运河在这里交汇,让这片土地既有了"小桥流水人家"的柔情,又有了"开窗放入大江来"的豪气。镇海人杰地灵,是海外"宁波帮"的重要发源地。以包玉刚、邵逸夫和应行久等著名人士为代表的镇海籍港澳台同胞、海外侨胞和外籍华人就有 5000 余人。镇海籍的科学家、艺术家数量众多,生物学奠基人贝时璋、英国诺丁汉大学原校长杨福家等是 26 位镇海籍中国两院院士中的杰出代表。镇海还出了连环画家贺友直、国画家顾生岳、油画家陈逸飞等20 多名著名艺术家。

贺贤士院士

1937 年 9 月 28 日,一个男婴的出生,为镇海英杰中又增添了极具传奇色彩的一员,他就是中国惯性约束聚变首席科学家,曾参与我国原子弹、氢弹、中子弹研究工作的著名理论物理学家贺贤士。

一、打水漂的小男孩

贺贤士同无数生长在雨水丰沛、河网密布的江南孩子一样,从小就在屋前的小河边玩耍。小时候的贺贤士最喜欢玩的就是打水漂。捡一块薄薄的石片,微微弯下腰,用力打出去。如果角度得当,加上适当的旋转,石片便能贴着水面跃起好几次,有时还能飘到河对岸;可若是选错了角度,石片就径直落到河里去了。童年的贺贤士很喜欢这个新鲜、好玩的游戏,玩得乐此

---

[*] 作者:李军凯(主编)。节选自《燕园骄子》,北京大学出版社,2013 年。

不疲。

可是,随着年龄的增长,小小的贺贤土开始不满足于仅仅知道一种事物,他开始问为什么。看着在水面上跳跃的石片,贺贤土的心里不再充满了兴奋,取而代之的是一个又一个问号。石片为什么能在水面上跳起来呢?轻盈平静的水面为什么能托得起一片石片呢?

年幼的贺贤土从此便养成了对大千世界中种种新鲜、神秘的事物与现象都要问个为什么的习惯。他小小的脑袋里每天都装着无数个大大的问号。正是这些问号,为贺贤土打开了一扇通往自然与科学的窗户,引领他走上了探索自然的神奇与科学奥秘的道路。

中学时的贺贤土,语文、数学、外语、物理、化学、历史、地理,可谓是门门优秀。可这也让贺贤土犯了难,将来到底该报考什么专业,从事什么领域的工作呢?直到临近高二学年结束,一次偶然事件的出现改变了贺贤土命运的轨迹。

那时,一个偶然的机会,贺贤土观看了一部王淦昌先生的纪录片。王淦昌先生是国际著名的实验原子核物理学家,在宇宙射线及基本粒子物理研究等方面享有国际声誉,他是"两弹一星功勋奖章"的获得者。影片里,王淦昌先生仪表不凡,英俊潇洒。他侃侃而谈,讲核物理,讲基本粒子,把深奥晦涩的物理概念演绎得简单易懂,精彩生动,让年轻的贺贤土听得如痴如醉。看完这部纪录片,贺贤土不再犹豫,毅然决然地报考物理专业。1957 年,贺贤土以优异的成绩考入浙江大学物理系。而这一年全国高校招生还不到十万人,是新中国历史上高校招生数量最少的一年。从众多优秀学子中脱颖而出的贺贤土本可报考更好的大学,但考虑到浙江大学离家比较近,孝顺的贺贤土觉得这样可以方便随时回家照顾父母,因此选择了浙江大学。

二、抓住大象的鼻子

五年的大学生涯短暂而充实,转眼到了 1962 年,24 岁的贺贤土即将离开大学校园。那时的毕业生都满怀着一颗赤子报国之心,毕业后的工作严格服从安排,到祖国需要的地方去。贺贤土就是其中一位。在本科阶段,贺贤土学的专业是理论物理,因为在校期间成绩优异,一毕业就留校任助教,但几个月后因为需要,贺贤土又被分配到了当时在北京的二机部第九研究所,从此也就决定了他毕生发展和热爱的事业方向。

刚开始接到报到通知书的时候,贺贤土并没有被告知具体从事的工作种类,只是说这是一项服务于国家和人民的非常重要的工作。虽然对于自己的前途和命运尚未有清晰的认知,但一想到能够用自己的力量来为祖国和人民做出贡献,年轻的贺贤土就心潮澎湃。

1962 年冬天,北京德胜门外煤炭工业部(该部于 1998 年被撤销)的招待所门口站着一位手拿报到通知书的年轻人,他就是刚刚毕业被分配到中国核武器研究所的贺贤土,后来正式入所时接待他的是著名的理论物理学家周光召。周光召院士是我国著名的理论物理、粒子物理学家,"两弹一星功勋奖章"的获得者,被誉为"中国科技领军人"。周光召当时是中国核武器研究所理论室常务副主任(主任是邓稼先),由他来接待包括贺贤土在内的新来的毕业生。在学生时代周光召就是贺贤土崇拜的偶像,这一次,亲眼见到自己崇拜的大师,令贺贤土激动的心情久久不能平静。周光召的介绍让对于前途尚且未知的贺贤土顿时明确了自己的研究方向!这着实是一副沉甸甸的担子——研制出中国自己的核武器!当时正是中华人民共和国成立初期,百废待兴,我国的科技水平和生产力都十分落后。虽然基础工业正在紧锣密鼓地建设着,但高、精、尖技术却远远落后于西方发达国家和苏联。高、精、尖技术的落后直接导致了中国军事科技水平的落后。而当时,美苏争霸,西方世界对中国又实行封锁和禁运,朝鲜战火余烬未消,中国周边环境一直处于动荡不安的局面,发展军事力量、提升国防实力迫在眉睫。只有凭借以高、精、尖技术为依托的强大的国防实力才能够保证在那个动荡的年代不被强国威胁、欺辱,才能在世界范围内争取到话语权和立足之地。贺贤土后来回忆说:"当时在国际上,美国人总是想用核武器来讹诈我们,所以当时发展核武器成为刻不容缓的任务。"就这样,在祖国危急的时刻,贺贤土等一批科学家临危受命,踏上了为祖国荣誉而奋斗的征程。

简短的适应期后,贺贤土这一批青年毕业生就投入到了紧张而富有激情的科研工作中,而为他们讲授第一堂课的老师正是彭桓武先生。彭桓武先生是国际著名的理论物理学家,"两弹一星功勋奖章"的获得者。彭桓武先生的科学思维方法及解决问题的技巧使贺贤土受益终生,他现在回想起来还津津乐道。至今,贺贤土还能十分清晰地跟我们谈起1963年初彭先生给贺贤土他们上第一堂课时的情景,讲的内容是如何计算原子弹爆炸产生的中子和伽马射线在空气中的传输过程,大科学家彭桓武先生的研究思路和解题技巧深深吸引住了刚出校门年轻的他们。因为当时计划原子弹在第二年下半年爆炸,这一计算结果与实验测量比较可以推出实际的原子弹爆炸当量大小;同时可以研究原子弹爆炸以后不同距离下中子剂量对生物组织的杀伤效应。

贺贤土还非常感恩于彭桓武先生传授给他的珍贵的学习方法——"抓住最本质的东西"。听过第一堂课以后,贺贤土跟着老同志们做的第一项工作就是原子弹爆炸后中子在大气中的深度穿透问题的精确计算。由于他表现出的才能,这一工作完成后,领导安排他进行难度很大的工作——研究计算原子弹内爆高超临界过程过早点火概率。原子弹通过炸药产生冲击波内爆压缩裂变材料到高超临界。在原子弹设计中,通常要求冲击波到弹心聚焦后设定的时刻实现点火。然而在实际中,有一定概率在高超临界时可能突然出现一个或几个中子(例如在宇宙射线或弹体材料中)作用在裂变材料中,就会在设定的点火时刻前发生过早点火,原子弹就提前爆炸,威力就会减少甚至出现裂变材料融化,导致爆炸失败的情况,所以过早点火概率是原子弹爆炸能否成功的重要参数。开始时老同志帮着贺贤土一起调研文献,过早点火概率方程是个非线性偏微分方程,在方程的推导、求解过程中遇到棘手的问题,贺贤土都会去请教彭桓武先生。一个微分方程的构成除了时间和空间算子外,还有其他很多项。最让贺贤土敬佩的是彭先生物理概念十分清楚,这个项是多大,那个系数是多大,他都可以估计出来,并通过量级比较,合理忽略高阶小项,这样就能估计出来这个微分方程的解大概在哪个范围。彭先生深厚的物理基础和善于抓本质的解决问题的方法,对于从事研究工作不久的贺贤土产生了很大的影响,并在心中留下了深深的印记。在以后的学习中,贺贤土时刻提醒自己解决问题时要抓住主要矛盾,抓住最根本、最关键的因素,以此来提升自己分析问题的能力。贺贤土从彭桓武院士的身上受益颇多,他十分希望我们青年一代也能够具备这个重要的分析问题的能力。对此,贺贤土还举了一个生动的例子:"假如现在让我们去研究动物,但问题是并不知道动物是什么,可能是狗、猫、猪或者大象。如果对每一种动物都进行研究,必然耗费大量人力、物力,做了无用功。但如果我们通过估计知道有一种动物的鼻子非常长,就可以肯定是大象。这样就没有必要去研究其他的动物。抓住了鼻子长的这个主要特征后,大象的体积大小,腿的粗细,尾巴长短等都是之后细化的事情。如果对于不懂得抓住事情重点的人,会将所有动物都研究一遍。最后的结果是人家都研究完了,他还没有发现这是大象。"

在彭桓武先生的课堂上,给贺贤土印象深刻的另外一点是"搞科研工作是需要争论和讨论的"。据贺贤土回忆,当时在课堂上有一个四十多岁、个子不高的老先生(贺贤土当时二十多岁)总跟彭先生争。彭先生一讲课,他就提问题,两个人争论得很厉害,就这样讨论了起来。这种情况和上课的方式给当时刚离开大学校园、习惯于循规蹈矩听课的贺贤土造成了很大的冲击。他当时很好奇究竟是谁胆子这么大,敢跟彭桓武先生这样争论。后来他知道这个人就是程开甲。程开甲是我国著名的理论物理学家,"两弹一星功勋奖章"的获得者。这种上课激烈讨论,为了科学问题争论不休、大胆提出自己见解的授课方式带给了贺贤土极大的震撼。他说:"在对问题的争论中,我们的大脑会处于高度思考的状态,在这种状态下能够充分激发出思想的火花。"

在当时的学习班上,作为刚刚大学毕业的年轻人,贺贤土始终抱着谦虚谨慎的态度向周围的人学习,不光学习他们的知识,更学习他们的思维方式。除了彭桓武以外,当时他周围还有周光召、于敏、邓稼先等著名的荣获"两弹一星功勋奖章"的科学家,每个人身上都闪耀着科学的光辉,展现着无穷的人格魅力。和这些人一起生活、学习,令当时的贺贤土心中备受鼓舞。尽情地在思想的海洋中遨游,尽情地汲取着养分,为贺贤土之后辉煌的人生道路打下了坚实的基础。对于这些科学大师,贺贤土也有着自己的看法:"没有一个人天生出来就是伟人,刻苦用功非常重要,书本知识非常重要,这是毫无疑问的。但是书本知识是死的,你下功夫,花时间,总是可以学到的。我认为更重要的是抓住主要问题的方法,这几乎是所有大师都具备的。"

三、荒漠试剑

从原子弹到氢弹,我国核武器研究每一次成功的背后都凝聚了千千万万研究工作者的无私奉献与艰苦奋斗。原子弹突破以后,周恩来总理下令:尽快研制氢弹,将氢弹的理论研究工作放在首位。当时,美国、英国、俄罗斯已经拥有氢弹,法国的原子弹比我们爆炸要早,也在千方百计地发展氢弹。法国看不起我们,认为中国不可能在短短几年之内研制出氢弹。而其他各国,也对我国进行技术封锁,想要获得最前沿的资料是难上加难。贺贤土回忆说:"如果说原子弹研制早期,苏联还给了我们概念上的一些启发,那么在氢弹研究上我们没有任何东西可以参考,完全是自力更生。此前外国报纸也报道过美国等国家氢弹试验的消息,但也只是'消息'而已,对于技术他们是严格封锁的。"

当时,贺贤土同其他几位同事曾一起负责翻检《纽约时报》《华盛顿邮报》等各种报刊,搜索有关氢弹试验的相关消息。可是,他们把北京图书馆及有关部委图书馆里的相关资料都搜遍了,有关氢弹的实质性内容仍然几乎为零。

剩下的只有一条路:自力更生。

贺贤土当时所在的部门是理论部。为了早日实现突破,整个理论部都投入到了对氢弹原理和结构的讨论中。无论是刚来的学生还是资深的专家,都可以自由地发表自己的观点。当时有很多会场,有一个人讲,其他人都会凑上去听,去争论,毫无保留地发表自己的见解,畅所欲言。有经验的专家们就把大家的思想归纳出来。大约经过了半年的时间,有些概念就形成了。当时理论部的同志们就这样夜以继日地讨论、工作,到了晚上整个楼里更是灯火通明,常常一干就是一两点钟,直到党委书记来撵人,大家才意犹未尽地上床睡觉。第二天又重新投入到新一轮的工作之中。

贺贤土当时还没有结婚,整个人全都扑在如何突破氢弹理论上。他当时是热测试理论组的主要骨干,负责的具体工作是从物理上分解氢弹爆炸的作用过程,研究如爆炸时会产生怎样的中子,爆炸后中子是怎么穿透的,以及爆炸过程中温度的变化问题。理论是一切实验的基础,这也更突显了他们工作的重要性。理论搭建好了以后,才由实验组的同志设计安排实验方案。那个时候,对于贺贤土来说,晚上工作到一两点睡觉是正常作息;有时候他嫌吃饭太慢,就在早上多带几个馒头,肚子饿了就咬口馒头,喝口凉水,充当中餐和晚餐。

正是凭借着这股子干劲与拼劲,从原子弹到氢弹的突破,法国用了 8 年零 6 个月,美国用了 7 年零 4 个月,英国用了 4 年零 7 个月,苏联用了 4 年,而中国只花了 2 年零 8 个月的时间。正是由于千千万万中国核武人的忘我牺牲和无私奉献,中国才能克服重重困难,在完全自主研发的情况下连续试验成功原子弹和氢弹;正是由于千千万万中国核武人无怨无悔地将自己的青春与才智挥洒在茫茫戈壁之上,炎黄子孙终于又一次在世界面前挺起了脊梁!

1964 年 10 月 16 日,我国第一颗原子弹爆炸成功。1967 年 6 月 17 日,我国第一颗氢弹爆炸成功。当耀眼异常的蘑菇云出现在祖国的上空时,它的光芒震惊了世界,也点亮了每一颗国民的心。当印有"我国成功爆炸第一颗原子弹""我国成功爆炸第一颗氢弹"的红色号外传到人民的手上时,中国人民沸腾了。当中国终于可以扬眉吐气的时候,中国人民没有忘记一直在背后默默奉献的优秀的科学家们。据贺贤土回忆说,号外发布的当天,他们住所门外的地上,密密麻麻都是用粉笔写的字:"非常感谢你们""你们为国家争光了"……当看到这些红红绿绿感谢的话语时,贺贤土的心中早已激荡起了千层涟漪,双眼也早已被泪水充盈。祖国的需要,人民的肯定是让他能够坚持近 30 年隐姓埋名,为祖国的科学事业奋斗不懈的动力。贺贤土曾动情地说,"我感觉我们并不孤独,我们身后有几亿人民群众的支持。只要你做出工作,国家、人民都会看在眼里。一个人活在世上,要给社会做出贡献,给国家做出贡献,人类社会的发展有你的工作,这就够了,我会感到很愉快。特别到年纪大的时候,这种感觉会越来越深化。"

人民的支持凝聚成了一位位科学家们坚定的脚步,这也是贺贤土一次又一次毅然献身到国家科学事业的强大动力。啃着永远生涩的馒头,喝着苦碱水,住在冰窟窿一样的宿舍中,却依然满怀豪情,将自己的青春和事业都奉献给了中国的核武器研制。这,就是中国"核武人"。

中国在短短的几年内原子弹和氢弹的连续试验成功,大大刺激到了美国和苏联的神经。他们寻找各种理由来非议中国的核试验。其中有一条是说中国原子弹和氢弹空爆形成的放射物严重污染到了周边的国家和地区,造成了严重的环境污染和对人民健康的伤害。其实,我国的科学家在空爆之前已经对原子弹和氢弹的放射剂量都进行过严格的理论计算,其放射性物质都严格控制在有效范围内。为了彻底打破美国和苏联的非议,中央专委决定进行地下核爆炸试验的研究。除了马兰试验基地进行有关的研究和准备外,贺贤土所在的理论部承担为地下核试验装置进行理论设计和有关物理测试方案的理论研究,由贺贤土任组长。

在北京完成初期设计工作之后,核武器即将进入后期的设计和试验阶段,贺贤土也随队伍来到了试验基地。进行核武器试验的新疆马兰基地地处戈壁深处,夏季高温多雨,冬季又寒风凛冽。八九月份贺贤土进场时正值雨季,帐篷里全是渗入的雨水,根本睡不着觉。连绵不绝的降雨还导致后勤补给难以运输进来,贺贤土他们只能靠到河里捕鱼来改善生活。而到了冬天停电的时候,室内气温能降到 $-30\sim-20℃$,即使盖上三床被子,仍被冻得瑟瑟发抖。

1969 年 9 月 23 日,中国首次进行地下核试验爆炸,坑道自封闭技术获得成功。1970 年,贺贤土再次被派往马兰基地,在新疆核试验研究所前后工作了一年,领导一个小组进行第一次地下核试验后有关数据的测试和物理方面的总结。从茫茫无际的戈壁荒原到人烟稀少的深山峡谷,无数个像贺贤土一样的"两弹"研制者们风餐露宿,不辞辛劳,克服了各种难以想象的艰难险阻,经受住了种种考验。恶劣的环境可以吓倒一个懦弱的人,更可以突显出不断前行的勇士的伟岸。

四、突破中子弹原理

十几年的大量研究工作,让贺贤土积累了丰富的经验,形成了自己独立的一套研究和思维方法,终于他迎来了自己最富有创新力和创造力的时期,也让他在面对探索中子弹原理这一艰巨任务时,充满了自信。

中子弹是一种以高能中子辐射为主要杀伤力的低当量小型氢弹。只杀伤敌方人员,对建筑物和设施破坏很小,也不会带来长期放射性污染,尽管从来未曾在实战中使用过,但军事家仍将之称为战场上的"战神"——一种具有核武器威力而又可用的战术武器。自从 1977 年美国成功试爆第一颗中子弹以来,西方国家就开始大肆吹嘘中子弹的威力,甚至对其他国家实施核讹诈。因此,研制中国自己的中子弹就成了继原子弹、氢弹之后的又一项重大任务。

当时,以贺贤土为组长的一个研究组,负责突破中子弹原理和一维理论设计。挡在贺贤土面前的有两座大山:一是如何找到一条实现点火的途径;二是如何实现热核点火后核燃料的自持燃烧。这两个问题完全超出了当时的认识基础。新的点火和自持燃烧理论研究涉及物理学、数学、辐射流体力学等学科的交叉。

面对这样两座大山，贺贤土运用了他的看家法宝：抓主要矛盾的思维方法。他认为解决这两个问题的关键在于分析清楚中子弹作为一个复杂系统，在作用过程中出现的多种因素之间的竞争和发展的关系，尤其是能源与能耗竞争的消长关系。20世纪七八十年代正是贺贤土最富有创新力、创造力的时期，在突破中子弹原理的过程中，他思维极其活跃，不断提出新思想，建立了许多物理模型。不仅如此，他还推导出了包含各种物理过程的中子弹反应过程总体方程，给出了详细的物理方案，并组织全组进行研究和编写程序。通过数值模拟和计算结果分析，进一步证实了方案的可行性。

1984年12月19日，第五次平洞核试验是中子弹的首次原理实验。这颗验证弹试爆的圆满成功充分证明了贺贤土提出的理论模型是完全正确的，这也为全面突破中子弹技术瓶颈和首次中子弹核试验打下了基础。

五、美国之行

如今，中国的科技水平、经济实力等都早已跻身世界前列，但在贺贤土奋斗的大部分岁月里，中国还是一个穷国、弱国。原子弹和氢弹的成功爆炸虽极大提升了中国的国际地位，却没有从实质上改变中国贫弱的状况。身为一个科学工作者，贺贤土一直都抱着科技强国的信念。

由于"文化大革命"的影响，国家人才断层严重，中央强调"必须尽快培养出一批具有世界一流水平的科学专家，这是我们科学、教育战线的重要任务"。在改革开放政策下，国家拟选派一批年轻的科技人员出国进修。

在这样的时代背景下，时任九所所长的周光召感到九所急需送一些优秀的科研人员出国进修，了解信息，开阔眼界。当时他经过慎重考虑，选出了六位业务尖子，其中便包括贺贤土。当时，贺贤土被派到美国马里兰大学做访问学者。回忆这段往事，贺贤土说道："访问学者本来计划是一年，后来再延长，一共两年不到的时间。我当时其实还是很好奇的，之前都说美帝国，那美国到底是怎么样啊？我们研究所送我去美国做访问学者，先后努力了三次才成功。1978年第一次，上面说因为涉及保密工作不能去；1982年又一次被卡下来，再到1984年才批准了。那个时候周光召坚决要把我送出去。1984年联系好了以后，1986年我才动身，中间还经过了很多部门的审查才最终出去。当时那些没机会出去的就被叫作American Dream（美国梦），大家都觉得美国是先进发达的代表。"

而正是这一次几经波折的美国之行，给贺贤土带来了极大的冲击，让他深深意识到了祖国富强有多么重要，也让他的科技强国的信念更加坚定了。具体说来，期间有三点让贺贤土印象极其深刻。

一是计算工具。关于这一点，贺贤土激动地说："我们搞理论计算对计算机的要求很高，当时国内突破中子弹用的计算机是每秒 100 万次。现在一台 PC（个人计算机）多少啊？每秒 10 亿次！当时他们那里（美国）就达到了 1 亿次。"当时贺贤土工作的地方是马里兰大学，而计算机是在圣迭戈，于是美国人就用传输线把数据从圣迭戈传到马里兰一个计算中心，然后再打印出来，之后再画图。当时就让贺贤土很震惊，"哎呀，这个了不起，我们国内根本不可能这样传输。于是我们就天天到计算机房直接去算。当时解一个小方程、代数方程快极了"。后来贺贤土感慨道："美国当时是真厉害啊，100 万次跟 1 亿次差得太厉害了啊。"其实，等贺贤土离开马里兰的时候，每秒运算几亿次的计算机就出现了。

二是信息交流。"我发现他们交流非常快。我在马里兰做出一个有意义的结果，加州大学（即加利福尼亚大学）洛杉矶分校同行就立刻知道了，还邀请我去演讲。当时我就想回国了一定要装一部电话——后来我回来以后当了所里的领导了，所以允许我家里安一部电话——中国那个时候电话还很少见，而美国那边电话非常便宜，随时都可以打，很多信息都可以很快了解。"后来回国后，一位美国朋友来看望他，还给他讲了一个笑话。那位美国朋友从上海到南京再到北京，途径南京的时候有位中国同事跟他讨论一个问题，结果美国朋友告诉他，这个问题已经被上海的中国同事解决了。可见当时国内的信息交流有多么不畅通。

三是实验条件。贺贤土回忆说："（20 世纪）80 年代中期，在马里兰大学与我一起做访问学者的一位北大物理系老师是做超导实验的。超导实验需要测量磁场，而磁场用液氦冷却以后噪声比较少。他说在北大的时候申请很小的一笔经费用于购买液氦，从申请经费到把液氦买来，经常需要几个月甚至半年，还有可能买不到。而在美国，他头天晚上写个纸条，第二天辅助人员就把一钢瓶液氦放在那里。"

除了这些之外，当时在马里兰还发生过几件对贺贤土刺激很大的事。一次，贺贤土穿着西服出席一个活动，却被在场的人们误认为是日本人，"就因为中国穷，人家觉得这样子西装革履的一定不是中国人"。

另一件是关于回国的机票。当时比利时自由大学的一位著名教授对贺贤土发表的文章很感兴趣，邀请贺贤土去讲学。要去比利时就要获得比利时驻美国领事馆的签证。开始的时候他们十分爽快，同意给贺贤土签证，结果一个礼拜过了还没给。贺贤土去领事馆准备拿证时，他们就开始刁难贺贤土："请您把回中国的机票给我们看看。"贺贤土感到莫名其妙，到比利时讲学要我拿回中国的机票干什么？"我开初没弄懂，后来我明白啦，原来他们是怕我留在比利时。明白之后我就发火了，跟他吵起来，我说我堂堂一个中国教授，我如果要留在国外，也不会留你们比利时，我肯定留在美国。因为美国比你们先进得多。我现在连美国都不留，我留在你比利时干什么?!"贺贤土从未生过如此大的气。这种气愤不仅来源于对方对他人格的侮辱，更来源于对祖国的荣誉和尊严的维护。贺贤土知道，自己的背后就是祖国，个人的荣辱和祖国的尊严结合得是如此深刻而紧密。回忆那段往事，贺贤土万分感慨，"我当时感觉回国后一定要好好干，只有我们国家富强了，中国人才不会被人看不起。"

六、激光驱动惯性约束聚变研究

回国以后,1988 年组织上任命贺贤土为研究所科技委副主任,他接受了一项新的任务:负责激光驱动惯性约束聚变理论和模拟研究。我国惯性约束聚变(Inertial Confinement Fusion,ICF)研究虽起步比较早,但由于当时国情,既缺乏足够研究经费,又没有一个长远的发展计划,研究工作十分困难。面对这一重任,贺贤土于 1989 年建议王淦昌、王大珩和于敏院士上书中央,要求将 ICF 研究列入国家 863 计划。经国家批准后,贺贤土作为 ICF 立项论证组组长,执笔完成了我国 ICF 研究发展战略,提出了一条适合我国国情的 ICF 发展的路线图。1993 年,国家 863 计划惯性约束聚变主题(863-416 主题)成立,贺贤土任主题秘书长。1996 年,他成为 863-416 主题第二任首席科学家。当时的贺贤土没有想到,在以后的科学生涯中,ICF 研究竟成了他为之不懈奋斗的除核武器外的又一高科技领域。

那么什么是 ICF 呢?

ICF 是实现可控核聚变的主要途径之一,ICF 研究对于聚变能源、国防和基础科学研究具有十分重要意义。其主要作用原理:利用高功率的脉冲能(目前主要是高功率和大能量激光器的能量)照射微球靶丸表面,由靶面物质的消融喷离产生的反冲力使靶内氘氚燃料快速地内爆压缩到超高密度和热核点火温度,实现热核燃烧,释放大量聚变能。在 ICF 中,约束由聚变物质的惯性提供,聚变反应必须在等离子体以高速从反应区飞散前的短暂时间内完成。这种热核聚变放能过程同太阳中的热核反应类似,不过太阳由大质量引力起约束作用,不致使物质飞散。

ICF 在能源日益紧缺的当前有着无可估量的应用价值和极其广阔的应用前景。

20 世纪 90 年代,贺贤土作为 863-416 主题首席科学家,又作为北京应用物理与计算数学研究所的副所长,他感到身上的担子很重,责任很大。一方面,他要主管所里的科研工作;另一方面,他需要把握主题研究方向,安排各阶段的研究任务。身为一位理论物理学家,他深知,面对 ICF 这样宏大的科学工程,他现在的知识还远远不够。贺贤土除了自己努力学习有关知识外,还不断虚心向专家们请教,全身心地投入到科研组织领导工作中。

功夫不负有心人,在贺贤土和全体参加研究的专家和技术人员的不懈努力下,我国的 ICF 研究在 20 世纪 90 年代初十分薄弱基础上,到“九五”计划结束时,已经突破了多项关键技术难点,建立起一套独立自主的惯性约束聚变研究体系。

因为年龄关系,2001 年底起他不再任首席科学家,成为 863 计划有关领域委员会成员和领域的惯性约束聚变研究组组长,从领域层面评估、指导惯性约束聚变主题工作,他个人继续从事 ICF 物理和我国 ICF 发展战略等研究。

贺贤土对我国 ICF 计划做出了杰出贡献。20 世纪 90 年代,他组织领导了我国 ICF 靶物理(理论和实验)、精密诊断、激光驱动器和精密聚变靶制备等科学和技术研究,取得了一系列重大成果,奠定了我国独立自主发展 ICF 计划的基础,打破了西方在这一领域的垄断和封锁。以后,通过他和继任者的努力,ICF 研究取得了更大的进展,在此基础上,我国又将 ICF 研究列入了国家重大专项计划,我国已成为继美、法后执行 ICF 聚变点火计划的三个国家之一。他本人在 ICF 靶物理研究中也取得了许多重要成果,发表了很多论文。他在国际上有很高的知名度,受到国际同行的尊敬,先后几十次被邀请到有关的国际会议上做特邀报告,并多次成为国际上有关 ICF 研究和等离子体物理国际会议的共同主席或科学顾问,为我国赢得了很高的声誉。

七、基础研究硕果累累

在贺贤土所从事的大科学工程研究中,他十分注意提炼很多有关基本科学的问题,并进行物理规律的研究,以确保大科学工程的物理设计建立在深厚的科学基础上。同时他积极从事基础科学有关的基础研究,这不仅有利于自己学术水平的提高,拓宽自己的研究领域,而且也有利于使所从事的任务研究具有更深的科学基础。由于他从事的大科学工程的特点,他的基础科学研究主要集中在高能量密度物理领域。概括起来,贺贤土的基础研究成果大致分下面几个方面。

1. 等离子体相干湍流和斑图动力学的研究

在 20 世纪 70 年代末和 80 年代初,贺贤土在国际上首次用自洽场理论建立了等离子体中非线性波与粒子作用的动力学方程,详细讨论了调制不稳定性产生的一维孤立子(密度凹陷处场能积累的稳态结构)和高维坑子的结构特性、它们的稳定性和寿命,以及包含多个孤立子系统相干湍流的特性和高维下坑子的塌缩行为。这一工作在物理学报上的论文已被美国信息科学研究所(Institute for Scientific Information,ISI)作为永久文献存入科学资料库。

20 世纪 90 年代初,他用斑图(Pattern)概念来研究等离子体相干湍流的特性,把当时国际上斑图形成的研究推广到斑图动力学。他是国际上最早研究近可积连续哈密尔顿系统的斑图动力学的学者,发现了类孤立波斑图运动从时空相干性发展到准周期随机性再到时空非相干性,即系统发生了时空混沌。这种演化过程表现了多自由度近可积连续介质哈密顿系统的内在本质,对系统的统计特性的理解有着深刻的意义。有关内容发表在《物理评论快报》(*Physical Review Letters*)等杂志上,被国际同行评论为在数值模拟中发现了近可积哈密顿系统的时空混沌,和从规则的准周期到混沌态的转变途径,认为这一发现对探索从偏微分方程系统到时空混沌的道路是十分有意义的。这也引起一些研究者应用贺贤土所用的研究方法进行继续研究。

他不仅是我国最早等离子体相干湍流研究的开拓者,而且也是深入研究这一问题的国际先驱者之一。

2. 强激光与等离子体作用过程准静态自生磁场的产生

贺贤土是强激光与等离子体作用产生准静态自生磁场研究的开拓者,他在 1980 年发表的波与粒子非线性作用方程基础上,进一步从带电粒子分布函数与电磁波作用的自洽场理论出发,导得了激光在等离子中传播过程产生的非线性准静态自生磁场的表达式。这一工作在国际上第一次解决了争论多年的电磁波产生非线性磁场的物理机制和表达式,并于 1983 年在国内的《物理学报》上发表了"等离子体波—粒子非线性作用的有质动力和自生磁场效应"论文,这一工作被同行评论为解决了争论多年的电磁波(激光)产生自生磁场问题。

后经过多年的发展,他和他的学生先后获得了非相对论和相对论下圆和线偏振强激光诱导自生磁场的理论模型和数学表达式,数值模拟和国际上的实验结果证实了模型的正确性。多年研究工作形成了较为完整的研究体系,为有关的各种应用提供了理论基础,得到了国际同行的大量引用。

3. 强电磁场下带电粒子的加速机制

从 20 世纪 90 年代中期开始,他积极提倡用超强圆偏振激光研究相对论带电粒子加速问题,发表了很多论文。其中特别要提到的是他在国际上提出用圆偏振激光研究共振加速相对论电子问题。21 世纪早期,他和他的博士生观察到了圆偏振激光与等离子体作用产生的准静态磁场对相对论电子加速具有能量共振峰,随后在试验粒子模型基础上深入研究发现了轴向准静态对相对论电子的捕获效应和轴向、径向准静态自生磁场的整体加速效应,被国际同行评论为"磁光加速机制"。这一工作不仅揭露了一种新的加速过程,而且由于共振加速主要发生在临界密度附近,可以得到高密度的相对论电子束流,对各种实际应用有重要意义。最近他指导博士后的研究进一步发展了这一理论,提出自匹配(self matching)准静态磁场的共振加速模型,并用数值模拟自洽地证实这一理论。此外,他在探索 GeV 和 TeV 极高能量离子加速机制方面也做出了有国际影响的成果,并在 *Phys.Rev.Lett.* 等杂志上发表了大量论文。上述这些研究对台式激光强场加速器研制和惯性约束聚变快点火等应用方面有重要的潜在价值。

4. 温稠密物质的部分简并态特性研究

近年来,由于惯性约束聚变、天体现象研究的需要,贺贤土正在研究具有很大挑战性的高能量密度下部分简并态物质的热动力学性质,包括部分简并态的压致电离、极化效应、自能和化学势、相变特性,以及部分简并态和完全简并的边界参数等,他与合作者一起在状态方程和输运系数的数值模拟方面都取得了较大进展,在 Phys.Rev.Lett. 等杂志上发表了多篇论文。与合作者一起,他在强场原子电离方面的研究也取得了有意义的重要创新成果。

在惯性约束聚变基础物理研究中,20 世纪 90 年代初,他提出了一种从局部热动平衡(local thermodynamic equilibrium, LTE)发展到非 LTE 聚变点火模型,他和合作者的论文在有关的国际会议上宣读和发表后,被著名同行在杂志上评论为"这是一个重要的发现",并被多次引用。

最近他又提出了一种新的混合驱动模型尝试解决当前国际上惯性约束聚变点火靶中内爆问题。

在近几年他和合作者研究了惯性约束聚变内爆过程界面烧蚀(ablation)流体力学不稳定性问题。他们发现在不同预热长度下界面扰动发展产生了长射流或断裂结构,并阐明了它们的物理原因。实验已观察到了强预热下的射流结构。这对惯性约束聚变内爆过程不稳定性研究有重要参考意义。

从 20 世纪 80 年代以来,在上述几个方面研究中,贺贤土在国内外的著名杂志上发表了190 多篇基础研究科学论文及 50 多次国际大会邀请报告,很多论文得到了同行的很高评价和大量引用;并先后获得了国家自然科学奖二等奖 1 项、国家科技进步奖一、二等奖各 1 项、部委级奖 7 项,由于他的科学技术成就,2000 年他荣获何梁何利科学与技术进步奖等众多奖项。

八、结缘教育

早在大学刚毕业时,贺贤土便与教育结下了不解之缘。那时,因为他在校期间的优异表现,学校有意让他留校担任助教。就在贺贤土满心欢喜,准备潜心当一名教书匠时,一纸调令改变了他的命运,使他离开了熟悉的江南,来到北京,走上了国防和高科技研究之路,并最终成为一名著名理论物理学家。

但贺贤土与教育的缘分并未结束,1999 年,贺贤土接受邀请,开始担任浙江大学理学院院长;2001 年,他又接任了宁波职业技术学院的院长。在从事紧张的科研工作之余,贺贤土又投身教育事业,重续教育情缘。

迄今为止,作为一名中国科学院院士,担任高等职业技术学院院长的,也唯有贺贤土一人。很多人都很惊讶:贺贤土一位院士,为何肯"屈尊"去担任高职学院的院长呢?但贺贤土认为,发展职业教育是对目前我国本科教育的一种很好的补充,是我国高等教育的一个重要方面,对中国的发展十分重要。

贺贤土回忆说:"当时宁波的大学生很少,但宁波经济发展很快,尤其是民营企业的迅速崛起需要大量高级实用人才。大学毕业生到企业往往不能马上投入生产线,而作为高级技术应用人才,高职毕业生与生产实践密切相关,他们是最合适的人才。这样利国利民的大事,理当义不容辞。"

时至今日,贺贤土已经在院长的岗位上干了十年有余。身为院士,也身为院长,他对高等职业技术教育看得比别人都深,都远。"我们要把这块蛋糕做得更大。现在技术更新快,十年后,学生完全可能在工厂的实际操作中接触'纳米''基因',我们必须培养学生的前瞻性思维。希望将来我们的高职生也可以是本科生、研究生。"在这种理念的引导下,贺贤土大力推行培养现场工程师的办学宗旨,要求学生成为可以解决工作现场问题的高技能型人才。同时,贺贤土还坚持走产、学、研相结合的办学之路,与政府、企业紧密联系,共同开展人才培养。

在贺贤土的带领下，一大批中国科学院、中国工程院院士先后来到宁波职业技术学院讲学，开展科研活动，开设"院士论坛"，以他们严谨、求实的院士精神激励和感染着宁波职业技术学院的师生们。如今，宁波职业技术学院已经发展成为全国知名的高职院校。

九、对年轻人的寄语

有机会与贺贤土院士面对面交流的人，一定都会对他那平易近人的态度印象深刻。对于年轻人，贺贤土院士总是满怀着关爱和期许："我现在老了，你们还年轻，你们的发展前景很广阔。"在我们的采访过程中，贺贤土院士反复提到："我非常感谢我的老师，在大学时候的老师，在工作时候的彭桓武先生、周光召先生、于敏先生那些老先生。他们和我周围的同事给了我很多有形的、无形的帮助，使我在学术上慢慢地有些体会，能够成长。我也非常愉快能够把我的一些体会告诉你们。"

作为理论物理学家，贺贤土取得了常人难以企及的成就。那究竟是怎样的力量让贺贤土不论在怎样的环境中都保持着对科学的执着和热爱呢？对此，贺贤土这样解释道："因为我小时候很喜欢想问题。看到打水漂，就会想为什么它不会沉下去。而且我小时候看了很多武侠小说，所以也总是喜欢胡思乱想。我觉得童年对自然现象保有浓厚的兴趣很重要。中学的时候我就很喜欢听老师讲物理，因为可以解释我小时候思考的那些问题。这也促使我大学里选择学理论物理。在理论物理里我又找到了我很喜欢的东西，那就是基本粒子和高能物理。所以长久以来，我都对我做的事情有浓厚的兴趣。我觉得这一点是非常重要的。现在很多人都讲搞基础研究要有兴趣啊，这里边有些误导。兴趣非常重要，但是兴趣不是今天你去做这个，明天去做那个。我的体会是，只有当你深入体会某项工作的时候，才会有真正的兴趣。即便它非常难，非常辛苦，但是慢慢地，你会有兴趣支撑，泛泛地讲兴趣是没有意义的，兴趣是你在自己研究工作当中营造的，营造以后你就会不断地想去了解它的所以然，你才会得到兴趣。有人对我说理论物理太枯燥了，但是我就很感兴趣，比如对基本粒子，因为我已经深入下去。我总想知道基本粒子为什么是这个样的，又比如我原来搞理论物理，后来搞核武器，一开始我的思想有点转不过弯。因为我在学校学的是量子力学波函数，但后来用的中子通量是经典力学的，跟量子没有关系。但是我当时已经接触到中子通量了，硬着头皮算下去，我发现等到结果出来的时候，我居然又对中子通量产生了浓厚的兴趣。所以说，蜻蜓点水是培养不出兴趣的。我觉得，现在对兴趣的说法应该修改一下，兴趣是在你工作越来越深入的时候产生的。"

时代在进步，为国家辛勤工作的科研工作者也在前赴后继地更替着。对于新一代年轻的科研工作者和高校学生，贺贤土尤显得语重心长：

"根据我的体会，首先应该刻苦用功，看很多的书，努力学习。要善于养成好的思维方法。这个东西跟学习不一样，书中知识是死的，花时间就学得到，但是科学思维方法是活的。另外，要做个有心人，除了知识以外，要留心周围的事，要善于发现问题、分析问题、解决问题。其中，分析问题就要善于抓住最本质的东西。成为一个优秀的科研工作者，没有捷径可走，要不断摸索，不断学习周围的东西，这一定是一个积累的过程，而且是不断地总结和提炼的过程，这点很重要。还要善于与别人讨论，在讨论的时候要学会聆听别人的观点，提炼别人的优点，但是不要完全 follow（跟从），还要有主见。这样积累下去，十年或者二十年以后，你就会有很强的综合能力。"

"对于现在很多人做科研抱着一种功利的心态，我想说，第一，产生这种思想，我完全理解，但是如果真正想在科学上有点成就的话，总是停留在这个思想层次，会毁了自己。虽然现在年轻，但三年五年很快就过去了。一个人如果不是在现在深入下去做事情，到时候就成了万金油，就是什么都懂一点，但需要你真正深入下去的时候你就深不下去。所以做研究工作的时候一定要深入下去，把你研究的问题彻彻底底弄懂，知其然还要知其所以然。深入以后你再去做其他的工作。也就是在这个基础上慢慢地派生开去，就可以举一反三。科学的本质规律是一样的，只是背景不太一样。"

"话说回来，你们现在所处的社会跟我们当时很不一样，我们从事工作的时候虽然条件比较艰苦，但从来不用愁找工作的事，住的房子也都是公家的房子。你们现在当然没有我们那时那么艰苦，但是你们以后会面临的找工作、婚姻、住房的压力也是个很重要的问题。我也多多少少能体会到现在的状态。当然，这是一个客观现实，你可以逃避这个现实，例如选择到美国去，但这不是办法，美国也不见得能有更好的条件给你，我总感到，为祖国服务的人生更有意义。那么在现在的条件下，我认为这些问题首先不能回避。但是另一方面又要看到，我们国家正在千方百计地解决这些问题。比如现在的经济适用房，收入在一定水平就可以申请；国家有人才政策，对做出贡献的人是不会忘记的。当然有一部分人还是会有困难，但这总是一个过渡时期，将来的情况总会好转的。我拥有真正属于自己的房子也只是十几年前的事。那个时候我都已经六十多岁了才有一套好的房子。你们这才刚刚开始。善于规划好自己的生活，房子我想迟早总会有的，但是可能要艰苦一点，比如说按揭，或者买个小的，也不要总想着一开始就买个大的。你要想想我们这帮人，在你们这个年龄的时候根本还没有属于自己的房子。美国也是这样，都借钱买房子，到了老了再还，先享受再还款，中国是先攒钱再买房子。我建议学学美国人，按揭买房，比如将来夫妻两人工作，辛苦点，房子先买小一点。不管怎么样，所有的困难都是可以克服的。要有一个乐观的心态来面对生活。"

说到这里，贺贤土脸上又泛起了笑容。

十、结语

从甬江边上到西子湖畔，从紫禁城下到荒漠深处，贺贤土一路走来，走得是那样不易，又走得是那样坚定。戈壁的风沙沾染了他的衣襟，他轻轻拂去，继续前行，于是留下了他扎根荒漠的行迹；深夜的酷寒侵蚀着他的筋骨，他从容地裹紧了大衣，继续走向那片阑珊的灯火，于是留下了他挑灯演算的身影。从原子弹到氢弹，从中子弹到可控聚变，一次又一次地震惊世界，为徜徉于风暴之海中的中国科学航船竖起一座座灯塔。这灯塔,照亮了数以万计的科学工作者前进的道路,照出了数以亿计的中国人久违的自信与尊严,也照出了他自己传奇而辉煌的一生。

时至今日,我们不禁感叹,那四十多年前在中国西北荒漠炸响的一声声惊雷,直到现在仍然震颤着每一个中国人的心。这背后,是如贺贤土一样的千千万万的科技工作者喝着苦碱水,嚼着硬馒头,顶着烈日,冒着严寒,隐姓埋名,无怨无悔地扎根荒漠;是无数个挑灯的夜晚,是成吨的演算稿纸,是一台台破旧的手摇计算器。莫道戎马皆士卒,谁言书生不丈夫? 在贺贤土身上,我们看到了对民族大义的最好诠释,也看到了中国人不屈的脊梁!

贺贤土：从力拓核武强国路到点燃高职教育之光 *

一

1956 年 1 月 14—20 日，中共中央在北京召开全国知识分子问题会议。与会者共 1279 人，包括众多来自全国高校、科研机关、工厂、矿山、设计院、医院、文艺团体、军事机关党委负责人。在这次由全国人大常委会委员长刘少奇主持的会议上，毛泽东向中共全党发出了"努力学习科学知识，同党外知识分子团结一致，为迅速赶上世界科学先进水平而奋斗"的号召。周恩来做了《关于知识分子问题的报告》，提出正确对待知识分子问题的政策、方针和方法，明确了"知识分子是工人阶级的一部分"。

这次会议迅速在全国范围内掀起了"向科学进军"的浪潮。2 月 24 日，中共中央发出了《关于知识分子问题的指示》，并在周恩来、陈毅、李富春、郭沫若等领导下成立科学规划委员会，制定了《1956—1967 年科学技术发展远景规划纲要草案》。这个规划将发展原子能、电子学、半导体、自动化、计算机、喷气和火箭技术等新兴科技作为未来中国科技发展的重大课题。

这一年寒假，共青团宁波市委组织全市学生会干部参加科学培训班，邀请了一批有经验的物理教师为学生讲授半导体、原子能、核聚变等物理知识，并播放了纪录片《王淦昌在杜布纳》。

王淦昌先生是我国著名核物理学家，1907 年出生于江苏常熟，1929 年 6 月毕业于清华大学物理系，第二年考取江苏省官费留学，赴德国柏林大学威廉皇家化学研究所攻读硕士研究生，师从著名核物理学家 L·迈特纳。1932 年，在导师迈特纳的指点下，王淦昌发表了题为"关于 RaE 连续 β 射线谱的上限"的硕士论文，并于同年 12 月完成了"关于内转换电子研究"的博士论文，取得博士学位。1934 年 4 月，王淦昌学成回国，先后任教于山东大学、浙江大学物理系，培养了包括李政道在内的诸多优秀青年物理学家。1956 年，已被选聘为中国科学院学部委员的王淦昌前往苏联杜布纳联合原子核研究所任研究员，从事基本粒子研究。在联合原子核研究所工作期间，由他带领的物理小组首次发现了反 Σ 超负子，并首次观察到在基本粒子相互作用中产生的带奇异夸克的反粒子。

---

* 作者：张蕴华。

《王淦昌在杜布纳》反映的即是这一时期王淦昌在苏联的工作情形。影片中的王先生温厚儒雅,才思敏捷,那些枯燥抽象的物理学概念经他演绎,竟绽放出知识边界所特有的、如同遥远神秘的夜空般瑰丽诱人的光彩。

人类对于未来的不懈追求,恰恰根源于这种新奇与未知的召唤。观看完这部影片后不久,一个名叫贺贤土的年轻人便暗暗坚定了报考物理专业的决心。或许连王淦昌先生都不曾想到,那部以他为主角的简短的纪录片,几乎改写了这个年轻人的一生。

二

尽管于各门学科上均具有极为优秀的素质,但在遇到王淦昌的纪录片之前,贺贤土似乎一直是个怀揣"诗与远方"梦想的文学青年。

1937 年秋,正是华东、华北战火频仍之际。9 月 28 日,镇海县新碶大路下村的三间小小平房里,洋溢着难得的安宁与喜悦。"炮台根贺家"迎来了主人贺品朝的长子。对孙儿满怀爱意与期望的祖父为孩子取名"燮堃"。《说文》曰:"燮,和也。"燮字从言,本意为以言语调和。《尚书·周书》"周官"中有"立太师、太傅、太保,兹帷三公,论道经邦,燮理阴阳"之句,后人也用"燮务"或"燮理"特指协助君上、调和百官的宰相职责。"堃"字音义皆与"坤"同,指向山河后土。"燮堃"蕴含了调和天地、指点江山的宏大愿景与气魄。

"贺"在新碶是大姓。在宗谱里,新碶贺氏的家族根脉被上溯到"四明狂客"贺知章。燮堃的祖父是海员,曾与两位兄弟合营一家商店,积累了一定资本,家境殷实。然而经历了诸如异爨、失火、战乱、老病等困局之后,境遇日益艰难。到父亲贺品朝这一代,为谋生计,只有离乡背井前往局势相对安稳、资源与人群相对集中的陪都重庆。尽管如此,贺品朝仍然保持着对阅读的莫大热情。埋首书斋之外,他也想以自己的方式关心和参与时事。在这两种动机的共同作用下,贺品朝选择与亲戚共同经营一家书店。因寄望以书籍传播新知、鼓舞人心、启迪民智、共御外侮,贺品朝将书店命名为"进文",取"进步文化"之意。

在 1939—1946 年的七年时间里,"进文书店"伴随局势的起伏和战火的袭扰由盛转衰,艰难维系,最终由于合伙的亲戚嗜赌成性,擅自卖店抵债而不得不将其易手他人。中途返乡的贺品朝失去了在重庆的立足之地,只得转徙上海寻找新的生计。所幸,他在读书一事上的兴趣与习惯得以在儿子燮堃身上延续。

在燮堃的童年记忆里,大路下的老屋远依太白山,近傍岩泰河,"有崇山峻岭,茂林修竹,又有清流急湍,映带左右",加之小小院落之外,出门便见平野,是典型的风雅富庶的江南之地,也是顽童们嬉戏寻乐的天堂。年幼的贺燮堃与伙伴们一样,喜欢在交错纵横的水网之间捕鱼摸虾,也擅长用轻薄锐利的石片、瓦片在水面上划出蜻蜓点水般的灵巧轨迹,但这一切所带来的乐趣,似乎都不能与读书相比。

贺家有一箱祖传的线装书,从《三字经》这样的开蒙读物到四书五经的儒家经典都在其中。

古文艰涩，燮塈读得似懂非懂，只有先囫囵吞枣地背诵下来。真正令他感兴趣的是《水浒传》《西游记》《封神演义》《今古奇观》《施公案》这些情节曲折、文字浅显的古典小说。除了上课和完成作业外，读小说几乎占据了燮塈生活的绝大部分时间。那时宁波乡下的许多人家都没有电灯，全赖煤油灯照明。煤油质量不好，久燃之后便会从灯罩上冒出缕缕青烟。时常就着煤油灯读书到深夜的燮塈，鼻孔与额头往往被煤烟熏得黢黑。

酷爱文学的贺燮塈还因为其过目成诵的超强记忆能力在亲友、同学中闻名。

燮塈幼时，镇海有一种"压床"的婚俗：在五六岁大的男孩子中，挑选聪明伶俐、稳重明礼、口角剪断又有家庭长寿史的幸福孩子充当"喜郎"。"喜郎"不仅要在新人成婚的头一晚睡在洞房的婚床上为他们送子送福，更要在婚礼上背诵"祝文"。"祝文"由本村的老先生写就，常有些骈四俪六的华丽辞藻，又长又难又拗口，往往令村童望而生畏。可轮到燮塈做"喜郎"时，不过听大人将祝文读了几遍，就能念诵流畅，自己再默记几回，就能以非常清亮的声音在一众来宾面前毫无窒碍地全部背诵下来。经此一事，贺燮塈就在亲友之中留下了记性好、头脑灵的"读书种子"印象。

然而在小学刚刚毕业的 1949 年，贺燮塈的"读书路"却遭遇了一次波折。因为沿海仍未停歇的局部战争，燮塈被迫休学，逃难到了离家近十公里之外的横山头亲戚家。在那里，他在亲戚家一位哥哥带领下一同放牛，放牛途中，常常经过一些富贵人家的墓葬群。这些墓葬群规模宏大，墓石往往贵重，雕工又精，最难得的是墓碑两面常镌有文辞凝练的墓志铭。这成了他上好的教材。在那位哥哥的陪伴和指点下，燮塈品读记诵这些铭文，文言功底得以愈渐扎实。荒山古墓，竟然不仅使这少年克服了恐惧，更成了他离乱中唯一安稳的课堂。

随着年龄渐增，贺燮塈对文学和传统文化的"野心"越来越大。读书成瘾之外，还常常生出写作的欲望。他读唐人的山水田园诗，就试着仿写；他读更多旧的与新的文学，那些智士豪侠、刀光剑影不仅成为令伙伴们啧啧称叹的故事，也为他插上了想象的翅膀。许多年后回首往事，我们依然会有这样的假设：如果燮塈当初没有弃文从理，中国的文学史上是不是会留下一个新的名字呢？

三

1951 年，十四岁的燮塈考入镇海县辛成中学，此时的他已经有了一个新的名字：贺贤土。贺贤土自己回忆说，改名的初衷实在是为了制止误读的笑话。"燮塈"二字笔画繁多，又极不常见，常有人将燮误认为"变"，又将塈字随便留下认得的部分，闹出"贺变方"的笑话。在老师的建议下，贺家人想到贤字与燮在方言里是谐音，依照族谱排序，燮塈又恰是贤字辈，再加上他五行缺土，塈字头上的两个方就被顺理成章地去掉了。成年之后，贺贤土尽管有过改名的念头，但出于各种不同的考虑，这个名字还是被一直沿用了下来。

在贺贤土入读辛成中学的时代，辛中所聘任的校长正是镇海名士李侃民。李侃民的出身是大碶横河"小李家"。五代之上，原是自方、李、叶三望族之一的小港"大李家"分出。小李家的祖上本是村中屠沽儿，家境贫寒，但得到族中叔伯富户的提携，得以前往上海并进入运输字号。后来经过不断打拼,终于自立门户,改换了门庭。传到价民这一辈,已经俨然根深叶茂。生活无忧的李价民勤勉好学又长于体育,先后就读于光华大学历史系与中央大学教育学院体育系。抗战胜利后,李价民回到故乡,先后出任镇海县中、辛成中学校长,兼任历史教师。李先生学问渊博,态度潇洒,讲课生动清晰,加之爱护学生,急公好义,从不会端官架子,是一位非常令人信赖和敬重的长者,这给贺贤土留下了深刻的印象。

此外,担任语文老师兼教务长的毛道愚先生也令贺贤土难忘。贺家极重视传统家教,贺贤土自小便在祖父的督导下临习柳公权、颜真卿、王羲之,一笔漂亮的行楷备受赞誉。然而结识毛先生之后,贺贤土才明白何谓人外有人。他至今仍然认为,只有写得一手漂亮书法的语文老师,才算得上是"真正的语文老师"。

1956 年秋,贺贤土的学业进入了极为关键的高三阶段。他已经结束了学文还是学理的犹豫彷徨,曾经挚爱的中国小说和苏联小说被砖头一样厚重的《普通物理学教程》替代。贺贤土就读的宁波中学离家远,他就与同乡好友王奕年一同租住在学校附近。没有了固定熄灯时间的限制,贺贤土经常学到凌晨还不休息。实在困得不行了,就出门打一桶井水从头浇下去,秋冬天水寒凉透骨,刺得人浑身激灵,很快重新有了精神。王奕年熬不过,往往先睡,可等他一觉醒来,却总能发现贺贤土的屋子里还亮着灯。奇怪的是,到了第二天的课堂上,贺贤土仍能保持非常高的学习效率。

1957 年,刚刚经历了全国院系调整的浙江大学恢复了物理系并首次招生。以优异成绩通过招生考试的贺贤土顺利成为其中一员。说起贺贤土最终锁定浙大,实在也是出于许多机缘巧合:最初,他想投考北大,可有同学对他说,北京一到冬天,气温就会降到零下二十度,又干又冷,连人尿都怕会冻成棍子。他因此一面担心北方气候恐为南方人不惯,一面又觉得父母在不宜远游,于是想改上南京大学,但又因为听校友把南京说成傍着长江的火炉而放弃。复旦大学本是非常不错的选择,上海不仅邻近宁波,城中还住着对他视若己出的姑母。然而复旦在那时似乎背负着不算太好的历史名声。据一位熟人说,1949 年前,复旦学生中常有背着舍监通宵赌博的故事。至于剩下的理工科名校上海交大,已经于 1955 年迁至西安(今上海交大前身为1955 年 1 月以原交大造船系为基础成立的上海造船学院)。

这样,拥有不俗专业实力,又有着优良理工传统的浙江大学,最终进入了贺贤土的视野。

四

贺贤土的大学生活,赶上了轰轰烈烈的"大跃进"运动。仿佛是在极短的时间内,杭州城里架起了成百上千的"小高炉"。大至机器门板,小至锁头铁铲都被集中起来炼钢。学生的课业起初时断时续,后来干脆全面停止,年轻人要么下乡,要么下到校办工厂。贺贤土与同学们在校办工厂里做一种轴承装配的活:用榔头把铁丝敲成一个个圆珠,装到轴承上。这工作既枯燥又极耗体力,没白没黑地做起来,举着榔头的手臂酸痛交加,整个人又因为极度困乏而头昏眼花。遇到倦极又不能停工的情况，他们就只好用榔头把钢板敲得叮咚响，以此提神。

到了 60 年代初，贺贤土和同学们经常从事体力劳动的情形改变了，非但如此，篮球、排球这些原本很受青年学生欢迎的正常课外运动也日渐减少。在全国高校范围内，在年轻人中间，太极拳之类的"慢运动"因为能最低程度地满足好动的天性，几乎被迫成为一种新的流行。饥饿感非常放肆地蚕食着人的身体和精神，成为极其深刻的时代记忆。

贺贤土上大学时，每月的粮食定量是 30 斤。二十来岁的年纪，正是筋骨舒展、精力旺盛的时候，30 斤粮食，尤其对男生而言，哪里吃得饱呢？可他们还要把这本来就捉襟见肘的口粮捐出一半来援助饥荒更严重的地方。平均每人每天只有半斤的定量，食堂只好变着法把饭往稀里做。白乎乎的一大桶汤，只看见不多的米粒若沉若浮。那时学校为了帮助学生节省体力，不仅减少课业和活动，还时常放电影，然而再精彩的电影情节也抵不过肠胃对食物的渴望。学生们往往一到饭点，就两眼昏昏地奔至食堂。如果运气够好，就能多捞些白米，去得迟了，只好喝汤。米汤初喝下去，很快便有饱腹感，可是略一活动消化后，等于没有。假如不幸遇上寒冷刺骨的冬夜，从叫人眷恋的、好不容易焐热的被窝里爬出，摸黑起夜，更是不堪其苦的事。

贺贤土能够熬过那段日子，在上海的姑母几乎是最大的"功臣"。由于自小过继给这位姑母，贺贤土也一样称她为妈妈，等于拥有了两位母亲。有假前往上海时，姑母会想各种办法给他补身子。姑母节俭，却肯买很贵的兔子肉给贺贤土吃，并且专捡膘肥肉厚的买。

在浙大，贺贤土一共待了五年。五年里，原本应当安宁宽裕的学习时间被一浪接着一浪的各色运动挤占。在"教育改革"的潮流之下，贺贤土只有用两个星期时间学完本该进行一学年的微分方程课。等到终于能够"安心读一点书"时，象牙塔的生活已经剩了不到两年。

图书馆几乎是唯一的"世外桃源"。它很像那个能够"躲进小楼成一统"的小楼，暂时阻隔了纷繁复杂的外部世界。那时的贺贤土正沉迷于理论物理精妙的微观世界，惊叹于蕴藏其中的严密又完美的逻辑序列。他学会了诘问和思考，一个看似完全不起眼的问题就能使他一头扎入书籍和资料之中。他不断推演和得出结论，逐渐养成了质疑和求证的耐心，也获得了发现和破解难题的底气。他正从一个勤奋而充满好奇心的青年学生，完成向一个科研工作者、一个严谨学者的转变。

五

1963 年初，贺贤土走进了第二机械工业部第九研究所。二机部最初于 1952 年成立。到了 1958 年，原第一机械工业部、第二机械工业部和电机制造工业部合并为第一机械工业部。原第三机械工业部改名为中华人民共和国第二机械工业部，主管国家的核工业与核武器。60 年代初，二机部成为应对原子弹研制这一庞大繁复之系统工程的专门机构。为充实科研力量，中央决定在全国范围内选调技术骨干 100 名，大中专毕业生 6000 名，贺贤土正在其中。

贺贤土所在的二机部第九研究所始建于 1958 年,是今天位于四川绵阳涪江之畔的中国工程物理研究院的前身。彼时,于敏、王淦昌、邓稼先、朱光亚、陈能宽、彭桓武、郭永怀、周光召、程开甲等杰出物理学家皆聚于此,英才一时如星辉熠熠。

在众多名师引领之下,贺贤土真正走上了科研之路。他接受的第一个挑战是研究原子弹的过早点火概率。所谓过早点火概率,简而言之,就是由于外界突发因素的影响,在高超临界下系统达到设定的点火时刻前,发生过早点火的概率,这一概率与原子弹最终爆炸成功的可能性直接相关。摆在贺贤土面前的重要难题是如何破解一个具有特殊性质的偏微分方程。这是无法求得精确解析解的方程,究竟怎样求得不同近似下的解,求得的近似解是否可靠,年轻的贺贤土心里没底,犹豫之间,他想到了时任二机部九院副院长彭桓武先生。

许多年后,在一篇纪念彭桓武先生的长文中,贺贤土这样回忆当时的情形:"1964 年上半年我们搬到新落成的 14 号楼办公,刚好与彭先生的办公室在同一层楼。由于我对彭先生讲课时的随和态度和讨论问题解答问题的作风印象很深,感觉他没有大科学家架子,所以经常找他请教研究中遇到的问题。"彭先生对这类特殊方程很有兴趣,加上过早点火概率是影响原子弹研制进程的一个重要问题,贺贤土的研究工作得到了彭先生的诸多指点。

随着彼此接触的日渐增多,贺贤土发现了彭先生所具有的"一个很大的本领",就是擅长对复杂的物理问题进行"粗估"。一个繁复的微分方程到他手里,他能很快估计出方程各项的相对大小,然后把小数的项去掉,保留大数项。在保留或舍弃一些项时,他形象地喻之为"3 与 1 相比,3 就是无穷大,1 则完全可以忽略。"经他这样一处理,一个复杂的微分方程就常常容易得到近似解,甚至变成一个特殊函数方程,解自然就出来了。贺贤土在文章中说,当年的很多年轻人都知道"3 与 1 相比,3 就是无穷大"的名言,应该说这种思想影响了包括他自己在内的许多人的研究方法。

在彭先生的帮助指导下,贺贤土由生成函数出发,仔细推导得到了有关中子与原子核各种相互作用生成函数的方程,并在特定近似下获得了现在所用方程,并就此写出了详细的论文。他只用了不到一年的时间就完成了任务,并提供了物理模型,交由数学组同志编成程序进行精确数值计算,为核试验提供了数据。

1964 年 10 月 16 日 14 时 59 分 40 秒,在新疆罗布泊深处的中国核试验基地,强光巨响之后,宏丽夺目的蘑菇云腾起。各色铅字与无线电波以最快的速度传播着这一消息,成千上万的中国人涌向街头,用载歌载舞的狂欢庆祝伟大的胜利。习惯了"隐士"身份的贺贤土与同事们,这天一出大门,竟然看到满地以粉笔写成的密密麻麻的谢词,这令他感动与自豪,时至今日仍难以忘怀。

六

1977 年,中国的中子弹研制工作起步。此时,距离原子弹的成功爆炸已经过去十三年,距离氢弹的成功爆炸则恰好过去十年。曾经参与氢弹试验热测试理论研究的贺贤土,又一次接受了新任务，领导一个团队，进行中子弹探索研究。

"中子弹"一词在世界范围内的最初公开出现是在更早的 1963 年。这一年 8 月 5 日，美、苏、英三国在莫斯科共同签署了旨在减缓冷战期间军备竞赛和防止过量放射性尘埃的《禁止在大气层外层空间和水下进行核武器试验条约》（简称《部分禁止核试验条约》），正如它的标题所提示的那样，该条约禁止了除在地下之外的一切核武器试验。然而也正是在这一年，时任美国国防部长麦克纳马拉在参议院公开表示，《部分禁止核试验条约》不会影响中子弹的发展。

美国人对于中子弹研制的重视与迫切，同中子弹的特性有关。中子弹是一种以高能中子辐射为主要杀伤力的低当量小型氢弹，只杀伤敌方人员，对建筑物和设施破坏很小，也不会带来长期放射性污染。尽管未曾在实战中使用过，但军事家仍称之为战场上的"战神"。

对于普通氢弹，它的材料、结构，以及点火和燃烧过程不可能产生中子弹所要求的高能中子剂量。而且由于当量大，冲击波、光辐射等效应是中子弹可产生大面积破坏的主要原因，同时裂变产物还可产生大面积放射性污染。

对于中子弹研究而言，虽然原子弹、氢弹研制成功的经验和不少研制工具为中子弹研制提供了重要基础，但是中子弹的作用原理完全不同于普通氢弹，甚至要复杂得多，需要有新的突破。跟一般核武器一样，关键还是要解决两个核心问题，即如何找到一条实现点火的途径，如何实现热核点火后核燃料的自持燃烧。贺贤土团队在一开始对中子弹作用原理毫无所知的情况下，克服了很多困难，经过不断探索研究，逐步建立了许多不同近似下的物理模型，并在初步的近似解析分析和数值计算基础上进行了更为具体精准的总体集成计算和设计。最后，他通过总结分析给出了实现中子弹点火和燃烧的作用原理的物理模型。数学专业的同志编写了总体程序，再通过百万次计算机进行大量数值模拟和计算结果分析，进一步在理论上证明了科学原理可靠性，最后完成了中子弹的理论设计。而 1984 年 12 月进行的核试验，证明了这一科学原理和理论设计的正确性。

之后的很长一段时间里，贺贤土和他的同事们又为核武器的小型化及在实验室条件下的核爆模拟研究做出了贡献。

七

1989 年 1 月 26 日，贺贤土与王淦昌、王大珩、于敏、邓锡铭等五位科学家一同走进了位于中南海的时任总理李鹏的办公室。他们要用自己丰富的专业知识和清晰缜密的研究构想说服总理，批准将惯性约束聚变研究纳入国家 863 计划。

惯性约束聚变研究的基本思想是利用驱动器提供的能量球对称内爆压缩聚变燃料到高温高压状态，由于聚变燃料自身向球心运动的惯性，在一段来不及向四周飞散的极短的约束时间内，实现大量聚变能的释放。

惯性约束聚变研究的长远目标是建立聚变电站,探索受控热核新能源;又因为它能够产生与核武器中心相近的高能量密度状态,所以也可以被用于实验室中研究核武器物理并模拟核爆炸效应。此外,惯性约束聚变所形成的高压、高温的物质状态,也能为这些极端条件下的物理性研究提供可能。

早在1952年,惯性约束的方式就已经被应用于氢弹和热核爆炸;然而,利用激光或带电粒子束照射燃料靶丸而实现惯性约束聚变的建议,是在20世纪60年代初激光问世后才被提出的。随后,由于调Q脉冲激光器的出现,关于激光聚变的研究开始进入科学家们的视野。

在中国,激光驱动聚变的原始概念最早由王淦昌院士于1964年提出。这一年,诺贝尔物理学奖被授予三位对发现激光做出贡献的科学家。正在从事原子弹研制的王淦昌因此关注到激光"强度大、方向强"的特点,设想将激光与核物理结合起来的可能性。10月,他撰写了《利用大能量大功率激射器产生中子的建议》,文中提到:"我们认为,若能将这种光激射器与原子核物理结合起来,发展前途必相当大。"两个月后,王淦昌把自己的论文交给了专门从事高功率激光研究的邓锡铭院士。邓锡铭对王淦昌的设想表现出极大的兴趣,认为"这是一条实现激光应用的重要路子"。

1972年,美国科学家纳科尔斯(Nuckolls)第一次公开发表关于惯性约束内爆的论文,此后,激光惯性约束聚变引起核物理学界的广泛关注。九院实验部的科技人员也进行了激光惯性约束聚变及其潜在军事用途的调研。1972年8月,全国激光重点规划会将激光惯性约束聚变列入国家重点规划。

一年后,在邓锡铭院士领导下,中科院上海光学精密机械研究所(简称中科院光机所)利用10^{10}W单路钕玻璃激光照射氘冰靶产生了中子。当时九院负责物理实验与诊断的王世绩等人带着中子探测器由绵阳亲赴上海,经过反复测量与分析,最终完成了实验室条件下对激光引发氘核聚变产生中子设想的证明。

1986年,更名为中国工程物理研究院的二机部九院与中科院共同组建了位于上海光机所的"高功率激光物理联合研究室"。一年后,由联合研究室研制的"神光Ⅰ"固体激光器建成验收并投入运行,成为我国真正研制高性能激光器的开端。

1988年,刚刚参加完"战争与和平"国际会议的王淦昌院士由意大利回国。在这次会议上,美国宣布利用地下核试验做内爆充氘氚靶丸的实验结果,他们已经推断出利用百万焦耳量级的激光能量有可能实现聚变点火,并开始对建立"点火装置"进行论证。由于当时我国激光聚变研究没有正式纳入国家研究计划,经费严重缺乏并且总体目标不明确,负责激光聚变理论研究的贺贤土请求王淦昌联合王大珩向中央建议,把惯性约束聚变研究纳入国家863计划。建议信由王大珩院士拟稿,贺贤土负责详细征求于敏、胡仁宇、王世绩、邓锡铭等人的意见,并进行了修改,最后由王淦昌、王大珩、于敏三人联名,交由时任中科院科学技术局局长张宏递呈邓小平。邓小平很快做了批复,将此事转交时任总理李鹏办理。

于是就有了本节开头的一幕。

中南海的汇报大约持续了一个下午,详细询问之后,李鹏当即同意将惯性约束聚变研究纳入 863 计划。1993 年,"惯性约束聚变"作为一个独立主题正式立项,由工程物理研究院总工程师陶祖聪任首席科学家(主题负责人),贺贤土任秘书长。1996 年初,陶祖聪因病去世,首席科学家由 1995 年当选中科院院士的贺贤土接任。在他的带领下,我国的惯性约束聚变研究逐渐改变了基础薄弱、进展艰难的情形。到九十年代末、20 世纪初时,神光 II 高功率激光实验装置顺利通过验收、投入运行,神光 III 装置原型开始建造,关键技术取得了很大进展。靶物理理论研究与物理实验、诊断设备研究也有了丰硕成果,靶的制备已能满足现有激光聚变实验的需求。综合物理理论、物理实验、诊断技术、靶的制备、高功率大能量激光器建造等五个方面研究内容而言,惯性约束聚变研究已经构成了宏大而独立的体系,所取得的长足发展也逐渐受到了国际同行的重视。

八

1999 年,宁波职业技术学院作为一所从事高等职业教育的全日制普通高校由教育部批准成立。故乡人找到了贺贤土,表达了想请他出任院长的意愿。当时的贺贤土是北京应用物理与计算数学研究所副所长,又是国家 863 计划直属课题的首席科学家和 973 计划的专家委员会成员,承担着极为繁重的科研任务,可他仍然接受了这一邀请,成为第一位、也是唯一一位担任高等职业技术学院院长的院士。谈起之前的犹豫与婉拒,贺贤土说,自己并不是觉得做一个院士,就不能"屈尊"担任一所高职院校的校长,而是认为在其位须谋其政,自己对职业教育本不了解,加上兼职又多,不愿做只挂虚名的"空头院长"。

上任之后,贺贤土每月往返于京甬之间,只有不到一周的时间可以集中参与学校在发展和管理方面的决策,不过这并不妨碍他对高职教育内涵的思考和对高职教育理念的探索与践行。他考察了学校所在地宁波经济技术开发区各企业对高职教育的要求及对高职学生的期待,也利用参与国际会议的机会,专门调研了美国、德国、澳大利亚、中国香港、中国台湾等国家和地区的高职教育发展情况,明确了高职教育"为国家经济发展,特别是地方经济发展培养有技术创新能力的高级技术应用人才"这一定位。基于这样的认识,贺贤土认为中国的职业技术教育应当从整个国家的教育发展需要来考虑:一方面,一部分学校根据自身特点,应适当加大专业教育或职业教育比例,既重理论教育,也重实践训练,逐步承担高职教育职能;另一方面,高职教育本身应逐步拓宽内涵、提升层次,学制不能一刀切,可增设高职本科与工程技术专业硕士。此外,为使学生毕业后能尽快适应当地经济发展需要,高职教育需组建一支既能教好书,又能研究和解决当地经济发展中实际问题的师资队伍。

在对宁波经济技术开发区的调研中,贺贤土发现,宁波的经济发展速度快,企业迫切需要有一定专业基础的高级技术应用人才,目前高职教育的三年学制还能适应这种需求,学生毕业就业率也比较高,但在更长远的未来,仅仅面向就业的低层次、"基本型"高职教育亟待转型和改善。为了践行这一点,贺贤土与宁波职业技术学院的领导团队研究确立了"立足宁波,面向当地,辐射全省"的办学目标,并在该校首倡"产学研结合"的发展路径,从人才队伍与学科建设入手,先是通过与美国等国外技术大学合作,引进教师与先进教学理念;又积极利用当地资源,选聘宁波本地高级技术人才担任兼职教授,提升应用技术教学水平,带动学院师资水平的整体提升。目前,宁波职业技术学院主体专业涵盖了机电、模具、计算机、电子信息、生化、物流等与当地产业密切相关的专业。现有全日制高职在校生 9000 余名,非全日制学生和各类培训人员 16000 人。历届毕业生的就业率达 99%,企业评价满意率达 90% 以上。

结　语

在一次与记者和青年的对话中,贺贤土院士曾经特别提到并强调了奉献精神对个人的意义和对推动当代社会前进的重要价值。他说:"社会是集体的社会,集体是由个人组成的,所以社会的发展离不开个人的努力,离不开每个人的奉献精神。所以我认为人的价值,而且是非常重要的价值,就是奉献精神。"事实上,他的跨越了核武器研究与高校教育的半生经历,他的为了事业与理想不计个人得失的忘我付出,尤其是他在面对未知与困厄时展现出的不放弃、不撤步且一往无前的勇气,恰好是对"奉献精神"最好的诠释。

参考文献

[1] 徐群飞. 贺贤土传. 宁波:宁波出版社,2005.

[2] 贺贤土. 他把全部精力献给了祖国和物理学. 物理,2005-06-13.

[3] 王传珂. 王世绩:躬耕激光聚变,筚路蓝缕拓荒人.军工文化,2013-09.

丹心一片追"点火"[*]

——记中国科学院贺贤土院士

国防科技事业需要一代代人的接力,需要一代又一代人的持续奋斗,核武器研究、ICF研究,都是如此。尤其是ICF研究,如今取得的成果,不过是一个序幕,高潮在后头!

——贺贤土

"从1963年工作到现在已有50多年,一半时间用于做核武器研究,一半时间用于做激光惯性约束聚变(ICF)研究,也一直坚持基础研究,要让科学工程研究建立在科学规律认识基础上。"

2014年8月,贺贤土院士接受采访,回忆起他半个多世纪的科研生涯,从第一颗原子弹过早"点火"概率研究、第一颗氢弹热测试理论研究,第一次地下核试验理论研究,到突破中子弹原理、领导建立我国独立自主的ICF研究体系,同时坚持不懈地进行基础研究,他的科学人生丰富而壮丽。

一、"两弹"研制立功劳

1962年11月,浙江大学毕业后留校任教的贺贤土突然接到国家调令。从明媚秀丽的西子湖畔来到黄土漫天的北京郊区,经历了长达几个月的严格政审后,他进入二机部北京第九研究所。令他惊喜的是,接待他、和他做保密谈话的是著名科学家周光召。这让年轻的贺贤土感到莫大的荣幸与鼓舞。

那时,我国第一颗原子弹理论研制工作正在紧张进行。研究所里聚集了一大批著名科学家,如彭桓武、邓稼先、周光召等。1965年1月,于敏也加入了。整个研究所洋溢着学术民主、大力协同、攻坚克难的热烈气氛。

贺贤土特别珍惜向大科学家们学习的机会。给他印象最深的是科学家们在分析学术问题时能很快抓住要害的本领。他不断体会和学习科学家们的思维方式,逐渐形成了一套自己的思维方法,这对他以后的研究工作和学术成长起到了非常重要的作用。

---

* 作者:孙勤(主编)。节选自《核铸强国梦》,中国原子能出版社,2015年。

他经常去请教彭桓武先生。彭先生指点他：1 与 3 相比，3 就是无穷大。贺贤土如醍醐灌顶，顿时豁然开朗。彭先生的数学运算技巧也很巧妙。一次，彭先生向贺贤土提起自己在英国留学时学过的一本数学书 *A Course of Modern Analysis*，建议贺贤土也找来学习。当时，他买不起原版书，便去旧书店淘来一本认真研读，并做了书中的大量习题。

贺贤土入所后接到的第一项任务是研究原子弹爆炸后中子在大气中的深穿透问题。大半年后，他圆满完成了任务。当时正值我国第一颗原子弹爆炸前夕，领导们觉得他表现不错，就给他加压：研究和计算原子弹的过早点火概率。

过早点火概率是原子弹研究、设计中的一个重要问题，以前有好几位专家在不同物理模型下进行过计算，但结果均不太理想。一开始，有老同志辅助贺贤土，后来很快便由他独自承担。他虽初出茅庐，但勇于另辟蹊径，在总结前人工作的基础上深入研究。经过近一年的时间，就比较透彻地理解和分析了相关物理问题，给出了物理方案，并与数学专业的同志合作编写出计算机程序。此程序算出了比较精确的过早点火概率，不但在我国第一颗原子弹爆炸过程中得到应用，也在此后的核武器设计与试验中一直被应用。

后来，贺贤土又计算出含钚裂变材料核装置的过早点火概率。根据过早点火概率的限制，他还完成了材料杂质的控制等方面的研究。

原子弹爆炸成功了，氢弹理论也很快得到突破。贺贤土成为我国第一颗氢弹热测试理论研究组的主要骨干之一，为核爆炸时的物理测量提供方案和量程，研究氢弹爆炸过程的物理规律及理论设计的可靠性。

他运用从彭桓武等大家那里学到的抓主要矛盾的方法，建立了多个物理模型，研究氢弹原理试验和大当量氢弹爆炸过程中子、伽马射线的产生及其在弹体穿透中能量慢化和被吸收的物理规律，并与数学专业的同志一起进行了计算机数值模拟。

贺贤土十分重视理论与试验的结合，多次亲往核试验基地，与同行讨论问题，因此积累了有关氢弹特性的大量数据，为深入研究提供了重要基础。他举一反三，深入探讨物理规律，多次解决了试验中的实际问题，深受实验人员欢迎。

1967 年初，国家决定进行地下核试验，他所在的研究所成立了第一次地下核试验理论研究小组，日渐成熟的贺贤土被任命为组长。

小组的研究任务包括两项全新的课题，一是负责理论设计地下核试验原子弹型的核装置；二是以实验测量解决氢弹作用过程中的若干重要物理问题。

贺贤土多次实地了解试验场情况，经过两年多的总体数值模拟研究，他领导研究小组完成了试验核装置的材料、构型和尺寸的理论设计模型，顺利提交了工程设计和制造。

同时，他又组织组内其他人员进行氢弹作用过程物理因素的分解研究和计算，向负责试验的同志提供热试验测试理论方案。他自己也负责了一项重要子课题研究。他和组内人员不断往返北京与上海，利用嘉定的大型电子计算机进行数值模拟计算，同时又经常前往青海和新疆，与参试人员讨论试验方案。

1969 年 9 月 23 日，中国首次地下核试验爆炸获得成功。贺贤土研究小组的设计圆满地完成了"不冒顶""不放枪""不泄漏"的"三不"任务。基地总结结束后,贺贤土又领导了第一次地下试验的物理实验和测试数据总结,为此后的多次地下核试验提供了准确的参数。针对第一次地下核试验数据受干扰影响严重的问题,他们做了清楚地分析,提出了预防与屏蔽的方案。到第三次地下核试验时,干扰问题就完全得到了解决。

一次次成功,一项项成绩,一点一滴地积累起贺贤土对核武器理论研究乃至领导多学科综合性大科学工程的经验与感悟。他迎来了自己40岁的黄金研究岁月,一项重大的历史性突破即将实现。

"对我来说,20世纪70年代是一生中创造力最丰富、克服困难最多、也是工作最有意义的时期。经验有了,研究方法和思维方法也成熟了,我和全组同志团结合作,发挥集体智慧,探索掌握科学规律,不断突破科研瓶颈,实现我们的科研梦想。"

20世纪70年代中后期,贺贤土再一次被任命为组长,率领十几人的研究团队,对中子弹原理发起进攻。

在探索原理过程中曾有过争论,有一种意见认为中子弹设计应该立足于传统认识和经验,坚持要贺贤土集中力量回归传统认识。而贺贤土研究小组通过大量分析研究认定,他们正在探索的新路子是完全靠得住的,因此坚定了信心。

1984年底,中子弹试验进一步验证了其新的点火和自持燃烧理论是完全正确的。至此,中子弹原理宣告获得完全突破。历史再次证明,中国人依靠自己的聪明才智,完全能够自力更生、自主创新研制先进核武器,打破核大国的垄断。

中子弹原理突破以后,贺贤土觉到自己应该接受新的挑战,开辟新的研究领域。1986年,已调任中科院副院长的周光召推荐贺贤土到美国做访问学者。1986年6月到1988年底,贺贤土在马里兰大学吴京生教授的研究组从事空间等离子体物理研究;后又应马里兰大学物理系主任刘全生教授邀请,到他那里进行激光等离子体研究。

在美期间,他深深感受到美国科技的领先地位,不止一次地暗下决心,要学习发达国家先进的科学技术和科研管理,让祖国强大起来。他后来多次感慨:"中国人并不比外国人笨,我们的暂时落后是历史原因造成的,我们这一代人应该为改变这种现状身体力行,尽绵薄之力。"

二、激光聚变显声名

从美国归来后,贺贤土受命组织领导我国惯性约束聚变研究。

惯性约束聚变(ICF)是实现受控核聚变的一种重要途径,核聚变燃料可以广泛从自然界获得,不会产生放射性污染,是目前已知的产生能量过程最干净、高效的一种能源利用方式。ICF研究的终极目标是解决人类发展的能源问题,目前可用于核武器实验室模拟研究和高能量密度物理等基础研究。

我国最早提出 ICF 研究的是王淦昌先生,他在 1964 年独立地提出了激光聚变思想并为具体方案提出建议。但是由于种种原因,经过了二十多年,我国的 ICF 研究基础依然十分薄弱。

贺贤土接手时最大的困难是没有足够的经费,同时缺乏一个长远的发展规划。他只好建议王淦昌先生上书中央,把 ICF 研究纳入国家 863 计划。1988 年 11 月,王淦昌、王大珩、于敏三位院士联名致信邓小平等中央领导。很快,时任总理的李鹏约见了王淦昌、王大珩、于敏、邓锡铭、贺贤土 5 位科学家,听取了专门汇报,同意将 ICF 研究纳入 863 计划。根据李鹏总理的指示,成立了一个 ICF 总体规划和立项论证专家组,贺贤土任组长,并由他执笔起草完成了我国 ICF 总体发展战略报告。

1993 年 3 月,863 计划直属的 ICF 主题专家组正式成立,全国有 1000 多名科研人员参加了这一工作。贺贤土任秘书长,他协助首席科学家规划了 ICF 主题研究多个方面的主要工作内容。

从 1996 年开始,贺贤土全面负责 ICF 主题工作,1997 年被任命为 ICF 主题第二任首席科学家。

在"九五"计划前后约 10 年的时间里,贺贤土领导大家一起努力,打破了西方对我国的封锁,在 ICF 物理理论和模拟、物理实验、精密诊断技术、制靶、高功率激光器(包括元器件技术)等 5 个方面,突破了大量关键科学与技术难点,取得了阶段性的重大成果,培养了一支人才队伍,在原来十分薄弱的基础上建立了我国独立自主的 ICF 研究体系,为进一步发展我国 ICF 事业奠定了基础。

除了组织领导 ICF 事业发展外,他还积极从事 ICF 物理的探索研究。

1993 年,贺贤土建议了一个新的 ICF 点火模型,在国际上首次提出了从局部热动平衡(LTE)热核点火和燃烧发展到非 LTE 点火和燃烧的惯性约束聚变模型,该模型被国际著名专家评论为重要的发现。

在快点火物理研究中,他提出了用圆偏振激光代替常用的线偏振激光来加热产生点火热斑的建议。他与合作者数值模拟研究了相对论电子束在高密度物质中的传输过程,观察到了很多重要特性,对快点火加热具有重要科学意义。

近年来,在总结美国 ICF 试验和经验的基础上他又提出通过做功点燃热斑的非等压点火模型来控制流体力学不稳定性,模拟结果表明了该模型的效果理想,受到了国际同行的重视。

个人的突出成就,使得贺贤土在国际 ICF 和等离子体学界享有很高声誉,受到国际同行的尊敬。他在 ICF 国际会议上多次接受大会邀请报告,在国际上积极宣传我国 ICF 事业的进展。在他的组织领导和大力推动下,我国 ICF 研究在国际上占有了一席之地。

因为年龄的关系,贺贤土从 2001 年底开始不再担任 ICF 主题首席科学家,他进入新的领域专家委员会,成为 ICF 领导小组组长,他有更多时间思考我国 ICF 发展战略。在研究总结了美国发展 ICF 的经验与教训后,根据我国国情,他提出了很多发展我国 ICF 事业的新思想和新建议,为我国实现 ICF 点火的战略发展提供了重要思路。

"中国的 ICF 要早日实现点火成功!"

执着追寻"点火"的梦想,贺贤土坚持中国的 ICF 研究要走自己的道路。他的这一认识源于"两弹"突破时期形成的解放思想、科学分析、结合国情、准确判断、坚持国家利益、立足自主创新的根本经验,这是一代核武器人的深刻体验。

三、国家任务第一位

围绕国家任务这个不变的主题,贺贤土一直呼吁要从中提炼科学问题、加强基础研究,使大科学工程研究建立在深刻的科学认知基础上;同时,通过基础研究,不断提高个人学术水平、拓宽研究领域,这也必然有利于国家任务研究。

在核武器发展的不同阶段,根据需要,他曾多次转变研究内容甚至研究方向。在完成各项工作任务之余,他身体力行,注意提炼基础问题以寻求深刻的规律性认识。

除了核武器理论研究和 ICF 物理研究,他在高能量密度物理、非平衡统计物理和非线性科学等方面的研究也是硕果累累,取得了多项有国际影响的成果:

——获得了电磁波在等离子体中传播时激发的自生磁场与电磁波的关系式,解决了国际上这一问题的多年争论,建立了相对论和非相对论自生磁场研究体系,开拓了大量后续研究;

——首次导得了立方和 5 次方薛定谔方程,并获得了这一方程的孤立波解;

——在斑图(Pattern)动力学研究中,被国际同行评论为首次发现了近可积连续介质哈密顿系统的时空混沌;

——提出用圆偏振激光等离子体作用产生的自生磁场实现相对论电子磁共振加速理论,被国际著名专家评论为重要的发现;

——提出和指导学生完成的离子 TeV 能量加速理论模型,被国际同行评论为一种重要的新型离子超高能加速机制;

——在高能量密度下温稠密物质特性研究中获得了多项重要成果;

……

从改革开放到现在,他本人,或指导学生,或与他人合作,在《自然·物理》《物理评论通讯》《光学通讯》《等离子体物理》等杂志上公开发表了 200 多篇科学论文,完成了几十次国际会议邀请报告。但是很少有人知道,他在 20 世纪 70 年代和 80 年代初的许多研究成果都早于国外,他写的许多基础研究论文也由于其单位的保密性质,均未公开发表,未被国际同行及时了解和引用。

人们为他丰硕的科研成果所折服,钦佩他始终保持着旺盛的科研热情。他倒是深有感触地说过:"我不太赞同兴趣驱动这个笼统提法,依我看来,应当是研究驱动兴趣。在研究工作中,积极思考,解决问题后,阐发和挖掘出更多更深层次的问题,进而引发了更多解决问题的渴望。兴趣从哪里来? 就是从研究工作中来。为了实现创新,在科研实践中要不断提出问题,多问为什么,绝不轻易放过值得思考的每一个问题。"

他以真挚的热情投入科研工作,同时,也热情地将自己对科研工作的经验与体会毫无保留地传授给年轻一代。20多年来,他培养了很多研究生,为我国的高科技事业输送了众多优秀人才,许多已在专业领域独树一帜。

"国防科技事业需要一代代人的接力,需要一代又一代人的持续奋斗,核武器研究、ICF研究都是如此。尤其是ICF研究,如今取得的成果,不过是一个序幕,高潮在后头!"

已77岁,依然神采奕奕、开朗自信的贺贤土,他的执着与激情,感染和带动着一大帮年轻人,在他的身上,深深镌刻着"两弹一星"精神的光辉烙印。

贺贤土院士：中国蘑菇红云升起背后的故事[*]

"当年，我们怀揣国家富强的梦想和满腔保卫祖国的热血，以创业的态度参加了我国核武器的研制工作。当然，核武器的研究工作是国家意志下的一个创业的行为。"当79岁的中国科学院院士贺贤土站在中国科技城创客大讲堂的讲台上，铿锵有力地诉说着老一辈的国家创客发展中国核武器的创业之路时，台下掌声阵阵。

8月29日晚，活动主办方在大赛期间举办了中国科技城创客大讲堂。活动特别邀请到了中国科学院院士、著名物理学家贺贤土教授来讲述"中国蘑菇红云升起背后的故事"。

1955年1月，党中央做出创建核工业、研制核武器的战略决策。为了推动我国核试验研究，在1960年和1962年，国内先后调集了两批精英人才进行核研究。几年间，大批归国精英与国内科技骨干怀着强烈的爱国热情，奔赴核工业建设和核武器研制的第一线，为我国原子弹、氢弹研究和发展做出了巨大贡献。

"1962年我从浙江大学物理系理论物理专业毕业后留校，11月我接到通知，去北京一个神秘的单位报到。就是这一通意外的电话，我迈进了核武器研究的门槛，开始了我为发展祖国核武器事业的创业道路。"贺院士是第二批被调集的骨干人才之一。

在北京报到后，贺院士便在邓稼先、周光召等物理学家的领导下开始科研生涯。那时，他们的目标就是瞄准1964年要爆炸的第一颗原子弹。"当年，我们那些老大学生，正像你们现在的情况一样，一门心思地想把自己学到的知识用在为核武器研究贡献力量上。现在回想也就是如今所说的创业。"

由于当时特定的政治环境和三年自然灾害的影响，国家经济困难、物资缺乏，在北京没有办公场地，贺院士这群刚毕业的大学生就在邓稼先的带领下与工人一起盖办公楼。后来大部队迁到青海，甚至"以草地、蓝天、帐篷为家"。"原子弹的研究还有苏联授课的一些知识，氢弹的研究完全是从无到有，我们只能自力更生。原理不懂，我们探索；条件不具备，我们创造。"

1964年10月16日，中国的第一颗原子弹爆炸成功。3年后，中国成功爆炸了第一颗氢弹。"1984年12月的中子弹试验，完全证明了我们团队提出的新的点火和自持燃烧理论是正确的，从而突破了中子弹原理。这表明了中国人依靠自己的聪明才智，完全有能力自力更生、自主创新研制成中子弹"。

---

* 作者：孟佩佩。原载于《中国青年报》，2016年9月7日。

　　谈到当下的创业行为，贺院士说："创业这个词现在非常普遍，我想创业的含义就是通过自己的努力从无到有、从弱到强的创建过程。你们现在的每一次创新、创业应该多次围绕中华民族的伟大复兴并迈出实现中国梦的步伐。就像我们当年一样，虽然是国家层面的创业，但每个人在创业过程中都可以找到自己的位置，发挥自己的才能。"

　　最后，贺院士结合自己的切身体会建议创业青年们，"创业过程不可能一帆风顺，有重大的困难可以回想一下'两弹精神'：热爱祖国、无私奉献、自力更生、艰苦奋斗、大力协同、勇于登攀。把力量和智慧通过自己的实践，在中国梦中找到自己的位置，实现自己的社会价值。"

"这是我们国防科技工作者特殊的幸福"

——写在贺贤土院士八十岁诞辰之际*

今年已经 80 岁高龄的贺贤土院士,依然神采奕奕,步履轻快。岁月染白了他的发根,但理想之光依然在他的眼眸中闪耀。谈起过去的峥嵘岁月,他热情洋溢,脸上始终带着开朗自信的笑容。

一、一个惊喜开启了贺贤土的科研生涯

1937 年 9 月,贺贤土出生于浙江省宁波市镇海县一个普通家庭。镇海文风很盛,家中长辈对子弟期望很高,即便是在抗日战争期间,因为邮路不通,在重庆与人合伙开书店的父亲无法接济家中,经济万分窘迫,祖父和母亲也要他读书上进。

贺贤土是那种"轻轻松松拿高分"的优等生,成绩一直很优秀。中学时,因为了解到王淦昌和周光召的事迹,他决定将来也要学习物理。1957 年,贺贤土从宁波中学考上了浙江大学物理系。在大学里,他最喜欢泡在图书馆,遇到难题就一追到底,不解决不罢休,这种治学作风后来贯穿了他整个职业生涯。

1962 年夏天,贺贤土大学毕业。他最初被分配留校当物理系助教,没想到 11 月份,突然接到通知去北京一个国防单位报到,具体是什么单位没有透露,只是告诉他这个地方非常重要。原本贺贤土不愿意离开故土和亲人,但国家需要必须服从,他便只身来到北京。

经过几个月的严格政审后,次年 3 月,贺贤土终于进入了二机部九所。或许是为了补偿他漫长而焦灼的等待,一个惊喜开启了贺贤土的科学生涯:接待他的正是小时候的偶像周光召!就这样,贺贤土幸运地与少年时期的偶像王淦昌、周光召成为同事,并在彭桓武、王淦昌、邓稼先、周光召、于敏等大科学家的指导下参与了一系列重要的项目。

---

* 作者:吴明静。写于 2017 年。

二、"能为祖国做贡献,我由衷地感到骄傲"

周光召告诉他,九所是做核武器理论研究的。

从那时开始,他先后参与了第一颗原子弹过早点火概率研究、第一颗氢弹热测试理论物理研究,担任第一次地下核试验理论研究小组组长。在 20 世纪 70 年代中后期,又领导中子弹科学原理突破小组,并在 1980 年实现了重要的科学原理突破,1984 年 12 月在新疆获得成功的热试验证实了他发现的科学原理的正确性。

此后的十几年中,关于我国中子弹试验成功的消息都属于国家机密,没有对外发布。直到 1999 年美国国会抛出"考克斯报告",污蔑中国偷窃美国的核技术,我国才正式对外公布早已成功掌握了中子弹技术。

回顾自己的科学生涯,贺贤土感慨地说:"前面 20 多年做武器研究,后面 30 年为 ICF(激光惯性约束聚变)花费了不少心血,人生岁月也算没有虚度。能为祖国做贡献,我由衷地感到骄傲。"

ICF 中文全称为"激光惯性约束聚变",其研究服务于国防、聚变能源、基础科学研究,是一个国家科技实力的重要标志。在突破中子弹理论后,贺贤土将研究转向 ICF 研究。从 20 世纪 80 年代末开始,贺贤土和众多科学家一起推动 ICF 研究进入 863 计划,促进我国 ICF 的科技能力和人才队伍得到大幅提升,研究水平进入一个新阶段。经过"九五"和"十五"期间的不懈努力、团结奋战,我国 ICF 从以前的基础薄弱发展为一个独立自主有实力的研究体系,在国际上也占有了一席之地。考虑到 ICF 事业长远发展,他将实验室点火演示的目标推进到国家中长期规划中,从而保证了我国 ICF 研究的可持续发展。

三、始终关注、支持、帮助年轻人成长

回首走过的科研道路,贺贤土对科学研究颇有些心得体会。在人生迈入 80 岁之际,他将这体会和感悟总结和梳理出来,和记者做了交流,希望能对年轻科研工作者有所帮助。

做科学研究最重要的是建立科学思维。

有一次,年轻的贺贤土去请教彭桓武先生问题时,彭先生告诉他,"3 与 1 相比,3 就是无穷大",这番话对他启发很大。武器物理是非常复杂的机理研究,里面充满着各种各样的矛盾,分析问题时要学会抓主要矛盾。主要矛盾是 3,次要矛盾是 1,只要抓住了主要矛盾,次要矛盾就可以放到一边,这样突破起来就快。

突破中子弹原理时,贺贤土也是运用了抓主要矛盾这个哲学思想。中子弹是十分复杂的自组织系统,大量因素错综复杂、相互作用和演化。贺贤土认识到它不同于氢弹的传统途径,

立足于创新,带领小组成员分解了从内爆过程到点火,再发展到自持燃烧过程的大量物理因素(子系统),研究了众多子系统之间的竞争和互相制约的关系,特别是能源与能耗竞争之间的消长关系,建立了多个物理模型并进行有关方程的近似求解,最后终于建立了实现热核点火和自持燃烧的物理和数学模型。

如何建立自己的科学思维? 贺贤土说,首先要主动学习,积极思考,发掘和学习别人的优点和长处,还不能只停留在听一听别人的经验和体会的浅层次上,一定要坚持学习,坚持思考和实践,努力找到自己思维方式与大科学家存在差距的原因,并不断提升。

要发挥集体智慧,团结广大科研人员共同完成大科学工程。

核武器事业是集体的事业,靠个人的力量是完成不了的。回顾自己的成长经历,贺贤土也在思考,为什么在两弹突破时期涌现出了一大批人才? 他认为,这和彭桓武、邓稼先这些卓越的科学家以及他们开创的两弹精神密切相关。两弹突破时没有"创新"这个词,可是处处都在创新,不仅是在科学技术和工程设计上创新,在制度设计和人才培养上也有创新。

回顾自己的成长历程,贺贤土动情地说:"我渴望过大科学家大专家的支持与帮助,也得到过珍贵的支持与帮助,所以,我担任副所长、首席科学家以后,也十分关注、支持、帮助年轻人成长。"

他呼吁,要为年轻人才去除制度和观念上的一些陈旧的东西,比如论资排辈等,要让真正的创造者和劳动者得到应有的尊重,让进入这个集体的年轻人才感受到共同目标的光辉牵引。

要加强基础科学研究,将大科学工程研究建立在对科学规律有深刻认识的基础上。

在一次与年轻人的座谈中,他深刻剖析道:为什么同样参加任务研究的人,最终做出的贡献有所不同? 关键就在于是否真正重视基础研究具体实践。基础研究的核心就是"创新"。在科学实践中不断向自己提出问题,绝不轻易放过有价值的和值得思考的每一个问题,去破解这些问题并知其所以然,这都是创新的驱动力。

贺贤土认为,围绕国家任务这个不变的主题,一定要善于从中提炼科学问题、加强基础研究,为大科学工程提供扎实和深厚的基础。同时,通过基础研究不断提高个人学术水平、拓宽研究领域,这也必然有利于所从事的国家任务研究。多年来,他发表科学论文280余篇,完成了大量有国际影响的研究。

要爱国,只有提炼和树立为国家服务的精神和志向,科学研究的努力才能得到最大的支撑。

20世纪80年代,贺贤土曾去美国进修。在国外的经历被他形容是"酸甜苦辣咸,五味俱全"。他曾经对ICF研究的年轻人说过:要改变西方对我们的看法、突破他们对我们的种种封锁,很难,需要经过一代人甚至几代人的努力。现在我们的ICF研究很受关注,我们的对外交流也非常踊跃。成绩是苦干出来的,我们这一代人为改变这种现状身体力行、尽了绵薄之力。现在,旗帜交到了年轻一代手中,我相信你们的智慧和力量。

回顾自己的科研生活,贺贤土充实而满足,他说,"我和我的同事们从一开始就知道,工作做得再好再出色,也不可能获得诺贝尔奖,但我愿意为我从事的科学事业、为这个事业中的年轻人的成长尽我最大的力量,希望我们一代代的努力和付出,能让科学梦、强国梦成为更加璀璨的现实。这是我们国防科技工作者特殊的幸福。"

第二篇　科学精神和科学情怀

分解研究： 化复杂为简单[*]

一、思维特色形成背景

我从小喜欢读书,小学高年级时把家里藏有的一些古书及现代小说等囫囵吞枣地读,对文学十分有兴趣。1949 年宁波解放,我刚好小学毕业。解放舟山群岛前夕,我的老家——宁波市北仑区(原属镇海县)是人民解放军集结地和入海口,遭到国民党飞机轰炸,我们只好到山区的亲戚家避难,停学一年多。在避难过程中我寻找机会又读了很多古诗。

1951 年,舟山解放,我考入浙江镇海辛成中学(现为省重点镇海中学)读初中;1954 年考入浙江省重点中学宁波一中(现为宁波中学)读高中。当时这两所中学的校长都是当地有名的民主人士,办学很有经验,吸引了很多优秀教师来校,教育质量很高。在这样的环境的熏陶下,我对学习很有兴趣,无论是在初中还是在高中读书时,语文和数理化成绩一直在全校学生中名列前茅,还担任了学生会干部。由于文理都很喜欢,以至于到了高二时还拿不定主意,毕业后学文还是学理。1956 年初,党中央号召"向科学进军"。为响应中央号召,宁波市共青团市委组织学生会干部寒假学习班,请了一些物理老师介绍半导体、原子能等方面的物理学进展。我被这些新鲜的物理概念吸引住了,决定报考物理专业,由此我的人生道路发生了很大转折。

中学时我感到学习较轻松,就自学大学物理,啃起了苏联物理学家福里斯写的《普通物理教程》。1957 年,我成为浙江大学自 1952 年院系调整后新成立的物理系的第一批新生,就读于理论物理专业。老浙大物理系云集了王淦昌等著名教授,院系调整后虽然他们大部分都离开了物理系,但当时仍有王谟显教授等留下来。他们教学水平很高,对学生要求很严,使我受到了很好的训练。在大学学习期间,我的学习成绩虽不是班上最好的,但养成了一种探索思考的习惯,对问题总要问个为什么,不惜花很多时间去看课外书、跑图书馆,这为我以后在科研中总是执着探索打下一个基础。

1962 年大学毕业后,学校原准备要我留校当理论物理助教,但到了 11 月份系主任突然通知我去北京一个陌生的单位报到,我只好带着改变专业的心理准备,服从分配,来到"神秘"的

* 作者:贺贤土。节选自《中国科学院院士卷·卷三》,安徽教育出版社,2001 年。

单位——北京九所,从此与国防科研结下了不解之缘。到了单位后,我万万也没想到竟在彭桓武先生、周光召先生、于敏先生(1965 年来所)等著名物理学家的领导和指导下工作。我从他们那里不仅学到了很多知识,而且更重要的是学习了他们分析问题和思考问题的方法以及严谨的科研作风,这让我受益匪浅。改革开放之后,组织上几次安排我出国进修。我十分感激周光召先生几次为我努力,使我在 1986—1987 年到美国马里兰大学访问。在国外不到两年时间的工作,使我的视野大大扩展。那里的工作条件是国内无法相比的。访问期满后,虽然对方还想留我,但是我严格按所里的要求,准时回国。经过实践比较,一个深刻的体会是,我应当为自己祖国的科学事业服务。我多次与一些年轻的同志讲过这一感受,中国人并不比外国人笨,我们暂时落后是历史原因造成的,我们这一代人应为改变这种现状身体力行,尽自己的微薄之力。

二、思维亮点

1. 抓主要矛盾,分析现象、探索本质

毛泽东同志在他的《矛盾论》中有这么一段话:"在复杂的事物的发展过程中,有许多的矛盾存在,其中必有一种是主要矛盾,由于它的存在和发展,规定或影响着其他矛盾的存在和发展。"另有一句:"捉住了这个主要矛盾,一切问题就迎刃而解了。"这不仅在社会分析中适用,而且对科学研究来说也是十分重要的方法论。在科学研究中我们总是与一些复杂的事物打交道,它的运动规律一般取决于驱动源与耗散之间的消长关系,或这个量与那个量之间竞争的矛盾关系。大量因素中总有一种或几种因素在事物运动中起支配作用,因此,分析运动过程矛盾的特性,抓住事物运动的主要矛盾,是分析现象、探索本质的重要方法。

一些著名科学家在研究工作中都能很好地运用抓主要矛盾的方法,即使是很复杂的研究对象,他们也能很快抓住最本质的东西。我到所里不久,由于工作的关系,经常接触到彭桓武先生,受到他的指导。我逐渐发现:一个描述复杂现象的微分方程,很难精确解出来,但是到了彭先生手里能很快得出结果。他的办公室里有块黑板,黑板上写着密密麻麻的数据。有一次我与他讨论,他一边比较方程各个项中量的大小,一边说:"3 与 1 相比,3 就是无穷大。"他快速估计出方程中各项量的大小,把起主要作用的项保留下来,把那些小量的项忽略掉,形象地说,即便主项是 3、小项是 1,在抓主要物理因素时,后者相对前者也应当去掉。经他这么一处理,方程常常变得容易求解,甚至变成一个特殊函数的方程,结果自然就出来了。虽然他计算出的量有时与精确结果有些差异,但得出的基本物理规律是正确的。彭先生的做法实际上是体现了抓主要矛盾的方法。抓住了基本物理规律,就可正确分析问题,建立起理论模型,从而可在实验中进一步证明。

我曾多次在周光召先生的领导和指导下工作,1967 年后又多次在于敏先生的领导和指导

下工作。我向他们汇报或者与他们讨论工作时，总感到他们能一下子把要害问题给点出来，理解很深刻，概括能力很强。在这样的环境中，我一开始很佩服他们，后来就在他们分析问题时也把自己的分析拿出来比较，不断想他们为什么是这样分析的，琢磨他们思考问题的方法，努力学习他们。当然，学人家的思维方式比学书本知识要难得多，不能也不可能照搬，前者是活的，而后者是死的，我感到只有在抓主要矛盾的前提下从实践中不断体会，形成自己的一套思维方法，才能在工作中运用自如。我虽没有他们那样高水平的分析能力，但由于常做有心人，不断实践，也有很多心得体会。这些无论是对我后来从事核武器物理研究，还是对我从事基础研究、应用基础研究或者高技术的研究，都是有很大帮助的。在实际工作中，我也感到有些同志虽然思想很活跃，一下子可以想出很多点子来，但是他们不能做出出色的成绩。除了物理基础外，这恐怕与不善于抓主要矛盾有关。事实上，如果敢于否定自己，经分析后去掉一部分想法，哪怕只把其中一两个能站得住脚的问题深入下去，就一定会获得成功。

2. 运用分解研究方法，探索复杂系统运动规律

在科学研究中，我们遇到的对象通常是一个很复杂的系统，包含着多种相互作用的因素，并且系统的发展过程表现出不同阶段的不同特性。核武器作用系统及非线性科学中很多问题就是一些典型的例子。在研究这样的问题时，我的体会是要善于运用分解研究的方法，也就是把整个系统和发展过程尽可能分成若干相对独立、相对简单的子系统（包含单个或几个因素）和不同的发展阶段，然后逐个研究这些子系统运动在不同阶段的物理规律。当研究一个选定的子系统时，都尽可能合理地把其余与之相互作用的子系统的特性当作参数来处理。例如在高温高密度等离子体中，电子与光子、电子与离子、波与带电粒子、流体运动与热传导、原子激发与电离都可看作是各个子系统。在研究电子与光子相互作用时，不妨把背景系统的等离子体密度、离子温度等当作已知量给定。子系统因素少、相对简单而变得容易下手。掌握了各子系统的基本规律和起主导作用的因素，最后再研究各子系统间的制约关系，常常可以掌握复杂系统的基本运动规律。

20 世纪 70 年代末，我领导了一个研究小组探索一个重大任务的作用原理，我们把作用过程分成很多子系统（或重要因素）和不同发展阶段，对各个分系统相对独立地建立了理论模型并进行数值计算，一个一个仔细研究，把它们的关键物理了解得较清楚，终于发现了一种起关键作用的重要现象和规律，并且得到热试验证实。分解研究方法在这一任务的完成中起了关键作用。

在非线性科学基础研究方面，在研究近可积哈密顿系统的斑图（pattern）动力学与时空混沌时，我们运用分解研究方法，把发展过程分成了斑图形成和选择、斑图随时间的发展、时间混沌与斑图共存、时空混沌形成机制等子系统和阶段，提出了斑图动力学与时空混沌的内在关联，获得了具有普遍规律的重要看法。

3. 执着追求，勇于创新

前面已提到，科研工作中正确的思维方式和科研方法是十分重要的，但这并不意味着问题就可轻松地解决，还必须有坚持不懈、执着追求、不怕困难和勇于创新的精神。科研工作不可能是一帆风顺，有时甚至到了山穷水尽的地步，但只要坚信自己的研究方向，执着追求，灵活思考，克服困难，常常会柳暗花明又一村，达到风景秀丽的新彼岸，走向创新之路，那时喜悦的心情是旁人很难体会的。

人要有点精神。在近40年的科学生涯中，我自信有一股执着追求科学真谛并愿意付出代价的精神。长期以来，特别是年轻的时候，我的工作没有白天和晚上之分。20世纪80年代以前住房条件极差，三代同住一屋，办公室实际上就是我的家，除了吃饭和睡觉回家外，其余时间都在办公室度过。我的两个孩子上大学都不愿学物理专业，我问他们为什么，回答是"爸爸，像您这样，学物理太辛苦了"。他们不太理解我的追求。确实，我对他们也感到很内疚，可以说从来没有带他们出去玩过，都是他们的妈妈一人承担了任务。我说这些，不是要年轻人效仿我，更不是吹嘘自己，而是想说明，如果要探索自然的奥秘，想要有所发现，你就必须付出艰苦的劳动。

执着追求的精神还表现在，在任何困难面前，即便是在周围和外界很不利的时候，只要你确信你的研究方向是正确的，就得挺住，不要因人家的闲言碎语或反对而退却。我自己就有切身体会。在一次十分重要的任务中，有些同志不相信我们发现的现象，但我和全组同志通过较长时间研究后确信结论是可靠的，我们坚持了，最后成功了。

无论是基础研究、应用基础研究还是应用研究，其核心都是要创新。没有创新，世界就不会前进。执着追求就是为了有所发现，有所创新。为了实现创新，在科研实践中最起码的做法是要向自己不断提出问题，多问为什么，决不轻易放过自己认为有价值思考和探索的每一点，要渴望着去追求事物其所以然。这些都是获得创新的驱动力。我在核武器物理和惯性约束聚变研究中，以及在非线性等离子体物理、非线性科学的斑图动力学和时空混沌的探索中能做出一些成绩，深深感到执着追求、勇于创新精神的重要性。

4. 干一行，努力精一行

在长期研究工作中，我努力使自己实践这样一种认识：只要国家和事业需要，干一行，爱一行，努力精通一行。

在大学时，我是学理论物理专业的，对基本粒子物理有浓厚的兴趣，曾经梦想在基本粒子研究方面做出成绩。毕业后到了单位，却从事经典粒子输运研究。虽然都是搞物理理论研究，但内容差别很大，一开始不免仍惦记着量子场论。1964年搞运动，我在小组会上汇报思想时说：我学的是ψ（指量子系统波函数），现在搞的却是φ（指经典系统粒子通量）。为此还挨了一顿批。事实上，当时我已转过弯来了，意识到我的研究工作的重要性，在老同志和专家的帮助指导下对φ研究已十分投入，读了很多有关的专业书和别人的论文。我深入钻研后对当时研究的内容产生了浓厚兴趣,特别是后来,当这一研究成果解决了实际问题,并多次被引用时,心里的喜悦之情是旁人无法体会到的。几年后,由于工作需要,我又开始一项新问题的研究,我愉快地服从需要,深入新工作的探索。这样,在核武器的不同研究、发展阶段,我的研究工作根据需要多次改变研究内容甚至方向。在工作中我总是十分注意提炼出基础性课题进行研究,以获得对问题的深刻的规律性的认识。1988 年我到所里工作,从核武器物理研究转向所里高技术项目惯性约束聚变理论研究,之后参与组织领导国家 863 计划惯性约束聚变主题的工作,1997 年起又成为该主题的首席科学家,不得不把主要精力花在组织管理方面。同时,十多年来我又承担了国家自然科学基金、国家攀登计划和国家重大基础研究 973 计划项目中的基础研究工作。

在研究内容和方向不断改变的情况下,我总是要求自己干一行、爱一行,努力钻研,力求精通一行。每个人都有自己的价值观,我感到我应在祖国和事业的需要中体现自己的价值观。

有的人可能要问：这样不断地改变研究方向,会不会成为万金油呢？我的回答是,关键在于自己。多年来,我深深感觉到科学基础具有共通性。你一开始参加研究工作时,如果能在所从事的第一个研究课题实践中不断克服困难,把问题钻研深、钻研精,并且有所发现,这就有了很好的基础,那么当工作需要你转而研究不同方向的课题时,虽然你需要熟悉新的背景,但由于科学基础、科学研究方法和科学思维的共通性,基于先前课题研究中的积累,只要你继续努力,也一定会在新的研究中取得新的成功。事实上,由于事业的需要和兴趣的改变,很少有人一辈子从事一个研究方向,关键是要在前几个研究方向上努力奠定自己的研究基础,要有所精通。反过来,研究工作切忌不深入,如果前几个研究工作总是深入不下去,就会缺乏研究基础,就会形成"油"的习惯,久而久之便会拉大与别人的差距。

二、学科前瞻

1. 惯性约束聚变研究

惯性约束聚变(ICF)是国际上与磁约束聚变平行研究的课题,它是探索 21 世纪人类理想的可控热核聚变能源的途径之一,在能源、国防和基础科学研究方面都有十分重要的应用。

20 世纪 80 年代,美国利用地下核试验释放的辐射能驱动,证实了 ICF 点火和燃烧在科学上是可能的。然而,在实验室研究中,利用激光(或离子束)驱动实现 ICF 点火,仍需要证实科学上的可行性。然后,为了实现能源的目的,还得证明电厂(包括驱动器和反应堆)建造的技术可行性和商用发电的经济可行性。目前仍然处在实验室科学可行性研究阶段,主要是研究和掌握 ICF 各个主要环节的物理规律,包括能量吸收转换和输运、内爆动力学及流体力学不稳定性、热核点火和燃烧等主要过程的物理规律,同时涉及高温原子布居数动力学和状态方程等参数,最终在实验室演示点火。为了掌握物理规律,必须协调发展物理理论、物理实验、驱动器技术、诊断设备、制靶技术的研究,其中驱动器的研制和使用是关键条件之一。

美国在 20 世纪 80 年代研制成高功率大能量的钕玻璃固体激光器 NOVA,20 世纪 90 年代又完成了精密化,能量升级至了 1ns 脉冲 40kJ(三倍频,除特殊说明外,下同)。美国在精密 NOVA 上进行了大量物理实验,结合理论研究和数值模拟,基本上掌握了点火前的物理规律,并定标外推到点火物理;进一步又用新建成的能量约 45kJ、60 束的 OMEGA 激光器校验 NOVA 结果。在此基础上,美国正在开始建造约 1.8MJ 的固体激光器国家点火装置(NIF),目标是在 2010 年前实现实验室 ICF 点火。与此同时,法国与美国合作开始建造约 1.8MJ 的固体激光器,预计 2010 年左右实现点火。日本人在 GEKKO –Ⅻ 固体激光器(能量不足 10kJ,1ns)上做了大量高水平的物理工作。俄罗斯人在碘气体激光器上也做了很多物理研究。此外,美国和日本正在发展半导体激光泵浦技术,进而研制高效率和能发射每秒几个高能量脉冲的固体激光器技术,为下一步的能源计划奠定基础。

我国自 1964 年王淦昌先生提出激光聚变的早期概念后,开始了研究工作,差不多与国际上同步,但由于历史原因,后来的研究工作比美国落后很多年。20 世纪 80 年代我国建成了钕玻璃固体激光器神光Ⅰ(基频,2×800J,1ns),在激光等离子体物理基础、内爆出中子等研究方面取得了很有意义的结果。近年来在星光Ⅱ(约 100J,1ns)上也取得了不少研究成果。1993 年 863 计划成立了惯性约束聚变主题专家组,制定了 ICF 国家目标,在物理目标牵引下,组织全国有优势的单位和专家进行驱动器、理论、实验、诊断设备、制靶五个方面的研究和协调发展,培养了一支科技队伍,并在 ICF 靶物理、高性能元器件和关键单元技术、固体和 KrF 气体激光器、精密诊断、精密靶制备等方面都取得了重大进展。神光Ⅱ激光器(8 束,基频 8×800J,三倍频约 8×400J,1ns)开始运用;神光Ⅲ(60 束,60kJ,1ns)的两路原型将在 2003 年前建成。我国 ICF 研究已在国际上占有一席之地,我们的目标是在 2020 年前实现点火。

纵观国际上 ICF 的研究进展,展望 ICF 用于能源的前景是美好的,中国有能力在国际上做出自己应有的贡献。

2. 非线性科学研究

非线性科学主要研究自然界中相互作用客体(或系统)的基本运动规律,特别是它们的共性的科学。研究内容一般分为孤子、分形、混沌、斑图(pattern)形成、元胞自动机、复杂系统六个方面,涉及与物理学、力学、化学、生物学等众多学科有关的大量丰富多彩的现象,因此是一个交叉学科。20 世纪后期,这一学科的快速发展宣告了非线性时代的开始。孤子、斑图形成、复杂系统以及决定论系统可以出现混沌现象的发现,改变了旧有线性时代对自然界乃至对宇宙的认识。有人认为它是 20 世纪中可以与量子力学、相对论媲美的一门新兴科学。

这里只谈非线性科学中斑图动力学的研究。所谓斑图,事实上是一种空间广延系统中空间结构的统称,它携带了系统的重要信息,这种结构可以具有规则或不规则的、有序或无序的、稳定或不稳定的状态。

斑图形成主要是讨论不稳定发生和对称破缺如何导致在各种宏观尺度上稳定的、相干的

（或规则的、周期的）时空结构的形成，目的是了解远离平衡态的开放系统中时空有序如何产生，以及了解形成时空结构和对称性的选择（selection）与竞争机制。固体中的晶格、颗粒物质表面粒子的积聚、光学中的各种干涉花样、液晶制冷过程中产生的雪花状结构、蜂窝中的多面体格子、闪电中的树枝状闪光、Rayleigh-Benard 热对流系统和 Faraday 实验流体表面的卷流、正方形、六边形等等基本结构，都是规则斑图的例子。这种稳定、规则、有序的斑图是满足自由能（或者 Lyapunov 泛函）极小条件下受到外界约束后选择的产物，通常具有低维性，在高维下一般是准斑图。

另一方面，近年来斑图形成研究日益深入，已扩展成为斑图动力学研究，人们发现在大多数情况下，近可积和不可积系统中形成的斑图的运动常常是不稳定的或随机的，出现的空间结构是相干的，但斑图整体（质心）运动是混沌的共存态。另一种情况是，在外界影响或斑图相互作用下可以变成不规则的结构，即时空都是非相干的时空混沌态，也可能是时间混沌、空间部分非相干态等。这些研究已经把单纯常微分方程意义上的混沌发展为更深刻的偏微分方程意义上的与空间联系的时空混沌。

近几年来，斑图动力学与时空混沌研究的发展，大大增进了人们对自然现象了解的深度和广度，对诸如非平衡统计物理的发展、湍流产生的机制的了解等都会产生重要影响。

参加核武器研制的经历与体会*

今天主要讲在发展我国核武器中我个人的一些经历和体会。讲这么几个部分：首先，关于为什么要发展我国核武器，我想交代一下背景是什么；其次，我所经历过的有关核武器研制的情况；第三，从发展核武器过程的经验中，我想有一些方面可能对发展我国国民经济和科教兴国有所启发。我尽可能把发展两弹过程中的一些情况告诉大家，但是因为我个人接触到的东西有限，只能主要讲与自己接触有关的一些情况。下面讲到两弹，并不是通常说的核武器与导弹，这里指的是原子弹和氢弹，还有中子弹，也就是核武器。

一、为什么要发展我国的核武器

1949 年中华人民共和国成立以后，大家知道 1950 年就面临着朝鲜战争，美国杜鲁门总统曾扬言与中国发生敌对行动时要动用核武器。实际上美国一直在做具体准备，国防部一直在策划使用原子武器的可能性。当时美国的陆军、海军负责人艾森豪威尔（后来成为美国总统），以及美国国家安全政策报告，都提出准备要对中国使用核武器。在这种情况下，新中国要生存，没有别的选择，只能被迫发展自己的核武器，进行自卫。这样，中央政治局会议决定发展核武器，毛主席、刘少奇、周总理都出席了，这是有历史意义的，所以我想在这里给大家看一看这张图。就这样，1955 年 1 月，中央做出决定，创建核工业，研制核武器。1958 年二机部九局成立，九局最早叫北京九所（局所合一），后来叫二机部九院。现在大家在报纸上看到的中国工程物理研究院就是以前的九院，它的总部在绵阳，核武器理论研究设计所就在北京。为什么中国要发展核武器？背景大家清楚了，就是为了自卫，为了反对核讹诈，最终消灭核武器，并且声明不首先使用核武器。这是我国一再声明的，老一代的同志都很了解这个声明。

为了发展核武器事业，在中央号召下，当时全国很多部门与单位大力协同，特别从中国科学院、高等院校以及其他部门抽调了一批优秀的科学家、工程技术人员、干部和工人，同时分配去了一大批高校毕业的毕业生。在这种情况下，大家怀着对仇视我们的人——

* 节选自《科学与中国》院士专家巡讲团报告集第一辑，北京大学出版社，2005 年。文中发展核武器背景的部分内容及大部分图片由中国工程院院士胡思得和钱绍钧提供。

当时称美帝国主义的憎恨,也怀着对苏联"老大哥"背信弃义的气愤,参加了这一事业。后面我会讲到,苏联"老大哥"原来是帮我们的,后来就卡我们,撕毁了援助协定,使我们遭遇了一定的困难。

先说一下钱三强先生。钱老已经去世了,他是原来的二机部的副部长,曾任原子能所的所长。他在核武器研制早期的组织、领导中起了重要的作用。王淦昌先生是著名实验物理学家,一位非常杰出的科学家,当时是九院的副院长,1998 年去世。彭桓武先生,大家可能不太熟悉,他是著名理论物理学家,原九院的副院长,现在八十七岁了。郭永怀先生是著名力学家,原九院副院长,1968 年因为飞机失事去世了。朱光亚先生是著名核物理学家,大家可能都知道,原是九院副院长,现在是政协副主席,总装备部科技委主任。邓稼先先生是著名物理学家,早年是九院前身北京九所一个室的主任,后来先后为理论部主任、所长和九院院长,1986 年去世。程开甲先生是著名固体物理学家,早期是北京九所副所长,后来到新疆试验基地去做领导工作。陈能宽先生是著名金属物理学家,曾是九院的副院长。周光召先生是著名理论物理学家,早年是北京九所一室常务副主任(1964 年一室变为理论部,周光召先生任理论部常务副主任),后来是核武器理论研究与设计所所长,再后来是中科院院长,这次也来中山市参加科学院的"科学与中国"讨论会,现在是全国人大常委会副委员长。于敏先生是著名理论物理学家,当时是理论部副主任之一,后来也当过核武器理论研究设计所所长。这几位"两弹一星功勋奖章"获得者是核武器事业功勋卓著的科学家,他们也是我国直接从事核武器研制工作的代表,代表这里没有具体提到的很多著名科学家与专家,以及大批的年轻科技工作者、管理人员和工人等。

负责研制核武器的国家领导人,除了周恩来总理外,聂荣臻元帅是核武器事业的直接领导和指挥者,又是我们国家总的科技政策的制定者和决策者。这位是宋任穷同志,当时二机部部长。宋任穷同志以后的二机部部长是刘杰同志。我们最早的老院长是李觉同志,后来是二机部的副部长。

在党中央领导下,我们发扬了热爱祖国、无私奉献、自力更生、艰苦奋斗、大力协同、勇攀高峰的精神,把我们的青春献给祖国核武器事业。在较短的时间里,突破了原子弹、氢弹、中子弹,并且实现武器小型化(也就是机动化),走出了一条具有中国特色的国防高科技的自力更生、自主创新的道路。这里我想说一下,我们虽然已经声明,不首先使用核武器,但是如果你要用的话,当然我们也要用。这样就从一定意义上抑制了互相使用。

新中国成立五十多年来,之所以我们有一个比较安定的环境,当然有中央的英明领导,有各个方面的原因,而中国自力更生发展了核武器,也是重要的原因之一。如果一个国家没有国防,或者国防不强,就难以立足。美国一会儿要打伊拉克,一会儿又想打朝鲜,又打别的。如巴勒斯坦现在的情况,它没有国家,当然谈不上国防,所以他们现在很困难,很被动,以色列随时可以打它。所以一个国家发展国防是非常重要的,而发展核武器,是进行自卫、反对核讹诈重要的一个方面。

二、突破两弹

下面重点讲一下我们在发展核武器方面做的一些工作和一些体会（我是1962年底参加核武器研究工作的，下面谈到的1962年底以前的事都是一些老同志告诉我的）。

大家都知道在1958年前后，由于三年自然灾害的影响，又碰上与苏联关系开始变坏，苏联撕毁了很多协定，这些使我们国家当时各方面都遇到了较大困难，在这种情况下，我们国家要发展核武器，是比较艰苦的。如果没有自力更生的精神，没有艰苦奋斗的精神，这是很难想象的。

1. 艰苦创业

首先苏联撕毁协定，导致我们核武器研制的困难。大家知道，我国跟苏联早期还是比较友好的。大概在1956年左右，我们国家跟苏联签订了十来个协定，其中有一个很重要的协定，就是苏联答应援助我们研制核武器。后来由于一系列的原因，也由于美国知道了以后给苏联施压，要求苏联不要援助我们，所以苏联后来就撕毁了协定，造成了我们非常大的困难。在没有撕毁协定以前，苏联的确曾派专家来，这些专家曾给二机部部长等少数人讲过课，留下了一份简单的记录。当时苏联还答应送给我们原子弹的模型。后来情况变了，苏联单方面要撕毁协定，专家尽管来了，就不给我们讲什么东西，你去问他，他就是不吭声，甚至当他看书的时候，见我们进去，他马上就把书往抽屉里一放。后来我们才知道，他看的书，是已经翻译出来的鲍姆写的《爆炸物理》，那是一本很一般的书。在这种情况下，当时我们就称这些专家为"哑巴和尚"。大家很气愤，你原来答应给我们，现在又卡我们，就叫他"哑巴和尚"。在我们的研究所里有哑巴和尚，整个国家也有哑巴和尚，可能一二百人，在1961年的时候，他们全部都撤走了。核武器援助协定是在1959年6月被撕毁的，所以我们的第一颗原子弹的代号就叫596，是争气弹，就是因为1959年6月这个不能忘怀的日子。这是一个方面的困难。

另外的困难是1958年前后的三年严重困难，国家处于经济困难时期，各方面条件都非常差。最早核武器的研究所建立在北京，所址周围原来是坟墓地，非常荒凉。盖房子不像现在有大的起重机，盖得很快。那个时候条件很差，科研人员跟工人一起劳动，把房子盖起来。非常遗憾的是，前几年，因为最早盖的房子已经陈旧了，有一栋已经拆了，盖了新的楼，很有纪念意义的楼被拆了，非常可惜。当年盖房子的时候，刚好是大冬天。大家知道北京很冷，和水泥、挑砖、砌砖，手冻得很。当时邓稼先同志（他是最早调来所的科学家之一）也跟大家一起劳动，大家心里都憋着一股气：你美国压我们，你苏联"老大哥"又卡我们，我们中国人一定要长志气，争口气。大家正在参加盖房劳动时，宋任穷部长来看望大家。看到大家都憋着一肚子气，他就说，你们中有些同志是学空气动力学的，你们肚子里有气，就要把它变为动力，来鼓励大家。当时群情激昂，我们感到一定要把原子弹搞出来。

当时很多专家在他们的领域里面，已经非常出名，有些在国际上都出名。比如，周光召先生原来研究基本粒子非常出色,已经很有成就,于敏先生在早期的核物理研究中很有成就,还有王淦昌先生、彭桓武先生、郭永怀先生……他们为了国家需要,为了核武器事业需要,放弃了自己原先的专业,转而参加核武器的研究工作。

当时大量大学刚毕业的年轻人,也被分配到核武器研究所来了,因为保密,不能与外界很好联系,几乎与世隔绝。有些同志来了以后,组织上发现其女朋友有些海外关系,或者其家庭成分可能不好,如此只有两种选择:跟女朋友吹掉,或者调出去。很多同志都是跟女朋友吹掉了,牺牲了自己的个人利益,这的确是非常感动人的。大家当时只有一个想法,就是在美国和苏联这样压迫我们的情况下,一定要为祖国争口气,自力更生把原子弹搞出来。这种想法多年来一直激励着我们的行动。

1986年到1987年底,我在美国马里兰大学做访问学者,在美国的时候,给我印象很深的一点是,美国的年轻人对祖国非常热爱,这一点是非常重要的。美国的年轻人一提到祖国就有一种自豪感。美国之所以发展,我想很重要的是有这样一种向心力。我举一个例子,有时跟美国年轻人讨论时事时,你骂美国总统,他一点都不会觉得有什么不快,甚至还会跟着你一起骂;但是你如果说美国不好的话,他可能就跟着你争得面红耳赤。这种感情深深地感染了我,应该说,我们当年的确也有这种感情。对祖国的热爱使得我们咬着牙也一定要把原子弹搞出来,也正因为有这种心态,我们自力更生,不怕艰苦,克服了很多的困难。

1963年,大部队往青海搬,因为1964年要进行第一颗原子弹试验,需要到那边进行工程设计、材料生产、部件加工、冷试验(指用其他材料代替裂变材料的炸药爆轰实验)、组装等一系列过程,然后运往核试验场。核武器的研制是一个非常大的科学与技术系统工程,到青海基地才能全面铺开工作。大部队当时就生活在海拔3000米以上的青海高原上,现在当然已经撤离那里了,1969年搬到四川去了。从大城市到这么一个高寒地区去,大家生活上都有很多困难。很多同志家在北京的,只能只身到那边去。比如王淦昌先生那时已经56岁了,老人家也跟着一起只身到青海。到了青海以后,房子还来不及大批盖起来,不少同志就住干打垒(可能年轻同志不知道,就是土疙瘩堆起来的那种房子,很矮,见图1),也有一部分住帐篷,条件很艰苦,但大家丝毫没有怨言。我们经常从北京到那里出差,大家都知道那边高原缺氧,气压比较低,所以

图1

馒头是蒸不熟的,吃起来有点黏糊。另外开水不是非常烫,不到 100 摄氏度就开了。早晨洗脸很难受,用雪水洗,手指就过敏,我的手指红肿得很厉害,而且发痒。我们刚去,晚上睡觉因为缺氧,迷迷糊糊的根本就睡不着。就在这样的情况下,这一支几万人的队伍生活了大概十年,以后才到四川去的。我们有一些同事的孩子就是在青海出生、长大的,从小脸颊通红,因为紫外线强。在这样艰苦的情况下,大家怀着同一颗心,要把原子弹、氢弹搞出来。这就是我们当时的生活情况。

2. 突破原子弹

尽管早期苏联的专家曾给我们部长讲过课,但是,主要的东西他没有告诉我们。我们只能自力更生想办法,发动大家,群策群力。专家与年轻人一起讨论。比如彭桓武先生就把原子弹从炸药起爆、产生内爆、压缩里边裂变材料、产生高超临界、中子点火,到中子链式反应、瞬间释放巨大核裂变能量,分解成一个一个的物理过程,对每一个过程进行研究。他带领刚毕业进所不久的大学生一起研究,最后终于形成了原子弹的具体而详细的概念。我 1962 年底分配到所后,先听彭先生讲课,研究有关原子弹爆炸后中子、γ 射线在空气中的穿透计算,随后主要从事原子弹在外界影响下未达到高超临界时的过早点火概率和有关问题的研究和计算。

这里给大家讲一下历史。1961 年左右,原子弹设计陷入了一个比较大的困境。原子弹中炸药起爆以后,表示内爆特性的一个很重要的参数就是压力。内爆使原子弹中裂变材料受到高压缩,达到高超临界状态,这主要取决于内爆压力的大小,所以内爆压力是关键参数之一。有个很有名的九次计算的故事,可能你们已在书上读到过。九次计算当时是专家指导下年轻人算的,用"特征线"方法。当时我们的条件真是简陋,大家看一下图,左边是手摇计算机(见图 2);右边是一个电动计算机(见图 3),数字打上去以后,按下电钮,就由电动来算。就是用这样一个简陋的计算机算出爆炸后的压力,而不是电子计算机。但是一直到 1961 年上半年,每一次计算的结果,总是比苏联专家给我们的数据要低。当时迷信苏联"老大哥",我们总是不敢相信自己,所以一次一次地计算,连续计算了九次,花了近一年的时间。这样就遇到了很大困难:这个数据跟苏联人对不上,就不敢全面铺开原子弹的研制与设计。这里要提到周光召先生,他 1961 年已来所里,当时他仔细地检查了计算结果,感到数据没有算错。但怎么样证明这个数据是对的?为什么会跟苏联专家的数据矛盾?他就想到用最大功原理进行计算,解决了这一问题。最大功就是炸药起爆后,冲击波向内传播,在没有耗散的理想情况下,所做功就是最大功,所对应的压力就是最大压力,物理学上可以算出来。最大功的计算虽然并不复杂,但当时别人想不到,周光召先生却很快地抓住了问题的要害,这是十分高明之处。周光召先生的计算结果表明,最大功对应的最大压力比苏联专家给我们的数据要小,这说明苏联人的数据是错的。这一结果很重要,把大家的思想解放了,解脱了当时陷入的困境。大家开始相信我们自己的计算是对的,开始全面铺开进行原子弹理论设计。所以周光召先生为原子弹研制做出了重大贡献。理论设计完成后,在青海总部进行一系列工程技术研制,最后核装置组装后就运往新疆核试验场,核装置放在 100 米高的塔上,热试验表明了我国第一颗原子弹爆炸的成功。

图 2

图 3

爆炸后,原来 100 多米的塔,就扭曲并倒挂到地上(见图 4),还可看到蘑菇状云升得很高(见图 5 和图 6,分别为原子弹和氢弹爆炸后的蘑菇云)。

图 4

图 5

图 6

爆炸成功那一天,刚好周总理在人民大会堂开会,他当场就宣布中国有了原子弹,这是 1964 年 10 月 16 日。中国第一颗原子弹爆炸成功,这的确是非常振奋人心的。当时美国还不相信中国的原子弹水平是高的,最后他们通过空中取样,进行数据分析以后,发现中国的原子弹是内爆型的(内爆型的原子弹比"压拢型"的更先进),知道中国的确是掌握了这一先进技术。有了原子弹以后,我们的腰杆子就硬了,美国人就不敢小看我们。后来又有了氢弹、中子弹,我们的腰杆子更硬了。所以原子弹的突破是我们自力更生、自主创新的结果,并不是苏联给我们的。

有一件事使我们十分感动。爆炸成功以后,作为特大的新闻,报纸发了号外(指除报纸以外,另外发布特大新闻的特刊,红色印字)。号外出来了以后,马上全国都知道第一颗原子弹爆炸成功。那天中午我们去吃中饭,走出所门口时,突然发现在所门口的地上,有人用粉笔写了很多很多感谢我们的话。当时我们非常感动,我们的工作虽然十分保密,并且几乎与世隔绝,但我们并不是孤立的,除了党中央领导以外,全国人民都在支援我们。我想那个时候,如果你们在我们附近的话,说不定也会加入到这个行列,写那些感动人的话。我们这些同志,工作和生活虽然较艰苦,但是我们没有任何怨言,我们感觉到,这是我们应该做的,并且应该把这个工作做好,给全国人民争一口气。

3. 突破氢弹

事实上在研究原子弹的时候,已经开始研制氢弹了。原子弹突破以后,理论部就把绝大部分的力量都转移到氢弹的研制上面去了。如果说早期研制原子弹时,苏联还给了我们概念上的一些启发,那么在突破氢弹方面则没有任何东西可参考,而且美、苏对我们封锁得非常厉害,我们找不到任何跟氢弹核心知识直接有关的文章。我和几位同志曾经调研过较长一段时间,想了解美国在突破氢弹方面有些什么透露出来。当时主要调研《华盛顿邮报》《纽约时报》等外文报纸以及少部分杂志。那个时候大家不能随便看这种资本主义的报纸,你必须要开证明去借。我就拿着证明到北京图书馆、外交部和其他有关部委去,用小车拉来。拉来后只能是一个组的同志看,不能很多人看,因为怕中资本主义思想的毒。报纸上的广告,现在看来这是非常一般的广告,但是那个时候是不能看的。当时想从字里行间得到有关氢弹原理一些蛛丝马迹的启发,虽然外国报纸也有报道美国等的氢弹试验,但结果根本得不到我们所希望的信息。所以在这种情况下面,怎么办呢?还是凭借我们对祖国的热爱,发动大家,群策群力,献计献策。"文化大革命"是政治上的大鸣大放,而我们那个时候是科学上的大鸣大放。当时我们科研楼里每个会议室里都有黑板,每一个同志都可以到黑板上去画去讲各自认为氢弹是什么样的、原理是什么、具体计算的结果是什么,然后大家一起讨论。像彭桓武先生以及邓稼先、周光召、于敏、黄祖洽、周毓麟等先生,这些老师辈的专家,也跟我们这些年轻人一起讨论。大家有时候争得面红耳赤,谁对就服谁,科学上的讨论是完全民主和平等的。我们理论部是一个非常融洽的集体,大家称邓稼先主任为老邓,称周光召、于敏、黄祖洽、周毓麟、秦元勋、江泽培等副主任为老周、老于、老黄、老周、老秦、老江。当然彭桓武先生是我们父辈人物,他当时是九院的副院长,我们就叫他彭院长。从这里大家可以看出来,老同志跟年轻同志之间相处多么亲近,这是我们理论部的传家宝。别的同志对此感到很难理解,因为通常称领导都是什么主任、什么长,而我们这里却是叫"老"什么。1982 年以后,周光召先生已经在科学院工作了,我参加一个会碰见了周先生,我就称呼他老周(我们所一些老同志现在见到他仍然亲热地称他为老周)。正好我在大学时的一位老师在场听见了,就跟我说:你怎么那么没有规矩。在别人的心目当中,我们与领导这种关系有点难以想象。我们这个集体是如此融洽,大家心往一处想。正因为有这样的精神,所以我们才能克服各种各样的困难。

当时大家不仅白天沉浸在冥思苦想中,到了晚上,理论部大楼也都是灯火辉煌。很多同志晚上干到一点、两点,党委书记只好来撵大家回去睡觉。在这样广泛而深入的讨论中,大家提出了很多很有益的想法。彭桓武先生综合大家的多次讨论,归纳了三个探索氢弹方案,在邓稼先主任、周光召常务副主任等组织下,兵分三路:周光召、于敏、黄祖洽各负责一路进行攻关。彭先生后来在一个场合上说过,他当时结合了大家的智慧,准备做三次战斗,事不过三,总可突破氢弹。1965 年下半年,于敏先生领导一个小组去上海嘉定,通过对加强型原子弹的深入计算和系统物理分析,终于找到了氢弹热核材料点火和自持燃烧的关键,抓住了氢弹的"牛鼻子",然后进行氢弹原型理论设计,所以于敏先生为氢弹突破做出了重大贡献。当然,其他两路探索表明了"此路不通",这在科学上也是贡献,事实上其他两路研究成果对以后发展氢弹也是很有价值的。氢弹研制与原子弹研制一样,第一工序是先研究清楚作用过程和物理规律,在此基础上进行理论设计,接下去便是工程设计、材料生产和部件加工、装配、冷试验,然后再运到试验场进行核爆试验。为了测得热试验中的核爆炸数据,需要研究很多实验测量内容,我们核武器理论研究设计所专门成立了一个热测理论组,与实验同志合作。在试验场试验前,从事热测试理论的同志与实验的同志要选定实验测试项目,研究它的物理原理及测试方法,并通过计算提供实验测试零前的量程,以便在核爆时能测到中子、γ 光子、冲击波等物理量以及回收放射性物质等。通过对测到的数据的零后详细分析,了解氢弹在爆炸过程作用的物理规律,给出实验爆炸当量,再反馈给理论设计的同志,以便改进下一次设计。我当时是热测试理论组的主要业务骨干之一,就从事这样的热试验测试理论研究。

经过几次热试验和核装置的环境试验,核武器就变为定型的型号,再与导弹联结,即武器化。

1964 年 10 月 16 日突破原子弹后,1966 年 12 月我们又突破氢弹原理,1967 年 6 月爆炸了约 300 万吨 TNT 的大当量氢弹。从原子弹到氢弹原理突破只花两年零两个月的时间。

在突破氢弹的时候,有这么一个插曲。当时我们知道法国人也在研制氢弹,大家知道,法国人的原子弹比我们早突破,如果我们中国人能抢在法国人的前面,先试验成功氢弹,在国际上影响就大了,以前外国人看不起中国人,这就可给我们中国人长志气、争光。所以在这种情况下,我们大家更加努力和充满激情。最后,我们只花了两年零两个月的时间,赶在法国人氢弹之前突破了原理。为此,法国总统戴高乐非常恼火,训斥了他们研究氢弹的负责人,据说最后把这个负责人给撤了。所以说,我们先于法国人突破氢弹,是非常振奋人心的。像突破原子弹时一样,那天我们又看到了门外地上有人写了密密麻麻祝贺与感谢的话,又一次使我们非常感动。

4. 第一次地下核试验

1969 年以前,核试验都是塔爆或空中爆炸。无论是塔爆还是空中爆炸,放射性沉降污染都很大。例如,1966 年 12 月的氢弹原理试验,当量是十几万吨 TNT,在塔上爆炸之后,地面上卷起了巨大的蘑菇云。1967 年的大当量氢弹约 300 万吨 TNT,由于当量太大,只能是高空爆炸,但是蘑菇云仍然卷起地面大量的泥土。蘑菇云中放射性物质散到各处,沉降到地面,不仅影响环境,而且周边国家也有意见。地下核试验后放射性物质都埋在地下,地面环境不会受影响,但要挖井,工程大,核装置的当量也不能太大,氢弹必须减当量,所以技术上难度较大。美国当时已做了多次地下试验,有了经验。他们为了遏制中国,就要求有核国家签订禁止地面和空中核试验,压迫中国转入地下核试验。在这种情况下,我们就面临地下核试验的难关。

为了做地下试验,马兰核试验基地要解决大量的工程技术及测试等问题,九院则负责核装置的研制以及物理测试等大量研究项目。出于理论研究和设计需要,我们核武器理论研究设计所于 1966 年成立了一个理论研究小组,研究设计第一次地下试验的核装置和当时突破氢弹后需要分解研究的若干重要的物理过程,以便在地下试验中进行实验测量。我被任命为这个组的组长。我们设计的第一次地下核试验的核装置的当量约两万吨 TNT。第一次地下核试验是在平洞中进行的,也就是在山脚下平着打洞进去,挖一个很长的廊道(进人和运进仪器设备及核装置),最后是鱼钩型的爆室,核装置就在"鱼钩子"放"鱼饵"的那个地方。这样构型使得爆炸以后不至于把里面的高温高压物质很快冲到外面。当时的要求非常高,核装置设计必须满足"三不"。第一,不能冒顶,即爆炸后山顶不能掀掉。第二,不能放枪。平洞中有很长的一条廊道连接爆室,零前(爆炸前)有一段廊道已用水泥填好,没有封的一部分空廊道,零前已计算好由爆炸冲击波到后进行压实封住,叫自封,以防止里边高温高压物喷冲出来。如果封不住的话,高温高压物质就很可能变成枪弹一样射出来,危害就大了,所以不能"放枪"。第三,不能从山上裂缝中泄露出放射性物质。即使爆后山顶没有被掀掉,但可能泄露出来一定的放射性物质,那也是不允许的。"三不"要求理论设计当量不确定度很小,当量太大了就可能掀山顶,太小就可能放枪,要求第一次的地下核试验装置设计这么高精度,设计难度较大。当时确实心里没有底。但是经过努力,1969 年 9 月,我国成功地进行了第一次地下核试验,圆满完成了"三不"任务,表明我们核装置的设计是成功的。对于很多物理测试项目,由于当时对核爆后大剂量电磁辐射等干扰认识不足,没有获得理想数据,但在 1970—1971 年总结了第一次地下核试验经验后,到了第三次地下核试验时,我们完全控制住了干扰,获得近区测试的很多重要结果。在第一次地下核试验总结过程中,除了总结测试结果外,我们还深入到爆室区,也就是爆炸中心点,进行考察调查,事隔一年,洞内的温度在通风不良条件下仍然高达 50~60℃甚至更高,穿着防护服一会儿就汗流浃背,由于吸入了很多一氧化碳,出洞后头痛难忍,真正体会到核爆后的余威。

我想在这里再跟大家讲一下当时艰苦的情况。突破氢弹时候,"文化大革命"刚刚开始,社会上就开始乱了。周总理明确指示我们这个单位不能乱,红卫兵不能进入,但是影响还是很大。1966—1969 年之间,全国各地已经是非常乱了,红卫兵到处串连。第一次地下核试验以前,我已多次去新疆试验基地马兰出差,讨论有关地下核试验的一些测试项目。大约是 1967 年,一次我和实验部两位同志带着机密资料乘飞机到乌鲁木齐机场下。当时新疆红卫兵的红一师、红二师、红三师互相之间斗得非常厉害。我们从飞机上一下来,军区的车接我们,车内两边都坐着解放军,我们坐在中间,严密地把我们保卫起来,主要是保卫资料,往招待所开去。这一路上风险非常大,如果有一些红卫兵抢车,冲上来,就很危险。我们到了军区招待所后,乌鲁木齐市整天都是枪声,闹得提心吊胆,隔壁的师范学校里面已埋了三个刚被打死的人。这一次是王淦昌先生带领我们去试验基地的。在这种情况下,乘车从乌鲁木齐市进马兰基地是不可能了,因为有关卡,红一师、红二师、红三师都把守在那里。这些红卫兵背后都有一些部门在支持,例如,红二师与马兰基地在乌鲁木齐市的一个办事处有关系。有一个很可笑的故事。据说红二师的人曾到办事处去,要借一个小原子弹,说把红一师、红三师打败后,再还给他们。所以在当时的情况下,思想混乱得很,而且连科学的常识都没有。一个小原子弹,往口袋里面一放,就可以炸人家,这太无知了,但当时就是这样情况。看来当时我们已不可能乘车去马兰,王淦昌先生为了此事好几天睡不着觉。怎么办呢?当时除常规的民航飞行外,其他飞机不能随便起飞,因为出过事,有人驾机逃跑了,所以必须由中央军委的总参谋长签字才能起飞。没有办法,最后报中央,由中央批了一架飞机,直接从空中把我们运到马兰去。我之所以举这个例子,是想说明当时环境的确非常艰苦,甚至有生命危险。在这样的情况下,为了核试验,我们必须要冒这种风险。所以我们核武器发展到今天,是付出了千辛万苦和牺牲精神的。从某种意义上说,大家完全牺牲了自己的利益。当然,全国人民的支援,是对我们最大的支持。1969 年 9 月,我们突破了第一次地下核试验。你美国人压我们,我们也不怕。之后就逐步地转到地下核试验了。

5. 突破中子弹

突破了原子弹、氢弹以后,我们把地下核试验也做了。我们的核武器的主要类型中还缺了一个——中子弹。美国人在 1977 年公布有了中子弹。什么叫作中子弹?顾名思义,它是用中子来杀伤敌人的。大家知道,原子弹里面含有裂变物质;氢弹里面有氘化锂聚变材料,但是它也有很多裂变材料,有很大的放射性。爆炸以后,冲击波和蘑菇云会把裂变碎片和未裂变的放射性物质散布到很大的一块面积上,一个大当量氢弹可能影响周围百多平方公里。所以如果一个氢弹扔到一个大城市内,这个城市就毁掉了;即便不发生核爆炸,炸药爆炸也会使那些放射性裂变物质洒满这个城市,足以使人类没有办法在这里生活。中子弹跟它不一样,中子弹是尽量减少冲击波,也就是说,所用的裂变材料尽量减少,所以扳机当量小,而且中子弹总当量也不能大,一大的话,又变成大面积放射性裂变物质污染,又是放射性破坏了。原则上中子弹要把放射性控制在较小范围内,中子的破坏半径比放射性的破坏半径大,两者破坏面积比大概是 10:1。通常大家认为中子弹的破坏半径约 800 米,也就是 800 米以内强中子流(800 米处约 8000 拉特—中子剂量)作用到敌人后,尽管当时还死不了,但是可能会在短时间内失去知觉或完全瘫痪,这样攻方战士就可以无抵抗地进入敌人阵地。放射性破坏可能在300米半径以内,面积比大于7倍,因为面积是半径的平方关系。

中子弹原理的突破也标志着我们核武器技术水平的显著提高。中子弹是一种特殊的氢弹,不是通常的氢弹小型化,而是另外一种类型的核武器,它有自己的作用原理。如此一来,又碰到一个难关:怎么去突破中子弹原理?当然仍旧只能自力更生,依靠中国人自己的智慧。那个时候研究所内有一个室投入到中子弹的突破研究。当时有一种看法认为,可用通常氢弹的理论研究中子弹。我负责一个组十几人进行原理探索和一维设计,我们仔细分析和研究后认为中子弹有其特殊性,不能因循守旧,应按新的思维进行研究。

核武器的作用关键是要解决点火和自持燃烧两个问题。这必须研究清楚能源与能耗竞争问题,即外界做功或核能释放不断加热燃料和能量耗散系统冷却(包括系统对外做功和辐射流失)之间竞争或消长的关系。如果能量流失得太厉害,也就是"消"占优势,就不断冷却,点不起火来;如果刚好达到某一个层次,两者平衡,就达到点火点。如果"长"超过"消",热核燃烧就自持地进行,直到燃耗加深,"消"又超过了"长",最后系统释放大量核能后,发生崩溃。如果把这两个问题在不同状态下研究得很清楚,就能抓住中子弹的"牛鼻子"。中子弹像原子弹、氢弹一样是一个复杂系统,不过这一复杂系统有它自己的特殊性。研究这样复杂系统中"长"与"消"的特殊竞争关系,首先需要把影响中子弹系统的各种因素分解开来,并研究清楚它们的物理规律。其中总有几个因素起主要作用,需要抓住这几个主要矛盾,清楚了解作用规律,然后再搞清楚这些因素(或过程)的相互作用关系,进行总体集成,就能抓住中子弹的总体物理规律。我们分解研究了几十个到成百个因素,研究了各种过程互相竞争的关系,终于抓住了几个关键的过程,抓住了主要矛盾。

当时我们用于中子弹总体理论设计的计算机所计算的峰值速度约为每秒100万次。当时中共中央常委胡启立同志来看我们的时候,看到满屋子的纸带,感到很惊讶。他说你们的工作量实在是大。因为当时计算机还没有图形显示设备,没有办法把数据变为图形并很好地显示出来,数据都在纸带中。你不敢丢一张,万一核心数据在丢了的一张纸带里,就得不到重要的结果。所以,所有纸带都要保留起来,对其进行仔细分析。有些数据的曲线不得不用手画出来,所以工作量非常大。就是在这种情况下,大家群策群力,克服了很多困难,最终热试验证明了我们的研究结果,突破了中子原理。

下面请大家看一下,从原子弹、氢弹到中子弹研制所用的电子计算机。运算速度每秒一万次的104机,它由电子管组成,主要用于突破原子弹计算。后来是119机(见图7),再后来便是109丙机了(见图8)。J501机在上海(见图9),为突破氢弹立下了汗马功劳。在几年以后又用了运算速度每秒60万次的655机(见图10),突破中子弹时已用了运算速度每秒百万次的计算机。现在完全不一样了,一个好的PC机,主频可能是五六百兆,峰值运算速度约为每秒十亿次,现在我们用的高性能超级计算机峰值速度可以达到每秒几万亿次以上。当时我们就在运算速度每秒一万次、几十万次、百万次计算机上数值模拟,突破了原子弹、氢弹和中子弹。

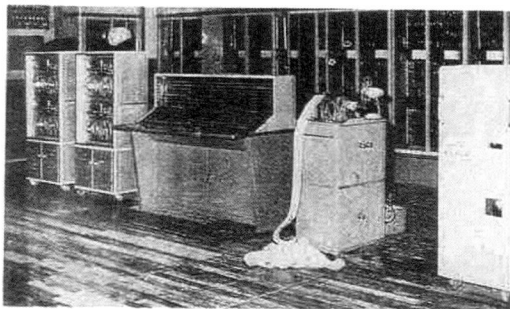

图 7

图 8

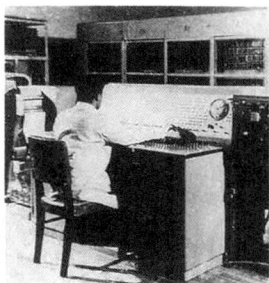

图 9

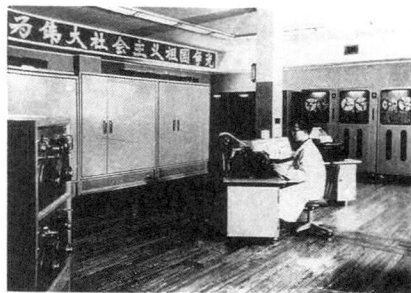

图 10

6. 小型化和实验室核爆模拟

在原子弹、氢弹、中子弹试验成功以后,接下来就是核武器小型化。早期我们研制的核武器个儿比较大、比较笨重,只能固定在地下井中发射,很容易被别人通过卫星发现,易被摧毁,所以要不断小型化,也就是机动化。机动化以后,跑来跑去,别人很难发现你,就可保存自己。1986 年的时候,邓稼先院长已经在病床上,他跟于敏、胡仁宇等几位先生向中央打了一个加快核武器试验的报告,建议我们国家抓紧核武器进一步小型化。那时美国已经有了上千次的试验,经验丰富,早已小型化、机动化。1992 年美国就停止了地下核试验。当时我们只有约四十来次的试验,美国就想给我们施压,想要我们禁止地下核试验。我们顶住压力,争取了时间,完成了小型化。1996 年,我们在核禁试条约上签了字。禁试以后,美国建立各种技术平台,在实验室条件下进行核武器物理分解研究,最终在高性能计算机上进行数值模拟研究,以确保核武器的库存可靠性、有效性和安全性。为了确保我国核武器可靠、有效和安全,我们国家现在也在实验室条件下积极进行核爆模拟研究。

通过大家的努力和全国各方面的支援,我国有了原子弹、氢弹和中子弹,然后又实现了核武器小型化。至此,核武器主要类型都有了,美国人对我们就不能像当年那样为所欲为。所以沙祖康大使到我们所里时说：有了核武器，我在和人家进行裁军谈判时，腰杆子就硬多了。当然，我们国家发展到今天，我想一是依靠经济的发展。比如广东发展很快，中山市做出了重要贡献，听说人均 GDP 已达到 3000 美元；上海、深圳、浙江、北京等地发展也很快；我国现在又在进行西部大开发，我想在若干年以后，西部肯定也是蓬勃发展，到 2020 年或稍后，我国 GDP 总数可能会超过日本的水平。经济的发展，核武器的成功研制以及常任理事国的当选，是我们国家今天可以挺起腰杆子说话，在国际上不被人家小看的三个重要原因。

有一些同志不理解，说你花这么多钱去发展核武器是否值得？我刚才已讲了，如果没有这个东西，你说话不算数，人家就欺负你。例如伊拉克挨打，我们也总是被人家威胁，威胁你要使用核武器。有了这个以后，就为今天我们经济发展提供了重要的国防支撑。我们只进行了四十几次的试验就获得成功，而美国进行了一千次以上的试验，我们仅仅花了人家 1%~2% 的钱，在物理设计水平上已与美国在同一档次上，应该说这是十分重要的。

三、对发展高科技的启示

我谈三点对发展高科技的启示。

第一点，核武器本身是国防高科技，它的发展也带动了国防和民用高科技的发展。例如，核武器研制的需要，发展了铀矿的开采和冶炼，并带动同位素分离技术，为后来核电发展及核的应用奠定了基础；核武器部件研制的需要，带动了一些特殊材料（除铀、钚以外）、高性能炸药以及有特殊性能要求的金属、非金属等多种材料发展；高性能电子学元器件设备和技术的需要，带动了 IT 业若干产业的发展以及性能的提高；精密加工的需要，带动了精密加工工艺的发展；核武器物理设计的需要，带动了大规模计算机模拟，促进了高性能计算机的发展；等等。除了上述技术以外，核武器的研制还促进了基础科学的深入发展。由于核武器的作用过程涉及物理学、流体力学、数学等学科的多个领域，因此核武器的研究既深化和发展了这些领域的内涵，又产生了新的研究方向。在总结这方面成果的基础上，中国工程物理研究院已在国内外发表了大量科技论文，出版了近 50 部专著。

第二点，从发展核武器中，我们可以总结一些经验，得到发展我国高科技的一些启示。特别是一些跟国防有关的核心的高科技，西方国家不会卖给我们，所以，总结发展我国核武器的经验，发扬热爱祖国、群策群力、自力更生、自主创新的精神，从而发展我国的经济，特别是高科技，是十分重要的。现在我们的经济发展得很不错，势头也很好，高科技的生产已占了较大比重，但是，大量的产值是合资企业生产的，是外面的公司在我们这里生产的高科技产品的产值。这虽然对发展我们经济也十分重要，但如果我们深入地想一想，这里面其实包含了某种风险，一旦风吹草动，外资可能会大批撤走，它的厂房可以留给我们，机器可以留给我们，但是核心技术没有告诉我们，这样生产就会受很大影响，甚至停顿。即使我们能生产，但是知识产权不是我们的，人家就会卡我们。另外，在国防上，我们买了人家很多飞机、兵舰，但是自己没有掌握关键技术，部件添换受制于人，这也是很危险的事。因此从这一点来说，我感到有危机感，我们只有真正掌握核心的技术，才不会受制于人。20 世纪 60 年代初苏联撤走以后，不光是核武器研制，整个国家很多大项目就处在停顿状态，建设受到较大影响。在今天，我们当然不希望这样的日子再次到来，但是不是说 100% 不会到来，不是绝对的。因此，我们每一个中国人都要有一种忧患感。你们这里的同志很多都是管科技的处级以上领导干部，还有一些大学生，大家的责任很重。作为中国人，我们应该在引进外资和外国技术的同时进行消化吸收，要重视基础研究，特别强调要自主创新，提高自主创新能力，建立自己的知识产权，真正掌握自己的核心技术。因此，热爱祖国、自力更生、自主创新、振兴中华这些精神，不应只是在研制核武器过程中体现出来，也应在发展国民经济中体现出来。

第三，还需要专门提一下，发展核武器也可为发展大科学工程提供经验。在发展我国国民经济和科技事业的过程中，必然会有很多大科学技术工程需要建立和攻关，这些大工程的完成对国家的发展将是十分重要的。如何组织好这样的大工程，需要有符合客观规律的正确决策，需要充分调动人的积极性，需要合作协调攻关。这样，组织者的能力和水平以及团队的能力和献身精神将起关键的作用。我想核武器事业的发展可以提供这样的经验。

这些重要任务要落到你们这些年轻的领导者身上，也要落到你们这些大学生身上。今天就说这些，谢谢大家！

发展我国核武器事业的体会*

今天,我主要围绕发展我国核武器事业谈一点个人的经历和体会。新中国刚成立的时候,美国虎视眈眈想把我们扼杀在摇篮中。为了自卫,我国不得不发展自己的核武器。我国发展核武器的目的是反对核垄断,最终消灭核武器。所以 1955 年中央先做出了建立核工业的决定,1958 年决定要研制核武器。除了建立核武器研究所以外,还在新疆建立了一个核试验基地和核试验场。

当时在中央号召下,从科学院、高等院校等单位抽调了一大批科学家、工程技术人员、干部、工人等集中到北京。在当时的艰苦条件下,大家满腔热情地投入到核武器研制工作中去。

现在我向大家介绍一些当时为创建核武器事业做出重要贡献的"两弹一星功勋奖章"获得者。钱三强先生,王淦昌先生,这两位都是核物理学家。还有英国理论物理学家 M. Born 的学生彭桓武先生,以及郭永怀、朱光亚、邓稼先、程开甲、陈能宽、周光召、于敏等。

我是 1962 年从浙大物理系毕业的,本来被分配在理论物理教研室任教。3 个月以后,当时的系主任找我谈话,要我到北京的一个单位去。我感到非常奇怪,为什么突然又要我到北京去?心里很不愿意。我印象中北京很冷,我大学没有考北京,而是考了杭州,也是这个原因。

当我拿到报到通知书,看到叫我到煤炭工业部去报到时,把我吓了一跳。我想我学理论物理的,叫我去挖煤炭,怎么挖啊!当时我的思想斗争非常激烈,后来我还自嘲说:会不会是因为挖的煤炭里有许多放射性物质,这样才要我们搞理论物理的去研究?心里直打鼓。但是我们那一代人为了国家的需要,尽管心里有些想不通,还是很愉快地服从了。

我乘坐火车到北京,那是我第一次去北京。报到后,我就感到比较放心了,因为一起报到的有北大的、清华的和其他名牌大学的毕业生,基本上都是搞物理、力学、数学的。这样,我想即便是挖煤炭,大概专业也不会有太大改变。11 月 30 日报到后,有一天,天已经很冷,说让我们去劳动,内容是帮农民收大白菜。当时菜很少,北京人都是储存大白菜过冬的——现在的老北京人还有这个习惯。我们去收大白菜时,车子先拉我们到离北京师范大学附近的一个地方,当时也不知道那是什么地方,我猜测可能是我们的单位。然后,就到了塔院,也就是我们住的地方,现在那里很漂亮,很热闹,但当时周围都是坟地和农田。后来所里发现我有海外关系,就要我和另外一些所谓"政治上不合格"的人一起到北京南郊一个小客店去等待分配。后来通过

* 作者:贺贤土。节选自《做人做事做学问》名家系列讲座精粹第三卷,科学出版社,2006 年。

有关部门和人员的调查了解,我最后还是留了下来,这使我有幸得以参与这项伟大的事业。

那么当时那些专家们是怎么样的情况呢? 王淦昌当时已经非常有名了,他在苏联一个联合研究所发现负西格马超子,差一点可以得到诺贝尔奖。为了国家的需要,他二话没说就答应改行参加核武器研制。他如果继续搞他自己的研究,或许就是诺贝尔奖的候选人了。所以这些专家跟我们这些年轻人一样,当时都怀有这样的一种心情——为了祖国的强大而奉献自己。周光召那时从事基本粒子方面的研究,在国际上也已经很出名了。邓稼先从美国回来后在原子能研究所工作,来所后大家叫他娃娃博士,因为他的脸长得像小孩子一样。因为祖国的需要,他们都被调过来搞核武器研制。

我们当时的条件非常艰苦,床是木板床,木板床还是唧唧嘎嘎会响的那种,是公家的,桌子也是公家的,条件很差。1974 年杨振宁第一次访问中国说要到邓稼先的家里去,但是这样的条件怎么能够给杨振宁看呢? 当时就临时把所里有的沙发、床等拿到邓稼先家里换了一下,等访问结束后又搬了回去。

那时我们年轻人就住在筒子楼里,结婚以后一样没有房子住。我的情况还要糟糕一些,原因就是我的太太是搞化工的,1964 年大学毕业以后因为组织上的需要,被调到青海去了,她调动的时候把户口也转过去了。后来有了孩子,孩子的户口也就不能在北京了。这种情况是我们原来没想到的。后来,她又从青海转到四川,所以我们的孩子在北京一直是"黑户口"。实在是没办法了,我的母亲就从上海到北京为我们带女儿。我的爱人 1972 年怀儿子的时候总算从四川回到北京了,我们三代人住在一个 18 平方米的房子里,整整住了好几年。这不是个别现象,像我这情况的人还有很多!

工资是多少呢? 我第一年去的时候是 46 元。一年后转正是 56 元,拿了整整 15 年,当时大家称为 56 元万岁。当然,那时候的 56 元还是比较管用的。吃饭是没问题的,你要买个收音机什么的就不太行了,更不要说电视机,像你们现在买车、买房子就更没戏了,攒一辈子都攒不到。有好几个学生问我,当时难道没有什么想法。真的,我们当时是一点也没有其他的什么想法。我们想的就是怎么样才能够把任务搞成功,把科学研究搞出来。这就是我们唯一的想法。所以,虽然环境是艰苦的,但是大家都没有怨言,就想把自己的研究工作、自己的本职工作做好,对自己的研究真的非常热爱。

第一颗原子弹爆炸以后,我们非常激动,但是又不能大张旗鼓地庆祝,与全国人民分享成功的喜悦。但当我们走出研究所的大门,看到地上密密麻麻地用粉笔写着"感谢你们""祝贺你们""为中国人争气"等话语后都热泪盈眶了。这是附近一些单位的同志写的,虽然我们单位很保密,但总是有些人会猜到的。我想,再也没有什么比全国人民对我们的理解和支持更宝贵的了。后来总理在人民大会堂宣布这个消息的时候,整个人民大会堂都沸腾起来了。中国有原子弹后,美国人当然不能再像以前那样看待中国。核武器是现在平衡世界军事战略的一个重要因素,所以朝鲜也搞,伊朗也搞,连利比亚也在搞,还有一些不知道的国家也偷偷在搞。美国就怕了,他为什么这样针对朝鲜、伊朗,就是怕别人有核武器,对它有威胁。美国很霸道,只允许自己有。

开始研究氢弹是在原子弹的研究过程中进行的。如果说原子弹的研究还有苏联给我们一点帮助,那氢弹的研制就可以说完全是靠自力更生了。

当时我们知道法国人也在研制氢弹,法国爆炸第一颗原子弹比我们早。我们是 1964 年 10 月 16 日爆炸的,他们则比我们早了好几年。为了赶在法国前研制出氢弹,大家都憋着一股劲,要为国家争一口气,一定要把它先搞出来。

当时我们理论部大楼到了晚上还是灯火辉煌,我们一般都要工作到子夜一点左右才离开办公室。当时气氛十分热烈,科学上大鸣大放,无论是彭桓武老先生,还是邓稼先、周光召、于敏等,还是刚出校门的大学毕业生,大家都平等讨论,充分发表意见。相互间的称呼也反映出这种平等融洽的关系。我们称邓稼先为老邓,于敏叫老于,周光召叫老周,还有数学家周毓麟叫老周,都是叫老什么的。但是我们不敢叫彭桓武先生老彭,我们叫他彭院长,因为他是老一辈长者。我们研究所有几个专门的会议室,谁都可以去那里讲自己对氢弹原理的想法,提出物理模型和计算结果。大家在讨论的时候注意力非常集中,有一次在会议室里讨论方案,王淦昌先生当时碰巧坐在彭桓武先生的后面,就是那种有背的椅子。彭桓武先生上去讲的时候,王淦昌先生就把下巴扣在椅子背后,一边看一边思考,然后他把那椅子转来转去的,椅子就离开了原来的位子。彭先生一边在黑板上讲,下来以后一边还在解释。他解释的时候是倒退着走路的,彭先生以为椅子还在那里,结果就坐了一个屁股蹲。幸亏他那时只有 50 岁,如果像现在这个年纪,这样就非骨折不可了。

由于大家群策群力,从第一颗原子弹爆炸到氢弹原理试验成功,只花了两年零两个月时间,最终我们赶在法国人前面突破了氢弹。我们当时的确是很兴奋,长了中国人志气。核武器从理论研究设计到工程设计、材料生产、部件加工、组装、实验室实验、试验场试验等等一系列过程,涉及千军万马,没有集体的力量,光靠个人的努力是不行的。所以说,同学们,你们将来都是要出去做大事的,要恰当地找准自己在集体中的位置。你们不要只看到诺贝尔奖得主是一个或者两个人,在他们的背后,不知道有多少人为他们做"垫背"。一个人无论多么聪明,没有前人的研究基础,没有周围人给予的帮助,他是无法成功的。杨振宁和李政道"宇称不守恒"是如何研究出的? 就是通过总结大量的实验结果,在分析研究中得出来的。

群体的作用很重要，一个人在群体中的位置摆得准，对自己的成长是非常有利的。在你们当中有很多人成绩很好，但你们千万不要以为自己很了不起，以为自己可以独自打天下，这是绝对不可能的。我说的这些话，都是真心话。

原子弹和氢弹的突破以及后来多次试验都是在地面上，塔爆和空爆的进行对环境有污染，所以1967年开始研究第一次地下核试验。我们所成立了地下核试验理论研究组，我那时是组长，负责第一次地下核试验装置的设计和氢弹爆炸过程中若干物理因素分解实验研究。第一次地下核试验是在新疆核试验场一座山中进行的，从山脚下挖个水平的洞，有一段较长的廊道，尽头是一个鱼钩形的爆室，核装置放在钩位置。地下核试验对核装置设计要求很高，爆炸后不能冒顶、不能放枪(指爆炸后产物不能冲到洞外)、不能泄漏(放射性物质不能从山裂缝中出来)。同时，要对氢弹中一些物理因素进行理论分解研究，提出实验测试方案。当时我的压力很大，最后在全组努力下终于很好地完成了任务。

有了原子弹和氢弹以后，20世纪70年代末我们就开始研究中子弹。当时我负责一个组进行原理探索和一维设计。为了搞清中子弹的作用原理，我们全组从物理规律上积极探索。我们建立了很多物理模型，在计算机上进行了大量数值模拟，计算结果打印纸带堆了一屋子，都堆到屋顶上去了。计算机算出来的纸带是非常重要的，是不能丢掉的。丢掉一张的话，万一里边有重要数据，就有可能要全部重新计算。而我们就是在这样的情况下，最后搞清楚了中子弹作用原理，进而可以进行设计。经过很多工序和很多人努力，最后热试验获得了成功。

我们的核武器的设计水平，跟国外是处于同一个档次的，但在材料、元器件方面还是跟人家有差距。90年代初我们完成了武器的小型化，1996年就在禁止地下核试验条约上签了字。当时我们工作环境的确是很艰苦的，但是大家都有这么一颗心：要把核武器研制出来，要为祖国争光。

在核武器的发展过程中，当时年轻人在老一辈科学家领导下，把自己的知识和才能献给了我国核武器事业，并且受到了锻炼，使自己成长。现在回忆起来，我们为能有机会从事这样的事业而感到十分自豪。你们学校正在进行"做人、做事、做学问"的活动，我谈一点我的看法，供大家参考。

"做学问"就是"学得好"，当然前提是你成绩要好。成绩不好，你上不了大学，读不了研究生。但是不要忘记，更重要的是"学得活"。所谓"学得活"，就是不要死记硬背，就是你能够真正地会用学到的知识。我刚才说了，我们开始搞核武器，只知道原子弹、氢弹、中子弹的概念，但不知道作用原理是怎么样的。如果你只是书本知识背得很好，不能深入抓住书中最本质的内容，不能把学到知识运用到实践中去，那么你怎么能去解决这些问题？所以在学习的时候，学得活是很重要的，这样你才能解决实际问题，受到锻炼和快速成长。

这里我给大家讲一个我自己体会很深的例子。当初我离开浙大的时候是有点遗憾，但是现在感到很庆幸。彭桓武先生、周光召先生、于敏先生等这些人都是大家公认的高水平的人，他们的思维方法对我影响比较大。学东西如果只学书本知识的话，不难，只要自己努力，就可以学得好,但最重要的是学习并掌握好的思维方法。搞科研也要有一套好的思维方法。有一次,我请教彭桓武先生如何求解一个复杂的偏微分方程。面对复杂的方程,他七弄八弄就解出来了,虽然解得不很严格,但物理本质却抓住了。一个偏微分方程,有时间算子和空间算子,还有好多非线性项,项前有些系数,系数是由温度、密度等等参数决定的。彭桓武先生首先把每一项的系数都估计出来,把一些不重要的项都去掉。有时通过这样的近似,这个方程就可近似解出来。他跟我讲了一句很有名的话,一直到现在我的印象都很深:"3 与 1 相比,3 就是无穷大"。这是一句哲理很深的话,也就是说,如果这一项是 1,那一项是 3,你就把 1 这一项舍弃掉。有些人就会害怕:扔掉了会怎么样?扔掉 1 而保留 3,其实就是抓住了问题的本质。有了物理本质的认识,你才可以进一步深入研究,有所发现。当然,对于核武器等大科学工程,你还需要复杂的计算机进行计算,准确给出结构和尺寸,这时物理图像就可设计得更好、更合理。

关于如何抓住最本质的物理图像,我有一个形象的比喻。比如你研究一种动物,你知道一些因素,但不知道这是什么东西。怎么办呢?首先要确定它是什么。如果你在去除一些次要因素的时候,确定并抓住最主要因素是长鼻子,那它只能是大象,这第一步不要求知道这长鼻子是两尺、三尺、三尺五或四尺,只要知道鼻子很长就可以了,别的动物没有这么长的鼻子。至于身形多胖、尾巴多细、腿多粗这些问题,都是次要的。只要有了长鼻子这个条件,就一下子知道那是大象,一下子抓住了问题的本质,然后如果要了解大象多高、多重,则常常要进行复杂的计算,甚至用计算机进行计算,这时你可以充分利用已有的关于大象的知识。当科学研究中一个非常复杂的问题摆在你面前时,你如果没这个本事,就不知道该怎么下手。

毛主席说要"抓主要矛盾",说是容易的,但具体做的时候很困难。我在参加彭桓武先生、周光召、于敏等先生他们讨论问题的时候,经常会看他们是怎么分析问题的。我就想,如果我分析同样问题,跟他们的差别在哪里。这样比较以后,自己就有心得,有体会,经过反思加工,就会内化为自己的东西了。经过长期的总结和经验积累,就有了自己的东西。

周光召就是这样,我去问他问题,有时我提得不太清楚,他却可以一下子抓住问题的本质。我认为,学习也好,搞科研也好,知识是容易学的,思维方法却是较难学的,也是至关重要的。我后来能做出些成绩来,我认为掌握正确的思维使我受益匪浅。

"学做人",我自己体会也很深。我在美国待了不到两年。在美国,从幼儿园、小学开始,都是"我爱美国"。那里的学校及一些公共的场所,全都有美国国旗挂着。中国的幼儿园,有"我爱中国"这样的话吗?好像是没有的吧。而且我亲身体会到的是,美国的年轻人虽然有时要骂总统,骂这个、骂那个,对现实表示不满,但如果你跟他说美国差的话,他非跟你争论不可。我是碰到过几次的,他们对祖国有一种自豪感。我认为,无论你处在什么环境,热爱祖国,这是做人最起码的一点。只有这样,国家才能有向心力和凝聚力,民族才能团结起来。这是我的切身体会,将来你们出去,也会体会到这一点。

贺贤士院士答同学问

问：请问一下现在反物质武器的情况如何？

答：现在在美国、俄罗斯经常有人提到和研究反物质武器。我个人看法是，产生反物质所消耗的能量是很大的。的确，反物质跟正物质湮灭后产生的能量是相当大的，但要制备反物质是非常困难的。比如说正电子吧。加速对撞机大概做到 10 的 8 次方左右，正电子就开始困难了，如果创造出 10 的 10 次方的正电子的话，所需要的能量大得多。而且最终要把它引出来是很困难的，你要做到让它在强磁场里转，还不能接触到边缘，也不能接触到空气，要做到让它处在完全真空中，因为一接触到物质它就立即变为 γ 射线了。所以我认为反物质武器的想法是很好的，或许在若干年以后会实现，但是在现在的条件下，按我个人理解，还是比较虚无缥缈的。当然现在有些人愿意设想、愿意做，那么就给他点钱，让他去做，这也是可以的。美国人也在做这个。在这里我插一句，现在科学认为宇宙的暗能量是 70% 多的样子，暗物质则是 20% 多，或许你们这一代人能够把它利用起来，但那是非常困难的。

问：贺院士，您在面临许多压力的时候，能从事尖端保密技术多年，无怨无悔，我想问，到底是什么样的信念支持您工作 20 多年的？

答：是我对科学的兴趣，对科学的热爱。我们这一代人，当时对祖国的热爱是非常本能的，因为时代的氛围就是这样。在非常艰苦的环境下还能够忘我地工作，这主要还是由于我对科学的兴趣、对事业的热爱和为国家争口气的精神，这一点很重要。你们现在情况变了。我能够理解，现在是个开放的社会，不像我们当时是相对封闭的。所以现在各种各样的思想必然会影响你们，这不奇怪。但有一条，如果你对科学技术有一种"入迷"的精神，有对它的追求，你就会忘记旁边所有的诱惑和干扰。当然，这里你心中还应时刻记住，这是为国家干的。

问：中国现有的核潜艇发射导弹射程好像只有 8000 公里，假如美国攻打，请问我们该怎样做？

答：中国不首先使用核武器。但是如果对方用的话，中国就会还击。这个问题我只能回答到这种程度，因为有些东西不是我职业范围内的。

问：贺院士，我听了您的报告，注意到您经常会说一些英文，而且说得非常流利，非常自然。我想问问，对于您这样一个核武器的专家、一个搞理科的专家来说，英语在您的科学体系中起了一个什么样的作用呢？

答：我的英文不怎么好，但是我刚才讲科学问题的时候会用到英文，因为我在美国待了两年不到一点的时间，而且我经常参加很多会议，做邀请报告，这样就有很多交流的机会。一个从事科学研究的人，英语要好，这一点是非常重要的。因为学会了英语以后，等于开辟了另外一个战场。本来你的知识是局限在那里的，一旦你会看英文书刊以后，你的知识领域就会在无形中扩大。所以同学们，你们一定要把英语学好，我想你们是有这个能力的。你们可能还没有用英文写过论文吧,写论文又是另外一种味道了。所以,听、说、读、写你们一定要掌握好。学英语有一点是很重要的,粗俗一点说,就是"脸皮要厚"。你不要对着人家"难以启齿",这是很糟糕的。一个诀窍,就是要大声朗读,不要自己心里默读。音要准,多读以后,英语就会脱口而出。我建议你们把一些典型的句子背会,因为你跟人家讲话,无非是词的组合变化一下。写是很难的,那就要多看看人家是怎么写的。因为写科学论文跟写一般的论文还真不一样。我的体会就是这样的。

问:贺院士,您好。您这一生为核武器事业做出了巨大的贡献。请问您对现在利用核能有什么看法?

答:核能有两种,一种是裂变能,一种是聚变能。应该说裂变能的利用目前在技术上已经比较成熟了,当然,更高的技术还要进一步发展。我们浙江省的秦山核电厂、广东省的大亚湾核电厂正在扩建,还要在别的地方建造核电厂。我们现在的裂变核电占总装机发电量只有1.4%,这是去年5月公布的数据,所以核电用得还是很少。我们希望到2020年能达到4%以上,这是裂变能。聚变反应很难,难在什么地方呢?刚才说过裂变是中子的连锁反应,控制得好的话,就不断会有能量放出来。原子弹在超临界状态下能在很短时间内释放巨大能量,所以就突然爆炸了。但要是控制到刚好,就是临界状态,能量相对缓慢释放,就不会爆炸,就可以充分被利用来发电。关于聚变能的利用,现在国际上很多专家都在讨论,大概要21世纪中叶,才能开始用这聚变能来发电。虽然2050年左右可能开始用聚变能发电,但要真正形成产业化,还要做很大改进,需要科学家们做不懈努力。真正让大规模聚变能源占主要优势则还需要50年,估计到2100年,但是它的前景是非常有吸引力的。

我的讲座的内容大致就这些,在我的成长过程中,我始终记得彭桓武、周光召、于敏等几位老先生的教导。"做人、做事、做学问",一定要把自己放到群体中去。只有这样,你才能向周围的人虚心地学习,使自己得到充实和提高,才能够真正地做出你的工作来。无论你是做行政工作还是做研究工作,这些都是非常重要的。

中国蘑菇红云的幕后*

——我从事核武器研究的岁月

一、童年的回忆

我以前的名字叫贺燮堃,到现在家里还是叫我"燮堃"。"燮",就是燮理阴阳,"堃"就是乾坤的"坤"古写。这个名字是祖父给我取的,当然是对孩子的期望,希望我长大了控制乾坤。改成现在的名字,是因为上小学时,老师总是读不好这几个字,甚至念错。另外一个原因是这两个字很难写。当时有人出主意:你命里缺土,就把"堃"字上面的两个"方"去掉。至于"贤"字是因为我在家族中的排行是"贤"字辈。这样一来,我的名字又变成另外一个极端了,很多人老看成"贺贤土"。"文化大革命"初期,我又想改名字。当时我们室主任说:"你已经小有名气,很多人都知道你,你把名字改了,很多人就不认得了。"因此我就没改。不过贺贤土这个名字特殊,很好记,一下子就让人记住了。

我是1937年9月出生的。出生后不久,父亲就到重庆跟一个远房表叔合开了一家书店,叫"进文书店"。书店经营得不错,据说还有点名气。父亲开始时还可以汇些钱回来,后来钱是寄出来了,数目也比较大,但是因为重庆被封锁,路上兵荒马乱,很多都寄丢了。同时,冒领的也不少,甚至有用冒领的钱盖房子的。那怎么办呢?没办法呀!都是当地人干的,这是很惨的。所以,钱收到的时候,我们家还可以过得比较好一点;钱收不到的时候,日子就过得比较苦,母亲不得不去做小买卖以维持生活。

抗日战争胜利后,1946年父亲回来了。当时父亲把大部分钱留在重庆,随身只带了一点钱。那年月乱得很,钱很容易被抢,随身怎么带钱呢?父亲把一张张钞票分别夹在书的两页纸之间,再把这两页纸粘上,要用钱的时候,就把书撕一页下来。强盗抢钱、抢东西,一般是不要书的。

父亲回来后不久,我那个表叔,又嫖又赌,把重庆的书店给赌掉了。父亲气得要命,但也没办法。重庆回不去了,后来我堂兄把父亲介绍到上海乒乓板厂工作。这对我来说很重要,应该

---

* 口述:贺贤土。作者:宗道一、袁红、朱礼盈、傅铮铮、倪钰等。原载于《中共党史资料》,2005年第1期。多次参加采访整理的还有孙芳、金筱、郭凡凡、朱娜飞和王静,倪钰、金筱参加后期整理,责任编辑为汪文庆。

说是运气不错。因为解放初划阶级成分,是从解放前三年算的,那时候家庭主要成员干什么就定这个家庭是什么成分。这样我的家庭成分被定为了工人。如果父亲1946年不回来的话,我家成分就很可能是资本家,至少是小业主。

我有两个母亲,一个是我的生母,一个是我姑姑。姑姑住在上海,我也喊她母亲。我是过继给上海母亲的,她年轻的时候,姑父就去世了。我们家比较封建,她没再嫁,就把我过继给她。但过继并不是说完全到她家去,是两家共养,一直到我读大学。上海母亲原来在纱厂工作,后来就基本上不太工作了。她对我确实是无微不至地关怀。当时我们九所的同志开玩笑,上海最时髦的东西都能在我身上反映出来。比如说的确良,北京还没有,我上海母亲已经在上海买了一件给我。

父母对我教育的主要期望是要有一技之长,这一点非常明确。父亲是很喜欢读书的,我要读的书他总是尽量满足我。姑姑当然也培养我,教育我要学好,要有一技之长。这是整个家庭对我的期望。当然,他们或许也有"光宗耀祖"的观念,这是很难免的,宁波人总希望自己的子女有出息。

小学的时候我喜欢看小说,特别喜欢看武侠小说,拼命地看。我当时写作文老受表扬。小孩子一表扬就更来劲了。那时候我也很喜欢玩,但是如果作业没做好,问题不解决的话,我是不会去玩的。不管人家怎么叫我,我都不去,我当时的确有这么一种自制能力。

小学毕业后,我刚好在家乡,即现在的北仑港。那时要解放舟山,解放军到北仑集结,准备渡海。蒋介石的飞机从舟山到北仑扔炸弹,我们家逃难逃到北仑山岙里的亲戚家里面,躲了一年多。所以我停了两年学,本来1949年上初中,结果到1951年才上初中。

二、中学时代

1951年,舟山解放,我进了镇海辛成中学(现为镇海中学)读初中。

进入初中以后,我不看武侠小说,只看苏联小说,看了《远离莫斯科的地方》《卓娅和舒拉》等好多苏联书。初中的时候我的成绩比较好,先后任学生会副主席、主席。我的年岁比同学大了一两岁,当然也有些同学比我年龄大。我总感觉初中的学习比较简单,但初中的基础对我来说是非常重要的。

我印象最深的一件事是初二的时候,就是1952年,党中央号召"学习成为中国青年特别突出的任务"。为什么国家号召这个呢?因为当时刚解放不久,人才非常缺,很多人逃到台湾,跑到国外去了。新中国要建设的话,必须培养人才,所以从1949年到1952年,中央大力宣传,鼓励学生好好学习。因为我是学生会干部,就要响应这个号召,在那段时间里我慢慢觉悟到学习是为了国家,以前都是稀里糊涂的。

1954年我考进宁波一中(现为宁波中学)。当时宁波一中集中了很多优秀的老师,师资力量比较强,政府重点支持。

进入高中以后，学校团委一看我初中时是学生会主席，就要我当团委的军体部长，后来让我当文娱学习部长，管文艺、学习。我印象中高中的学习好像也没费多大的劲，过得很逍遥。上完课，我稍微看点东西就行了。我对文学比较感兴趣，语文老师一说古文我就很来劲。我对物理也很感兴趣。可以说我当时对数学、物理、化学、语文都很感兴趣，所以到后来，我真不知道毕业以后去考文科还是去考理科，一直在等。

初中的校长李价民和高中的校长钱念文都是民主人士，因为我是学生会干部，所以跟他们接触比较多一点。我印象最深的是他们两位的办学思想都非常民主，所以学校教学质量很好，学风也很好。1957年"反右"运动中，钱念文被划成"右派"，后到梅山盐场劳动，其中有一条"罪状"是培养资本主义的"苗子"，公布出来的"苗子"名单中据说也有我的名字。

三、大学时光

中学时代对我影响很大的有两件事，一件事是刚才说的党中央号召"学习成为中国青年特别突出的任务"，另一件事是1956年春天，党中央号召"向科学进军"。为响应这个号召，这年寒假共青团宁波市委组织中学学生会干部提前到宁波市学习，请一些有经验的物理老师讲半导体、原子能、核聚变等物理概念。我还看了王淦昌在苏联杜布诺研究所的报告录像。他系了根领带，非常英俊，给我的印象很深。在录像里，他讲基本粒子。我当时对半导体和原子能非常感兴趣，就在这个时候决定报考理科。到高三下半年，我不看小说了，看大学教材。苏联人福里斯写的中译本《普通物理教程》，很厚，那时旧书店有卖的，我就买了一本开始看。

大学时的贺贤土

当时考大学，选来选去，最后选了浙江大学。浙大原来有"东方剑桥"之称，1952年全国院系调整后，物理系的著名教授王淦昌、卢鹤绂、束星北等都被调走了，元气大伤，但还是有王谟显等著名教授留了下来。就这样，1957年，我报考浙大物理系，被录取了。

大学时代，给我印象最深的是一个接一个的运动。当时，学校里搞运动简直让人难以想象。我碰到的第一个比较大的运动是"反右派"运动。1957年上半年我还在上高三的时候，"反右派"运动就已经开始了，因为当时中学不搞运动，所以很幸运地逃过了这一劫，我们这一届基本上也都逃脱了。等到1957年下半年我进了大学，"右派分子"就戴帽子，定性了。浙大很多老师、学生都被划成了"右派"。

到了大学二年级，1958年暑假，国家开始大炼钢铁，又是一场运动。因为要勤工俭学，我们就不读书了，学校安排打滚珠。我们用很锋利的剪刀，剪一段铁丝放到槽里面，用榔头一敲，就把铁丝变成圆滚珠了。连晚上都打,不睡觉,轮班干。后来是下农村,下工厂。我下去的时间倒是不长,因为有位同学得了精神分裂症,老师要我到离学校不远的精神病医院去看护他。其实这位同学是一个文质彬彬的书生,没有得精神病,只是因为压力太大了,有点精神分裂。结果到了精神病医院真的碰上精神病人,把他吓坏了。饭也没得吃,一下子就被其他人抢光了,后来没办法,学校又把他领了出来。当时就是这样,不少人精神压力非常大。我不太关心政治,批判就批判吧!

这些运动让我们真正用于学习的时间少了很多,教学改革就少不了了。那时候教学改革怎么改呢?大量压缩课程。微分方程原来要上两个学期,后来压缩到 4 个星期教完,所以我的微分方程只学了 4 个星期,后来用的都是我工作的时候学的。教学改革另外一点是推行普通话,这倒挺好的。有位教过我的数学老师,他一口宁波话。东北同学贴大字报说:"郭教授,怎么讲数学讲到'捷克手表'了呢?"宁波话"直角坐标",人家听成"捷克手表"。

1956 年党中央号召"向科学进军"以后,我就一心一意想去搞科学。一进大学我连小说都不看了,一心一意钻到书堆里,去图书馆,去做科学研究。这或许给了人家一个印象,我这个人就是不红,不突出政治。这当然和那个年代有点格格不入。当时一、二年级的时候搞拔"白旗"、插"红旗","白旗"表示资产阶级思想,"红旗"表示无产阶级思想。成天开会,挖空心思找对党有哪些不忠诚,检查自己有哪些错误。有些人没有什么好交代的,为了写,瞎编了一些。像我这种人只专不红,实际上也不专,就是学习成绩好一些,对思想政治不太感兴趣,人家当然就看不顺眼了。班里开会有人老是刺我几句。我记得班里的团支部书记,男的,老是批我。一直是这种情况,到 1960 年开始才好了一些。

1959 年到 1962 年困难时期,起初杭州挺富裕的。但是后来上海、江苏一些外地人到杭州抢购,杭州就不行了。当时大学生有 30 斤定量的口粮,我们只吃 15 斤,其余的都上交支援灾区。每顿饭就是一大木桶米汤,其实一大桶里都是水。有些学生跑在前面把沉淀下来的东西先盛了,晚到一点的只能喝汤。喝汤总想喝饱一点,但是冬天喝三碗汤,到了晚上可要命了,杭州冬天没有暖气,晚上又怕上厕所,所以睡觉前尽量上厕所。

大概是 1961 年,那时候我还得了浮肿。听人说吃黄鳝可以消肿,学校曾专门到湖州去买黄鳝,给我们得了浮肿的同学吃。1962 年情况稍微好一点,有人偷偷摸摸卖鸡蛋,路灯下面,一个篮子放两个鸡蛋,被抓住可就够呛了,就是"资本主义"。要是怕被抓的话,那就只能到国营店里去买,但都是定量供应,都要有蛋票的。1961 年学校本来推荐我读研究生,结果一体检发现我有浮肿,就取消了对我的推荐。

那时候运动一个接着一个,对我来说算是"劳逸结合"。真正的学习时间只有 1957 年至 1958 年上学期以及 1960 年的下半年到 1962 年上半年,其他时间基本上就在运动中糊里糊涂地过去了。大学里的成绩跟中学就不一样了,我比不上几位成绩特别好的。但是我有个特点,思想很活跃,老是提问题,老是问为什么,总是持怀疑的态度,从很多角度去思考问题。我经常找些课外读物看,总希望把问题弄清楚。我有时也跟同学讨论,请教他们,看看他们对问题有什么看法。总的来说,我不是死读书,成绩不算最好,但中上肯定是没问题的。

四、初次进京

大学 5 年就这么过去了。因为上海有上海母亲，生母又在宁波，所以我希望毕业后留在杭州或者到上海去。物理系主任李文铸认为我思想比较活跃，叫我留校"跑龙套"，就是当助教。这样，我就准备留校了，愿望实现了，挺高兴的。但没过多久，1962 年 11 月中旬，李文铸又来找我。他对我说，现在要你去北京一个国家很重要的地方。他当初也不知道是核武器研究所。他说，那个地方很好，学术很权威。原来有一个人分配到那去的，因为家庭关系的问题被退了回来。因为我喜欢思考问题，他比较看得起我，所以就换了我。为什么拖到 11 月中旬呢？也是有客观原因的。1962 年 10 月召开了党的八届十中全会，中央决定进一步加快研制核武器。这样，就需要很多人。但一般毕业生分配七八月份就开始了。那怎么办呢？只能从分配出去的学生中抽一部分来，再从军队里抽一小部分。当时我自然有思想斗争了。我不愿去北京，偏偏就要到北京去。但是也推辞不了。学校对我说，这个单位怎么怎么重要。我们那时候思想比较单纯，价值观念跟现在的年轻人不一样，同时那时候我们的选择也很少。尽管我这个人不"红"，但国家需要，还是要服从。所以我心里虽不痛快，但是也没办法，答应去北京。之后，我赶快到上海，让上海母亲给我准备一下。

当拿到去北京的报到证时，我吓了一跳，是到煤炭工业部招待所报到。这把我吓坏了。因为我非常喜欢物理，是理论物理专业毕业的，叫我到煤炭工业部招待所报到，那不就是搞煤炭了吗？我根本没学过煤炭，说实在话也根本没兴趣。然后我就瞎猜，会不会因为煤炭里有放射性，可能要用到放射性的物理知识去探煤？当时心理压力比较大。后来看到来报到的人有海军的、陆军的，也有好多大学教师，还有学物理、数学的许多不同专业的学生。我心里一块大石头落了地。我想这么多搞物理、数学的人来，大概总不会都去搞煤炭吧。我想打听，可接待的人一句不讲，什么话也不说。有的时候他在看书，一看我们过去，马上把书放到抽屉里，很神秘。当时觉得很奇怪，到底干什么呀？但这时心比较定了，大致不会脱离物理，不会脱离专业。这样一直拖，住了一两个月，每天都没事干。有的时候叫我们去劳动，12 月份天气已经开始转凉了，拉了车到郊区帮农民收白菜。很神秘，坐车去劳动的时候有时拉我们到一个地方停一下，也不说什么。那里盖了一些房子，但还没盖全，大家猜这里可能是以后工作或住的地方。白菜运完以后就没什么事了，又看书。之后有一个团委书记来做报告。报告里边透露出来说，我们这儿是国家很重要的机密单位，但没有说搞核武器。

隔了一个月，大多数人都进去了，可我没进去，也不光是我一个人，还有好几个人。我很纳闷，以为有什么错误。想来想去我也没什么错误。但是我有海外关系，我爷爷的一个亲兄弟的孙子，也就是我最大的堂兄，当时在美国。他是从台湾去美国的。当时我们都不知道，填表时我也没填过，不知道为什么政审表上会有。另外，我们十个堂兄弟，我是老九，最大的堂兄只比我父亲小几岁，年纪很大。这个堂兄的儿子比我小几岁，原本在杭州大学也是读物理的，我比他高两届。他上二年级的时候刚好是 1960 年,那时候国家有个政策,要调整与华侨的关系,允许国内的亲属和香港的亲人见见面。就是说可以去香港探亲,一个月左右回来。他就去探亲了,但没有回来。大概和这些有关系,二机部就莫名其妙地叫我等着。我在煤炭工业部招待所等不住了,就到前门果子市客店等。到那边后又有很多人被调走了。我想回浙大也回不了,我走了以后,我一个同学就填了我在浙大的空,编制都编好了。当时上海的理化所要我,我有个同学在那里,但是二机部又不肯放。

最终,我还是进了当时的二机部北京九所(1963 年改名为二机部九院,现在名为中国工程物理研究院)。这是很有戏剧性的。我在浙大读书时的校长是周荣鑫,我毕业前他调任教育部副部长,后来是国务院秘书长。当时他名义上还是浙大校长。我的物理老师、物理系主任李文铸给周荣鑫打电话。后来周荣鑫又给二机部部长刘杰打电话,说这个学生我们可以担保。这样我才进了九所,时间已是 1963 年初了。

为了尽快进行核武器研制,中央从全国各地抽调了许多非常优秀的科学家和工程技术专家。当时来得比较早的副所(院)长级的科学家有王淦昌、郭永怀、彭桓武、朱光亚、程开甲,他们都是留德、留美和留英回来的。我们九所一室(1964 年改为理论部,"文化大革命"初期改名为九院九所,现名为北京应用物理与计算数学研究所)抽调来了邓稼先、周光召、黄祖洽等室一级的科学家。稍晚,突破氢弹前夕,1965 年 1 月正式从原子能所调来了于敏,还有数学专家周毓麟、秦元勋、江泽培等。此外还有很多著名的工程技术专家和管理专家,以及一批技术骨干。除了这些专家和技术骨干外,从 1958 年开始还陆续从各大学分配来一大批年轻的优秀毕业生。我是 1962 年毕业生。中央给九院配备的院长是李觉,原西藏军区的参谋长,1955 年的少将。

刚参加工作时留影

应该说,当时从全国各地抽调来的很多科学家和技术专家都是很有名气的。有的人说,你把我的专家抽走了,我这个专业就要垮了。去抽调的人说话很强硬:"要垮也得抽,人就要抽走。"这说明当时中央对发展核武器是下了决心的。

五、自力更生

当时,我们这些人,包括那些科学家和技术专家,只知道核武器的名词概念,具体怎么设计是不知道的。但是有一点很明确,首先要把核武器作用原理搞清楚。原理很复杂,涉及物理学、数学、力学,其中物理学又涉及量子力学、电动力学、统计物理、原子物理等很多,当然还要用大型计算机计算,作用原理研究清楚以后,就是理论(物理)设计。理论设计给出了核武器的构型、尺寸、材料,然后交付工程设计。接下来便是部件生产、加工、装配成核装置,运往核试验场试验。核爆炸实验过程由各种仪器进行实验测试,参加实验测试人员与理论设计人员一起讨论测试数据,从中了解核武器的作用过程是否与原来设计的一致。如果有差别,理论设计人员进行研究后,在以后设计中进行改进。所以核武器研制是综合性很强的一项大的科学技术工程。为了进行核武器试验,还有专门的试验基地,为试验做大量的工程技术准备。

当时苏联曾答应援助我国,但是在 1959 年 6 月 22 日,苏联以与美国等西方国家进行部分禁止核试验条约谈判和赫鲁晓夫与艾森豪威尔的戴维营会谈为由,致函我国政府,拒绝提供核武器援助,并且在 1960 年 7 月 16 日发表照会,声称 7 月 28 日至 9 月 1 日撤走全部在华专家,并带走重要的图纸资料。苏联专家撤出的时候,曾狂妄地说:"我们走了以后,你们这些设备两年以后只能作为废铜烂铁去卖,再过 20 年你们也搞不出原子弹。"当时美国也虎视眈眈要把我们压下去,在这种情况下,我们只有一条出路,就是自力更生。大家对苏联毁约很气愤,肚子里都有一股气。因此我们把 1964 年 10 月 16 日试验爆炸的第一颗原子弹代号取名为"596",就是指 1959 年 6 月,意思是争气弹。

苏联专家撤走的时候,苏联援建的大量项目被迫停工,有关核方面的一些项目也停了工。而且,当时国内刚经历了"大跃进"和严重困难,农业生产遭受了极大破坏,国民经济进入严重困难时期。这也给我国原子弹事业的发展投下了巨大的阴影。

1960 年 7 月,在北戴河召开的中央会议上,毛泽东说:要下决心搞尖端技术。赫鲁晓夫不给我们技术,极好!如果给了,这个账是很难还的。周恩来代表党中央指示:"不要理他那一套,自己动手,从头摸起,准备用 8 年时间搞出原子弹。"从此,我国加紧了核武器的研制步伐。

1958 年前后,苏联专家总顾问给二机部部长介绍原子弹情况,留下一份极其简要的记录。当时苏联还答应给我们一个原子弹模型,两国关系恶化了以后就一直拖,不肯给了。他们每次都说,你们没有房子,房子要盖好。房子盖好了以后,他们又说,你们这条路要修。我们就修了条路。我们想,修了路以后原子弹模型总该运过来了吧!那我们就可以看了,就可以琢磨里边到底是怎么回事了。结果等啊等啊,他们一直拖,一直到 1959 年 6 月,原子弹模型最终也没有运过来。

在苏联专家总顾问留下的那份介绍原子弹情况的口授记录本中，后来发现其中有些数据可能是错误的。有一个著名的九次计算故事，大概发生在 1961 年左右。我是 1962 年进所的，没参加这一计算，是听先进所的同志讲的。他们说，苏联提供的数据当中，有一个很核心的数据是原子弹外层炸药爆炸产生的冲击波向内传播的压力。这个数据很关键，如果对不上的话，原子弹就没办法设计，但是苏联人给我们的数据大了，搞得我们反复计算，花了很多冤枉时间。

那个时候我们的计算工具极为简陋。开始是用手摇计算机，甚至是计算尺，后来条件稍微好点，配备了电动计算机。有了电动计算机就可以上一些很简单的程序计算，为此，我们招了些科普人员，是一些高中毕业生，我们当时叫他们"小鬼"，让他们按照我们搞好的方案去算，白天黑夜地干。后来条件又稍微好一点，有了乌拉尔计算机。乌拉尔计算机每秒运算几十次，纸带很窄。再后来发展到电子管的 104 机，每秒运算 10000 次。原子弹总体设计就靠 104 丙计算机。

当时是用手摇计算机和电动计算机计算这个压力，算来算去数据总是要比苏联专家给我们的小。当时不相信自己的计算结果，总以为"老大哥"说的是对的。郭永怀负责力学，向他报告计算结果的时候他就检查。他一检查，总是可以发现一些问题，就要再算。这样连续算了九次，一次差不多一个多月。

最后是周光召解决了这个问题。他用最大功原理，就是炸药爆炸以后，如果能量什么都没有损耗，所做的最大功对应的压力是最大压力，因为实际压力不可能超过它，中间还有发热等耗散。周光召把炸药爆炸以后产生的能量算了出来，比苏联人给我们的数据低。因为能量守恒，所有的能量如果都转换为压力，也只有这一点。这样才把苏联专家给我们的错误数据否定掉。周光召证明后，我们知道自己算的基本上是对的，解决了当时陷入的设计上的困境，然后就全面展开了设计，用计算机进行总体设计计算。

1963 年我进所后，经常搞突击计算，其实那时候到一定时间所里人人都参加突击计算。一突击就两个星期，有些计算是中午吃饭都不能停的，所以大家轮流吃馒头，一干就几个礼拜，最后把数据搞出来。

这样我们就坚定了信心，加快了研究设计原子弹的步伐，1963 年底炸药内爆出中子获得成功。经过了大量爆轰试验，即冷试验，最后在 1964 年 10 月 16 日成功爆炸了我国第一颗原子弹，当时《人民日报》为原子弹爆炸成功特发了号外。周总理在人民大会堂开会，当场宣布我国有了原子弹，全场都激动得不得了。消息很快传到美国。当时我们参加研制的人确实是非常激动。说实话，原子弹研制出来，装配以后试验现场能不能爆炸？这个问题谁都捏把汗，我们毕竟是第一次干啊！

令人感动的还有一件事，中午我们到所外面的饭厅去吃饭，一出大门，看到有人用粉笔在地上密密麻麻地写着"感谢你们，为国家争光！"等内容。我们非常感动，当时真的流眼泪了。这是一种自力更生发展核武器，保卫祖国，使国家强大起来，不被别人欺负的一种自信心和自豪感。

六、另有重任

我进所后第一年,跟着一个老同志搞题目,这个题目大概搞了不到一年,老同志回去探亲了。这个工作就由我来负责。工作完成以后,需要向上级汇报,当时室里担心我汇报不清楚。幸亏我比较争气,领导总算还比较满意。室里认为我还可以独立干点活,1963 年下半年就给我安排了另外一个比较重要的任务,是跟原子弹爆炸装置点火概率有关的。实际上当时这个工作已经有许多人研究过了,结果都不好。任务一开始是跟着老同志干,调研、写方程,不久由我一个人干。这项工作难度很大,非线性积分微分方程,性质很特别,与一般偏微分方程不一样,还需要与流体力学耦合,解析解很困难,需要做很多近似处理。我的个性是愈难愈有兴趣,很乐意钻研。当时正值突破第一颗原子弹前后,领导很关心。后来我与一位学数学的同志合作,他编了程序,我们算出了很多有意义的结果,给出了第一颗原子弹和后来其他有关核武器的参数。这项成果现在还在用。做完这个工作以后,我又陆续完成几项其他相关的研究任务。

彭桓武对这个工作很感兴趣,虽然他不是正式带我,但很关心我的工作,我也经常去找他。他的数学功底非常好,对我影响比较大,向他学了很多近似处理方法。给我印象最深的是他的数学运算技巧,一个很复杂的方程在他手里常常近似解了出来,使人十分敬佩。我从他那里学了很多方程近似解的方法。

七、研制氢弹

有了第一颗原子弹以后,接着就是氢弹。当时法国人的原子弹爆炸比我们早,他们也在千方百计地发展氢弹。我们想抢在法国人之前爆炸氢弹,为中国人争气。如果成功的话,政治影响非常大。法国人看不起我们,认为中国人根本不可能这么快。周恩来下令:把氢弹的理论研究工作放在首位。1965 年 1 月,毛主席又明确指示:"原子弹要有,氢弹也要快。"

实际上在研制原子弹的时候,氢弹早期研究工作就已经开始了。20 世纪 60 年代初,当时还在原子能研究所工作的黄祖洽和于敏,带领一个组在国内最早开始了氢弹研究。后来黄祖洽先来我们所,于敏在 1965 年 1 月第一颗原子弹爆炸后带了一批人正式从原子能所加入我们所,进行氢弹突破研究。

1964 年原子弹试验成功后,我们全所同志投入了氢弹研究。为了早日取得突破,九院领导及理论部领导号召大家献计献策、群策群力,把所有精力都投入到学术的"鸣放"中去。

1964 年前我们大概有 300 多人,两幢早期盖的南北红楼和后来盖的一幢灰楼已不能满足办公需要。北京市拨给在我们单位附近的原铁道干校的一幢大楼,供我们使用。1964 年我们所正式搬入新落成一幢 4 层大楼,叫 14 号楼。突破氢弹前夕,全理论部主要科研人员都在 14

号楼办公，晚上很晚全楼仍然是灯火通明，很多人深夜一两点钟才回家。

14号楼里面有不少会议室，为了"鸣放"和自由讨论方便，每个会议室都有黑板，谁都可以在黑板上写自己对氢弹原理和构造的看法，天天有很多人在会议室热烈讨论、辩论，不管你是理论部主任、副主任、科学家，还是普通研究人员，整个理论部上下级关系十分融洽，我们称邓稼先、周光召、于敏为老邓、老周、老于。外单位不理解，认为我们没大没小的，事实上，这正是我们理论部具有凝聚力的体现，是一种传家宝。在这种情况下，人人平等地发表意见。有一次讨论会，我现在印象仍然很深。当时彭桓武在黑板上讲他的想法，意犹未尽，一边讲一边后退，想回到他在王淦昌前面的椅子上去，当时大家都听得很入神，王淦昌也一样，一边思考一边将下巴扣在彭桓武的椅子背上，不知不觉中把椅子转动了一下，结果倒退回去的彭桓武坐了个空，摔倒在地。可见当时大家是怎样全神贯注地开动脑筋想办法！在大家众多的讨论中，有不少有益的原始想法，甚至一些氢弹雏形也被想到和提到。这些讨论对氢弹突破起到了有益的作用。彭桓武在集思广益的基础上，提出兵分三路突破氢弹原理。周光召、于敏和黄祖洽各带一帮人进行研究。1965年下半年，于敏带着一个关键的想法去上海，领导当时在上海的一个组计算证实这一想法。他给大家讲课和分析问题，最后在他的领导和全组同志的努力下，在J501机上进行大量反复计算，最后终于把氢弹的"牛鼻子"给抓住了，就是说抓住了氢弹的基本原理。这为氢弹的研制奠定了基础。

在周光召领导下，突破氢弹前夕，我曾参加了调研工作。我开了证明，经常去北京图书馆和外交部等单位借《纽约时报》《华盛顿邮报》等英文报纸，用小车拉回来看。我们想从报纸上了解一些氢弹的信息，从字里行间得到一点启发，但最终什么都没找到，所以氢弹完全是自力更生，全凭着我们自己的智慧搞出来的。

为了突破原子弹和氢弹原理以及了解核武器设计后的性能，理论研究人员需要与实验测试人员密切配合，特别是在核武器爆炸过程物理规律的实验测试方面，理论研究人员需要进行深入研究与计算，提供实验人员测量的物理量的量程，合作决定测试方案，核爆炸测试后理论研究人员和实验人员又要一起对实验结果进行分析、比较，以了解核武器的性能。这样我们所建立了一个热测试理论研究组，组长是一位老同志，叫陈乐山。突破第一颗氢弹原理试验前后，我是这个组的业务骨干之一。我主要负责氢弹爆炸过程中若干可供实验测试物理和放化问题的理论研究和计算，通过实验测量研究以确定热试验的当量大小、核反应过程，推断装置爆炸后的参数。我不仅能提供我负责的项目的复杂计算结果，作为测量量程，而且能深入探讨物理规律，解决很多实际问题，所以较受实验研究人员欢迎。无论是院里的实验部同志，还是马兰基地的研究所同志，我们合作得都很好，在理论和实验结合方面做得很有成效。

在这里还应提到当时二机部刘西尧副部长，他直接抓氢弹原理突破。在原理突破前后，他的紫红色小轿车经常停在14号楼前，听取专家汇报，为氢弹突破和决策做出了重大贡献。

1966年12月，也就是在第一颗原子弹爆炸后两年多一点时间，我们的氢弹原型爆炸成功，也是塔爆,十几万吨 TNT 当量,我们的氢弹原理由此也得到证明。1967 年又爆炸了一颗几百万吨的大氢弹。从此,我国有了氢弹,成为世界上第四个掌握氢弹技术的核国家。

氢弹一爆炸,我们赶在法国人前面,长了中国人志气,后来听说法国人一气之下把领导氢弹研究的人给撤掉了。

氢弹爆炸成功后,与原子弹试验一样,《人民日报》通过号外发布了这个消息。那天中午出所门去吃饭,又看到与爆炸第一颗原子弹时一样的情景,有人在门外地上写了密密麻麻的字,祝贺和感谢我们。我们十分感动。

蘑菇云

八、"文化大革命"之初

1964 年开始学《毛泽东选集》,又是政治运动,我虽然不太关心这些,但学还是得学,我的这种态度从发言中是能够看得出来的,结果就挨批。

1966 年 5 月,党小组长开会批我,批完了以后又马上要我去劳动,我们组里的人都替我打抱不平。北京西面有一条运河叫昆玉河,这条河就是那时候我们参加挖的。当时精神压力很大,我心里真是非常难受,中午饭也吃不下,就去挖河了。河的斜坡很陡,我们把泥挖了以后,再用车使劲地拉上去,到岸上倒了以后再下来。我们组是红旗连,我不能丢我们组的脸,所以尽管心情很不好,劳动还是很积极的。有一次我上去的时候,有人拉着空车下来,因为坡很陡,速度很快,结果我的腰被撞了一下。刚被撞时也不觉得疼,但是休息的时候小便全都是血。当时我非常紧张,就住院了。开始 X 光没查出来病因,住了一两个月才发现输尿管里边有结石。原来我输尿管里的结石和肉长在一起,本来也没什么大问题,实在是太巧了,刚好撞到这个部位,结果这么一撞把毛细血管撞破了,不得不做手术挨一刀。

就在我住院开刀的时候,"文化大革命"开始了。我刚出院,当时我的一个好朋友(后来到宝钢去了,现在已经退休)对我说,你不参加是不行的,你必须参加。我听了他的话,休息了一下就参加运动,加入红太阳战斗队,成为一名造反派。"文化大革命"时贴大字报,你贴我,我贴你。我毛笔字写得不错,在红太阳战斗队主要的事情就是写大字报。半年不到,我就感觉没劲了。在别人看来,我这个人始终还是只喜欢业务,不喜欢政治。既然是这样,我就不当造反派了,大字报很少写了,又看我的书了,成了一个逍遥派。但是,大会批斗还是一定要去的,如果不去的话,说不定哪天就轮到自己了。我有一点阿 Q 精神,很烦恼的时候就拿起书来看。那时候倒没有不让我搞研究,看书一钻进去,研究工作一钻进去,就什么都忘了。那阵子我看了很多书。

"文化大革命"开始后,社会就乱了,贴大字报,学生停课,工人停工,基本上就是这个状况。当时九院是核心部门,党中央、周总理特别关照不能停工。那个时候军管已经很厉害了,军代表把室变为连,当官的都是军人。当时他们提出来的口号是:白天闹革命,晚上搞生产。他们不敢说晚上不生产,因为核武器试验的任务非常紧张。在这样的情况下,尽管有干扰,条件困难,大家仍然是齐心协力,业务上受外界的影响不算大,但在政治上已经是人人自危了。

1963年的时候,根据原子弹研究的需要,九院的总部从北京迁到了青海海晏,靠近金银滩,张爱萍作诗动员大家去。"文化大革命"初期,我们青海总部的军官头头为了所谓的队伍"纯洁",抓了很多人,把留学苏联的都说成是苏联特务,把留学美国的都说成是美国特务。在一两年内,他们把基地圈了起来,不准人进也不准人出。在这中间,有些人死了,被枪毙的也有好几个。我们在北京情况就好一些,像王淦昌、彭桓武、周光召等专家,我想如果他们在那边也够呛。我当时没出过国,家庭也不是什么大地主,所以还是沾了点家庭的光,在北京只被批"白专",不是最厉害,不过心里还是很难受。我是1983年中央要求发展业务尖子入党时,才入了党的。我们这些人从亲身经历中深刻感受到,路线不正确造成的困难,不仅给我们这一代人的成长带来很大影响,而且更重要的是,我们国家的发展也受到了很大的影响,如果没有那么多的政治运动,我国核事业的发展肯定要快得多、顺利得多。

九、地下核试验

中国爆炸了原子弹并积极研制氢弹后,美国人千方百计卡我们脖子,压我们转入地下核试验,同时周边一些国家出于环保的考虑,对我们进行地面和空中核试验也有意见,所以对我们来说,转入地下核试验势在必行。但是地下核试验无论是挖洞技术、爆炸过程测试技术,还是核装置当量确定,都有很大的难度,所以中央专委决定进行一次地下核试验。

1966年下半年我在从事突破氢弹热测试理论研究的同时,又被压了个重担,负责第一次地下核试验有关核装置设计和物理测试项目的理论研究。研究所为此专门成立了研究组,我任组长。核设计要求很高,要求严格做到"三不",即不冒顶、不泄漏、不放枪。"冒顶"就是爆炸以后的威力太大,把整个顶给掀掉了,那就不是地下核试验了,污染非常厉害。不泄漏就是不能让放射性的东西泄漏出来,都要埋在里边。不放枪就是当量不能太小,不然,坑道不能自行封住,大量放射性物质就从坑道里射出来,后果不堪设想。因此"三不"要求设计当量算得比较准确。除核装置设计外,同时还进行很多有关氢弹关键作用过程的分析研究,以决定实验测试项目。进行地下核试验研究,任务比较紧,所以1967年到1969年我基本上不太参加运动了,当然大的运动还是要参加。

1969年9月,我国进行了第一次地下核试验,我们圆满完成了"三不"任务,表明我们核装置的设计是成功的。但是对于测试项目,我们感到干扰比较严重。1970年,我在新疆核试验基地待了近一年,主要负责第一次地下核试验物理方面的总结。为了实地调查,我们曾到试验洞爆炸室考察,爆炸约一年后爆炸室的壁温仍高达50~60℃甚至更高,我们穿着防护服,一会儿就汗流浃背。当时通风不好,我们吸了大量一氧化碳,出洞后感到头像裂开一样疼,我们算是切身体会到了爆炸后的余威。1971年,我又在四川绵阳负责院里的第一次地下核试验总结,完成了多方面的结果分析,总结了第一次地下核试验大量的测试数据,为以后的地下核试验提供了经验。事实上,到第三次地下核试验时,我们已经完全控制了干扰。

1971年第一次地下核试验最后总结完成后,我又从事反导机理研究以及后面几次地下核试验有关的测试项目研究。

十、戈壁风云

从第一颗原子弹研制到第一次地下核试验,这一段时间我们的工作十分艰苦。

1963年九院的大部队搬往青海基地,那里海拔3000米,一跑步就喘得厉害,缺氧。九所还留在北京,我们经常出差去青海。有三件事最头疼,第一是睡不好觉,晚上迷迷糊糊的,实际上是没睡着,因为高原缺氧,怎么都不习惯。第二是吃饭,馒头是糊的,因为在高原温度达到八十几摄氏度水就开了,手放在里面大概不会烫起大泡,没有100摄氏度的水那么烫。第三是洗脸时手碰到水后,手指红肿发痒,因为水是雪山上的水。1967年到青海出差,因为高原反应,我一直吐,还要做报告。当时彭桓武先生也在那里,看到我这种情况就叫我不要做报告了。

我们出差到马兰试验基地,也不轻松,先从北京坐三天三夜多的火车经西安到吐鲁番大河沿站,下来以后住一个晚上,再坐8到10个小时卡车到马兰,再从马兰进试验场。从吐鲁番到马兰,从马兰进试验场,当时都是"搓板路",有时还没正规的路。坐的都是敞篷卡车,要翻过天山,到天山顶上吃顿饭,再开车。人到了马兰试验场,眉毛、脸上、头发全是灰。我们经常这样来回往返。

1969年第一次地下核试验的时候,我们提前一个多月进入试验场,就是马兰到甘草泉再往里去的一座山——南山。八九月份那里刚好下雨,非常大,帐篷里全是漏进来的雨水,弄得我们非常狼狈。烧火又没有柴,怎么办呢?戈壁滩上有一条小溪,干涸了,溪里边有很多树,都枯死了,我们就帮助厨师去捡枯枝烧。吃是从马兰供应进去的,但有的时候接不上,吃东西就有些困难,我们就捉波斯腾湖的鲫鱼吃,湖内鱼很多而且大。

总的来说,当时的环境是很艰苦的,但是在这种情况下,我们还必须干下去,坚持下去。事实上,当时不仅是环境艰苦,我们不少同志还做了个人牺牲。比如,我们有好多同志因为这个单位保密,政审很严格,原来的女朋友因为政审不合格,还没结婚就吹了。如果结了婚,遇到这种情况就要被调走。在当时的情况下,大家服从组织需要,一想到美国欺负人,我们就有一股劲,这是当时我们共同的心态。

十一、研究人员的生活

我夫人是宁波中学比我低两届的校友,1964年北京化工学院毕业,毕业后分配到二机部在北京的二院,专门搞反应堆,后来又到清华大学进修了一段时间。1965 年,国家号召设计到现场,她就到青海基地去搞反应堆设计。她当时完全可以留在北京。当时我们傻,不知道户口的重要性,她把户口也迁到青海去了。这给我们后来的生活造成了很多困难。我们 1966 年上半年结婚后,她在北京没有户口,我们就不能在北京要房子。我好不容易跟所里借了一间房子,不久所里又催着要还。家里也没有家具,公家的一张硬板床,跟学校的差不多。结婚以后我们两地分居了很长时间。后来九院总部迁到四川绵阳,她也到了绵阳。1969 年刚好碰到"一号命令",我们所搬到绵阳梓潼,她也调到我们所。我们所全体人员的户口也很快迁到四川梓潼,这给我们以后的生活造成了很多困难。

1969 年底,梓潼县没有工作条件,我们所的大部队又很快返回北京。这样,我又回到北京工作了。但爱人被留在了梓潼,我们又过起了分居生活。一直到 1972 年我儿子出生的时候,爱人才调回北京。我们所回北京后,二机部仍要我们抓紧在四川准备,以便再搬回梓潼。当时我们的主要工具是大型计算机,在北京条件好,好几个单位有这种计算机,同时上海也有,我们可以用,在梓潼很难建起大型计算中心。我们对二机部的做法一直有意见,认为部里不考虑实际情况,听不进大家意见。当时核武器任务很重,我们手里的牌是如果我们返回四川,任务完不成,部里必须负全部责任。这样部里不敢下死命令,怕万一完不成任务不好办。双方就这样僵持着。

因为户口不在北京,造成很多生活上的实际困难,我们要求部里报中央把户口迁回北京。有一次我们很多同志到部大楼前,要求与部领导对话,部领导认为时机已到,以我们不守纪律影响安定为由,与其他几件事一起给中央打报告,报告里也提到九所一定要往四川搬。中央批了拟同意,这样部里更有理由要我们搬。

从 1974 年底开始,部里在香山办了个学习班,所里的大部分组长以上干部参加这个学习班,我也参加了。部里动员我们搬,在学习班上,大家对部领导的做法意见很大。当时一位主管九院的副部长不顾大家的意见宣布:我又没有征求你们的意见,已决定在上海订购两台 TQ-6 计算机,你们可以去四川了。这两台计算机我们坚决不要,因为通过试算,只能算小的题目,大程序算不了。后来这两台计算机不得不给了原子能所。当时形势看起来是非搬不可。就在这时,刘西尧被任命为二机部部长,他做了大量工作,最后才没搬成。最后两个月,这个学习班从香山搬到了礼士路二机部招待所,先后持续了近 6 个月,大约到 1975 年 5 月才结束。学习班结束后大家情绪上都有点低落,不少同志调离了九所。

这之后,我们又给中央写信,最后邓小平批准了我们在北京的临时户口正式待遇。临时户口正式待遇是怎么回事呢?当时我们买米、买粮、买油、买糖全都要票,有了临时户口正式待遇,我们就可以发到票,特别是春节前后,肉票什么的都有,孩子上中小学也没问题。这样我们稍安定一点。但是和北京正式户口相比,临时户口正式待遇还是有一个非常大的差别,就是如果我们的子女高中毕业考不上大学,就只能回四川分配工作,所以当时子女考学的压力非常大。

邓小平批准了临时户口正式待遇,我们"享受"了十多年。到 1986 年,邓稼先去世之前,中央问他:"你还有什么事情要解决?"他说,希望能解决我们九所的户口问题。当时中央非常重视,批准我们户口迁回北京。最后一个户口报上去的时候,已是 1989 年 6 月 3 日。这样我们才结束了大约 20 年户口不在北京的状况,正式回到了北京。

我们的户口从四川迁回北京时,对迁回北京的人员卡得非常严。因为九院总部在四川,其他研究所有人也想趁这个机会作为九所的人迁回来。原来迁去的九所的人员都是有名单的。如果你夹上一个不是九所的人,要是被查出来的话,所有的人都不能迁回来。当时各方面的人情关系特别复杂,这个时候我已经是所的领导干部之一,我和其他所领导一起商量,顶住了压力,不让"加塞"。

十二、突破中子弹

1977 年我们开始研究中子弹。20 世纪 70 年代中期过后,所里搞发展规划,所长周光召是规划组负责人,我是规划组成员之一。1977 年美国公布了中子弹消息,规划组讨论了这个问题,周光召向上级建议我们也搞中子弹。为了得到上级和有关部门的支持,我和郑爱琴及王继海去相关部门讲一些中子弹的基本概念,周光召还亲自带队到北京郊区一个单位去了解与材料储存有关的信息。当时我负责的一个组正在研究一个新的理论,所以先由我们组进行探索。

中子弹是一种特殊类型的氢弹,和一般的氢弹有很大不同。一般的氢弹爆炸以后,有几公里远的破坏范围,裂变碎片不少都有百万年以上的长寿命放射性,所以有相当严重的裂变后物质污染。一个地方如果发生核爆炸的话,以后再要建设起来就很困难,像广岛和长崎,到现在为止,很多人还受核放射的影响。中子弹的特点是中子比较多,当量不大,所以冲击波破坏和放射性污染范围比较小,但中子弹杀伤人体的范围比放射性沉降污染区大了五六倍。

中子弹的作用原理是一个新的问题,为了搞清楚,我们经过了很艰苦的探索。当时不是全所同志参加,因为其他同志还要设计别的类型的核武器。基本上是一个室投入到中子弹的研究当中。我负责中子弹原理突破和一维设计的一个组,十几个人。中子弹是一个非常复杂的系统,物理因素十分多。我组织大家分解了各种因素和它们之间的竞争关系,进行了大量基础研究,并在运算速度每秒百万次的计算机上进行了数值计算和结果分析。因为当时计算机还没有图像显示,只能看纸带,结果我们积累了一屋子纸带,一张都不敢丢,万一某一张纸带上有一个关键性的数据,恰恰被弄丢了,以后所有的计算都白费了。当时中央政治局常委胡启立去参观的时候,看到我们一屋子的纸带,连连感叹说:你们真了不起啊!在大量因素中排除了众多次要因素,最后我们终于发现了相互制约的几个关键因素,获得了清晰的物理图像,建立了若干重要的物理模型,然后进行总体集成,抓到了主要矛盾,巧妙地提出了解决矛盾的办法。当时一些同志不相信我们的研究结果,但我们坚持了下来,最后核试验证明我们的结果是正确的。中子弹原理取得突破。之后,就是进一步优化设计和提高性能的事,我感到自己应该另外开辟新的研究工作,所以 1985 年四五月份我就去一个新的室当副主任,负责基础理论和高技术研究工作。

1975 年到 1984 年是我一生当中的黄金时间,我深深感到这一段时间是我一生当中最富有创新力的时期,从年龄上讲,是 30 多岁到 40 多岁这个时间段,精力旺盛。同时通过以前十几年的大量研究工作,我已经积累了很多经验,有了相当的基础,更重要的是形成了自己独立的一套思维方法。这使得我有足够的自信心抓住问题的核心,提出解决问题的办法,与全组同志一起面对困难,解决困难。核武器的研究工作是团队性的,一个人绝对干不成。我要出主意,同时组织大家研究,并把大家的研究结果很快地综合起来,抓住关键点,得出明确的结论。在研究当中,要发挥团队的力量,也要充分肯定和尊重个人的作用,忽略了这一点,研究人员就会没有积极性,一个单位的工作肯定也会受到很大影响。

打印纸堆积如山

这一段时间也是我人生中最艰苦的一段,白天黑夜地干,除了回家吃饭和睡觉以外,基本上都在办公室。我因此得了胃溃疡,到现在还是很严重。尽管如此,我认为还是值得的。

十三、从"裂变"到"聚变"

从 1988 年至今,我主要从事惯性约束核聚变的研究。核反应有轻核聚变和重核裂变两种。原子弹爆炸主要是核裂变,就是中子打上去以后把重核变成两个碎片,然后放出结合能来。核聚变是氢的同位素(例如氘和氚)聚合在一起,然后放出结合能,同时放出一个中子和生成其他核来。同核裂变研究一样,核聚变的研究,在国际上既有用于发展核武器的目的,也是为了解决能源问题。

就解决能源问题来说,核聚变放出的能量叫聚变能,可以用来发电。目前核能对许多国家的发展很重要,因为石油总是要用完的。核能,就目前来说,主要是核裂变能源和聚变能源。两种核能比较,核裂变发电技术现在已经比较成熟了,我国的秦山核电站、大亚湾核电站,都是铀 235 裂变发电,而有关核聚变的物理规律、材料、工程技术等问题目前都还没有得到很好解决。但是,核聚变能源有自身独特的优势,作为能源来讲,前景诱人。核聚变能源的优势概括起来主要是两点。一是核裂变发电比较脏,而核聚变能源则干净得多。核裂变是变成两个碎片,裂变的碎片具有放射性,而且这个放射性的衰变期很长,寿命长的要几百万年才能衰变一半,人吸收了会有很大危害,所以核废料的处理很困难,在国际上是一件很头痛的事。因为有放射性,怕泄漏出来,现在一般都是把核废料埋在地下。与核裂变不同,核聚变有一个特点,氘和氚反应以后放出来一个氦,还有一个中子,氦核无放射性,而中子作用到一般物质的放射性半衰期一般只有一年左右,而且这种放射性很弱,有的清洗一下就可以了。所以核聚变能源相对来讲很干净。二是原材料。核裂变的原材料是铀,铀在地球上是有限的,运用现在最先进的快子增殖堆技术,也只可能用几百年。但是核聚变的材料可以说是无限的,1 吨海水就可以提炼四十几克氘,全世界有那么多海水;还有一种叫锂的物质,1 吨海水大约含 0.17 克,中子作用到它也可以产生氚。

目前,可控聚变能源,主要是两种途径,一种是磁约束聚变,一种是激光驱动惯性约束聚变。惯性约束聚变研究的驱动器有激光器、离子束和 Z 箍缩装置,目前固体激光驱动器研究比较成熟。俄罗斯的巴索夫、日本的耶马纳卡都是激光驱动惯性约束聚变的原始概念的提出者之一。但真正提出惯性这个概念并在文献上公布的是美国的纳考斯,但因为这是从核武器研究中来的,实际上是武器设计上的概念,所以美国起初保密,关起门来做。之后,俄罗斯、法国、日本都相继开展了这项研究。

至于我国,王淦昌也是国际上激光驱动惯性约束聚变最早原始概念独立提出者之一,当时是 1964 年,王老提出来以后,根本没法发表。他写了一个报告给上面,但是上面没有重视。为了开展这项研究,王老找到中科院上海光技所邓锡铭,要他先研究激光器,做了一个小的固体激光器,能量很小,不能很好地做实验。上海光技所在高功率激光技术方面有专长,但用激光做实验,跟物理方面结合,这方面九院有专长。王老很有威望,他提出"分则败,合则胜",竭力把九院和上海光技所联合起来。王大珩、于敏、胡仁宇等好几个人也都极力促进这件事。到 20 世纪 70 年代末 80 年代初,九院与上海光技所建立了一个联合实验室,各自发挥激光器技术和惯性约束聚变物理的特长。这个实验室后来成了中国工程物理研究院与中国科学院的联合实验室,周光召先生在这件事上起了很大作用。

联合起来后,当时第一件事就是造"神光Ⅰ"固体激光器,1986 年建成,1987 年运行。"神光Ⅰ"是张爱萍取的名字,原来不叫"神光Ⅰ",叫"12 号"。"神光Ⅰ"是神光激光器系列 1 号,这个激光器只有钕玻璃产生的基频激光,1600 焦耳,在当时来说在国际上还算可以,现在看来不行,但对我国来说毕竟迈出了重要一步。九院和光技所真正联合起来以后,1990 年前后在"神光Ⅰ"激光器上做了不少物理实验。

1987 年 12 月,我出访美国和欧洲后回国,领导要我当所科技委副主任,主管惯性约束聚变物理理论研究。从那时开始,我才从事这项工作,主管理论研究,把主要的精力都放在这上面。

十四、王淦昌上书邓小平

1988 年以前,激光驱动惯性约束聚变在国际上不像磁约束聚变那么热。但是美国一直在搞,发展了多代激光器,还在地下核试验中进行了辐射驱动内爆点火研究,当然中间也走了许多弯路。1988 年,在意大利西西里岛召开的一次战争与和平国际会议上,美国透露其激光驱动惯性约束聚变已经取得了很大进展,大激光器搞出来了,并公布了一些研究结果。王淦昌当时带队参加了这个会议。

王老参加完这个会回来,就向我们介绍了美国惯性约束聚变研究的进展,认为激光驱动聚变已经成为一个有希望的惯性约束聚变途径。当时于敏也觉得中国应该把这项工作进一步发展起来。

怎么把工作进一步开展起来?"神光 I"激光器要做些什么?我和实验室的同志一起讨论,一致认为理论上必须先行。但是我们一开始就遇到一件很困难的事——研究经费严重不足,所以我老是和当时主管核武器设计的副所长胡思得(后任九院院长)争研究经费。国家要搞这么大一个项目,没有钱不行。1988 年 11 月,我跑到王淦昌家里去。我说,王老,没有钱不行,我要借你的威望。因为是王淦昌、王大珩、杨嘉墀、陈芳允四个人向中央建议国家推行 863 计划的,所以我说能不能把惯性约束聚变研究纳入 863 计划。他当场就说很好,并马上打电话给王大珩,王大珩很支持给中央写信要求惯性约束聚变在 863 计划中立项。王大珩有非常强的政治头脑,而且笔杆子好,会写。他答应先写个草稿。他写好以后,我拿着草稿信去找我们九院的胡仁宇院长。我征求他意见并请他修改。我们当时估计得太简单了,说 2 亿元就可以干什么什么了。我当时胆子很小,因为都是我在负责具体操作,现在看来这是"钓鱼"。当时是迫不得已,现在不是这样了。在王大珩草稿的基础上,我先后请于敏、胡仁宇、王世绩、邓锡铭等进行了修改。胡仁宇认为要的钱太少,在信中特别加上要重视通过研究大幅度降低元器件造价的话。12 月份,信修改好了,由王淦昌、王大珩、于敏署名后报了上去。信是王大珩通过邓小平的女婿张宏交上去的。

我没想到信交上去以后邓小平很快就批准了,并委托李鹏总理办理。1989 年 1 月 26 日下午,王淦昌、王大珩、于敏、邓锡铭和我五个人去中南海向李鹏汇报,地点就在李鹏的办公室。为了这次汇报,王淦昌还请王大珩和我去他家商定了汇报的方式:由王淦昌讲建议提出的背景,王大珩讲光学部分,于敏讲物理部分。我们跟李鹏汇报就是对他讲什么叫惯性约束聚变、重要意义以及用处,讲了整整一个下午。因为曾搞过水利,李鹏对聚变能发电很感兴趣。他提了一些问题以后,就同意了。这样惯性约束聚变就进了 863 计划。863 计划是 1986 年 3 月中央批准、1987 年正式启动的,我们这个项目上报晚了。李鹏要我们先搞一个总体的立项论证,我们挺高兴的,回来就开始搞项目论证,搞总体规划,领导要我当立项论证专家组组长,论证报告由我执笔,然后征求大家意见。这个工作从 1989 年 1 月份开始,一直到 1992 年才结束。

关于总体发展规划,在立项报告中,我们规划建造一个 3 倍频能量 2 万焦耳以上的神光 III

激光器,为此建议先建立一个比神光Ⅰ大的神光Ⅱ激光器(基频6000焦耳,3倍频3000焦耳)作为过渡。最后国家成立了一个评审小组进行评审,很快就立项通过了。1993年3月,惯性约束聚变主题专家组成立,朱光亚起了很大作用。全国参加这一工作的有1000多人,相当于一个领域。我们主题代号叫"416",意思就是863计划第4领域第16个主题。当时第4领域没有领域委员会,所以我们的主题是863计划的直属主题。作为863计划直属主题,当时的负责人不叫组长,叫首席科学家,现在有了领域组织,主题的领导人叫组长。

担任专家组第一任首席科学家的是中国工程物理研究院的一位总工程师陶祖聪,我当主题秘书长(1993—1996年),实际上是处理日常事务,大主意由首席科学家拿。陶祖聪因为在四川,具体的事情都是我在北京操作。

863计划的体制好处是什么呢?国家直接拨经费给主题专家组,而不是像通常那样把科研经费拨给单位,一级级下来,扣除行政开支,实际用到科研上的经费就不是太多了。为了避免这些弊病,863计划的经费直接拨给首席科学家,只有首席科学家可以支配。我们主题的经费,发到我们手里很不容易。1993年主题专家组建立,到1995年只给了我们4000万,到1996年的时候才拿到几亿元的钱。那时我已经是第二任首席科学家(1997—2001年,因为第一任首席科学家1996年病故,所以从那时起,我实际上已承担首席科学家职责),同时又是北京应用物理与计算数学研究所副所长,双肩挑,任务很重。首席科学家要决策大的问题,下面很多人在干,要"发号施令",听汇报,必须事先对各方面情况有充分的了解。国家给你很多经费,不是几百万、上千万,而是几个亿,你要交账。所以,首席科学家责任很大,拍板决策的是我,花钱签字也都是我。这就是首席科学家的工作,当时我压力很大。

十五、而今迈步从头越

到2001年,863计划进行"九五"评估,评估结果对"416"主题评价很高:"九五期间,取得了阶段性的重大成果,基本上奠定了我们国家独立自主的ICF(惯性约束聚变的英文缩写)研究体系和发展的基础"。这是对我们工作的最大肯定,是对全国参与此项研究的1000多名专家的肯定。这也和中国科学院、中国工程物理研究院、教育部、核工业总公司等有关单位的参加和支持是分不开的。

西方国家对我们实行封锁,元器件卡得很厉害,如果没有"416"主题,"神光Ⅱ"很难搞成,以后"神光Ⅲ"也一样。"神光Ⅱ"的材料和工艺都是在"416"主题支持下搞的,经费一半以上也是"416"主题提供的。像KDP晶体,美国公司原先答应卖给我们,钱都付了,后来美国政府干预,又不卖给我们了。人家卡我们脖子,那么我们就只有自己咬紧牙关弄出来。

经过几年的努力,我国2005年就可完成"神光Ⅲ"原型建造,这个原型能量很大,3倍频能量预计1.5万至2万焦耳。这个激光器是"九五"期间决策兴建的,具体建设方案是经大家研究后我批准的。这个工作我们是一步步地做。一般来讲,根据我们的经验,要解决一个大的复杂技术系统,先要把它分解成多个分系统,先把分系统研究清楚,得到实验数据,然后再做大技术系统的集成。这次我们的工作也是这样做的,我们先把大激光器的几个子系统分解出来,并拿到实验室去研究证明。不是一上去就做大系统,这样容易出事,一出事一两个亿的浪费都不止,时间也浪费掉了。所以"九五"及"十五"期间,我们很小心,一步一步地开展工作。中央领导同志对我们的工作很关心。胡锦涛同志、江泽民同志来我们展览会参观,对我们鼓舞很大。胡锦涛对能源问题很关心,详细问我具体业务方面的问题。江泽民坐下来听我介绍。现在我国正在开始"神光Ⅲ"主机建造,这个激光器能量就更大了,由 8 个"神光Ⅲ"原型组成。2020年或稍后我们的目标是进行热核点火和自持燃烧实验。在"九五"前后约 10 年时间里,我所领导的这一主题,打破了西方对我国在这方面的封锁,在原来十分薄弱的基础上,建立了我国独立自主的 ICF 研究体系,为进一步的发展奠定了基础。

如今,我从所领导的工作岗位上退了下来,但并没有离开一生从事的核武器研究事业。我感到,核武器研究事业要更上一个台阶,把以往一些经验性的研究成果提高到把握规律的抽象理论的层次,最需要的是人才。因此,我把更多的精力投入到培养人才的工作当中,多带带年轻人。我同意出任浙江大学理学院院长,除了报答母校教育之恩,也有物色、培养人才这方面的考虑。

中国科学家的公开信 *

JOINT STATEMENT ISSUED BY THE SCIENTISTS OF CHINA

王淦昌等七位中国科学院院士今天就美籍华人学者 Peter H. Lee 被美国联邦调查局指控并被美司法部门逮捕事发表公开信,呼吁美国科学家主持正义,使李博士免遭无故的迫害。公开信全文如下。

A month ago, we learned from the media, that Mr. Peter H. Lee (Taiwan-born American Chinese, worked first at Los Alamos National Laboratory in the State of New Mexico and then at TRW in the State of California) has been accused of a crime by FBI and arrested by American Department of Justice. The accusation against him was alleged that during his visit to China in 1985, he provided this country with some data "related to use of lasers to simulate nuclear detonations", and then in 1997 he gave the Chinese scientists a lecture "related to his research work at TRW". So far Mr. Lee has been forced to confess his so-called guilt and the Court will hold a hearing on Feb. 23, 1998. If convicted of a crime, he will probably be sentenced to fifteen years' imprisonment and fined 250 thousand US Dollars.

We, the physicists of China (of us, some did host the academic exchanges and conferences in which Mr. Lee participated, some knew him well and attended his lectures, and some as the academic leaders and research experts), are greatly shocked, for we are clear that in 1985 and 1997, Mr. Lee successively gave lectures, which related to purely basic academic exchanges and never dealt with so-called data that might function as "important military applications to China".

In Jan. 1985, Mr. Lee gave lectures on laser fusion which, indeed, did not go beyond the implication of the concept that was published in the academic journals, such as *Laser Focus* etc., by American scientists, around 1980. As we learned from the published academic data, before 1985 American-made solid state lasers, in fact, could only be applied to basic research on laser fusion, and did not be able to use it "to simulate nuclear detonations". On the other hand, it is well known that as early as in 1964, a similar idea on laser fusion has been proposed by a scientist in China, since then, the laser fusion research has been Conducted in China and has been extensively exchanged publicly.

In May, 1997, in his lectures, Mr. Lee briefed us on different characteristics of power spectral lineshap of microwave backscattering from sea surface, in addition to the introduction to the publicly discussed fast ignition model which is related to inertial confinement fusion. Meanwhile he also offered his reprinted papers to Chinese scientists, which had already been

---

* 原载于《人民日报》《纽约时报》《洛杉矶时报》,1998 年 2 月 10 日。此信为 1998 年王淦昌等和贺贤土声援被美国政府逮捕的华裔科学家 Peter 李博士的公开信的内容。此信当时经江泽民总书记批准,一九九八年二月十日左右以英文发表在《纽约时报》《洛杉矶时报》等美国报纸上,同时以中文发表在《人民日报》等全国报纸上,新华社发布新闻。此信中英文稿由贺贤土起草,经王大衡等修改。录入文集,以谢明这段历史。

published in the journals such as *IEEE Proc.—Radar, Sonar. Navig. and Applied Optics*. Nothing in the lectures during his visits went beyond the findings in these academic papers.

Thus, why have such normal academic exchanges been imaginarily charged with providing so-called detailed data to China relating "to use of lasers to simulate nuclear Detonation"? We have no choice but to believe that this must be a pre-mediated political event.

As we all know, owing to President Jiang Zemin's last-year successful visit to the United States and President Clinton's this-year planned visit to China, Sino-US relationships faction People stile tried to obstruct the friendships between our two nations in academic circles.

We are greatly concerned about this event. So, we would like to make an appeal to the American people including American scientists for the exposure of this event, so as to free Dr. Peter H.Lee from the innocent persecution and to promote the healthy development of Sino-US relationships.

From Wang Ganchang, Wang Daheng, Xie Xide, Chen Jiaer, Wang Naiyan, Xu Zhizhan, He Xiantu, Members of Chinese Academy of Sciences

一个多月前,我们从外国新闻媒体的报道中获悉,曾经在新墨西哥州 Los Alamos National Laboratory 工作过,后在加州 TRW 工作的美籍华人、台湾出生的 Peter H. Lee 博士,被 FBI 指控并被美国司法部门逮捕。其罪名据说是在 1985 年访华时向中国"提供激光模拟核爆炸的详细资料"和在 1997 年再次访华时向中国科学家"报告了涉及他在 TRW 公司的研究内容"。据报道,李博士已被迫招认,并将于 1998 年 2 月 23 日开庭审判。如被定罪,李博士可能被处以十五年监禁及 25 万美元的罚款。

我们是下面签名的中国物理学家,我们中有些是请 Peter Lee 来华参加国际会议和学术交流的东道主,有些知悉他是有名的科学家并听过他的多次报告,有些是有关研究工作的专家和学术负责人。得知上述报告后,我们感到十分震惊,因为我们知道他先后在华做的两方面报告的详细内容都是属于纯基础性的学术交流,并未涉及所谓"对中国有重要军事应用的详细资料"。

1985 年 1 月,李博士做了有关激光聚变的研究报告,这些报告并没有超出 1980 年前后美国科学家公开发表在学术刊物(如 *Laser Focus* 等)上的内容,远远谈不上什么与模拟核爆的秘密有关。事实上中国科学家早在 1964 年就独立地提出了激光聚变的有关思想,并进行了多年的研究和公开的国际学术交流,我们就是通过这一途径认识李博士的。

李博士在 1997 年 5 月访华时,介绍了微波从海面背向散射的研究工作,并提供了他在 *IEEE Proc.—Radar*, *Sonar. Navig. and Applied Optics* 等公开学术杂志上发表的有关论文,他的报告只限于这些论文的内容。

因此,我们不禁要问,为什么要把这些本属正常的学术交流子虚乌有地说成是所谓"向中国提供模拟核爆的秘密"呢?

众所周知,由于江泽民主席去年访问美国的成功和克林顿总统将要来华访问,中美两国关系呈现出较好的发展势头。此时,我们尤其不愿意看到一些人仍然试图阻碍两国在学术领域的友好关系。

我们对此事件十分关注。特在此诚恳呼吁美国人民,特别是美国科学家们主持正义,使李博士免遭无故的迫害。这无疑将有益于中美两国关系的健康发展。

中国科学院院士:

王淦昌　王大珩　谢希德　陈佳洱　王乃彦　徐至展　贺贤土

一九九八年二月十日

写给李源潮同志的信(推荐陈骝)[*]

尊敬的李源潮同志:

  我们是核能研究领域中聚变能及有关领域的研究人员,我们非常支持中央围绕国家发展战略目标需要,大力从国外引进高层次学者,提升我国科学研究和技术开发的自主创新能力的"千人计划"。从目前已公布的名单来看,这一计划确已经吸引了一些优秀人才。但是我们也注意到在引进基础研究和技术创新人才的同时,应重视对实施国家中长期科技发展中大科学工程(特别是16个重大专项和先进高技术有关的大科学工程)有关的高层次领军人物的引进。这些大项目是为了实现创新型国家建设目标,2020年左右能在国际上展示中国科技能力的专项。因此引进这些项目的领军人物,特别是国内稀缺的人才,是十分迫切的。我们遗憾地了解到,在这次教育部的评审中,一位具有国际威望的、可作为我国在"国际热核聚变实验堆"(ITER)专项中磁约束聚变物理研究领域领军人物的陈骝教授(美籍华人)没有入选"千人计划"(浙江大学报教育部重点学科理科"千人计划"),可能因超龄而未入选。陈骝是美国加州大学尔湾(Irvine)分校顶级终身教授(Above-Scale Professor),并是美国这一领域主要领军人物之一,他在磁约束聚变等离子物理、空间等离子体物理和基础等离子体物理等领域中取得了大量有国际影响的重要原创性成果,获得过多项国际大奖。他曾于2008年获得欧洲物理学会等离子体分会授予的阿尔芬奖(Hannes Alfvén Prize),这是以诺贝尔物理奖得主阿尔芬(Alfvén)命名的大奖,是欧洲物理学会等离子体物理最高荣誉奖,他是迄今唯一获此殊荣的亚裔科学家。从欧洲物理学会授奖时的证词对他的极高评价就可了解他的国际影响。这一证词后来发表在国际著名的《等离子体物理和可控聚变》(*Plasma Physics and Controlled Fusion*)杂志2008年第50卷第120302页上,这里我们从证词英文原文中翻译摘录部分供参考:

  陈骝教授的杰出的科学生涯是从空间等离子体物理研究领域出发,延续到他对磁约束聚变物理的研究兴趣。他最重要的科研成就包括动力 Alfvén 波、环状 Alfvén 本征模和高能粒子模的发现;地磁脉冲、Alfvén 波加热和鱼骨模振荡等理论的建立;首次导得了非线性回旋动力学方程;以及对漂移波不稳定性和湍流研究的重要贡献。

  陈教授被公认为是环状磁约束聚变系统中热核燃烧等离子体的物理基础的开拓者(原文为 Father)之一。他在燃烧等离子体物理基础方面的开拓性研究,对 ITER 以其相关

* 作者:贺贤土等。写于2008年。

计划在此后几十年内所研究的问题是至关重要的。因此，陈教授可被认为是为理解磁约束受控热核聚变有关问题的挑战性新物理奠定基础的少数几个科学家之一，这一物理基础对解决受控热核聚变问题是关键性的，并将指明最终实现首个热核反应堆的途径。

这是对陈骝教授的学术成就的极高评价，由此可了解他在国际等离子体界的威望和影响力。

他在国际著名的科学杂志上已发表了 170 多篇科学论文，被引用 5700 次。他研究获得的多个模型、方程及理论已被国际同行直接以他和合作者的名字来命名，如 Chen-Hasegawa 磁力线共振模型、Frieman-Chen 非线性回旋动力方程等。证词中也提到了他"教育了以他为典范的一批新一代科研工作者的重要贡献。"

就我们初步了解，在目前引进的"千人计划"的人才中很少有人受到国际同行这么高的评价。显然引进陈骝教授对我国磁约束聚变科学的发展，特别对我国的 ITER 专项和空间等离子体有关的计划是十分重要的。

这里我们要特别提到，我国正在执行与美、欧、日、俄、韩等国国际合作项目——中国的 ITER 专项，我国提供大约 80 亿~100 亿人民币建造经费，这是迄今我国最大的与聚变能源有关的大科学工程国际合作大项目。由于历史的原因，目前我国与这一专项相关的磁约束聚变科学的研究水平整体上与国际差距很大，年轻一代的研究人才十分缺乏，需要大力培养。我们十分忧虑，如果在这些方面不能抓紧，大约十年后，一旦 ITER 在法国建成和运行，中国缺乏能力提出有水平的物理实验项目，不仅我国出了巨资为他人所用，而且我国的国际形象会受很大损害。因此，我们强烈呼吁在"千人计划"中引进陈骝教授，虽然他今年已 62 岁，但是身体十分健康，仍然活跃在科研前线，并积极培养年轻科学家。如果他再工作十年，为国家培养出一支高水平研究队伍，并使我国有关研究达到国际先进水平，这是非常值得的。事实上，从 20 世纪 70 年代开始，他多次来华交流和帮助国内的磁约束聚变物理研究工作；两年多前，我国参加 ITER 计划后，他又抽出部分时间，亲自担任浙江大学聚变理论和模拟中心主任，为我国热核聚变能科学研究发挥了十分关键的作用。"千人计划"公布后，他计划辞去他顶级终身教授的职位，全职回国工作。他自己在给国内朋友和浙大领导的信中表示，作为炎黄子孙，看到祖国日益强大感到十分自豪，愿意为祖国的磁约束聚变研究服务。据我们了解，欧洲、台湾等也都在设法引进他。如果"千人计划"不能引进，他很可能不会回国，仍留美或受聘于他处。

在这里我们也呼吁中组部更多地关注引进我国的热核聚变（包括磁约束聚变和惯性约束聚变）方面大科学工程的高层次人才，建议在教育部和科技部专家评审中多吸收有关这方面的专家，对于一些特别有水平的人才不要完全被 55 岁年龄所限制。

希望得到您的大力支持。此致

敬礼

贺贤土(中国科学院院士)

霍裕平(中国科学院院士)

俞昌旋(中国科学院院士)

王乃彦(中国科学院院士)

张杰(中国科学院院士)

杨国桢(中国科学院院士)

彭先觉(中国工程院院士、ITER 专项专家委主任)

李定(ITER 专项专家委员会成员)

李建刚(ITER 专项专家委员会副主任)

惯性约束聚变研究进展和展望[*]

惯性约束聚变(ICF)是实现可控热核聚变能源的主要途径之一,同时又可做国防、基础科学研究等重要应用。

ICF的基本思想是:利用激光或离子束做驱动源,脉冲式地提供高强度能量,均匀地作用于装填氘氚燃料的微型球状靶丸外壳表面形成高温高压等离子体,利用反冲压力,使靶的外壳极快向心运动,压缩氘氚主燃料层到每立方厘米几百克质量的极高密度,并使局部氘氚区域形成高温高密度热斑,达到点火条件。驱动脉冲宽度为纳秒级,在高温高密度热核燃料来不及飞散之前,进行充分热核燃烧,放出大量聚变能。

为了实现对聚变能源的利用需要历经三个里程碑阶段。

(1)靶物理研究。虽然在20世纪80年代中期美国通过地下核试验已证实了ICF的科学可行性,但是为了在实验室条件下掌握驱动器与靶耦合各个环节的物理规律,在实验室演示点火(ignition)和高增益仍然是必要的。

(2)聚变发电演示。建成惯性聚变能演示反应堆及发电厂,演示工程上的可行性。2025年左右实现。

(3)商用。商用发电达到经济效益可以和其他能源相竞争,即经济上的可行性。2040年左右实现。

驱动器可远离反应堆以及操作和维修的灵活性是ICF用于能源的一个很大优点。

根据估计,一个脉宽约5~10ns、能量为几个兆焦的激光脉冲可使靶丸内的几毫克氘氚放能达到高增益G=50~100,如果驱动器效率达到10%左右、重复频率为每秒几个脉冲,就可建立一个1000MW级的电厂。

一、国际上 ICF 研究进展

自从20世纪60年代初激光器问世以后,中、美、日、苏联等国即着手激光驱动ICF研究,30多年来ICF研究已在世界范围内取得了重要进展。但目前仍处在科学上可行性研究阶段,即

———————————
 * 作者:贺贤土。原载于《核科学与工程》,2000年第20卷第3期。

掌握 ICF 主要环节的靶物理规律,实现实验室演示点火目标。为此需要驱动器(主要是高功率、高能量激光器)、靶物理理论和实验、精密诊断设备、靶的制备五个方面协调研究发展。下面主要介绍美、法、日等国在激光驱动器和靶物理方面的研究发展情况。

1. 驱动器的研究发展

究竟需要多少驱动能量才能达到点火和能量增益呢? 80 年代中,美国利用地下核爆的少部分 X 光作为驱动源,照射氘氚靶丸表面,成功地实现了具有近百倍能量增益的聚变反应,而且实验结果和 LASNEX 程序计算相符,从而证实了 ICF 的科学可行性,也明确了需要有几个纳秒脉宽、兆焦耳级的驱动能量才能满足要求。

(1)美国

● 从 1975 年至今,LLNL 已建立了 6 代固体激光器,输出功率提高了近 5 个量级。

● 1985 年建成了当时世界上最大的固体激光器 NOVA,脉宽约 1ns、10 路、三倍频(3ω)能量(下同)输出约 20kJ。1994 年 NOVA 完成精密化,能量升级至 40kJ。

● 1995 年在 Rochester 大学建成固体激光器 OMEGA(1ns、60 路、约 45kJ)。

● 正在建造国家点火装置(NIF),3～5ns、192 路、1.8MJ,预计 2005 年前后建成。目前能源部的一个专门小组正在对 NIF 的技术进行评估。

● 拍瓦(10^{15}W)装置(1ps、1 路、1kJ)正在运行。

(2)法国

● PHEBUS 装置(约 1ns、2 路、2×4kJ)正在运行。

● 在美国帮助下正在研制百万焦耳装置(LMJ),3～5ns、240 路、1.8MJ,预计 2010 年建成。

● P102 超短脉冲激光器,约 350fs、1 路、55TW。

(3)日本

● GEKKO-XII 装置于 80 年代中建成,1ns、12 路、5～8kJ,正在运行。

● 超短脉冲装置,1ps、1 路、100J。

此外,英国和俄罗斯也在计划建造高功率、大能量固体激光器;

美、日还在发展准分子 KrF 气体激光器作为能源候选驱动器。

2. 靶物理研究进展

美国在精密 NOVA 和 OMEGA 上做了大量点火前物理实验和数值模拟,在激光与等离子体相互作用、激光与靶耦合(激光吸收、能量转换)、电子传热、X 光输运、辐射流体力学、直接和间接驱动内爆动力学、流体力学不稳定性等方面获得了大量规律性认识;同时实验校验了 LASNEX 软件包,使数值模拟能很好预言实验结果,基本上掌握了点火前靶物理规律。由此定标外推到点火物理,为 NIF 建造提供了物理要求,将在 2010 年前实现实验室点火。

日本以直接驱动为主,在 GEKKO-XI 上做了大量靶物理研究,在激光与等离子体相互作用、激光与靶耦合、直接驱动内爆动力学、流体力学不稳定性等方面做出了出色成绩。特别是十年以前直接驱动压缩含氘氚塑料壳空心靶,其密度达到初始密度的 600 倍以上,使国际上 ICF 研究人员受到很大鼓舞。

法、俄等也做了大量靶物理研究工作。

快点火研究有可能革新原有点火概念,大幅度降低能源驱动器能量和造价。

三、我国 ICF 研究进展

1964 年,王淦昌在国际上独立提出激光驱动聚变的建议,由此开始了我国 ICF 研究的历史。80 年代初中国科学院与当时九院合作研究促进了我国 ICF 的发展。1993 年,863 计划成立了惯性约束聚变主题专家组(863-416)后,规划了国家 ICF 发展目标,并在驱动器、靶物理理论和实验、精密化诊断设备、靶的制备五方面研究取得了重大进展,为进一步的研究打下了重要基础。

1. 驱动器研制和发展

经过早期几代固体激光器的研制,1986 年建成神光一号(SG-Ⅰ)——当时称为 LF-12,脉宽 1ns、2 路、基频(1ω)能量为 2×800J,1994 年退役;与此同时建成了星光装置(1ns、1 路),目前输出能量约 100J(3ω)。

1994 年决定建造 SG-Ⅱ,1ns、8 路、6kJ(1ω)、3kJ(3ω),经过改造,2000 年已开始投入运行。

1996 年开始进行 SG-Ⅲ原型概念设计。SG-Ⅲ为 60 路、1ns、输出到靶面的总能量为 60kJ(3ω),它是我国进行点火前靶物理并外推到点火物理研究的驱动器,预计 2010 年建成。

SG-Ⅲ原型为 2 路、1ns、2~3kJ(3ω)装置,它是为 SG-Ⅲ的科学技术集成和工程过渡提供依据,2003 年建成;四程放大装置、主放大器模块系统等七个分系统将于 2000 年建成。

为了发展我国高性能、高功率、大能量固体激光器,经过几年努力,已奠定了关键技术、高性能大尺寸元器件及加工技术等初步技术基础。

作为能源候选驱动器的天光一号准分子 KrF 气体激光器的研制进展良好,正在运行。

2. 靶物理研究进展

1989—1990 年在 SG-Ⅰ上获得了间接驱动热核中子,标志了我国的 ICF 研究工作上了一个新的台阶,已有能力走向下一步。

2000 年 4 月在 SG-Ⅱ上实验获得了爆推靶 4×109 热核中子,标志了我国 ICF 研究有更大进展。

在 SG-Ⅰ上利用 1ω 激光和星光上 3ω 激光做了激光等离体特性、激光与靶耦合、X 射线辐射特性、高压状态方程等大量基础研究。

理论研究和数值模拟预研了 SG‐Ⅱ 和 SG‐Ⅲ 条件下的靶物理主要规律,并提供了 SG‐Ⅲ物理指标。

经几年研究,形成了大型数值模拟软件包 LARED(类似美国 LASNEX),其中包括多个一维程序、多个二维大程序(模拟黑腔行为、直接和间接驱动内爆动力学、辐射输运、流体力学不稳定性和粒子模拟)、少量三维程序。部分程序已经国内外实验数据校验。

开展了与快点火概念有关的基础物理研究。

3. 其他

物理实验诊断已基本具有系统配套、高性能、精密化的设备。

ICF 靶制备和检测研究不断取得进展,已基本能满足 SG‐Ⅱ 和星光装置上的实验要求。

我国 ICF 发展的初步规划是:2010 年左右建成神光Ⅲ,2020 年左右建成神光Ⅳ,实现实验室点火演示。

四、ICF 能源应用

ICF 研究经过 30 多年的努力和几次国际上大评审,总结了经验和教训,发展基本上是健康的。从最近国际上进展来看,在 2010 年前实现实验室中点火演示是可能的,没有发现物理和技术上的重大障碍。但仍需充分重视深化靶物理研究,充分掌握各个主要环节的物理规律,解决驱动器上的一些技术问题,在此基础上实现点火和高增益目标。

能源用驱动器的研制涉及关键技术、材料、元器件加工等一系列科学技术问题。目前关键是使固体激光器提高效率约一个量级左右及脉冲发射重复频率为几个赫兹。正在快速发展的半导体激光泵浦代替氙灯技术有很大可能解决这些问题,但需大幅度降低激光泵浦的造价。

从技术和经济观点看,目前其他驱动器(如准分子激光器、粒子束驱动器)还需做更大探索。

惯性聚变能的反应堆和电厂的建造和商业化仍然需要工程上和经济上的论证和努力,但如果驱动器能解决,这些不是不可逾越的障碍。展望 21 世纪中叶,惯性聚变能的商业应用将有美好的前景。

产学研结合是发展高职教育的根本途径*

一、为什么高职教育除了"产""学"以外还要密切结合"研"？

高职院校是高等学校,有较好的技术资源,特别是有教授、副教授等高级专门人才。因此,高职院校除了培养人才以外,有责任面向地方企业和农业,通过研究解决他们技术改造和技术革新中的大量技术问题,帮助提高产品的技术附加值和农业科技水平。

高职院校开展研究工作、解决技术问题的层次不同于普通本科院校,更不同于研究型大学。研究型大学的研究更多的是面向国家目标和任务;本科院校的研究原则上是介于高职院和研究型大学之间,虽然有时本科与高职院校之间的技术研究界限不易区分,从整体来说,高职院校应服务于地方企业和农业发展中相对较低层次的技术问题的研究和解决,这些技术问题是大量的(例如,温州的打火机提高安全性出口欧洲,最近福建生产出的弹性和稳定性好的鞋在美国很受欢迎,等等),但对企业和农业发展十分重要。事实上现在不少高职院校在校企合作过程中已经在这样做了,比如上次百家企业论坛会上听到的新疆一个高职与当地农业合作研究出的产品等。我们宁波职业技术学院(简称宁职院)虽然一开始也提倡产学研结合,但当时由于师资力量和水平的限制,主要是产学(校企)结合,现在我们号召和鼓励有能力的教师到企业中去帮助企业研究解决他们的一些技术瓶颈,取得了一些成绩和经验。如热熔型道路标线涂料专用石油树脂 YH – 1288S 产品,激活了一个厂,年产值达到 6000 万元。又如 MC 尼龙聚合新型催化剂——甲醇钠;异辛酸稀土改性 MC 尼龙技术;热溶压敏胶专用 C5 石油树脂研制;对宁波甬华树脂有限公司设计能力 7000 吨/年石油树脂装置,提出技术改造扩建方案,为企业年新增产值 3000 万元;中小企业信息化平台的研究与开发;磁卡保险箱控制系统;MP3 自动播放控制器;继电器老化测试仪;超声波细胞粉碎机控制系统;微机极谱溶出分析仪;全自动微量水分测量仪;SYT82/180 高效直流伺服电机;多功能全自动蒸饭箱;产品外观、功能创意设计,产品结构设计工装、检具设计及加工,产品测量,技术咨询,管理培训;等等。产学研结合为企业产品高附加值、海外出口和高盈利做出了贡献。

＊ 作者:贺贤土。写于 2008 年 10 月 29 日。

好多发达国家和地区的经验值得我们借鉴,如美国硅谷、中国台湾地区的产品(欧洲展览的例子)。

高职院校的教授、副教授等高级专门人才进行研究工作,能够提高教师的科学技术水平,有利于双师型师资队伍的建设,有利于培养适应企业和农业需要的技术创新人才,有利于通过技术创新对地方经济发展做出贡献。由于 21 世纪科学技术的快速发展,新编的教材不可能跟上这样的形势(如教材中的 286 案例),教材革命将成为一个突出的问题,教师的研究成果将为补充教材的内涵提供基础,有利于教育革命。硅谷的经验表明:教师头天的研究成果在第二天课堂上补充传授给学生,使学生学到书本上没有的新的技术知识,提高了学生的学习质量和新的知识水平。

产学研结合,有利于促进学校与企业和农村的产学结合。

二、产学研结合有利于高职教育的可持续发展

这是经济社会发展的需要。20 世纪 30 年代,量子力学和相对论等的建立使 20 世纪后半期的科学技术得到快速的发展,特别是 20 世纪末到 21 世纪初,科学技术新的发现和发明变为技术的频度越来越快,新的技术和产品层出不穷,经济社会发展也必然加快。因此,高职教育应当有前瞻性,今天培养的学生和今天的专业布局应当考虑到能适应明天科学技术发展的需要。只有产学研结合才能适应这样的发展,使高职教育可持续发展。

高职教育应当促进和适应经济社会的这种快速发展。高职教育的目标是培养高级技术应用人才,笼统地来说,我认为这样的人才要有扎实的本专业的理论知识基础,他们应是密切结合生产实践,能熟练应用现成的理论知识去设计和制造设备以及应用复杂的高新技术(例如制造业中的高端技术)去从事产品制造活动的人,即从事"professional"的人,而不要求他们发现新的物理规律,从事技术发明。

为了培养这样的人才,现在的本科教育在体制上不能适应上述要求,应当大量转向高职教育。在提高本身的质量和水平的基础上,高职教育应当建设成包括两年制、三年制、高职本科、高职研究生的教育体系(如台湾地区的高职教育),"一刀切"不利于高职的发展,不能满足社会发展的需要。

不断总结高职教育产学研结合的经验,建设具有中国特色的高职教育体系。

高水平科技创新人才是在实践中产生的*

高水平科技创新人才,特别是科技领军人物和战略科学家,毫无疑问,他们都是在长期的科学研究与科研实践中成长起来的。但在目前关于高水平科技创新人才培养的讨论中,也就是在热烈讨论的"钱学森之问"中,不少学者过多地强调大学的重要性和责任,而不强调个人在步入社会以后的艰苦努力与实践和社会所应承担的重要责任,这是不妥的。

一、正确的科学思维方法比知识更重要

大学对一个人来说是一个重要的学习阶段。高等教育十分重要,其重要性在于打好基础,这个基础应包括传授知识和培养科学思维能力两个方面。

我国大学现在的教育着眼点更多的是传授知识,而缺乏引导学生运用科学思维方法分析事物能力的训练。有时虽然教师在讲授课程和分析问题的时候也在传授思维方法,学生们也在潜意识地接受这样的训练,但学校和老师有意识地把这样的训练作为教育一部分是十分不够的。

科学思维方法的培养将为高水平科技创新人才的脱颖而出打下坚实的基础,我们从具体实践中可以深刻体会到科学思维方法对人才成长的重要性。

1960 年前后,中央抽调了一批优秀科学家领导核武器研究工作,其中包括理论物理学家彭桓武、邓稼先、周光召、于敏等。虽然他们的研究领域完全不同于核武器,以前也从未接触过原子弹、氢弹,但他们具有分析复杂事物、抓住现象本质的突出的科学思维能力,结合他们原来的专业知识基础,在较短时间内领导年轻研究人员便取得了原子弹和氢弹的突破,以后又突破了中子弹,这其中正确的科学思维起了十分重要的作用。我们经常听彭桓武、周光召、于敏等分析问题,印象很深刻,他们一下子就能抓住问题要害。我很感兴趣,常常问自己,他们为什么是这样分析,巧妙在什么地方,如果是我会怎么样分析,并从实践中不断感悟,一次、两次、三次,慢慢地就能形成一套自己的独立科学思维的方法。在工作实践中我深刻体会到,在刻苦学习、努力提高知识水平的同时,应不断提高正确科学思维的能力,这对我以后的工作帮助非常大。

---

* 作者:贺贤土。原载于《科学时报》,2010 年 7 月 15 日。

掌握科学思维方法比学习书本知识难得多，只有不断实践，感悟自己，才能获得很大收获。在日常研究工作中不乏专业知识丰富、思想也很活跃的同志，由于缺乏正确科学思维能力，不能很好地抓住问题的核心，无法判断和排除一些不重要问题，最后他虽然与别人一样努力，但成就远不如人家。我认为，只有在研究中不断地汲取周围同事好的分析问题的思维方法来充实自己，再通过长期不懈的实践，才能获得属于自己的正确的科学思维方法。这样，在丰厚的知识基础上一定能做出高水平的研究工作。

需要强调的是，在研究生培养特别是博士生培养方面，科学思维方法的教育和训练更为重要。优秀的导师在指导博士生的时候应当注意培养学生分析复杂事物、抓住现象本质的科学思维能力，引导学生到他所研究领域的最前沿。实践表明，高分的学生不见得在科研工作中就一定能做出很好的成绩来，只有那些知识基础扎实、学得灵活、思维方法正确的学生，毕业后在社会实践锻炼中才有可能成长为高水平科技创新人才，做出高水平的科技创新成果。

二、社会肩负的重要责任

一个人在大学阶段是打好知识基础和发展的起步，以后走得好不好，有没有成就，在实践过程中除了他个人要努力，社会的责任和作用是至关重要的。

高水平的创新科技人才，特别是科技领军人物和战略科学家，他们不仅在所从事的研究领域中有深厚的知识基础，十分熟悉他的研究领域的最新信息，而且应具有善于分析复杂事物、抓住现象本质的科学思维能力，这样的人才可能做出高水平的科技创新贡献。现在，不少学者喜欢把高水平的科技创新人才的培养任务都压在大学身上，似乎大学可以决定一个人一生的发展，这与我们实践中的认识并不一致。

三、人才"出"与"进"

大学是基础，且是十分重要的基础，必须打好知识基础。但一个人大学考试分数高，不见得他将来研究工作就搞得好。无数事实表明，社会实践是培养高水平创新科技人才的最好的课堂。年轻科技工作者进入社会以后，他们自身坚持不懈的努力是至关重要的，但同时社会也要为他们提供充分的条件和机会，让他们脱颖而出，这是社会培养创新科技人才应有的责任。

所谓社会责任，我认为就是学生毕业到工作岗位后，他所任职的研究所、大学和社会的每个部门，对人才的成长负有责任。首先是要发现人才，研究院所和大学的领导要做真正的"伯乐"，广纳英才，而不要因为害怕别人超越自己，而故步自封。从这一点上来说，我感到社会的责任尽得不够，怎样努力发现和对待那些有才华的人，不同的部门差别较大，有些单位领导怕优秀人才超过他，设法压制人家，这很不利于中国科技的发展。

第二是社会要为人才的发展成长提供可能的机会,包括为他们提供深造的机会;尽可能为他们在科研工作中提供优秀的导师指导和帮助,传给他们研究经验和思维方法,让他们尽快成长,同时提供使他们能够更好施展自己才能的环境,在实践中努力提高他们的水平,这就是社会的责任。

我建议在实践中发现和选择一批有很好知识基础和发展潜力的年轻人,同时物色一批在实践中做出过高水平创新贡献的具有战略科学家头脑的专家来指导他们,提高他们的水平。同时,要总结具有正确科学思维能力的科技领军人物和战略科学家(如钱学森、周光召等)的科学实践经验,为培养新世纪科技创新人才提供有益的参考。

为什么目前我国的教育制度较难培养大批高水平科技创新人才?我认为主要矛盾是高等教育的改革。如果改革大学录取方式,除了分数以外还进行综合素质特别是考生思维的能力考试,将会引导中小学的培养方式和目标发生根本性改变,这当然需要全社会的共同努力。

来自教育部留学中心的资料显示,2007年以来,我国每年留学的人数超过10万且有增加的趋势,他们中绝大部分是中国培养的优秀大学生和优秀研究生。我赞成出国留学,我也是出国回来的人员。吸收人家好的科技和文化知识,学习人家长处,开阔眼界是十分重要的。

但需要看到的是,我们培养的这些优秀人才的大部分人,在完成国外学习深造后最终成为美国或其他西方国家创新人才队伍中精英的一部分,在他们精力最为旺盛、最富有创造力的人生阶段中,成为他国科技发展的重要力量之一,而此时也正是我们国家最需要他们的时候。如何及时吸引他们回来,特别是在他们成家之前吸引他们回国服务,是一个急需解决的问题。

当年很多人出国是由于国内条件的限制,但现在已经完全不同于那时,我们的科研条件有了很大改善,但工资待遇、住房等因素却影响了这些人员及时回来。一旦他们在那里成家立业,吸引他们就比较困难了。大量精英的流失应当引起我们足够的重视,不要在若干年后,再像现在这样花大钱引进那些已为他人做出重要贡献的我们自己培养的精英了,那时我们最应该引进的是高水平的外国人。

"千人计划"是我国人才战略的重要举措。我认为,引进的"千人计划"人才,更应发挥他们带头人的作用,即他们应该是领军人物,能够开拓一个领域、一个方向,能够为中国带出一支高水平的研究团队,而不是仅仅搞研究。当然对于那些全职回国工作的千人计划人员,要考虑他们三年合同期满后的安排,通过政策力量发挥他们的才干,吸引他们长期安心在国内工作。对于那些特别优秀、真正有水平的人,也可由中国科学院和中国工程院通过设立通讯院士或特殊外籍院士制度等,吸引他们到我们国家的院士队伍中来。当然,也要处理好已扎根在国内并做出重要贡献的人员。

贺贤土：56元工资买原版书*

　　贺贤土院士谈锋甚健，打开话匣子，便滔滔不绝，略带激动的回忆把他带到了几十年前购书的往事中。

　　"知识分子爱读书，首先要买得起书。"他边说边转身拉开玻璃柜门，从存放的外文原版书中随手抽出一本说道："这些书都是我拿56元工资时买的，收藏了几十本。"贺贤土1962年大学毕业，实习期每月工资46元，从1963年到1987年工资都是56元，这份薪水拿了14年。养家糊口余下的钱都扔进了书店。我听了不觉纳闷，即便全花掉工资也买不起原版书呀！他看出我的疑惑，讲起了颇为得意的淘书之乐。原来，贺贤土屡屡跑书店，探得东安市场和西单商场里面的中国书店有原版英文、俄文书籍低价出售，像发现新大陆一样，从那里淘到大量原版书。说着，他翻开英文版《理论物理》，版权页上盖有"处理"的印章，原价很贵，但重新标价仅3.2元。这些原版书来源于不同单位和个人，合上手中的书，贺贤土接着说："我每月都要跑上几趟，成了那里的常客。不过原版书再便宜也卖好几块钱。以前单身，除了买书留点生活费就行了。结婚以后，特别是有了孩子还拿56元，买书就困难了。好在妻子理解，家里生活开支全靠她的工资啊！""文革"期间，别人打派仗，他当"逍遥派"，靠原版书获得不少最新的知识，业务没荒废，外文基础也打扎实了。像哈根著的《协同学》、采多维奇写的《等离子体湍流理论》对以后的科研工作帮助极大。

　　贺贤土读书还有个习惯，好书在手，喜欢在书的空白处注眉批、写体会。当他在图书馆读到一本好书时，手头痒痒，只好千方百计把书买到手，再过把涂涂抹抹的瘾。采访快结束时，贺贤土指着桌上的收音机和床头的书架说，这是他们的"传家宝"。这架"上海牌"144型电子管老式收音机，摆在那里像一件古董；而书架上的漆都磨光了。他深有感情："书架是爱人在北京平安里家具店精心挑选的嫁妆。这两件东西伴随我们辗转千里，一直舍不得处理。"

---

　　* 作者：侯艺兵。节选自《院士怎样读书》，上海教育出版社，2006年。

从原子核发现到核能利用

——纪念居里夫人发现钋和镭一百周年[*]

今天是居里夫人(M. S. Curie)发现钋和镭一百周年,国家科协组织了这次座谈会来纪念这位伟大的核科学的先驱,并号召学习她献身科学的精神。在当前党和国家号召"科教兴国"的形势下,我感到意义特别重大。

我要讲的题目是"从原子核发现到核能利用",所要讲的内容分三部分:第一部分简单介绍原子核的发现和研究;第二部分简要介绍原子核能的释放和利用;第三部分为简短的结束语。

一、原子核的发现和研究

1. 镭的光晕显示了核时代开始的曙光

在 1896 年 A. H. Becquerel 发现铀盐放射性的基础上,一百年前的今天,居里夫人从沥青铀矿和矿渣中提炼出了钋和镭,开启了人类进一步探索一种新的物质—原子核的时代。著名的理论核物理学家韦斯科夫(V. F. Weisskopf)在他的《二十世纪物理学》一书中这样写道:"镭在居里夫人手里发出的微弱的光晕,这是一个有力的启示:在物质中存在着我们依然没有弄清的现象,放射性过程清楚告诉我们,在原子内部必定有某些能量要比原子里德堡单位高得多。"这表明了存在一个以前没有接触到的新的物质世界,放射性就是从那里来的,因此吸引了很多科学家进一步探索。

1911 年卢瑟福(E. Rutherford)从 α 粒子大角度散射偏转的实验提出了有核原子模型,虽然他当时没有明确提出"核"这个词,但是终究后来形成了核这个概念。六年后(即 1917 年)他又用同样工具去研究核的成分,并且发现核中的某些组元是一些质子。一个新的物质世界就这样开始呈现在人们的面前。但是一直到十五年后,在物理学中具有伟大意义的 1932 年,查德威克(J. Chadwick)发现了核中有中子,原子核的组成才被真正揭露出来。原子核由中子和

---

* 作者:贺贤土。于 1998 年 12 月 30 日在纪念居里夫人发现钋和镭一百周年会上的发言稿。

质子组成,它的大小不超过 10^{-12} 厘米。核物理时代真正开始了。在这伟大的 1932 年里,安德森(C. D. Anderson)从宇宙射线中发现了正电子,证实了迪拉克(P. A. M. Dirac)在 1930—1931 年的预言;尤里(H. C. Urey)发现了氢同位素氘的存在;接着 1933 年费米(E. Fermi)发表了 β 衰变的中微子理论。这一系列发现中的每一项,对核的深入理解都有影响深远的意义。

既然原子核由中子和质子组成,就表明存在着一种新的自然力,正是这种力把质子和中子紧紧地束缚在核内,从此开始了核力的探索。

2. 随着探测仪器的改善、加速器的发明与建造以及对宇宙射线的探索,核的研究和认识愈来愈深入

1934 年,居里夫妇用 α 粒子轰击钋、硼和镁核发现了人工放射性,开创了放射性应用的新纪元。消息传到罗马,费米感到是否用中子入射可能更有效获得人工放射性,实验产生了意想不到的事情,获得了更大发现——重核铀在中子作用下会发生裂变。1939 年迈特纳(L. Meitner)和弗里施(O. Frisch)确认了这是裂变现象。重核裂变一经证实,人们立即转向由此可能释放的核能研究。1939 年费米等人用实验证明中子轰击铀核可产生链式反应。一直到 1942 年,世界上第一座链式反应堆建成,裂变能利用成为可能。后来又发现轻核能发生聚变放能,例如氘和氚(氚由中子照射 Li^6 产生),在高温下可以聚变成一个较重核和一个中子(满足粒子数和电荷守恒),并放出聚变能,聚变能利用成为可能。

在核能研究的同时,为了进一步了解原子核的特性,核结构的微观研究不断深入。虽然核力还不清楚,但各种唯象模型在量子力学框架下的研究不断丰富了人们对核的认识。近年来对核力的唯象认识有了很大提高,但是核力之谜真正解开,恐怕与基本粒子研究深入分不开,可能还需一代人的努力。

二、核能的释放和利用

1. 核裂变和聚变释放的能量

当质子和中子组成原子核时,核的质量总是小于质子和中子质量之和,这一质量差就转换成核的结合能。核的结合能大小是把质子和中子紧密结合在核内的一种量度,结合能愈大,核就结合愈紧。当结合能较小的核转变成结合能较大的核时,它就放出核能。

有不少原子核反应具有放能反应的性质,这时反应后产物的静止质量小于反应前的静止质量。根据爱因斯坦(Einstein)质量与能量转换关系

$$E = \Delta m c^2$$

反应前后的质量差(亏损)Δm 转换为放出的能量 E,这里 c 是光速。进一步改写,得

$$E(MeV) = 931m(amu)$$

这里 $m(\text{amu})$ 用原子质量单位 amu 表示，$1\text{amu} = 1.67 \times 10^{-24}$ 克，可见 1 克物质能够转换为极其巨大的能量。

（1）重核裂变能

对于重核裂变，例如 $U^{235} + n \rightarrow$ 碎片 $+ \bar{v}n + \gamma + \tilde{v} + 200\text{MeV}$，反应过程产生质量亏损放出约 200Mev 能量，其中碎片的动能约占 80%，其余为 $\bar{v}$ 个中子 n（$\bar{v}$ 约 2.5）、光子 γ、中微子 $\tilde{v}$（由 β 衰变产生）等的能量及裂变碎片的衰变能。一次核裂变反应放出的能量是微不足道的，200Mev 的能量只有 7.66×10^{-12} 卡的大小。好在裂变产生的 $\bar{v}$ 个中子能进一步去轰击其余 U^{235} 核，引起它们的裂变，依次不断下去，产生了所谓链式反应，放出的能量就巨大了。但问题是，产生的中子在 U^{235} 介质中可能被吸收掉，也可能跑出（漏失）介质外。为了讨论链式反应能自持下去，我们定义一个增殖系数（又称倍增系数），它是在某一时间间隔内系统中产生的中子总数与吸收和漏失的中子总数之比，对一个有限介质，这一系数称为有效增殖系数 k_{eff}。在裂变反应堆内，自持链式裂变反应的条件可用 $k_{\text{eff}} \geqslant 1$ 来表示。$k_{\text{eff}} = 1$，系统内中子产生率刚好等于中子的消失率，链式反应就恒定地进行，这时称为临界条件。对给定的几何布局和组合材料特性，达到临界条件所需的裂变材料的最小质量称为临界质量。大于这一质量时就称超临界，这时中子（能量）就会不稳定地增大。

在临界或超临界下就可使裂变材料放出巨大的能量，例如 1 千克 U^{235} 的裂变就放出约 2 万吨 TNT 炸药相当的能量（简称当量），即 1 千克 U^{235} 裂变放出的能量相当于 2000 万千克 TNT 炸药放出的化学能，可见核能之巨大。这样巨大的能量，如果在一定时间内释放，就可用于发电；如果在极短时间内，例如在百万分之一秒量级内放出就会产生巨大的破坏力。

（2）轻核聚变能

对于聚变反应，例如

$D + D \rightarrow T + P + 4.0\text{MeV}$

$D + D \rightarrow He^3 + n + 3.25\text{MeV}$

$D + T \rightarrow He^4 + n + 17.6\text{MeV}$

这些聚变反应都放出能量，这里 D、T、He^3、He^4、P 和 n 分别表示氘核、氚核、氦三核、氦四核、质子和中子。氘氚反应产生了 14.1MeV 能量较高中子。

虽然一次聚变反应放出的能量是微不足道的，但如果大量的氘核、氚核参与聚变，则放出的能量就十分巨大。例如 1 千克的氘氚聚变放能约 8 万吨 TNT 当量，比一千克 U^{235} 裂变能大 4 倍。

像裂变一样，为了获得大量聚变能，也要创造自持聚变反应的条件。聚变没有像裂变那样中子引起链式反应过程，因而也没有临界质量的概念。聚变是在高温条件下，两个轻核（例如氘和氚）以极高的热速度互相碰撞，克服库仑位垒后形成一个较重的核（例如 He^4）和一个较轻核（例如中子）并放出能量。为了确保聚变氘氚反应自持地进行，要求反应产生的 α 粒子（He^4）进一步自加热等离子体（由氘氚及反应产物和电子组成）的速率足以补偿由于各种冷却效应引起的等离子体能量损失率。自加热率等于损失率时称为点火。热核反应能量释放率大于损失率时,开始自持热核反应,聚变能量发生增益。研究清楚聚变过程的物理规律是实现点火的关键环节。

2. 核能利用

核能利用分军事应用及和平利用两个方面。

（1）军事应用

核能的军事应用主要是制造核武器。

Ⅰ. 原子弹

原子弹主要通过炸药内爆方式使裂变材料 U^{235} 或 Pu^{239} 达到高超临界,链式反应在约百万分之一秒量级时间内完成,这样短时间内放出的巨大能量导致爆炸和巨大破坏力。现在的助爆型原子弹主要能量也来自裂变。

Ⅱ. 氢弹

氢弹是由助爆弹来点火,其放能过程为裂变—聚变—裂变,即用助爆弹的能量压缩氢弹中裂变区材料和聚变区 Li^6D 材料,从高超临界裂变区产生的中子进入高压缩的聚变区引起 $Li^6 + n \rightarrow He^4 + T$ 反应过程,产生的氚在高温高密度下发生快速的 $D + T \rightarrow H_e^4 + n + 176MeV$ 过程,然后放出 14.1MeV 聚变中子,继续与 Li^6 作用造氚,不断循环。期间,部分氘氚中子穿透到裂变区,进一步加深裂变,氢弹以这种方式获得比原子弹大得多的能量。

Ⅲ. 核武器的研制

在第二次世界大战早期,爱因斯坦认识到核能释放的巨大威力,建议美国政府制造原子弹,以尽快消灭纳粹分子。1942 年,美国执行曼哈顿计划;1945 年 7 月,成功地试验了以 Pu^{239} 为裂变材料的内爆式原子弹;8 月,在日本广岛投掷了以 U^{235} 作为裂变材料的原子弹;1952 年,氢弹原型热核装置试验成功。而苏联则于 1949 年首次试验原子弹的装置;1953 年,首次试验氢弹装置。后来英国、法国也有了核武器。这样就开始了核军备竞赛。去年印度和巴基斯坦也进行了核试验。核武器的增加像裂变增殖反应一样,目前世界上已经有了三万多枚核弹头,美、俄占了绝大多数。

Ⅳ. 我国核武器

我国于 1964 年 10 月成功爆炸了第一颗以 U^{235} 作为裂变材料的原子弹装置,1966 年 12 月氢弹原理试验成功,早于法国。我国政府声明,中国制造原子弹、氢弹是为了防止核垄断,最终为了消灭核武器,并承诺不首先使用核武器。

现在虽然已全面禁止核试验,但核武器仍然是均衡世界军事力量的关键性因素之一,对我国的国际地位和保卫世界和平有着十分重要的作用。

（2）核能的和平利用

Ⅰ. 裂变发电是当前核能利用的主要方向

裂变反应堆能有效控制中子引起自持链式反应,所以不会形成爆炸。释放的核能量用于加热水,形成水蒸气,然后像常规非核电厂一样进行发电。

裂变反应堆结构复杂,堆态除了核燃料外,还有慢化剂(慢化中子)、冷却剂等,其中控制自持链式反应是反应堆运行的关键因素之一。

按大部分裂变中子的平均能量分类,目前有快中子堆(主要中子能量约100keV或更高)、中能中子堆(中子能量主要在几个电子伏到约10keV)、热中子堆(热中子引起裂变反应)三类。

目前裂变反应堆的技术已比较成熟,全世界已建造了近500座核电机组,裂变发电站装机容量达4亿千瓦,核电占总发电量约四分之一,发达国家占主要份额。我国的秦山一期核电站和大亚湾核电站已投入商业运行,秦山二期和三期以及岭澳和连云港核电站正在新建。预计在不久的将来,国际上裂变能发电将占有更大分量。

Ⅱ. 聚变能发电

热核燃料氘和氚在海水中蕴藏量极大,每吨海水中含约40克氘和0.1克Li^6,利用中子照Li^6可以造氚。地球上有约10^{18}吨量级海水,因此氘氚可以说几乎取之不尽、用之不竭。而且聚变产物不像裂变产物,没有放射性。因此,利用聚变能发电是21世纪人类理想能源,在21世纪中叶后将占有重要的地位,逐步代替地球上储藏量有限的化石能源和裂变能源。

为了获得聚变能,目前正在研究的主要有磁约束聚变(MCF)和惯性约束聚变(ICF)两种途径。

● MCF 研究

在高温下,氘和氚成了高速运动带电的裸核和自由电子,它们和聚变产物组成了高温等离子体。如果高温等离子体被包围在容器内,那么它与冷器壁接触就会很快冷却,无法维持高温热核反应。用强磁场约束这样的等离子体使它们与器壁隔离开来,这是MCF的基本特点。

目前MCF装置主要有托卡马克和仿星器等磁面闭合的环形闭合装置,以及磁场是柱对称但在两端磁力线开放磁场却加强(粒子被返回不漏失)的磁镜等开放装置。其中托卡马克是迄今研究最为广泛的一种准稳态的环形磁约束受控热核聚变实验装置,其名字来自俄文环流磁真空室字头的缩写。等离子体被磁场约束在环形区域(类似于游泳圈形状)中,磁场主要由强的环向场和极向(环的截面角向)磁场组成。保持这样磁场位形的平衡和等离子体的稳定是十分关键的问题。

国际上著名的托卡马克有美国的TFTR(已关闭),欧盟的JET,日本的JT-60U。定义Q等于输出功率与输入功率之比。JET加氚后Q已达0.7;最近日本的JT-60U获得迄今最高的等离子体参数(温度、密度),在JT-60U中由氘氘反应推算到氘氚反应,其等效的Q值已达到1.25。Q=1时,输出功率与外界输入功率相等,即表明了得失相当。

下一目标是实现点火。为了获得点火条件,讨论一种脉冲式聚变反应堆。假定其中等离子体所获得的总能量以效率η转换成电能,其中一部分电能返回,进一步加热等离子体以补偿其各种形式的能量损失,保证聚变反应持续进行,另一部分电能用作输出,发电才有实际意义。Lawson研究了一个理想循环的脉冲式的聚变反应堆中的能量平衡,得出聚变自持反应的条件(称为Lawson判据)为:

①对 D – D 堆：$n\tau \geqslant 10^{15}s \cdot cm^{-3}$，温度 $T = 50keV$；

②对 D – T 堆：$n\tau \geqslant 6 \times 10^{13}s \cdot cm^{-3}$，温度 $T = 10keV$。

当电能转换效率 $\eta = 0.136$ 时，D – T 堆的 Lawson 条件与点火条件相同。

实现点火只是第一个里程碑，要实现受控聚变应用还有很长时间。达到工程可行性是第二个里程碑，解决包括材料受中子辐照损伤等问题并演示商业发电（国际上估计约在 2035 年）。建立民用聚变电站是第三个里程碑（国际上估计约在 2050 年左右），解决经济上的可行性。

我国也在积极进行 MCF 有关的研究工作，在合肥的中科院等离子体所，一个中等大小的超导托卡马克正在进行物理实验，目前那里正在设计建造更大的超导托卡马克 HT – 7U，供进一步物理研究使用。此外，在成都的西南物理研究院，另一个中等大小的托卡马克 HL – 1M 在进行物理研究，同时那里也在设计建造更大的托卡马克 HL – 2A。

● ICF 研究

在 ICF 研究中，氘氚燃料装在一个球形小容器（称为靶丸）内。一种典型的靶丸结构由外壳、氘氚主燃料层（占有燃料主要质量的冷冻氘氚）和一个充有极稀薄氘氚气的大空腔中心区组成。ICF 的基本过程如下：驱动器（例如激光）在一个极短的脉冲时间内，提供足够高的能量均匀地作用在靶丸外壳表面上，加热成为高温高压等离子体（压力可达几千万甚至上亿大气压）；高温不断烧蚀壳层产生等离子体；高压使高温等离子体快速外喷，同时形成一个向球内部的强大反冲力，使未被烧蚀到的"冷"壳层和氘氚燃料以极大速度球对称地向中心会聚运动，即所谓内爆。整个过程类似于火箭运动，向后喷射的同时，火箭向前推进。靶丸球对称内爆时剩余的"冷"壳和氘氚都向球中心挤，其结果使聚变物质受到强烈压缩。如果调节脉冲形状，先通过预脉冲近似等熵地把主燃料层压缩到高密度、低温度，然后主脉冲再把它压缩到极高密度，并使中心空腔压缩成为小体积芯部高温高密度，达到点火条件。芯部点火聚变后所释放的 α 粒子进一步去点燃周围极高密度的主燃料区，依次使主燃料层发生热核反应，放出大量聚变能。

然而问题是：这时烧蚀区压力可高达千亿大气压，它会不会很快向外飞散开，从而灭火？幸好存在内爆产生的高密度向中心运动的惯性，在向心运动惯性作用下，高温高密度氘氚在来不及散开的一段短暂时间内实现点火和燃烧，达到增益（G = 热核释放的能量与驱动器提供的能量之比），这就是惯性约束聚变原理。

上述过程是中心点火模型的特点。为了实现点火，驱动器需要提供足够高功率和能量，保证主燃料层氘氚密度 ρ 压缩到高密度（例如 $200g/cm^3$ 左右）：ρ 与压缩后氘氚半径 R 的乘积为 $\rho R \approx 3g/cm^2$。在中心区，氘氚密度 ρ 达到约 $30g/cm^3$；温度达到 5keV 以上；ρ 与芯部半径 r 的乘积 $\rho r \approx 0.3g/cm^2$（这时芯部约有 2~3 个 α 粒子射程），系统实现中心点火。

1<G<10 称为低增益，对中心点火模型低增益靶丸初始半径约 0.1cm，氘氚装量为 0.2~0.3mg。但是为了获得足够的聚变能，提供足够的电能输出，高增益是必需的，这时聚变靶丸的装量需几毫克，聚变能主要由主燃料层释放。

在 ICF 研究中,所用的驱动器有激光器、离子束驱动器和 Z 箍束装置三种。离子束分为轻离子束和重离子束,激光束分为固体钕玻璃激光和气体氟化氢(KrF)准分子激光。目前钕玻璃激光器是用于 ICF 研究的主要驱动器。美国于 20 世纪 80 年代中期建成 NOVA 激光器,于 90 年代初精密化后能量达到 40kJ(0.35μm 波长,下同),用于点火前的物理研究;于 90 年代中期建成了能量略高的 OMEGA 激光器,进一步进行物理研究;在此基础上,于 90 年代中期开始了国家点火设施(National Ignition Facility Project, NIF, 1.8MJ, 192 束)的预研,计划于 2003 年建成,2004 年左右在实验室演示聚变点火。法国也计划于 2010 年左右建成能量与美国 NIF 类似的 240 束的点火装置。日本目前有 GEKKO -Ⅻ激光器(12 束,总能量为上万焦耳),已做了很多物理研究。英国和俄罗斯也在积极行动。

我国自 20 世纪 80 年代中期建成钕玻璃激光器神光 I 后,正在建造神光 Ⅱ(8 束,约 3kJ),计划于 2000 年初用于物理实验。神光 Ⅲ(60 束,120~160kJ)预计于 2010 年前后建成,目前正在进行预研,神光 Ⅲ 原型(8 束,20kJ)计划于 2005 年左右完成。然后在 2015—2020 年建造点火装置神光 Ⅳ。我国 ICF 物理研究也取得了很大进展。

根据现有认识,ICF 应用于能源大致要经历以下几个重要阶段(或称里程碑)。

(1)靶物理研究阶段。在这一阶段,要研究和掌握 ICF 过程各个环节的物理规律,在实验室证明靶丸的点火是能实现的,并能达到高增益,即证明科学上是可行的。靶物理研究是 ICF 研究关键的第一步。为了实现这一步的目标,要协调发展理论、实验、诊断设备、制靶以及性能适合靶物理研究要求的驱动器的研究和制造。

(2)演示性聚变发电的工程研制,证明工程上的可行性。

(3)商业发电,证明经济上可行性。

驱动器系统是关键设备之一。聚变发电用的驱动器要求具有重复发射高能量脉冲的能力(每秒发射几个脉冲)以及高效率(约 5%~10%)性能。

如果能提供满足上述指标而且能量为几百万焦耳的驱动器,就可能建造一个百万千瓦聚变能电厂。

与 MCF 用于能源研究一样,ICF 实现能源应用也需很长时间,国际上预计也在 2045 年左右。

除能源外,ICF 的研究还可提供国防、基础科学等方面进行应用。

三、结束语

从 1898 年居里夫人发现钋和镭到现在已整整过了一个世纪,在这 100 年里,放射性、原子核的发现以及放射性和核能等的应用已成为 20 世纪科学技术辉煌成就的最重要标志之一。这不仅使人们在认识物质世界方面有了一个重大的飞跃,而且给技术和生产领域带来了革命性的变化,促进了人类社会的更快发展。在今天,放射性、原子核(包括中子、质子等粒子)、原子核能的应用几乎涉及人们生活的每个方面。

从这里我们也深深体会到基础研究的重要性。基础研究是认知客观世界物质结构、各种基本运动形态和运动规律的手段,一旦有重大发现,常常在以后带来科学技术和生产的重大进展,体现出科学技术是第一生产力的真谛。

从居里夫人发现钋和镭开始,对原子核的探索和应用已倾注了几代核科学家的努力,在诺贝尔奖总获奖人中百分之十以上的核科学家获得了核领域相关的诺贝尔奖。今天核的大门仍未完全洞开,等待着人们,特别是年轻一代的核科学家,去进一步敲开。

在纪念居里夫人发现钋和镭一百周年之际,我们要学习她一身正气、献身科学的精神,在实际工作中努力贯彻党和国家"科教兴国"的方针。

他把全部精力献给了祖国和物理学

——彭桓武院士九十华诞[*]

一、3 与 1 相比，3 就是无穷大

    我于 1962 年 11 月底进入北京九所（中国工程物理研究所前身）从事核武器物理研究。1963 年初，进所后不久的一天，组长通知我们去听彭桓武先生给我们上的第一堂课。在大学学习时，老师就谈到彭先生是一位著名的受人尊敬的理论物理学家，能听他讲课，当然十分有幸。听课的人除了我们几位刚大学毕业的年轻人和组内几位老同志外，还有我当时不认识的一位年长学者也来了。眼前的彭先生给我的第一个印象是：个子不高、讲课声音较低、很随和、穿着朴素的一位"平凡"的科学家。彭先生讲课内容是关于随时间变化的 γ 射线点源在空气中的深穿透问题，需要研究多次散射、大能量慢化等过程，计算比较复杂。他的讲课不同于在学校时教师授课的方式，他一边讲 γ 射线点穿透的难点，详细推导公式和具体计算，一边总是启发我们提问。由于我们在学校时习惯于听老师讲，比较胆怯，不敢提问题，但那位年长的学者（后来才知道是程开甲先生）则不断地向彭先生提问题和进行讨论，两人有时甚至争论得很激烈。我感到这样讲课十分新奇，听讲时理解不深或似懂非懂的一些问题，经他们一讨论，感到明白了不少。我很对这样的讲课和听课方式感兴趣。受了彭先生第一次讲课及后来几次讲课的启发，慢慢地我也学会在别人讲课和做报告时积极思考问题，大胆提问和发表自己意见的做法，从中受益匪浅。

    我与彭先生进一步接触是在 1963 年下半年，当时我从事了一项新的工作，研究由于外界突发因素的影响，在高超临界下系统还没达到设定的点火时刻以前，发生过早点火的概率，也就是研究原子弹爆炸成功的可能性有多大。1964 年上半年我们搬到新落成的 14 号楼办公，刚好与彭先生的办公室在同一层楼，由于我对彭先生讲课时的随和态度和讨论问题、解答问题的作风印象很深，感到他没有大科学家架子，所以经常找他请教研究中遇到的问题。我所研究的方程是一个非线性积分微分方程，性质比较特殊，不同于一般的偏微分方程，自然无法精确解析解，需要做不同近似下的解，所以我常常找他讨论近似解是否可靠。他对这类特殊方程也很感兴趣，加上第一颗

---

    * 作者：贺贤土。原载于《物理》，2005 年第 34 卷第 5 期。

原子弹计划下半年试验,计算过早点火概率大小是一个重要问题,所以他对过早点火研究很关心。为了深入了解这个方程的基本性质,在他指点下,我从生成函数出发,仔细推导得到了有关中子与原子核各种相互作用的生成函数的方程,并在特定近似下获得了现在所用方程,写成了详细论文给他看,他看了很高兴,并指出了要注意的一些问题。我心里十分庆幸,参加工作后不久,就得到他的指点。这个工作不到一年时间就完成了任务,并提供了物理模型,由数学同志编成了程序进行精确数值计算,为核试验提供了数据。他对这一工作一直很关心,20世纪70年代末他离开我们所时还把他以前研究的有关点火的稿子留下给我。

随着跟他接触增多,我发现彭先生有一个很大本领,一个复杂的微分方程到他手里,他能很快估计出方程各项的相对大小,然后把小的项去掉,保留大的项。在保留或舍弃一些项时,他形象地比喻为"3与1相比,3就是无穷大",意思是1完全可忽略。经他这么一处理,一个复杂的微分方程就常常容易得到近似解,甚至变成一个特殊函数方程,解自然就出来了。当年的很多年轻人都知道"3与1相比,3就是无穷大"的名言,应该说这种思想影响了当时很多人的科研方法。

彭先生擅长对复杂物理问题进行"粗估",提出了很多粗估公式和方法,我们经常看到在他办公室里的一块大黑板上密密麻麻地写着粗估公式和计算结果。所谓"粗估",就是根

彭桓武

据所研究系统的物理特征和参数大小,包括近似求方程解结果,估计出该系统物理量的量级大小,以便较快抓住物理图像。这种方式,可以缩短研究周期,抓住物理本质,较快得出初步结论和建立初步物理模型,是十分重要的。我试验过彭先生的粗估。保留主要项、舍弃次要项得出的微分方程近似解与精确解的差别有多大?结果表明,至少量级上是对的。当然,对于大科学的精确设计,最后还需要精确数值计算结果,以便给出精确的物理模型和设计参数。"粗估"的核心就是"3与1相比,3就是无穷大"的思想。它对于分析数值结果也是很有益的,可以帮助从大量的计算数据中分析得出物理结论。在彭先生和周光召、于敏等先生提倡和指导下,"粗估"成为当年理论部研究工作的重要手段之一,应该说它是我们理论部的一个传家宝。

保3舍1的处理问题方法,实质上就是分析复杂物理问题时抓主要矛盾的方法。经常接触彭先生,他的这种分析和处理问题的思维和方式,对我有很大的启发作用。我琢磨怎样将它用于我的研究实践,我可用一例子来比喻我的理解:如果你要研究一种动物,事先不知道它是什么,但如果你去掉很多因素后,计算出这种动物的鼻子很长,那只能是大象。这就抓住了最本质的东西,就可建立初步的物理模型。至于大象的鼻子正确长度多长、躯体多重等,那常常需进一步研究,包括数值计算。这件事看起来简单,做起来不容易。你需要进行深入研究,很好了解物理背景和其中各个物理量的大小。对于一个复杂的物理系统,常常很多因素纠缠在一起,你需要分解各种因素,分别进行研究,抓住其中一个或几个关键因素的物理本质,然后研究

它们之间的关联,最后进行集成。我自己不断琢磨这种思维方式,从彭先生那里受到启发,后来又在周光召先生及于敏先生等领导下的工作中受到启发。我深切感到向他们学习,不只是学他们求解物理问题的技巧,更重要的是学他们分析问题思维方法。我经常在讨论问题时听他们对问题的分析,经常反问自己对这个问题是怎样分析的,是怎样得出结论的,进行比较,从中悟出自己的不足,进行改进。书本知识是死的,你只要努力,容易学。但思维方法是活的,光学别人的招,你不一定用得活。只有自己不断取人之长,不断体验,才能真正形成具有自己特色的思维方式。在日常生活中,我们也会遇到一些同志,他们的思想很活跃,但缺乏正确的思维方式,自己抓不住要害,不能做出很好的成绩来。可见正确的思维方法是多么重要。

彭桓武先生十分重视数学基础,他说一个理论物理学家如果只有物理直观,没有好的数学演算和解方程能力,是不可能深入了解物理本质的。他告诉我,他在英国读书时他的数学老师 Wittaker 就要他学 *A Course of Modern Analysis* 这本数学书,这是他的这位数学老师和另一位作者 Watson 合写的,彭先生说他做了其中的很多习题,收获很大,要我也学。所以我就在当年北京中国书店里买了一本影印的旧书回来,认认真真地学了不少内容,也做了其中很多习题,我感到这对我以后的研究工作帮助很大。此书我一直珍藏在书架内,有时还参考它。

二、集体集集体,日新日日新

彭先生于 1961 年 4 月奉调到当时的二机部北京九所负责核武器物理研究。他调到所里时正是探索原子弹设计的时候。虽然原子弹这个名词大家都很熟悉,但由于美、苏等国高度保密,我们需要自己摸索原子弹的详细物理过程。当时唯一可供参考的内部资料是苏联总顾问向我国二机部部长介绍情况时的一份有关原子弹的极其简单的口授记录。因此,我国科学家只能自力更生、自己探索研究。彭先生的到来为这一探索工作如虎添翼。他把原子弹的爆炸过程分成了若干重要方面,进行物理分解研究,自己又计算又推导方程,然后给年轻人讲课,让更多人熟悉这些研究内容,进行研究。为了使学术讨论有共同用语,他把各种过程和物理特征的术语进行规范,诸如定容增殖、突变刹那等等。当时他主要集中在反应后高超临界条件下的物理过程的研究,包括裂变点火和能量释放估计,特别在研究与点火有关的冲击波聚焦出中子的物理问题时巧妙地把复杂的不定常流体简化为定常流处理,图像十分清楚,得出了很好的结论,至今还给当时参加这一研究的同志留下十分深刻的印象。他的物理概念十分清楚,物理直观强并对物理量量级大小有清楚的了解,这使他能快速抓住物理本质。他是位理论物理学家,擅长于解析处理,起初他不太相信计算机计算,但随着研究问题愈来愈复杂,计算机也愈来愈发展,他感到数值模拟十分重要,于是积极支持数值模拟研究。

听老同志说,1961 年至 1962 年初原子弹设计曾一度陷入困境。理论计算得到的炸药爆炸后在内爆过程中产生的压力总是小于苏联专家曾给我方的数据,当时负责力学的专家担心计算结果有错,于是进行一次又一次的计算,前后共进行了九次反复计算。这就是著名的"九次计算",原子弹设计一时陷入了困境。彭桓武先生为九次计算的讨论和改进提出过不少很好的主意。最后,周光召先生仔细检查了九次计算结果,认为数据没有问题,他用最大功原理证明苏联人的数据是错误的,从而结束了近一年的争论,使原子弹设计工作全面展开。彭先生十分高兴他从前的研究生对问题的敏锐和智慧,后来曾几次提起此事。

我国第一颗原子弹是1964年10月16日爆炸的。两年零两个月后,1966年12月又成功地进行了氢弹原理试验,抢在了法国人的前面,长了中国人的志气。原子弹爆炸成功后,理论部投入全部力量进行氢弹探索。如果说突破原子弹早期,苏联专家曾给过我们一些简单的原子弹的信息,那么到了研制氢弹的时候,则没有任何可供参考的资料。我和几位同志当年曾在周光召先生领导下,调研了十几年的《纽约时报》《华盛顿邮报》等报纸和一些杂志,没有得到任何有意义的信息。突破氢弹完全是中国人自主创新的结果。

在研究原子弹期间,彭先生事实上已开始琢磨氢弹会是怎么样的。他把氢弹作用过程分成若干阶段的物理问题,供大家研究。1964年底起,在他指导下和邓稼先主任、周光召常务副主任、于敏副主任、黄祖洽副主任(60年代初钱三强先生已安排黄祖洽和于敏领导一个组在原子能所探索氢弹原理,于敏带领一个组于1965年1月正式调入加盟九院理论部,黄祖洽已先于敏调入理论部)等组织领导下全面开展了氢弹原理探索。整个理论部充分发扬学术民主,组织进行了各种学术讨论。无论是年轻的刚出校门的大学毕业生,还是著名的科学家,都投入到这种讨论,没有年龄与资历的界限,共同探讨,畅所欲言。晚上理论部大楼灯火辉煌,大家一直干到深夜还不肯回宿舍,党委书记不得不赶大家去睡觉。大家群策群力、献计献策,新的见解、相同的意见和不同的认识互相交流和争论,留下了现在仍然十分珍贵的回忆。彭先生当时是主管理论部的九院副院长,已过50岁的人了,与大家一起,发表他对氢弹原理的看法,与大家一起讨论,还经常给我们这些年轻人讲课。我记得一次在一个会议室里,彭先生在黑板上写他的计算结果和看法,讲完后,想退回到他原来座位上去,但意犹未尽,一边退一边面向黑板继续讲,结果原来的椅子已被专注听他讲的王淦昌先生不经意地动了一下,彭先生差一点坐了个空,可见当时讲的人和听的人都沉浸在专注思考的气氛中。就是在大家众多的讨论中,有不少有启发性的想法被提出来了,彭先生集思广益,凝聚和综合了突破氢弹原理的三套方案。他的一贯的思维方法是每条路子都要探索到底,并且他认为"堵"住路子也是贡献,说明此路不通,可放心走另外的路。他建议兵分三路,由周光召、于敏、黄祖洽按照他们不同研究的风格各自负责一套方案,分头进行探索。彭先生后来在一个场合上说过,他当时凝练了大家智慧后归纳的三个方案好比是三个匣子,其中一个很可能就是潘多拉匣,谁能打开这个匣子放出妖魔,就可抓住氢弹的幽灵。

1965年下半年,于敏先生领导着一个小组去上海嘉定,通过对加强型原子弹的深入计算和系统分析,终于找到了热核材料自持燃烧的关键。进一步对各个过程物理规律的研究和计算表明,确实抓住了氢弹的牛鼻子。彭先生很高兴,他与理论部领导邓稼先等向上级报告,建议进行原理试验,上级批准后,经过几个组的日夜努力,原理试验的氢弹装置被设计出来了,终于在1966年底热试验证实了原理。同时彭先生建议下一步进行全当量试验,建议当量为300万吨 TNT 左右。在他的建议下,1967 年成功地进行了大威力氢弹试验。原子弹和氢弹试验的成功,使彭先生深深体会到集体的智慧和力量是十分伟大的。

原子弹和氢弹研制需要研究解决大量物理、数学、力学等科学问题,也需要研究解决大量技术和工程问题。由于保密的原因,一些关键科学技术问题无法从文献、资料上获得,它的研制成功完全是中国科学家和工程技术人员自主创新、探索、研究的结果。由于对突破原子弹与氢弹科学原理的贡献,1984 年以彭桓武为首的十位科学家获"原子弹、氢弹研究中的数学物理问题"自然科学奖一等奖。按国家规定,奖状是每位得奖人一份,而奖章是由第一作者保存。当我们把奖章送去时,他坚决谢绝,并且再三强调这是集体的功劳,不应给他个人。经过我们再三说明,请他留下奖章,他最后表示:奖章我收下了,这样奖章就是我的了,我把它送给九所。随即找到一张纸,提笔在上面写了"集体集集体,日新日日新"。于是把奖章和题词都让来人带回了所里。我们所在有关核武器事业发展的几次内部展览会上都展出了彭先生的这一题字,参观的人在听了讲解后都十分感动,对这位德高望重的科学家深表敬佩。正如他这幅题词所表达的,每当有人与他谈起他在核武器研究中的功劳,或者媒体采访他时,他都会很严肃地说:都是大家干出来的。他的这种感情也充分表达于他在 2001 年发表的《彭桓武诗文集》中写的几首诗里。

1964 年第一颗原子弹爆炸成功,他十分激动,在罗布泊宴会上即兴写了一首感慨万分的七绝诗:"亭亭铁塔矗秋空,六亿人民愿望同。不是工农兵协力,焉得数理化成功。"[①]这首诗深情地歌颂了集体的力量,说明了没有大家的齐心协力、努力攻关,光靠我们搞理论研究设计是无法获得原子弹试验成功的。

接着在 1965 年 5 月 4 日五四青年节时,他以游香山为题作七律一首,歌颂集体的伟大作用:"半百芳华逝水流,几分暗淡几分稠。良辰最美青年节,试步初登鬼见愁。盘路崎岖防失足,对山绿翠喜凝眸。雄心后进齐先进,钝骨频加激励油。"他在注释中说,第三、四句为在五四青年节时联想当时理论部以青年为大多数的集体首次试验原子弹成功,后四句连带描写当初探索氢弹时个人的心情。又一次强调了集体的作用。

突破氢弹 17 年后,他在 1983 年 4 月 22 日游西山时,从知青亭望西山有感作七律一首:"尘消气静远山明,地塑天雕骨肉盈。折皱峰峦掀广被,青葱树木筑长城。飞魂仿佛亲胸乳,望情依稀识颊睛,一经陡攀愁见鬼,似曾携侣御风行!"他在注释中说,望中西山如睡美人,隐喻祖国大地母亲。第五、六句描述她的爱子(隐指彭先生自己——笔者)的依恋之情。第七、八句连带描述集体胜利突破氢弹秘密之形象,再一次提到突破氢弹是集体之功。

他在总结突破原子弹、氢弹经验的基础上,提出了搞大科学工程一定要依靠集体的智慧。例如,他十分关心热核聚变研究,热核研究已经历了 50 年,但目前仍未突破点火,而作为能源应用则估计要到 21 世纪中叶,因此他曾经向科学院领导建议我国的核聚变研究必须充分发挥集体的作用,希望组织专家像突破原子弹、氢弹那样发挥科学民主,依靠集体力量,加快我国热核聚变研究进程。在去年 10 月初他生日那天,我和欧阳钟灿院士及中科院数理学部办公室主

---

① 这首及以下两首诗分别见:彭桓武,《物理天工总是鲜:彭桓武诗文集》,北京大学出版社,2001:3-4。

任赵世荣一起去看他时,他又提到组织集体攻关、依靠集体力量解决问题的重要性。

他自己从不居功,可对于别人做出过的贡献他从不忘记。彭先生得过几次大奖,特别是1995 年的何梁何利基金科学与技术成就奖,获百万元巨额奖金。他把这笔钱分成三万或几万不等的份额,寄往曾与他合作过的并给他留下深刻印象的现在已过花甲之年的当年的年轻人,其中一些人后来已离开所,分布在全国各地,已较长时期没有联系,他千方百计搞到地址,把钱寄给他们。一些人收到钱后要退回给彭先生,彭先生不让他们寄回,并说:"成果是大家的,我是代表你们领奖的。"

彭先生是一位著名科学家,不仅早年在物理学有关问题的研究中做出过出色的成就,回国以后,服从国家需要,对我国早期的原子能事业的创造和发展做出过开拓性的工作,特别是对我国核武器的研制和发展做出过重大贡献。晚年又在理论物理领域继续不断耕耘。可是这样功勋卓著的老人,他从不居功自赏,把一切成就归功于集体的努力,把自己仅仅看作这个集体的普通一员,这是一种何等高尚的品德。

三、虚怀若谷,厚待别人

彭先生是一位大科学家,可他从没有一点大科学家的架子。你去请教和讨论问题,总是平等待人,表面上丝毫看不出是位知识渊博、成就卓著的人。我年轻时去找他,起初不免有点拘束,感到他是父辈的人,又是大科学家。但一接触后这种顾虑立刻消失了,感到他很慈祥,鼓励你提问题,并把问题解讲得很清楚,他经常在办公室内的一块大黑板上详细推导给你看。他经常给我们做报告,讲他的研究结果,你可以打断他的报告,随时提问。我有过多次体会,不管我有时提的问题有多可笑,或者甚至不同意他的看法,他从不盛气凌人,总是与你讨论、讲解,获得共识。有时他认为你的意见是对的,就会很快放弃他的看法。他多次说过科学认识常常需要从争论中获得。在突破氢弹前夕的一次讨论中,我印象十分深。彭先生正在讲他的新想法,有一位刚大学毕业不久的年轻人,认为彭先生讲的跟他的想法一样,就冒失地冲着彭先生嚷:"彭公呀!你的思想已包含在我的思想里了。"我们当时以为彭先生会不高兴,然而彭先生虚怀若谷,并没有表示出丝毫不快之意。另外一个例子是在 1969 年第一次地下核试验现场,当时正在讨论一个坑道自封的力学问题,彭先生在讲他的计算,专家们都在听他讲,这时于敏先生感到计算有问题,便很谦虚地跟彭先生说:"我给您做些补充。"彭先生听完他的"补充"后,立刻意识到自己的计算有问题,便在大家面前毫不犹豫地说:"老于说得对,就按老于的方法办。"①一点也没有感到架子放不下来的尴尬样子。有时我们谈起 30 多年前彭先生这种虚怀若谷、服从真理的态度,仍然深深被此事所感动。一个人无论水平有多高,总会有所疏忽和失误,

---

① 理论部有一个很好的传统,都以老邓、老周、老于……称主任和副主任,年轻人与科学家、上级与上级关系十分融洽。

兼听则明,才会使自己更加提高和使周围人更加受益。

彭先生也常与我们谈起,一位受人尊重的人不要以自己的意见压人;另一方面,他说也不能太相信权威,这对研究工作十分不利。他在1993年发表的《现代物理知识》上谈到:德布罗意提出波粒二象性得了诺贝尔奖后,他的意见几乎左右了当时法国物理学的发展,使得一段时间内法国理论物理变得落后;另外,海森伯创立量子力学中的矩阵动力学,得诺贝尔奖后对德国物理学发展影响很大,他反对德国当时建造高能加速器,认为高能物理主要是靠算出来的,所以德国一段时间内高能物理失去了实验支持而滞后。这些历史教训的总结使彭先生自己十分谨慎,不希望自己的意见对国家和集体造成影响。他还告诫我们对科研工作不能人云亦云,在继承人家结论时具体问题要具体分析。他仍举例德国的海森伯在研究反应堆时的工作。海森伯研究认为铀、石墨均匀混合不行,做了此路不通的结论。美国科学家费米研究后认为:铀、石墨做成棒后非均匀分布就行了,从而建成了世界上第一个反应堆。所以具体问题具体分析很重要。彭先生认为海森伯的这种错误可能也是当年希特勒没造出原子弹的原因。

人们十分尊重彭先生的学识和为人,他在原子能所时,人们尊称他为彭公,1961年到我们所后不少同志仍称他彭公。"文化大革命"开始时有人贴了彭先生一张大字报,意思是彭公是四旧,应批判。彭先生从来不写什么大字报,这时却写了一份恐怕是空前绝后的大字报,以"粪土当年万户侯"为题,表明"公侯伯子男是封建四旧应去掉,大家都以同志相称就可以了"。他平时与大家相处非常随和,没有任何架子,不喜欢突出自己。

彭先生尊重科学,坚持真理,不被政治批判所屈服。1969年八九月份,彭先生与王淦昌先生一起去第一次地下核试验现场指导工作。我国第一次地下核试验是在平洞(从山脚沿水平线挖成洞)中进行,核装置就放在洞中坑道终端鱼钩型爆室内。试前工作人员要进入洞内在爆室周围放置很多测试仪器。有一次王淦昌先生与一位负责安装核装置的工人师傅进洞作业,那位师傅身上带有剂量笔,一进入洞内便听到计数器不断地响,知道有放射性气体。经检测后,发现洞内氡气浓度远远高于标准。洞内不仅有我们的作业人员,而且还有基地的解放军战士,这么高浓的氡气对人体是很有害的。出于科学家的良知和责任性,王淦昌先生联合彭先生向当时核试验基地的白司令员建议,加强洞内通风,降低氡气浓度。然而出乎意外,白司令拒绝了这一建议,说有点气体有什么了不起,扰乱了军心,要批判"活命哲学"。这位司令为了表示他不怕死,还亲自进洞内与战士一起吃午饭。当时"文化大革命"正酣,这给王、彭两位先生造成了压力,但他们仍然坚持真理,认为要尊重科学,要珍惜工作人员的健康。因为这件事,结合批判学术权威,我们所的政委(当时我们是军管单位,所长、政委、室的领导都是军人)在一次大会上半点名地批判说,"什么'公',什么'老'(当时大家尊称王淦昌为"王老师"),摇着鹅毛扇,踏着八字步……",暗示王、彭两人出坏主意,蛊惑人心。王、彭二位先生从来光明磊落,没想到会受此污蔑。他们当然不会在这种压力下低头、认错。

彭先生有很多鲜为人知的关怀和关心他人的故事,当年在他领导下的不少同志都亲身感受过他的关怀。我印象很深的一次是彭先生和我们一起在青海我们九院的总部出差,我高原

（海拔 3000 米）反应很大，睡不好也吃不好，感觉非常不好受。在向院领导汇报我们组有关第一次地下核试验的工作时，感到要呕吐，我自己强忍着想继续做完报告，彭先生注意到我的脸色不好和难受劲，就说："贺贤土看样子身体不好，不要再报告下去，快去休息。"我当时心里很感动，想不到平时话语不多、一心扑在科学上的彭先生如此细心和关怀人。

另外一件事也印象十分深。在一次学术报告会上，报告人提出了状态方程的一个问题，认为需要很好解决，不等他讲完，旁边一位年轻的同志就冲着报告人说，"这是不成问题的问题"，意思是没有必要研究。彭先生当时在场，认为这位同志这样发表意见不妥，批评那位同志说话要谦虚一些，不要轻率下结论，要等人把话讲完，才有利于深入讨论问题。彭先生的批评使会场的气氛一下子凝固了，那位年轻人也感到很不自在。后来领导也找了他谈话，年轻人感到有压力。几天以后的星期天，彭先生刚好在颐和园遇到他，主动过去和他交谈并一起游览。交谈中先对他说自己在会场上话可能说重了，对不起。然后平和地开导：作为一位科学工作者，要充分了解人家的意见，在尊重人家的基础上谦虚地提出问题，轻率地下结论很可能会把一个重要问题给漏掉了。彭先生的谆谆开导，使当年的那位年轻人现在谈起这件事还深深感到彭先生对他的关心与帮助。

彭先生生活十分俭朴，对自己生活要求很低。他的衣着十分随便，一套衣服穿了又穿，十分旧了仍然舍不得丢掉。可是见到别人生活上有困难，他都会毫不犹豫地伸出友谊之手，不少人都接受过他经济上的帮助，特别是他熟悉的老同事和老同事的子女，他经常问他们有没有困难，进行接济。这里有一个故事：1969 年我们所一位同志调往东北老家工作，托运东西需一笔钱，向彭先生借 30 元钱（我们当时的月工资为 56 元）。彭先生虽跟他不太熟，但慨然应允，这笔钱后来彭先生也没要他还。

彭先生从不居功自傲，向组织索求些什么，他也极不愿意麻烦别人。前些年他经常去爬香山。80 多岁老人自己挤公共汽车，我多次劝他千万不要一个人去，如要去，理论物理所和我们所都可派车送，我说你为我国核武器事业做出那么多贡献，派车是应该的，可他总是摇摇头。他说坐公共汽车时还可锻炼身体，手拉着车上防摔的圆圈可以锻炼胳膊，他向我摇晃一下自己的手臂，说：你看我的胳膊多结实。说着他自己也乐了。20 世纪 80 年代末，他已是 75 岁左右的人了，计划去云南看望他的姐姐，同时去扫当年与他一起创建云南大学物理系的一位故人的墓。一个偶然机会，此事被我所一位老家在云南的同志知道了，感到彭先生是著名的科学家，已经 75 岁了，又只身前往，应该请云南有关部门接待一下，于是在彭先生不知情的情况下，报告了云南省科技厅，云南省做了热情接待。事后云南接待的同志很感慨地说：彭先生没有一点大科学家的架子，平易近人，很怕麻烦我们，问他安排上有什么要求，他什么也不提，真是一位朴实谦逊的大科学家。

一位作家曾这样描述彭先生：他虚怀若谷，心地光明，无求于人，无欲于世，一副安然自得的悠然模样，仿佛泰山崩于前面也面不改色心不跳。他把全部精力献给了自然科学，他没有豪言壮语，没有信誓旦旦的表态，可是他最懂得国家需要他就去。从我与彭先生的多年接触中，我深深感受到这非常确切地评估了彭先生其人。

抓关键鲜明思维　担重任潜心竭虑

——于敏院士八十华诞*

还在我大学读书时,我的老师李文铸先生(他曾在401所与于敏先生共事过)上课时多次提到于敏先生是位在理论物理研究方面很有才华的科学家,这使我在大学时代就对于敏先生十分敬仰。但是我没有想到的是,我进九所理论部三年后的1965年初,于敏先生带领在401探索氢弹的一个组加盟到理论部,他成为我们部的副主任。像称呼其他部主任一样,我们称于敏副主任为老于。

说实在话,我以前从没有想到过,在我以后四十多年的科学生涯里,我会在大学时期听说的这位敬仰的人领导、指导和帮助下工作与共事,并且他会成为对我成长有重要影响的人之一。

老于他们加盟到理论部时,是第一颗原子弹爆炸成功后几个月,理论部内已是开始热火朝天、千军万马探索氢弹的时候,学术民主气氛十分高涨。部主任们分别带领各室深入研究,学术上大鸣大放,大家热烈讨论和争论,各自阐述自己对氢弹的理解和看法。为了提高年轻人的学术水平,主任们除了参与大家讨论外,还轮流给大家讲课。听了老于讲课,我深深感到他思维敏捷,物理概念非常清楚,在报告中把问题说得很透彻,言简意赅,使人很快就能明白。有时我也参加部和室里组织的讨论会,会上,老于对一个复杂问题的分析一下就能抓住问题本质,使我印象十分深刻。

在大量研究的基础上,1965年下半年老于率领一个小组去上海嘉定华东计算所,在J501计算机上进行计算,通过对加强型原子弹优化设计计算和深入分析,终于找到了氢弹热核点火和自持燃烧原理。他又带领大家经过许多日日夜夜的艰苦奋战,最终设计出了原理试验的氢弹装置。1966年12月,我国在第一颗原子弹后仅二年零二个月的时间又成功地进行了氢弹原理试验。1967年6月成功地爆炸大当量氢弹。老于为氢弹的突破做出了重大贡献。

突破氢弹期间,我主要从事氢弹的调研工作和氢弹试验热测试理论研究,没有在老于的直接领导下工作。1967年下半年开始我与老于接触就多了。当时我正负责一个小组进行我国第一次地下核试验有关理论研究,组里的任务除了研究、设计第一次地下核试验所需的核装置外,还要分解研究氢弹作用过程若干重要物理问题,以便提出在核试验中进行实验测试的理论

* 作者:贺贤土。原载于《物理》,2006年第35卷第9期。

方案。老于很关心这些研究工作,经常听取我们汇报,指导我们工作,强调要分析清楚物理规律,抓住最核心问题。有时我去请教他问题,比如很多涉及辐射输运、辐射流体力学、冲击波物理、高温下原子物理以及中子、γ输运的问题,他都可以快速从微分方程或物理概念出发,粗估出物理量的大小,一下子就明白了哪些物理问题才是主要的。1969年8月,距地下核试验还有一个多月时间,我们到了新疆南山试验场,老于随后也到那里指导我们工作。这段时间正是戈壁滩雨季,大雨使他住的帐篷内漏水,在这种环境下,他坚持用计算尺做各种物理问题估计,并和我们一起参加与实验同志的方案讨论,经常到试验洞内实验布局点观察,估计中子、γ等本底,不放过任何一个可能会使测试失利的细节。

核爆炸后廊道能否自封住在零前成为大家担心的焦点。在一次以前从来没有遇到过的重要问题讨论中,老于发现原设想中的一个因素需要深入计算,他中肯地提了出来,经过深入讨论,并组织人进行了详细计算,终于解决了这个问题。老于听别人报告十分认真,发现问题时,总是如实中肯地向对方提出来,这有很多例子,所以很多同志都很愿意向他请教。他敏锐地抓住事物本质的思维方法,使得大家十分钦佩。

突破氢弹原理和技术后,70年代初,所里很多同志都在想:是否还有新的原理,能使核武器提高到更高水平?这需要进一步加强基础研究和培养人才。在这种情况下,老于多次给我们讲课。1972年,他总结和扩展了他以前领导探索的一项工作,写成了讲义,给大家讲某某原理,历时几个月,以清晰的物理概念,讲了这一复杂物理问题的基本内容。特别是他在相对论下导得光子Fokker-Planck方程后,通过近似解析解和一些简单的数值积分处理,讨论了高温等离子体中电子与光子的能量交换,巧妙地用光子逃脱低频吸收概念,在恒定源(电子温度)下给出了复杂的逆康普顿能耗和电子能耗随时间变化近似曲线,给出了这一问题的两者消长竞争的清楚物理图像,使我们学到了很多新的知识。香山会议后,1975年6月开始,我负责一个探索核武器新原理的小组,就企图在老于研究的基础上,攻克这个在实际系统中十分关键的能量耗散问题。我们曾在一段时间内想用等离子体集体效应来大幅度降低Compton散射截面,老于也很关心,但终究因只能在90°小范围内显著降低这一截面,只好另找途径。后来在一项重大研究任务中不得不与这一过程巧妙地周旋。

1977年中开始,我们组参加了突破中子弹原理和技术的任务,主要负责作用原理探索和一维设计。我们运用了老于一直在强调的复杂系统的分解方法,把中子弹复杂过程的物理因素进行大量分解。先把各个过程分解为子系统"孤立"开来,进行基础研究,搞清楚了能源与耗散的消长、竞争关系,抓住了主要矛盾后进行总体集成。通过理论模型和大量数值模拟研究,克服了很多困难,我们找到了新的热核点火的条件和方法;发现了点火后加热率在早期可以快速超过能耗率,以及随后中子慢化后续加热导致深度燃耗的关键效应,从而从理论上找到了×××热核自持燃烧新途径。但当时因为对热核反应过程存在不同认识,不同组有过剧烈争论,老于最后提出在理论设计上的原则是"立足××;热试验观察×××;中子剂量800米处8000拉特"。

老于的这一决定给了我们组探索新途径的更多空间。虽然两者兼顾增加了理论研究和设计的难度,我们还是按期交出了控制二维效应的一维设计模型。设计过程中,老于多次亲自听我们汇报并做指导。交出一维方案后,他反复考虑并与院领导讨论,由于这是一次与以前性质不同的试验,为了做到稳妥可靠、万无一失,他要求我们在原设计基础上进行"加固",增加更大余量。当时我们的确有点想不通,因为"加固"后的设计,不但800米处8000拉特指标达不到,而且担心×××效应也会受影响。老于对我进行了耐心说服,他说,一次新的试验在科学规律没有完全证实以前要特别慎重,必须确保"万无一失"。我们按照老于的要求进行了"加固"。虽然这时中子剂量800米处已低于8000拉特,但从理论上看×××效应还是可以确保。最后,我们提交了修改后的一维模型,由另外组进行二维计算。经过理论、实验及工程技术人员的努力,1984年12月原理试验获得了成功,并完全证实了新的点火和自持燃烧理论,为进一步的优化设计提供了基础。

突破中子弹原理和技术后,在当时的国际形势下,老于预见到,可能在不久的将来要全面禁止地下核试验。1986年4月他与当时已病重的邓稼先院长一起上书国防科工委,建议加快核武器小型化的进程。得到中央认可后,经十年努力,我院完成了核武器发展中的又一个重大任务。我国最后于1996年在全面禁止核试验条约上签了字。

为了实现核武器持续发展,不断深化核武器科学规律认识,老于很早就考虑在实验室条件下,进行核武器物理的分解研究,实现核爆模拟。这在禁核试后尤为重要。他身体力行,积极促进有关工作。1972年美国人公开了实验室中惯性约束聚变(ICF)的概念,老于马上意识到它对实验室核爆模拟的重要性,其后不久他归纳了五个主要内容,在所内讲ICF物理课和组织人员进行研究。70年代末80年代初,他在一本 *Laser Focus* 杂志上看到美国人在研究带小"Case"(外壳)的ICF问题,他立即意识到美国人正在做与核武器直接有关的辐射驱动ICF,与核爆模拟关系密切。他带领大家进一步加强了ICF研究工作。

ICF物理研究首先涉及激光与等离子体相互作用问题,这需要与核武器物理中不同的高温高密度等离子体物理知识。1974年左右,老于吸收了当时国际上正在迅速发展的非线性等离子体物理的大量最新研究结果,花了较长时间,在所内系统地讲"等离子体动力学理论"的课。在老于的积极推动下,1975年6月,上级批准在九所成立二室,专门从事ICF物理理论研究。1978年他又结合国际上最新研究成果,讲"激光与等离子体相互作用和孤立子问题"的课。这段时间老于的系列讲课为 ICF 物理理论人才的培养起了重要作用,他们为 20 世纪 80 年代后期我国第一次在神光 I 上物理实验提供了内爆靶丸理论设计,同时,也为理论与实验合作、发展九院 ICF 物理研究做了准备。他的讲稿经整理后,成为早期我院研究生部的教材。

这里顺便提到,激光与等离子体相互作用研究属于无碰撞高温高密度等离子体,涉及大量波的不稳定性激发,波—波、波—粒子非线性相互作用,湍流产生和能量输运等,十分复杂,是与核武器物理中以碰撞占主导的高温高密度等离子体物理完全不同的另一研究领域,老于以前也没有接触过,国际上也正在发展。然而凭他深厚的物理功底和善于抓住物理本质的能力,他快速地吸收了别人的最新成果变为自己的知识,并加以提升和开拓,的确是位高水平的令人佩服的理论物理学家。事实上,从 20 世纪 60 年代末、70 年代初一直到 90 年代,老于在所内讲了一系列的课。内容除了 ICF 和激光等离子体物理外,还大量涉及与核武器物理有关的知识,如 1968 年的相对论"不平衡辐射流体力学"、1972 年的某某原理、1977 年的有关几何程的"关于 X 光的输运过程"等。到了 20 世纪 80 年代中,因为高技术研究的需要,他又讲 X 光激光、自由电子激光、高剥离态原子物理等系列课,为从事核武器物理研究人员尽快进入一个新的高技术领域研究,提供了重要基础。随后,为了培养青年人才,还给研究生开了"量子光学"课。他为核武器物理研究队伍学术水平的提高和人才的培养费尽心血,贡献自己的力量。

20 世纪 70 年代初,非线性科学理论特别是非线性等离子体理论开始发展,我对这方面的研究很有兴趣,后来又听了老于讲课。70 年代中开始,我写了些论文,但当时不能发表。改革开放后,在 1979 年时,我拿了从 Vlasov 方程与 Maxwell 方程组耦合出发研究自生磁场的论文去请教老于,老于认为不错,鼓励我投到他当副主编的当时新出版的杂志《核聚变》上去,并在 1980 年第一期上发表。当时我虽写过不少内部研究报告和论文,但要到科学杂志上去投稿,感到有点胆怯。老于的鼓励,给了我以后发表论文的信心。

1988 年 8 月,王淦昌先生率团参加了意大利西西里岛召开的国际会议,会上美国利弗莫尔国家实验室科学家 E. Storm 做了高增益间接驱动 ICF 发展前景的报告,宣布他们在 NOVA 激光装置上 ICF 实验取得了重大进展。回国后,王老来九所来传达了这一消息,会上老于意识到,国际上的突破表明了 ICF 发展已经出现了诱人的前景,于是在讨论会上提出了我国也应该加快 ICF 研究步伐。当时,我刚任所科技委副主任,主管二室 ICF 研究,听了老于的发言十分振奋,但苦于当时国家没有一个发展 ICF 的统一规划,特别是院里没有 ICF 研究的专项经费,所里给二室的只有十几万元理论研究费用,不可能深入开展 ICF 研究工作。在这种情况下,我去找王淦昌先生,请他给中央写信,建议将 ICF 研究纳入 863 计划。王淦昌先生听了后很高兴,他是 1964 年在国际上最早独立提出激光加热产生聚变中子思想的科学家之一,并且此后,一直在领导和推进我国 ICF 研究工作。王淦昌先生又是 863 计划倡议者之一。他马上打电话给王大珩先生,请他执笔起草一封给中央的信。我拿了信的草稿,请老于、胡仁宇、邓锡铭等人修改,最后以两位王老和老于的名义上书邓小平等中央领导。1988 年 12 月信送上去后,邓小平很快批示,请李鹏总理过问此事,李鹏很快要听汇报。经过一段时间准备,1989 年 1 月 26 日三位写信人、邓锡铭和我去中南海向李鹏汇报。老于是主讲人,半个多小时内,他把 ICF 的重要意义、主要物理与技术内涵、重要应用和国际上的进展,特别是美国地下核试验研究驱动高增益 ICF 的进展,讲得非常明了。两位王老又做了些说明。李鹏同志说:我明白了,这事可列入 863 计划。回来以后,经过立项论证,在各方面努力下,1993 年 3 月成立了 863 计划 ICF 主题专家组。老于和两位王老是主题专家组顾问。

1989 年夏天,老于找我和常铁强(二室主任)讨论高增益 ICF 理论,他不断地在纸上推导出公式和物理估计,从理论上分析和说明高增益间接驱动 ICF 主要物理过程,物理图像十分清晰。根据他领导下前一期的 ICF 研究经验,他认为我们现在有能力"解读"Storm 高增益间接驱动 ICF 的报告内涵。我们边听他讲边讨论,最后根据老于的思路,由老常主笔写成了《高增益间接驱动惯性约束聚变物理过程》一文,他坚持把自己的名字放在文章后。最后,这篇论文作为当时交流 ICF 研究的主要国际会议"Laser Interaction and Related Plasma Phenomena"的邀请报告,在会上宣读,并刊在 1989 年会议论文集第九卷上,同时也发表在国内《强激光与粒子束》1989 年第 3 卷第 2 期。

老于十分重视 ICF 主题发展战略研究,他结合我国国情,高度概括地提出了 ICF 主题开展工作"目标明确、规模经济、技术先进、物理精密、道路创新"的指导思想。在这一思想指导下,10 多年来,在高功率激光驱动器的建造、诊断技术、靶的制备等的关键单元技术和整体集成方面有很多突破;在物理精密方面,在数值模拟和神光Ⅱ上物理实验中,不断向老于多次强调的精密物理方向努力。我深深体会到,没有物理精密就不可能建成像 ICF 那样高质量的大科学工程。在 20 字指导思想指引下,我们不断深化物理规律的认识和技术上的集成创新,取得了阶段性重大进展,建立了我国独立自主的研究体系。

我国 ICF 研究的近期目的是为聚变能源和国防服务。为国防服务就是为核武器物理研究服务,用老于形象易懂的话来说,就是做好 ICF 研究与核武器物理研究"接轨"。有些不直接从事 ICF 研究的同志不易理解:小小的 ICF 靶的物理过程怎能模拟大尺度的核武器系统整体行为?老于多次进行解释:两者"性质相同,量上逼近"。并强调指出:ICF 模拟核武器是指通过分解核武器作用过程复杂的物理问题。为此,老于根据他的理解分解了核武器多个作用过程,供大家研究,其中大部分可在 ICF 研究中进行模拟。他要求进行逐个研究,提高核武器中这些物理问题的规律性认识,并标定计算机上的计算程序,最终实现这些程序在核武器设计中的应用。特别是在禁核试条件下,应用实验室中数值模拟,是了解库存核武器的安全、可靠和有效性的唯一手段。

40 多年来,老于不但为我国核武器事业和有关高技术的发展做了不可磨灭的功绩,而且言传身教,为我们事业人才队伍的建设特别是九所人才梯队的建设花了很大心血和精力。他和邓稼先、周光召等一起通过言传身教,带领九所这支队伍,在我国核武器物理研究和理论设计以及有关高技术理论研究方面成为一个具有自主创新、能攻破技术难关、团结一致的集体。

对我个人来说,当我在研究工作或领导工作中碰到问题时,我会习惯地去找老于,请他指点。从与他的接触中,我不仅学到了书本上很难学到的知识,而且还深切地感受到他有一套分析复杂的物理现象、很快抓住事物本质的科学的思维方法。彭桓武先生曾在老于七十大寿时赋诗赞扬他:"关键扑抓不放,思维物理鲜明。"我想,这不仅来自他工作勤奋、知识基础扎实以及不轻易放过重要细节的勤思的习惯,而且也来自他善于运用逻辑思维和形象思维的方法。因此他能快速抓住主要矛盾,解决一般人不易攻克的难点,并且根据研究工作发展的需要,从一个领域快速深入到另一个领域。我感到,如果一个人的思想虽然很活跃,工作也勤奋,并且物理基础也不错,但缺乏科学的思维方法,分析问题时眉毛胡子一把抓,使很难做成大事。

多年以来,我不断地在学习老于的思维方法和分析问题的技巧,注意他在分析题时,为什么要这样分析,如果是我又将怎样处理,在对比中找自己的不足。学习别人的思维方法比学书本知识难,因为前者是活的,不能生搬,只能不断琢磨,并根据自己的基础一点一滴地努力融合到自己的思维中去,提高自己。

40 多年来,老于给了我大量的指导和帮助,是我尊敬的老师和学习的榜样。今年是他八十大寿,借此机会,我想表示自己的感激之情,并祝福他健康长寿。

王淦昌院士

—— 我国惯性约束核聚变事业的开创者*

非常高兴今天有机会跟大家一起纪念王淦昌院士诞辰 100 周年。今年是第一颗氢弹爆炸试验成功 40 周年,王老在核武器方面做出了重大贡献。他是一位伟大的物理学家(见图 1),在研究成中微子测量方案、发现反西格马负超子等方面也做出了杰出的成就,但今天只介绍他在我国激光驱动惯性约束核聚变事业发展中的重大贡献。分五个方面讲:王老开创了我国激光驱动惯性约束核聚变(下称激光聚变)事业;王老为我国激光聚变事业呕心沥血;我国激光聚变研究取得重大进展;实施国家激光聚变点火工程;结束语。

图 1 王淦昌

一、王老开创了我国激光聚变事业

1. 热核聚变和聚变能的概念

首先提一下核裂变。裂变是一个重原子核分裂成为两个或少数三个碎片(三个是钱三强先生发现的),这些碎片成为新的原子核,裂变过程同时释放出裂变能。

聚变是什么?就是两个轻核高速碰撞形成了一个较重核和一个较轻核,同时释放出聚变能的反应。如果聚变反应是在高温条件下发生的,则称为热核聚变反应。

聚变过程会发生核质量亏损,即反应后核质量少于反应前质量。根据爱因斯坦著名的质能转换关系 $E=mc^2$,亏损的质量转化聚变能,这里 E 表示能量,m 是质量,c 是真空中光速。氢的同位素氘和氚或氘和氘在非常高的温度情况下发生的热核聚变是典型例子。一对氘和氚热核反应产生一个氦-4核(又称阿尔法粒子)和一个中子,同时放出结合能(反应后核质量就减少)17.6MeV(约 2.8×10^{-12} 焦耳)能量。1 千克质量氘氚反应释放能量就大了,约 8 万吨 TNT 炸药当量。

---

* 作者:贺贤土。2007 年 6 月 17 日上午于中国科学院国家科学图书馆报告厅的发言稿。

热核聚变反应发生在氢弹中,就导致氢弹爆炸。如果热核反应发生在可控条件下,就可用于造福人类。热核聚变过程不同于重核裂变过程,没有放射性物质产生,是人类理想的干净的能源。1吨海水中蕴藏约40克氘和约0.17克锂,后者(锂-6)与中子作用可造氚。所以聚变材料可谓取之不尽。

2. 提出激光聚变早期概念

早在20世纪60年代初高功率激光一问世,王老就敏锐地感到,用这样激光加热含氘材料产生高温就可产生氘氘热核聚变释放中子。1964年,王老写了一个报告《利用大能量大功率的激光器产生中子的建议》,建议利用高功率激光照射含氘的氘化铀小球,产生高温高压,引起氘氘反应,产生中子,以此作为中子源。报告写了二十多页,详细估计了多高温度、多少能量、可以产生多少中子。王老当时向国务院提交了这一报告。遗憾的是,由于当时的国情以及接着就是"文化大革命",这个建议就被搁置起来了。一直到20世纪90年代末,我国《激光杂志》才正式发表了那篇文章。王老这个报告之所以重要,因为它是激光聚变的最早雏形。王老是在国际上独立提出的。后来知道,差不多时候,苏联的巴索夫以及美国科学家也提出了类似思想。在早期激光聚变概念基础上,直到70年代才发展成为现在的惯性约束聚变。

建议没被政府采纳,王老就亲自组织上海光学与精密机械研究所(以下简称上海光机所)的科学家邓锡铭等,先研制高功率激光器。经过几年努力,70年代先后研制成功一路钕玻璃固体激光系统和10^{11}瓦功率的六路激光系统。当时就用这些激光器做了一些实验,证明了在这样的功率下的激光照到含氘靶上是可以产生中子的。尽管当时激光系统的能量很低,中子很少,但表明王老提出的思想是可行的。

3. 惯性约束聚变

1972年,美国人发表了一篇论文,提出了靶球的中间部分是个大空腔(含稀薄密度微量氘氚),主要部分氘氚(常温下是气态)制成冷冻的氘氚冰(称为主燃料层)贴在靶球壳内的微球结构靶概念,开始了惯性约束核聚变的研究。

热核聚变反应需要外界提供高温,在很高的温度下氘和氚会发生剧烈碰撞,就发生热核聚变点火和自持热核燃烧,这时要求温度约一亿摄氏度左右。怎样才能提供这么高温的条件呢?现在聚变反应有两种途径:一种是磁约束聚变,另一种就是现在的惯性约束聚变。

目前驱动惯性约束聚变的驱动器主要是高功率大能量的激光器。当强激光均匀照射到靶球表面的时候,激光能量就被吸收,表面产生了很高温度,高温产生高压,可以达到约十亿大气压。这时,高温高压外壳表面等离子体就要剧烈向外膨胀,由于力的作用与反作用效应,反作用就产生一个强的冲击波向氘氚靶球内传播。这个冲击波使劲向着球心方向球对称地往里面聚焦,几个纳秒(一纳秒为十亿分之一秒)时间内压缩氘氚达到极高密度,称内爆压缩。如果调节激光脉冲形状,让靶球主燃料层先达到极高密度(例如每立方厘米300克),然后大空腔内的微量氘氚和主燃层的少量氘氚压缩成一个很小的中心区域(称为中心点火区),达到约一亿度左右温度,同时这一小区域的大小约一个阿尔法粒子的射程,则中心区就达到点火条件,发生点火和自持燃烧。然后中心区氘氚反应产生的阿尔法粒子再去点燃中心点火区外附近的低温度、极高密度的氘氚发生热核反应,形成一个不断向主燃料层传播的热核反应波。利用靶球向内压缩的极高速度运动的惯性,在高压下的氘氚来不及飞散前的极短时间内(约百亿分之一秒),这样的热核反应波不断向主燃料层传播,把高压缩密度氘氚燃料反应殆尽,放出比外界提供内爆压缩的激光能量大很多倍的热核聚变能。这样的模型叫中心点火模型。中心点火模型要求内爆压缩有高度球对称性。十多年前科学家又提出了另外一种点火模型叫快点火,它把点火过程与内爆压缩两者分开进行。即先把氘氚燃料在几个纳秒内内爆压缩到极高密度(不在中心小区域形成点火热斑),然后用另外一种脉冲为几个皮秒(一皮秒为万亿分之一秒)的加热激光,在极高密度的氘氚边缘产生点火热斑,发生与中心点火类似的热核波传播,使整个氘氚燃料放出巨大聚变能。快点火可以大幅降低内爆压缩激光能量要求和放宽对靶球压缩过程对称性要求,但对它的研究不如中心点火成熟。现在中心点火和快点火是激光聚变两种很重要的方案(见图 2)。

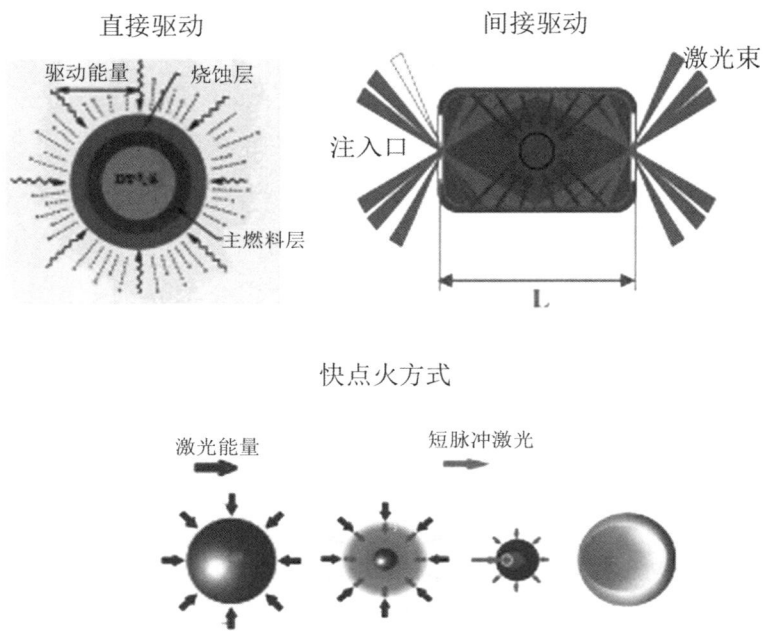

图 2　激光聚变的三种方式

4. 激光聚变的目的

激光聚变至少有三种重要应用:聚变能源;国防应用;为基础科学研究提供条件。为此,需要研究掌握激光聚变的物理规律和攻克高功率激光器建造的有关关键技术问题。

为了实现聚变能源应用,在科学和技术研究基础上,第一步是进行热核点火和自持燃烧的演示,然后是聚变能发电演示,最后是商业应用发电。

根据估计,如果每秒发射几个激光脉冲(每个脉冲宽度约五到十纳秒、能量为几百万焦耳),每个靶丸内充几毫克的氘氚燃料,就能达到高增益 50~100 倍。如果激光器的效率为 10%,重复频率为每秒几个脉冲,就可以建立一个百万千瓦电厂。

目前国际上激光聚变研究已取得了重大进展,正处在热核点火前夕。

经过三四十年的努力,美国发展了从低量到高能量的多代高功率激光器,攻克了一系列关键技术。正在建造 192 束、总能量为 180 万焦耳的国家点火装置(NIF),将在 2009 年左右建成,2010 年演示热核点火。在已退役的 NOVA 激光器和正在运行的 OMEGA 激光器(60 束,波长为 0.35 微米的激光能量约 4 万焦耳)上惯性约束聚变物理(和为靶物理)研究取得了重大进展,为 NIF 的点火演示提供了重要物理基础。法国与美国合作,正在建造能量为百万焦耳激光器(LMJ),计划在 2012 年或稍后进行热核点火演示。日本主要研究快点火,计划在 2010 年以后实现点火演示。

二、王老为发展我国激光聚变事业呕心沥血

1. 组合国内优势力量开展激光聚变研究

"文化大革命"和我国当时的国情延缓了我国激光聚变研究进程。一直到了 20 世纪 70 年代末,才实验观测到高功率激光驱动下的内爆过程。惯性约束聚变研究是一个大科学工程,不仅需要研制提供驱动源的高功率激光器,而且需要进行激光聚变过程的靶物理的理论和实验研究,深入掌握聚变过程的科学规律,因此还要进行实验研究所需的高精度的诊断技术和设备研制以及精密靶的制备。王老深深感到:上海光技所虽在高功率激光器的研制方面具有优势,但物理方面研究的优势是在当时的二机部九院(中国工程物理研究院的前身),为了使激光聚变事业在我国深入发展,两者合作是十分重要的。当时作为九院副院长的王老与王大珩院士等一起,极力促成两个单位的联合。当时大家都愿意整合,但毕竟是两个单位,有各种各样的想法。王老提出了"合则成,分则败"的名言,同时强调我们只有一个中国牌,没有什么北京牌、上海牌,要大家团结起来,把心连在一起,为国家增光。他还列举了瘸子背瞎子的故事,一个是眼睛看不见,一个是行走不方便,如果把两个人组合起来,瘸子背着这个眼睛看不见的,那就可以做得很好。在王老推动下,九院和中科院上海光机所建立了上海高功率激光物理联合实验室,后来发展成为中国科学院和中国工程物理研究院联合实验室。这个联合实验室与国内其他研究单位一起为我国激光聚变的发展做出了不可磨灭的贡献。

2. 神光 I 激光器的建造

为了更深入地进行靶物理研究,迫切需要建造一个能量比六路激光系统大的高功率激光器。1980 年,王老和王大珩提出了联合建造功率为 10^{12} 瓦的钕玻璃固体激光装置的设想。王

老亲自主持装置的设计方案,召开一系列论证会,号召大家集思广益。在建造过程中,王老坚持从难、从严要求。1985 年装置建成。经两年多的运行考核和打靶实验,1987 年装置通过国家鉴定,并正式命名为神光 I 激光装置。这一装置是我国第一代大型激光器。从此,在王老等的努力下,我国开始了运用大型激光器进行物理实验、物理理论和制靶联合整体惯性约束聚变研究的新时期。在这一激光器上,我国第一次获得了惯性约束聚变物理的重要成果,也为以后的研究积累了经验,锻炼了队伍。

3. 激光聚变列入了 863 计划

1988 年 8 月,已是八十一岁高龄的王老率团参加了在意大利召开的一次国际会议,在会上了解到,美国在激光聚变研究方面取得了重大进展。回国后,他马上召集会议,传达了这一信息。当时他与于敏院士感到是时机了,提出我国应抓紧进行激光聚变研究。我当时主管激光聚变物理理论研究,但没有足够的经费支撑,于是就去他家商量,请他向中央领导写信,建议在国家 863 计划中增列"激光惯性约束聚变"专项。王老当时立即打电话给王大珩,说他是笔杆子,请他起草信。几经于敏、胡仁宇(当时九院院长)等修改,1988 年 12 月,一封以王淦昌、王大珩、于敏三位科学家署名的信呈中央领导,并很快得到邓小平的批示。

1989 年 1 月 26 日下午李鹏总理在中南海接见了王淦昌、王大珩、于敏、邓锡铭和我,听取了汇报,并同意在国家 863 计划中立项。回来后,王老等领导和指导大家进行了我国激光聚变研究的总体发展规划立项论证,1992 年国家 863 计划批准了论证报告。1993 年 3 月,"惯性约束核聚变"项目终于作为一个独立主题纳入国家 863 计划。在王老努力下,我国激光聚变研究从此开始了一个新的里程碑。至此,王老多年的梦想——发展中国的惯性约束聚变事业,终于得到国家支持,开始了持续发展的征途。已是八十六岁高龄的王老作为主题专家组的顾问指导着我国惯性约束聚变事业的发展(见图 3)。

王老已把惯性约束核聚变这一将造福人类子孙万代的研究作为他晚年的主要奋斗目标。

图 3　王老(前排中)与主题专家组成员及部分专题组组长一起合影

1995年1月,他获何梁何利基金科学与技术成就奖时,在致答谢词中说:"我现在一直从事激光惯性约束核聚变的学习、宣传和研究工作,虽然依靠同志们的努力,已取得了阶段性成果,但预计还需很长时间的努力和较大的投入,更重要的是必须有很多有才能的年轻人来接班。我当然仍将尽我最大的努力,和我的同伴们一起,为我国的能源领域的发展继续奋斗。"

1998年11月他病重住院,我去看望他时,仍念念不忘嘱咐我说:"你是惯性约束核聚变主题的首席科学家,一定要发动全国力量,把这一重要工作抓上去,尽快在中国实现点火目标,为国家争光。"

诺贝尔物理奖获得者、王老在浙大教过的学生李政道教授曾在一次会上问王老:"在您所从事的众多研究中,哪项是您认为最满意的?"王老回答说:"我对我在1964年提出的激光引发氘核聚变出中子的想法比较满意,因为这在当时是一个全新的概念,而且这种想法引出了后来成为惯性约束核聚变的重要课题,一旦实现,将使人类彻底解决能源问题。"

三、我国激光聚变研究取得了重大进展

激光驱动惯性约束聚变研究需要协调发展高功率大能量的激光器、物理理论、物理实验、诊断技术和靶制备五位一体的研究平台。在王老精神鼓舞下和大家努力下,经过"九五"和"十五"十年时间,我国在五个方面的研究已取得丰硕成果。

1. 惯性约束聚变驱动器研制取得了重大进展

驱动器研制的重点是钕玻璃固体激光器,兼顾氟化氪气体激光器和Z箍缩装置。

在钕玻璃固体激光器研制方面由小到大发展了几代神光系列装置。继神光Ⅰ之后,神光Ⅱ装置(见图4)于2000年建成并开始运行,八路激光输出0.35微米波长的能量3千焦耳,到现在已完成激光打靶物理实验3000多次。目前正在进行神光Ⅱ的升级,达到0.35微米波长的激光能量为24千焦耳。另外,还建成了波长为1.05微米、脉冲宽度约3纳秒的激光能量4.5千焦耳的激光器,称为神光Ⅱ第九路(见图5)。目前正在进行第九路改造兼具2皮秒(1皮秒=万亿分之一秒)1.5千焦耳能量的拍瓦(10^{15}瓦)功能。神光Ⅱ升级装置与拍瓦激光装置结合将进行快点火物理研究。

我国也建成了神光Ⅲ原型装置(神光Ⅲ激光器研制的技术平台),目前输出0.35微米波长的激光能量约10千焦耳(见图6),现在正在提供物理实验打靶。

目前正在进行神光Ⅲ激光器的建造,输出0.35微米波长的能量为20万~40万焦耳,计划2012年建成。这是进行点火前靶物理研究的大能量激光装置。

我国也正在计划建造神光Ⅳ激光装置,输出0.35微米波长的能量约150万焦耳,大约将在2020年建成,以实现我国激光驱动惯性约束聚变点火演示。

此外,作为点火演示的候选驱动器,我国也在发展氟化氪气体激光器和Z箍缩装置。

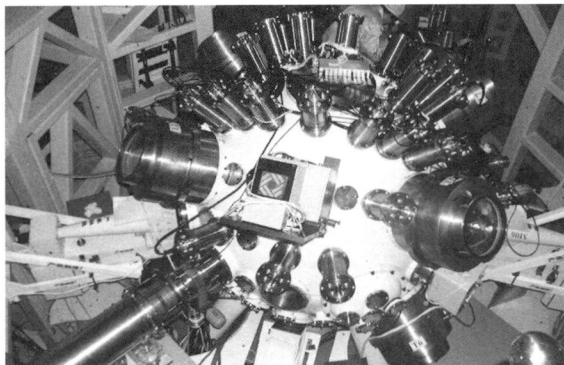

（a）激光打靶靶室（直径约 2 米）

（b）激光大厅

图 4　神光 Ⅱ 激光器

（a）大厅

（b）建筑物

图 5　神光 Ⅱ 第九路激光,将兼具 2 皮秒、1.5 千焦耳拍瓦功能

（a）大厅

（b）空间滤波器

（c）靶室（直径2.6米）　　　　　　　（d）建筑物

图6　神光Ⅲ原型装置

2. 靶物理理论与实验研究进展

自863计划惯性约束聚变主题成立十多年来,在靶物理包括强激光与物质相互作用、辐射的产生与输运、内爆动力学与流体力学不稳定性、热核点火与燃烧以及有关的物理参数(包括状态方程及辐射不透明度等)研究方面取得了很多重要成果,对靶物理规律获得了较深入认识。

靶物理理论研究与实验密切结合,建立了大量能较好预言靶物理规律的理论模型;研发和完善了经实验多次校验的多个大型计算机模拟的程序包,即LARED软件包,它由多个一维、二维和若干三维程序组成。利用LARED软件包能很好再现一些重要实验结果,并预言了未来神光Ⅱ升级装置和神光Ⅲ上实验的物理规律。

在神光Ⅱ和神光Ⅲ原型上,氘氚靶丸内爆实验分别测到10^9和10^{11}个热核聚变中子。图7给出了神光Ⅱ上直接驱动内爆动力学时间分幅测量结果和热核反应区α粒子向外辐射图。图8给出了神光Ⅱ上间接驱动靶丸内爆动力学时间分幅测量图,实验观测到黑腔内壁高温等离子体膨胀和靶球内爆(中间亮点)过程。右上图为中间含靶丸的黑腔示意图。

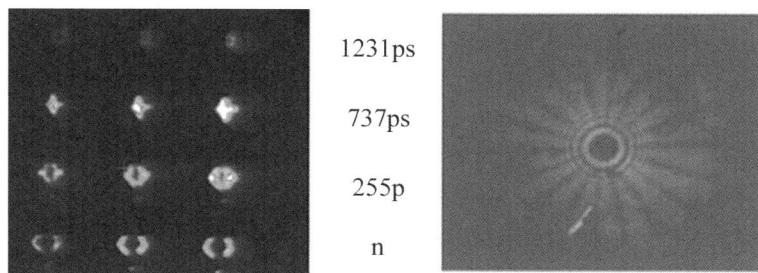

1231ps

737ps

255p

n

图7　神光Ⅱ八路激光直接驱动实验观测内爆过程(左)和反应区α粒子向外辐射(右)

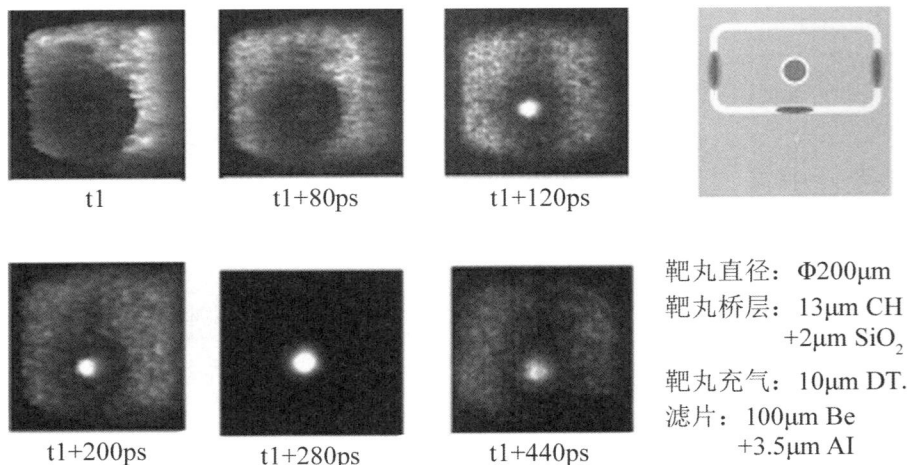

靶丸直径：Φ200μm

靶丸桥层：13μm CH
　　　　+2μm SiO$_2$

靶丸充气：10μm DT.

滤片：100μm Be
　　　+3.5μm Al

图8　神光Ⅱ上间接驱动内爆实验观测到黑腔内壁高温等离子体膨胀和靶球内爆过程

（t1 约 50ps，从激光照射到内壁开始）

在内爆动力学过程中，与氘氚燃料相接的壳层内表面或热波传播阵面的不均匀性（例如粗糙度或非球对称结构）会被不稳定放大，通常称为流体力学不稳定性。它对内爆压缩危害很大，其结果是壳层材料混入氘氚中或发生壳层破裂，导致点火失败。我们在神光Ⅱ上进行了实验研究。把一塑料薄片放在有凹槽架子上（见图9左），薄片表面刻有正弦周期性空间扰动，驱动激光直接照射到薄片表面，使扰动不稳定增长。然后用波长为13.9纳米的软 X 光激光从侧面透过扰动增长区，测量扰动增长结构和大小。结果表明在图9右，那里观察到由于流体力学

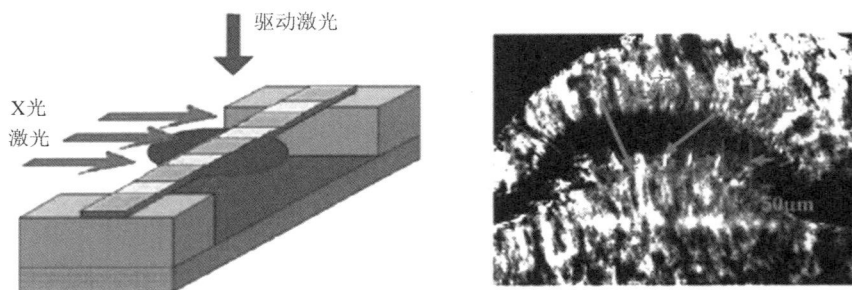

图9　软 X 光激光背光照相测量流体力学不稳定性

不稳定性出现10个周期性射流（黑色尖峰）和气泡（亮的尖峰）。由于光压作用，图中薄片已被压成弯曲（黑色部分），周围是膨胀了的低密度等离子体。LARED 程序包数值模拟表明：当热传导烧蚀波前冷物质被较强预热时，空间不均匀的非线性不稳定增长呈射流结构，与实验一致。

LARED 计算机数值模拟再现了神光Ⅱ和神光Ⅲ原型上间接驱动靶丸内爆过程的轮廓随黑腔长度 L 变化的规律：当 L 较短时，例如 1.2 毫米，黑腔中靶丸被压缩成扁形；当 L 过长时，例如 1.6 毫米，靶丸压成椭球形；仅当 L 适当长时，例如 1.4 毫米，靶丸才压成所希望的球形（见图10）。

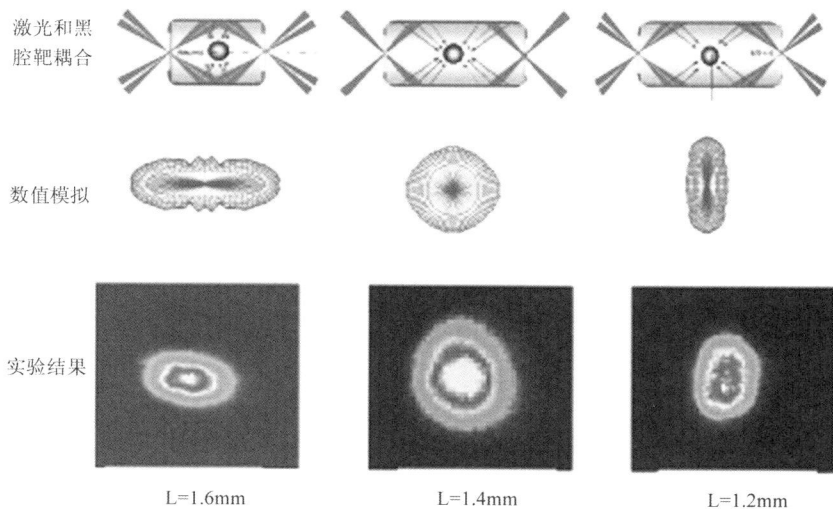

图 10　间接驱动内爆过程实验结果与数值模拟比较

快点火的研究也正在取得进展。由于正在建造千焦耳能量的皮秒(10^{-12}秒)的拍瓦激光器预期 2009 年运行,目前实验主要在 10 焦耳左右的脉宽为 $10\sim100$ 飞秒(10^{-15}秒)激光器上进行。但利用 LARED 程序已进行了大量关于快点火内爆动力学和高能电子(质子)的产生、传输和能量沉积的数值模拟。实验和模拟取得了很多重要认识。

十多年来,我国已发展了大量实验研究方法,建立了一系列高精密的实验诊断设备,包括中子、γ、带电粒子以及可见光、紫外和远红外、X 光等实验测试仪器和诊断系统,为实验研究纳秒时间尺度和微米至百微米量级空间尺度的激光聚变过程发挥了重大作用。

十多年来,我国建立了一整套研制精密靶的设备,为激光聚变实验研究提供了多种构型的百微米至千微米大小的精密靶。图 11 展示了其中用于研究辐射输运、间接驱动黑腔物理和内爆靶丸的几种靶型。

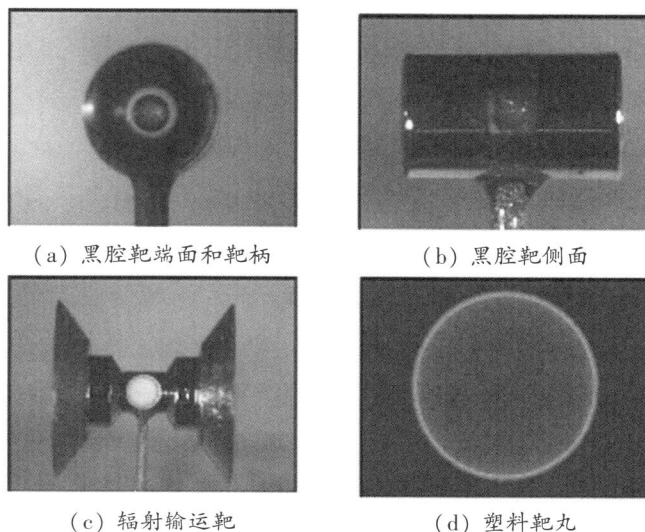

（a）黑腔靶端面和靶柄　　（b）黑腔靶侧面

（c）辐射输运靶　　（d）塑料靶丸

图 6　神光Ⅲ原型装置

四、实施国家激光聚变点火工程

从王老开创我国激光聚变事业开始，经过几十年的努力，特别是 1993 年纳入国家 863 计划以后的十几年中，我国激光聚变研究获得了重大进展：建成了神光 Ⅱ 激光器和万焦耳神光 Ⅲ 原型，并正在建造 20 万焦耳的神光 Ⅲ 激光器；靶物理研究取得了大量重要成果，其中一批成果达到了国际先进水平；同时形成了一支多学科、跨部门、综合研究实力强，有奉献精神的科研队伍；建立了高功率大能量激光器、物理理论、物理实验、精密诊断技术、精密靶的制备五位一体协调发展的平台，我国已建立了一个独立自主的激光驱动惯性约束核聚变研究体系。我国与美、日、法一起成为国际上激光聚变研究的主要国家。

鉴于上述的研究基础，在最近制定的国家中长期科技规划中，激光聚变已列为国家点火工程，计划在 2020 年进行激光驱动惯性约束核聚变点火演示。

王老多年的梦想正在逐步变为现实。

五、结束语

自从王老开创我国激光聚变事业以来，经三代人独立自主、自主创新的努力，我国激光聚变研究已经取得了重大进展，在国际上占有一席之地。现在正在实施国家热核聚变点火工程计划，以实现 2020 年左右演示热核点火的目标，任务非常光荣和艰巨。

同学们，今年是王老诞辰 100 周年，在我们缅怀这样伟大科学家对我国激光聚变事业的伟大贡献的时候，一方面是颂扬和学习他在艰苦环境下为科学事业百折不挠努力创新的伟大精神，另一方面是要努力继承他的事业，为 2020 年左右我国激光聚变的点火演示和未来聚变能等应用做出我们后人的贡献。也衷心希望你们中有人将来从事这一事业，实现王老的梦想。

比较王老那一代和我们这一代，再比比你们这一代，我有非常深刻的感受。一个科学家的命运是跟国家的强盛和民族的兴旺发达密切相联系的。当 1934 年 34 岁的王老创造性地提出中微子测试方案的时候，由于当时的中国正处在日本侵略蹂躏之下，国家非常困难，根本不可能进行中微子测试实验，只好投稿到外国杂志上发表，最后美国科学家利用王老的方法测到了中微子，中国人的发明却被外国人得了诺贝尔奖。同样 1964 年王老提出激光聚变概念后，因为当时国家 GDP 远比现在低，需要把钱花在更重大的事情上，王老的想法不可能得到国家的支持。只有在改革开放以后的现在，我们已是国际上第四大经济体，王老的发明和理想才能被付诸实现，他的科学创新才能被充分发挥。同学们，你们的未来比我们更美好，希望你们学习王老精神充分发挥你们的聪明才智，为祖国的强盛做出自己应有的贡献。

今天就讲这些。谢谢大家。

问：贺教授您好，我是顺义五中 **12** 班的郭爽，您的报告中提到王老等"上书中央要求支持我国激光聚变研究纳入 **863** 计划"，请问 **863** 计划具体是什么计划？

答：1986 年王淦昌、王大珩、陈芳允、杨嘉墀四位院士向中央提出在国家支持下有重点地发展若干民用的和国防的高技术的建议，为在二十一世纪初我国在这些领域的发展奠定基础，并培养和造就一支高水平的人才队伍。1986 年的 3 月邓小平批准了这一建议，我国实施了以批准日期命名这一高技术计划为 863 计划，以区别于其他的高技术计划。863 计划经"七五""八五"，一直到今天"十一五"，仍然在发展，为国家后来若干重要领域的高技术的发展和在国际上占有一席之地做出了重要贡献，也为几年前我国的中长期科学和技术发展规划的制定提供了重要的基础之一。

问：我想知道目前我国有没有对核聚变小型化的打算，像以前美国在冷战时期计划把小型的核聚变反应堆装在飞机坦克上一类的，有没有这样的计划？

答：我理解你指的是小型化的纯聚变核武器。据我所知，目前还没有，因为聚变点火还没实现。你说的可能是具有裂变—聚变—裂变过程的氢弹的小型化。我国核武器的小型化已完成了。纯聚变核武器的难度很大，虽有人在研究，但还没有成功。

问：贺院士您好，我想提一个问题，就是当时如此庞大复杂和精密的激光器只有美国、日本等少数国家能建造，我国是如何发展起来的呢？

答：建造高功率精密的固体激光器至少需要解决三方面问题：①这样复杂激光器的总体设计；②激光器所需要的各种高性能的元器件（材料）的研制、生产和加工；③激光器建造和运行过程的环境问题。虽然激光器的设计思想原则上是公开的，我们可以在吸取人家经验基础上进行自己的创新设计，但元器件研制的关键技术西方国家是对我国保密和封锁的。在二十世纪九十年代我们建造神光Ⅱ时，曾向美国一家公司订购了几块尺寸不大的产生激光的工作介质——掺钕的磷酸玻璃，结果美国政府干预，不准卖给我国。经过一年多的努力，我们在原来的基础上，突破了关键技术。现在我们的钕玻璃的性能并不比美国生产的差，不仅满足了神光Ⅱ的需要，而且也为以后神光Ⅲ原型及神光Ⅲ的建造提供了条件。我只举这一例子，其他很多方面关键技术的突破就不再列举了。所以我国激光器的关键技术的突破完全靠我们自己的自力更生和创新精神。作为一个曾组织和领导这一事业的原首席科学家，我深深地为我们中国人深藏的聪明才智所感动。同学们，你们要有这样的自信心。美、日等国家他们发展得比我们早，我国现在较多方面的水平还是跟他们有差距，但只要充分发挥大家的聪明才智，奋起直追，我们就能够在不远的将来赶上他们。你刚才提的问题我这么回答，不知道你满意不满意？

问：我是来来自北京四中的学生，您刚才说聚变约束有两种方式，磁约束和惯性约束，现在都有很大难度，不知前景怎样？还有一个问题，就是王老刚才提到非常重视国际合作，20 世纪 **70** 年代和 **90** 年代初的时候，合作并不是很多，现在社会环境宽松了，我们现在有没有实际上的跟美国和日本的一些合作？ 谢谢。

答：激光聚变和磁约束聚变都是大科学工程，热核点火和自持燃烧的科学可行性和将来为能源应用带来的工程技术的复杂性都是前人所未解决的,因此难度极大,需要去攻克。目前两者都处在点火前夕,未发现不可逾越的障碍,前景是美好的。

关于国际合作,因为磁约束聚变研究目的只是应用能源,我国正在与美国、法国、日本、俄罗斯、印度和韩国合作建造国际热核实验堆(ITER),ITER耗资120亿美元,我国出10亿美元,堆址在法国,估计十年左右建成后演示点火。

关于激光聚变研究,国际合作就比较困难。由于它除了能源应用外,还可用于核武器作用过程物理规律的实验室模拟。美、法等西方国家不但不跟我们合作,在技术上还对我国进行封锁。但在激光聚变的基本物理规律研究和能源应用方面,国际会议上有交流。由于近些年来中国的激光聚变研究取得了很大进展,现在国际上对我们已比较重视,有些国家表示了在某些范围内跟我们合作的意愿。例如,日本科学家与我们就有较多的交流,还希望跟我们合作建立一个亚洲用户研究组织。另外,也有几个西方国家,希望我们帮他们建造激光聚变研究用的大型激光器。这些表明我国激光聚变研究在国际上已有了一席之地。在国际上,能够受到人家的尊敬,实力是至关重要的。

我所接触的程开甲院士[*]

1963 年初,组长要我们几位刚被分配到研究所不久的大学毕业生去听著名理论物理学家彭桓武先生讲课。彭桓武先生讲的是原子弹爆炸后 γ 射线(指高能量光子)在空气中的远距离传播问题。在当时没有大型计算机的情况下,从理论上计算出 γ 射线在空气传播中的多次散射、吸收和能量慢化是十分复杂的。这一问题很吸引我们,因为那时正处在我国第一颗原子弹爆炸前夕。

当时有一位中年科学家与我们一起听彭先生讲课。在彭先生讲的过程中,他总是不断地提出问题和看法,与彭桓武先生展开讨论,有时甚至争论得很剧烈。我感到十分奇怪,因为在大学里听老师讲课时,从来不曾有过这样的听课方式。他是谁呢?

问组长才知道,他就是著名物理学家程开甲先生,他和彭桓武先生当时都是我们核武器研究所(中国工程物理研究院前身)的副所长,我在大学读书时就读过他写的固体物理书。当时他给我的印象是思路敏捷,反应很快。

后来我发现他在听别人学术报告或与人讨论时,也同样爱提问题和争论,不搞清楚问题决不罢休,有时甚至有点激动。但是我也发现,争论完后,他好像没有与人争论过一样,没有任何有隔阂的感觉。起初我有点不习惯,但慢慢地我感到程先生的做法对我很有帮助。因为我发现他提的有些问题也是我想要知道的,经过讨论后我也加深了了解。后来我也慢慢学会了在听别人报告时积极开动思想,不仅是听,而且参与其中,感到收益很大。程先生当时主管状态方程研究,在工作上我与他接触较少。但有时也听他报告,我们年轻人向他提出问题甚至争论,他从不以自己是有名的科学家自居,与我们也同样开展讨论和争论,充分发扬学术民主,这方面他给我们做了榜样。在彭桓武、程开甲、邓稼先、周光召和于敏等科学家的影响下,我们理论室(后来发展成为理论部和研究所)形成了十分融洽的学术民主的气氛,为后来突破原子弹和氢弹提供了十分重要的学术环境。

1963 年 7 月后,程先生因工作需要正式调新建新疆核试验基地研究所(即二十一所),任副所长。我们核武器研究所也扩编为研究院,同年稍后我们大部队搬往青海,他虽仍兼任我院副院长,但见到他就少了。

1966 年中,我结婚后没有房子住。非常意外,下半年我们所里分配给我的竟是程先生家腾出

* 作者:贺贤土。节选自《功高德劭》,国防出版社,2008 年。

来的一间房子。程先生家当时住在花园路一号大院,住房并不宽裕,有五个子女,除老大、老二在外地上大学外,家里还有三个孩子和程先生夫妇(程先生虽已去新疆核试验基地,家仍在北京)。当时所里住房很紧张,但程先生夫妇还是积极帮助所里解决困难,腾出一间北屋给所里的年轻夫妇住。于是我和我爱人就成为他们家的邻居。这样,当程先生来京出差短暂在家停留时,偶尔也能与他说上几句。程夫人高耀珊阿姨是位贤妻良母,她不仅全力支持程先生的工作、照顾好程先生的生活,而且一人辛勤地培养五个子女,有时还要服侍来京住的婆婆,使程先生无后顾之忧。高阿姨待人热心、乐于助人,她还在家委会兼职工作,深得大家的好评。半年多的邻居生活中,我们得到了她的很多照顾,特别是我爱人生女儿时早产一个多月,家里来不及来人照顾,我又缺乏经验,再加上当时核试验任务很重,我家里全靠高阿姨的帮助。不久我母亲从上海来北京来照看孩子,我虽已搬离她家,但两家来往仍很密切,我母亲和她两位南方人成了好朋友。一直到 1969 年底,在林彪一号命令下,我家随研究所迁四川,高阿姨她们也搬往新疆基地与程先生团聚。

1967 年开始,我们所成立第一次地下核试验的理论研究组,负责核装置理论的研究与设计以及物理实验项目的探索,我任组长。第一次地下核试验场是在一座叫南山的地方,从山脚下向山内打平洞,包括一条长的廊道和末端一个鱼钩型结构的爆室,核装置就放在"渔钩尖"处,零时以前用石块和水泥把爆室和连接爆室的一部分廊道填实。为了确保地下核爆炸的安全,程先生提出让南山"不冒顶、不放枪、不泄漏"的"三不"要求。也就是爆炸威力当量不能太大,不然山就会冒顶(掀顶),即使不冒顶,放射性物质也可能从山裂缝中泄漏;威力也不能太小,不然核爆炸产生的冲击波在山的岩石中传播就赶不上在廊道和爆室的填充物中的传播,冲击波就不能把填充物前空的廊道压实(称为自封),填充物就会像步枪子弹一样带着大量放射性物质射向洞外(称为放枪)。根据埋深公式以及地质条件和山高,经过多次讨论,确定核装置的爆炸威力为 2 万吨 TNT当量,范围在 10% 以内。在当时的设计水平下,这对我们组是一个挑战。除了向所里不断汇报研究和物理设计的进展外,我不得不经常去核试验基地二十一所,向程先生汇报我们组设计的核装置的可几当量以及上下限,并与程先生讨论爆室大小等问题,与程先生有了更多的接触。同时,鉴于当时氢弹刚刚试验成功不久,氢弹爆炸过程若干重要物理问题需要在地下核试验时进一步研究,我们组就负责分解研究这些问题,并在理论上设计有关的测试项目,在第一次地下核试验中进行实验测试。这样我与我院物理实验所的同志一起,也经常去基地现场与程先生的研究所讨论测试项目的环境要求,包括测量热 X 射线的真空管道的排布、辐射波和原子冲击波的传播速度、高能中子的测量等,特别是由于各种测试探头都放在爆室附近,近区测试干扰很大,所以传输信号的电缆要防干扰。我们的要求都得到了程先生的大力支持,他自己经常在讨论会上即时进行估计,给我们解决问题,同时还安排所内同志进行研究,为我们工作提供了很多方便。

1969 年 9 月下旬第一次地下核试验前,从 7 月开始,我们九院参试人员陆续进入南山现场与基地二十一所同志会合。在现场,我们两家除了进一步讨论物理项目测试的一些具体问题外,一起开大会讨论最多的是"三不"问题,特别是程先生提出的廊道"自封"问题。当时大家很担心,如果不能自封成功,后果不堪设想。有一次大家与程先生争论得十分剧烈,挑灯夜战用特征线方法计算,证明能自封住后,程先生很高兴。程先生是这次试验的技术总负责人,责任重大,当时中央专委正等着这次试验的最终报告。

这时我发现程先生几乎已完全脱离他已很有成就的固体物理专业。由于核试验是一个大系统工程,涉及物理学、化学、地质学和核科学技术等多个领域的问题,他都要亲自探索和指挥专业技术人员进行研究,然后听取他们汇报和做出决定。甚至最后向上级和中央专委报告。在戈壁滩艰苦的环境下,为了核试验需要,他成了一位多领域知识广博的"万能"专家和一位名副其实的"核司令",默默地战斗在戈壁滩。

我国第一次地下核试验获得成功后第二年,新疆核试验基地与九院组织第一次地下核试验的总结,我去红山二十一所程先生那里负责一个组的总结工作。程先生建议我们总结组先到爆炸后的爆室现场去考察,我们穿着白色防护服,戴着防护帽和口罩,进洞后直向爆室走去。坑道和爆室已经过清理,那天刚好通风设备故障,我们到达爆室时已汗流浃背,估计空气温度在六七十摄氏度,摸着爆室壁仍然很热,我们匆匆观察了爆炸后爆室的形状,触摸了爆室壁的玻璃体结构,十几分钟后就待不去了,赶紧往外走,到了洞外后感到头要裂开似的痛。大家猜测,虽然戴着口罩但还是吸入了很多一氧化碳,深深体会到一年后核爆炸尚存的余威。这一考察为我们总结工作经验提供了很多感性认识,也体会到程先生说的"不入虎穴,焉得虎子"的含义。

1970 年时"文化大革命"正酣,军宣队进驻北京我们所,白天闹革命,晚上搞生产,不允许更多人去新疆基地研究所。这样,我们所领导要我除了进行第一次地下试验总结外,作为我们所在核试验基地的联络员,把同事们从北京带去的当年几次试验的核装置的物理设计、计算当量以及对热试验的要求向程先生交底。有一次在他的办公室向他汇报完有关资料后,他对其中一个问题提出不同看法,我们先讨论后争论起来,争论得很剧烈,声音很大,以至于周围办公室的几位参谋闻声赶来。事后我很后悔,作为晚辈我感到不礼貌。但是,没有料到,第二天他派人来叫我去他家吃饭,并带信给我说高阿姨做了我爱吃的东西,显然担心我不高兴。当时我十分感动,感受到了程先生对我们晚辈的关心和厚爱。

二十世纪七十年代中开始,我因为从事新的任务探索,很少有机会再去程先生那里。一直到 1984 年,他从新疆奉调来北京接受新的任务后,我才又有机会去他家看望他和高耀珊阿姨。这时他除了仍十分关心基地的发展并从事抗核加固等工作外,终于又有时间继续他的固体物理专业。他还专门抽调他的大女儿程漱玉作为他的助手,继续从事他在英国留学时感兴趣的超导理论研究。两年多前,在他八十七岁生日那天,我代表中科院数学物理学部去看望他时,他兴趣很浓地谈到他提出的超导模型,还特地送我一本他关于超导理论的英文专著,这使我进一步看到了老人的科学情结。

在长达四十多年的接触中,我深深感到程先生是一位正直、无私、执着追求科学真谛的科学家,他把他的智慧和精力奉献给了我国国防事业的发展。正值他九十大寿之际,谨以此短文敬祝他健康长寿。

周光召先生与我国核武器事业*

  我第一次在报纸上看到有关周光召先生的报道大约是在 1951 年，当时他还是北大学生，党中央发出"学习成为中国青年特别突出任务"的号召，报纸报道他又红又专，要青年学生向他学习。我当时正在初中读书，并是学生会干部，专门学习了那篇报道。在大学读书时，又从俄文翻译的《知识就是力量》杂志中读到他的事迹，心里对他很崇拜。1962 年我从浙大毕业后留校，11 月重新被分配到当时北京核武器研究所，1963 年初进所一室（理论室）工作。

  进所的第一天我意外发现接见我们新来几位大学毕业生的竟是周光召先生，他当时是一室的常务副主任（主任是邓稼先），他向我们介绍了理论室的任务，勉励我们为国家做贡献。我感到十分意外，原来周先生竟是这么年轻的一位科学家。从我进所开始，直到他调往科学院，我在他领导下，与他共事了近十六年，受到他的很多帮助与关心，亲身感受他对我国核武器发展倾注的心血，对他所领导的核器研究所的发展的倾注的心情和对年轻人工作和成长的关心。下面只就我接触和了解他过程中的一些事例，谈一些关于他的感受。

  他为我国核武器事业做出了卓越贡献。1958 年中央决定建立核武器研究所和核试验基地。二十世纪五十年代末开始，周先生正在苏联杜布诺联合原子核研究所从事基本粒子物理研究，并且已做出了出色的成果，受到国际同行的重视。1961 年当他得知苏联突然撤走所有在华专家的消息时，他毅然抛弃了自己熟悉的专业，主动请缨，要求立即回国，参加他从未接触过领域的原子弹的研制工作。

  老同志告诉我，1961 年至 1962 年初，原子弹研究设计过程中，理论计算表明，炸药爆炸后在内爆过程中产生的压力总是小于苏联专家曾给我方的一个数据。当时负责力学的专家担心我们计算结果有错，于是进行一次又一次共九次反复计算，这就是著名的"九次计算"，原子弹设计一时陷入了困境。周光召先生当时刚进所不久，他仔细检查了九次计算结果，认为计算没有问题，怀疑苏联人的数据的可靠性。经过反复研究，最后他用最大功计算证明不可能达到这样大的压力，显然数据是错的。这样，周先生以他的聪明才智结束了近一年左右的争论，扫清

---

  * 作者：贺贤土。写于周光召先生八十华诞。原载于《物理》，2009 年第 38 卷第 5 期。

了原子弹研制过程的障碍。最后，获得了原子弹爆炸过程的清楚物理规律，原子弹设计工作全面展开，1963年底交出了包括结构、尺寸和材料的理论设计模型。然后经过工程设计、材料加工、实验室中各种冷试验、装置组装，运往试验场。1964年10月16日，我国成功地爆炸了第一颗原子弹装置，为全国人民争了一口气。周先生的工作为我国第一颗原子弹的突破做出了重要贡献。

第一颗原子弹突破后，理论部在邓稼先主任和周光召常务副主任（1964年起原一室扩展为理论部）等领导下，充分发扬学术民主，发动全理论部专家和大学毕业后分配来所不久的年轻研究人员进行学术上的"大鸣大放"，每个人都可以畅想氢弹是什么样的结构，材料和作用原理是什么。大家有时争得面红耳赤。周光召、邓稼先、于敏几位先生和大家在一起讨论和争论，没有领导和科学家的架子，与年轻人打成一片，我们亲切地称呼他们为老周、老邓、老于等。我现在仍留恋和回忆当时这种学术气氛，我想这大概是中国发展核武器物理设计的独一无二的环境，它事实上也为中国大科学工程的发展提供了十分宝贵的经验。正是在这样的环境中，有关氢弹的很多想法甚至不完整的方案朦朦胧胧地被提到。氢弹突破的关键是热核点火和自持燃烧问题。据说周先生亲自从基本的玻尔兹曼方程出发，推导了流体力学方程组，研究在切断过程舍去项中由于非线性效应的敏感性对氢弹的点火和热核反应可能的影响。在大家充分"鸣"和"放"的基础上，彭桓武、邓稼先、周光召、于敏等科学家综合归纳后，彭桓武先生提出兵分三路进行探索。周先生作为常务副主任协助邓稼先主任负责整个理论部氢弹探索的同时，又具体负责一路人马进行突破。事实上，早在原子弹理论设计方案完成后，周先生已在一个研究室中组织一个四人小组，探索氢弹的路子。他提出了用原子弹爆炸的爆轰波进行点火的新思想，并领导小组进行细致的点火物理研究和数值计算，虽然最后否定了这条路子，但是他们堵住了这条路子，在多条路子探索中，宣告这条路子不通，使得探索工作集中更多兵力到别的路子，这在研究工作也是重要贡献。而且他们当时研究的物理成果和发展的新的二维计算方法也为以后氢弹理论设计提供了物理参考和计算工具。这里还得提一下，在我们探索氢弹原理的同时，了解到法国人也正在探索氢弹原理。他们比我们早好几年爆炸了第一颗原子弹，如果我们抢在他们前面爆炸氢弹，这将大长中国人志气。周先生鼓励大家咬紧牙关，抓紧时间为国争光。在他和其他领导的影响下，理论部大楼每天晚上都是灯火辉煌，在这样的环境下，我国终于在1966年底成功突破了氢弹原理，在1967年上半年进行了大当量氢弹试验，赶在法国人前实现了我们的愿望，大长中国人的志气。从爆炸第一颗原子弹装置到爆炸第一颗氢弹装置，美国用了7年5个月，苏联用了4年，法国用了8年6个月，而我国只用了2年2个月就突破了原理。

突破氢弹装置以后，型号化装备部队成为重要任务。二十世纪七十年代初，周先生身负二机部九院九所所长重任，领导全所完成了装备部队多项型号研制任务，并奔走北京和新疆核武器试验场，亲自参加核试验任务，指导试验后实验分析，了解理设计当量与试验数据的差别，以寻求改进理论设计。我国装备部队的第一代核武器理论设计主要是在周先生领导下完成的。在当年的"文化大革命"环境下，工宣队和军宣队控制了我们所，实行白天闹革命、晚上抓生产的方针。周先生等领导就是在这样的艰苦环境下，冒着随时都有被打成"反革命"的危险，为了中国的核武器事业，努力领导大家完成了中央给予的任务。现在回想起来，十分后怕，在当时这种动乱年代，如果没有周先生等人这种热爱祖国、不顾个人安危、无私奉献的精神领导大家，这么快突破我国核武器恐怕是不可能的。

他有很高的组织管理水平，敢于管理和决断的精神。为了早日突破氢弹，完成党和国家交给的这一重大任务，在当年的环境下，他冒着被人戴上冲击政治帽子的风险，限制政工部门过多的政治活动，甚至下令取消我们理论部同志参加二机部为庆祝一个政治活动需要的歌咏练习和比赛。二十世纪九十年代他来所看望大家并做报告时，他说他当年年轻，做事血气方刚，向当年从事政工的老同志们表示抱歉。在场的老同志听到老所长的讲话，十分感动，他们心里十分明白，没有老所长这种勇敢和决断的精神，怎能这么快突破我国核武器。

突破氢弹后，周先生在领导大家进行核武器型号物理设计的同时，就考虑我们核武器物理研究设计所下一步怎样发展，他几次组织所规划小组，探索核武器设计是否还有新的原理，是否还有更多余地提高设计水平。我有幸作为这个小组的成员之一，参加了他亲自领导的关于所发展规划的讨论。他强调，为了更好完成装备部队的任务，使核武器物理设计达到更高水平，必须掌握更深层次的核武器的物理规律。因此他认为，加强与核武器物理有关的基础研究，提高研究者的水平是至关重要的。他切身体会到，我国核武器为什么突破较快，重要原因之一是当年国家抽调了彭桓武、邓稼先、他和于敏等在基础研究上已做出了高水平成果的专家，领导一批年轻人从基础研究开始逐步探索，最终搞清楚了作用过程，才突破了核武器原理，抢在法国人前突破了氢弹。从原子弹到氢弹所花的时间比任何一个有核武器的国家都短，这都是重视基础研究的结果。在他心中有一套怎样进一步发展研究所的完整的设想和计划，可惜这些想法和计划却不合当时二机部某些领导的心意，他们一心想要我们搬往四川，可是那边又没有科研条件。他向他们汇报我们所今后的发展规划，他们听不进去，反而认为周先生是在阻拦搬迁，最后就调周先生离开我们所，到当时的二机部九局挂个总工程师之名。

1977年周先生正领导规划组又一次讨论所的发展战略，7月份美国人公布了他们研制成中子弹的消息。中子弹是核武器家族中除原子弹、氢弹外又一个重要成员。周先生在规划组讨论时提出，为了反对别人的核讹诈，我国也要抓紧研制中子弹。经所里讨论后，周先生安排我和规划组其他两位成员王继海和郑爱琴，先后到总参和当时国防科委去讲解中子弹的特点和它的杀伤作用，以期得到军方的支持。我和王继海还到二机部去了解当时我们心目中的有关材料的生产情况。当时我正在领导一个研究组探索研究一种不同于描述通常氢弹作用过程的新理论，周先生敏锐地意识到这种新的理论有可能用于中子弹研究，要我们研究组直接瞄准中子弹原理进行探索。为了了解可能与中子弹研制有关的某种材料的特性，他亲自带领我和我们研究组部分同志到北京郊区中科学院的一个天体观察站了解他们储存特殊材料的设备和条件。我们经过几年探索研究，克服了大量困难，最后终于在这一探索的基础上找到了不同于普通氢弹的中子弹点火和自持燃烧新途径，并获得了核试验证实，突破了中子弹原理。我们深深感到，周先生对问题具有敏锐洞察力，他对我国中子弹研究具有决策和推动作用。因为周先生的卓越贡献,他成为国家自然科学奖一等奖获得者之一,并获得了"两弹一星功勋奖章"。

周先生十分重视对年轻人的培养,鼓励年轻人的任何进步。他多次在不同场合强调年轻人应当超过他们这一代,年轻人是国家和事业的希望。他亲自传授知识,鼓励大家精通业务,送业务骨干出国进修……这都表示了他对年轻人的期望和国家前途的关心。

二十世纪六十年代前后,我们所分配来一大批年轻的大学毕业生,他们在大学里没有学过与核武器有关的专业与知识。为了弥补这些大学毕业生在知识上的不足,突破氢弹前后,周先生多次为我们系统地讲课。他结合核武器反应过程具体事例,讲中子在物质中的输运过程理论,讲中子与裂变物质作用的增殖特性和与氘化锂反应造氚作用,讲怎样解燃耗方程,等等。同时也给我们讲辐射流体力学,特别是讲辐射激波(头为辐射波,背为激波)、等温激波的特性和它们的近似解,他的报告都是他自己研究的结果。在讲辐射激波时,不同于通常的 Marshak 解,他导得了辐射波波头轨迹方程,在波头后附近做级数展开,获得了只依赖于波头位置一个自由度的波的各个物理量,同样也可获得只依赖激波位置一个自由度的物理量,从两个波的位置获得了辐射激波的厚度,使大家清楚地了解了辐射激波的物理的特性。他的这项研究在今天看来仍然十分有意义。他给大家讲爆轰物理课,对爆轰力学也研究得非常深入。前面已提到,他巧妙地应用爆轰过程最大功原理计算,证明了苏联专家数据的错误就是在深入了解爆轰物理基础上获得的。他的讲课对提高我们研究工作水平帮助很大,讲课的内容经大家笔记整理后刻印成讲义,成为当年我们学习的主要资料之一。目前所内科技档案库内保存有这些讲义,它不仅见证了当年我们怎样从无到有,自力更生突破我国核武器,而且也见证了周先生从知识上对年轻人的培养和帮助。最近我已把我保存的一部分资料转给现在的年轻人,作为他们研究工作的参考和学习。他来所前是研究基本粒子的,与核武器物理专业完全不一样,但由于他有深厚的基本功,很快深入新的领域,大家都很佩服他的才能。周先生讲课的特点是不用讲稿,物理概念讲得很清楚,使人能很快抓住要点;在黑板上推导公式,使大家能沿着他的思路走。他喜欢听众随时提问和跟他讨论。他思路很敏捷,善于抽象思维,如果提问不够清楚,他很快能抓住你的要点给予回答。

1978 年改革开放政策一公布,周先生就选拔了所内六位年轻业务骨干(其中四人后来成为中科院院士)出国进修,很荣幸,我是其中之一。后来,因为当时国防科委以保密为由没有被批准而取消出国。但是周先生感到为了核武器研究事业的发展,需要有一支视野开阔、了解国际状态的队伍,应该利用开放政策,送一些年轻同志出国进修。从他大力帮助我出国的过程中,我深刻体会到他对培养和提携年轻人的重视。1980 年他应邀到美国讲学,特地通过李政道先生联系得克萨斯大学奥斯汀分校的国际著名核聚变等离子体物理学家 M. Rosenbluth(李政道研究生时的同学),安排我到他那里做访问学者,并把我的个人简历托恰好去得克萨斯大学开学术会议的何诈麻先生带去。正准备 1983 年出国的时候,发生了网球运动员胡娜参加比赛后留在美国的事件,中美文化交流受到影响。在这样背景下,我去美国做访问学者计划又一次被取消。1999 年我在法国的一次学术会议上遇到 Rosenbluth,跟他谈起此事时,他还印象很深,问我后来为什么不去他那里了。随着中央改革开放政策的深入实施,国家很多部门和大学纷纷选拔年轻人出国深造。周先生虽然于 1982 年正式调离我们所,但仍关心此事。1984 年初,我们所的李德元所长请求当时已是中科院副院长的周先生再一次帮助我出国进修。1984 年 9 月 29 日下午,我突然接到周先生夫人郑爱琴电话,要我赶紧把我的简历和部分发表论文的抽印本送到友谊宾馆工字楼,交给周先生。周夫人告诉我,周先生准备在第二天中科院建院 35 周年冷餐会上将这些材料转给一位华人科学家——美国的马里兰大学吴京生教授。吴教授是国际著名的空间等离子体物理学家。10 月 1 日,中华人民共和国成立 35 周年国庆,上午我突然接到吴先生电话,要我去他友谊宾馆住处面谈,吴先生当即决定要我做准备去他那里访问。这以后,所里就向上级核工业部报告请求批准我出国访问。但是由于我的工作性质,核工业部一直不敢批,并向上级多个有关部门询问像我这样人能否出国。最后因为周先生、李所长等力挺和国家开放政策已十分深入,一直到 1986 年 5 月,最后批准我出国访问。1986 年 6 月,我作为北京应用物理与计算数学研究所派出的第一名出国访问学者飞向马里兰大学。由于周先生和李所长的努力,终于打开了我所可以派人出国进修的大门。在美国一年半的进修过程中,我不仅学到了当时最新的等离子体物理知识,完成了几篇论文,而且开阔了视野,为我回国后挑起新的研究任务和科研组织管理工作提供了一定基础。我十分感谢周先生对我的培养与帮助。

周先生到科学院任职后仍然十分关心他亲自领导了约 20 年的这个所,他曾在这里为我国核武器事业付出了他最宝贵的青春年华。他多次来所里,与在他领导下工作的当年的我们这些年轻人重叙旧情,也勉励现在的年轻人奋发向上。2005 年 1 月 18 日,他来所里向年轻科技人员做了《创造性和知识管理》的报告。周先生深情回顾在所里工作的岁月,称在所里的十几年是他人生最重要的经历,称赞九所的科技人员队伍是一支具备高尚理想、爱国热忱、团结协作精神的优秀团队,希望年轻的科研队伍进一步发展壮大,为事业发展做出更大贡献。报告着重阐述了科技工作者应具备的个人素质以及科研工作需要的人文环境。他特别以 DNA 双螺旋结构的发现为例,提出在科学研究中,要扩大研究的视野,有意识地与人文学科融合。他鼓励年轻科技工作者要努力培养创新能力,树立远大抱负,增强自信心,既要扎实地工作,也要敢于有敏锐的发现。要求领导者要围绕创造良好科研环境做好科研管理,促进创新意识的树立,鼓励创造性的探索,真诚关心年轻人的成长。报告特别提出,要大力提倡学术民主的风气。周先生回顾"两弹"突破时期的学术气氛时指出:学术民主,自由讨论,是"两弹"精神的重要体现,没有科学民主的精神追求,"两弹"不会如此迅速地突破,没有自由争鸣的风气,核武器人才队伍不会如此迅速地成长。

周先生是一位杰出的科学家,在他所研究的领域中,无论是核武器物理还是基础科学,都做出了重要的贡献;同时他又是一位杰出的组织领导者,他敏锐的观察力、独特的见解和果断的决策,取得了很多人衷心的倾服。周先生不愧是一位难得的全才。他对发展我国核武器事业的贡献和在领导我们所期间组织管理的经验,是我们所后来发展的宝贵财富。正值他八十大寿到来之际,谨祝他健康长寿。

一身正气、受人尊敬的李价民校长[*]

　　我于 1951 年秋天进入辛成中学（简称辛中）读初中。初见李价民校长时，他给我的印象是：态度严肃，长者风度，刚毅睿智，具有令人肃然起敬的人格魅力。后来我被选为学生会干部，有较多机会听李先生的教诲，感到他十分亲切慈祥和平易近人。他经常像父亲般勉励我们学生会干部要带头努力学习、培养自己成为新中国建设人才。

　　我进入辛中时，学校还只有四年的创办历史，而先生在 1949 年中华人民共和国刚成立时任校长，当时办学环境的艰苦是完全可以想象的。但由于先生的努力和民主办学，却已吸引了很多优秀教师，我读初一时学校的师资力量并不亚于已办学多年与辛中相邻的镇海县中。先生还亲自教我们历史。他简练明了的语言和条理清晰的分析，以及开导学生思索问题的教学方式，使很多感到历史课枯燥的学生听得兴趣十足，凡先生教过的学生没有不钦佩他的讲课艺术的。初中三年中我深深感到，先生等老师传授给学生们的不仅仅是书本知识，而且还有分析问题的能力和科学思维的方法。在先生和很多老师的努力下，校内学习风气很浓。那时没有电灯，晚自习时教室内点着明亮的汽灯，汽灯光吸引了很多小飞虫进入教室，大家都不为所扰，学得很艰苦认真。我们辛中学生初中毕业后，大部分都考上了宁波一中或效实中学等名高中，可见教学质量很高，学习质量并没有因为学校新建不久而受到影响。这都是先生领导下师生努力的结果。

　　中华人民共和国成立后，国家百废待兴。培养人才、建设新中国成为当时一项重大的使命。我入学不久，党中央发出"学习成为中国青年特别突出的任务"的号召。先生积极响应中央号召，在全校进行动员报告，勉励同学们努力学习，将来成为新中国建设人才。同时组织我们学生会干部学习，要大家在学习中起模范带头作用，向科学进军，这对我们鼓励很大。在这样的环境下，大家的学习积极性都很高。我当时虽然先后担任学生会执委、副主席、主席职务，经常开会，但带头抓紧学习，各门功课成绩都很优秀，不断受到学校表扬。

　　先生在培养学生时特别关心政治和国家大事，启发我们热爱祖国。他经常给我们报告国内外形势，讲抗美援朝志愿军英勇作战；讲新中国农村的发展；讲工农业各条战线的成绩，号召我们学习向英雄模范；讲祖国的发展如何需要人才，号召同学们努力学习，把自己锻炼成为建设新中国的优秀人才。

---

* 作者：贺贤土（辛成中学 1954 届校友）。2012 年 3 月写于北京。

先生是一位民主人士,但却有优秀共产党员的高贵品德。中华人民共和国成立前夕,他在国民党的白色恐怖下,甚至在从事革命的亲人被害的情况下,仍坚持教育事业,培养人才,迎接新中国的诞生。中华人民共和国成立后,只要党和国家需要,他从不计较个人得失。他辞掉上海格致中学的聘任,不顾工资待遇低和办学条件艰苦,毅然接受邀请,成为刚成立不久的辛成中学的校长。他关爱学生无异于自己子女,了解他们的困难,千方百计进行经济上的帮助,使他们安心学习。他又严格要求学生,为的是努力培养他们成为国家建设的栋梁人才。他以身作则,一心扑在工作上,艰苦朴素,处处为老师和学生树立榜样。他热爱祖国,热爱党的教育事业,一身正气,受到学生和同事们的尊敬和爱戴,成为大家学习的榜样。

初中三年教育是从少年过渡向青年最敏感期的教育,对一个人以后的成长有着重要的影响。当年正是先生和老师们的谆谆教导,使得我们这些十分无知的孩子很好地完成了初中学业,奠定了以后顺利完成高中、大学学习的基础,特别是开始懂得努力学习、热爱祖国、将来为祖国贡献自己力量的做人的道理。每当我取得了工作上的重要进展的时候,每当我获得了国家给我的荣誉的时候,每当我在国际学术会议上做大会邀请报告并受到国际同行赞扬的时候……我总会想到初中三年学习对我以后的成长是多么重要。我由衷地感谢先生以及其他培养我的老师们的辛勤教导。

我1962年大学毕业后,由于所从事研究工作的保密性,心里虽然常想起初中的学习生活,想起先生和老师们的教导,但无法与学校和同学们联系。一直到改革开放后二十世纪八十年代中才有可能与外界接触,但随后1986年,单位送我到美国做访问学者。出国前我从北京回宁波探亲,到镇海看望先生,不巧他出差不在家,见到了於侃民老师,了解到先生在"文化大革命"中受了很多磨难,我心里十分难过。但他不顾个人委屈,仍继续为党为国家忘我地工作。两年后,我回国不久就听到先生不幸去世的消息,十分悲痛,不能再与先生见面,终成遗憾。

先生为党的教育事业奋斗一生,他是一位对党无限忠诚、一身正气、处处为人楷模的老校长,备受人们尊敬。他虽然已离开了我们,但他的精神和高贵品德永远是我们学习的榜样。

优秀共产党员、一代名师王兴廉先生[*]

我于1954年秋天进入宁波中学(当时称为宁波一中)读高中,王兴廉先生是宁波一中的中共党支部书记和副校长。刚见到王先生时,他给我的印象是:戴着高度近视金丝边眼镜,很有学者风度,讲话不多,态度严肃。

在高中三年中,我先后担任过共青团和学生会干部,因工作关系有较多机会接触王先生。他十分关心团委和学生会工作,勉励我们学生干部在贯彻党的"德智体美"教育方针中,应以身作则,起好模范带头作用。当时新中国刚成立不久,人才十分缺乏,他鼓励我们在做好学生会工作的同时要努力学习,把自己培养成为未来国家建设的栋梁人才。他平时看起来似乎有点严肃、不太爱言笑,多接触了之后,我感到他是一位很和蔼可亲的师长。

王先生作为学校党的领导人,与民主人士钱念文校长一起积极贯彻党的教育方针,民主办学,吸引了一批高水平的老师,如郦肩时、沈维柱、齐民友、王维耀、冯马兴等名师。他们教育水平很高,传授给学生们的不仅仅是书本知识,而且还有分析问题的能力和科学思维方法。钱念文校长和王先生不仅是领导,也是很受学生尊敬的名师。钱校长是研究历史学的专家,历史课讲得很生动,学生很爱听;王先生物理学造诣很深,讲课很受学生欢迎。当时宁波一中有三位王姓老师教物理,除了王兴廉、王维耀,还有一位大学毕业不久的小王老师,他们通常被称为"三王"。这三位老师物理教得很好,在宁波市中学中是有名气的,王先生则是公认水平和威望最高的。王先生虽然一直没有教过我们班物理课,但我们从他教过的同学那里了解到,王先生教课时把概念讲得十分清楚,同学们易懂易记。他善于启迪和开导学生去思索问题,凡先生教过的学生,没有不钦佩他的。王先生在我们班也很受尊敬,我们不少同学为没有机会听他讲课而深感遗憾。

王先生努力实践党的教育思想,勇于探索和改革。我认为,他的教育实践和理念是我国教育事业十分宝贵的财富,对我国当前的教育状况有着十分重要的启发作用。他在宁波中学校庆100周年纪念会上讲话(见《怀溪集》第52—53页)中充分阐述了他的教育思想和理念。他认为,教师不仅要教书,而且要重视育人;不仅教给学生知识,还特别要注意培养学生的智力和能力,培养学生成为德智体美全面发展的新中国建设者。我在宁波一中三年,深深体会到这样思想理念的实践:学校的教学氛围宁静而和谐,使人奋进。现在回忆起来,那十分怀念当年在宁波一中的学习生活。我们认真听完老师课后,基本上不用太多复习,作业也不多,课余时间

* 作者:贺贤土(宁波中学1957届校友)。2012年2月写于北京。

充足,可进行自己爱好的活动,充分发展自己的才能。我当时担任学生会学习文化部部长,在王先生等学校指导与帮助下,为提高同学们学习知识的兴趣,经常举办数学、物理、语文(作文)、书法等比赛,优秀的同学还被选拔到宁波市里比赛;我们还多次组织同学们唱歌跳舞等文娱活动,除了学校演出外,还常常到市里表演。我当时做这些组织工作,并没有感到学习时间不够而影响学习,不像现在的中学生成天忙于习题和补习,唯分数最重要。

1956年党中央制定了《1956—1967年科学技术发展远景规划纲要》,并向全国人民发出"向科学进军"的号召。王先生积极响应党的号召,用自己的物理学知识,宣传科普知识。他在这一段时间内写了不少科普文章,如《奇妙的电子》《地球为什么不掉下去》《电的故事》《磁铁》等(见《怀溪集》)。1956年寒假,宁波市组织各中学学生会干部集中学习中央的号召,请宁波市中学物理名师讲现代科学的进展。我在中学读书时文理都很喜欢,各科成绩也很好,直到高二下学期,对高中毕业后是读文还是理还拿不定主意。听了王先生等老师讲原子、原子能、半导体等物理知识,我深深被这新奇的科学世界吸引,决定报考物理学专业,并于1957年秋天如愿考取了浙大物理系。正是王先生等老师的精彩演讲使我的人生发生了重大转折,大学毕业后走上了一条从事物理科学研究之路。

王先生不仅教书育人,为人师表,而且在日常生活中表现出了共产党员的伟大品德。1955年4月在我读高一下学期时,发生了震惊中外的"民主三号"客轮从上海开往宁波途中触礁遇险事件,王先生也在船上。当时海上风浪大,浓雾重重,船体大量进水,开始倾斜沉没。逃生过程中,王先生看到一位抱着孩子的妇女没有救生衣,不会游泳的他完全不顾个人安危,立刻把自己身上的救生背心脱给她。当听到船上有人喊"共产党员、共青团员站出来!"时,他毫不犹豫地站出来,与当时在船上的海军官兵及党团员一起维护秩序,把群众围在中间,以防止群众无序骚动使正在倾斜的船体加速沉没,并积极帮助群众安全转移到救生艇和前来营救的船上。在群众完全撤离后,他和维持秩序的人们及船员才上营救船,这时海水已经淹没了"民主三号"的甲板。后来听说,那时王先生的眼镜也掉了,衣服也湿了。在这样惊心动魄的生死搏斗场合中,王先生完全把自己的生死置之度外,把生的希望留给群众,表现出一个共产党员的高贵品质。但他回到学校后,从来没有提及这件事,我们当时只听说王先生乘船海上遇险。一直到《解放军画报》两位记者采访他并在8月进行了报道,大家才知道他的事迹。最近,我在《怀溪集》中读到他的《雾海夜航历险记》一文后,更详细地了解了事情经过,更加敬重王先生,更加感受到他的伟大。

王兴廉先生不仅是一代名师,不断探索和实践,为党的教育事业奋斗一生;而且他也是一位对党无限忠诚、处处为人楷模的优秀共产党员。他虽然已离开了我们,但他的精神和高贵品德永远是我们学习的榜样。

我所认识的唐孝威院士*

我到二机部九院工作后就听说了唐孝威这一名字,知道他是一位很有才华的年轻实验物理学家,但正式认识他大约在20世纪70年代。一次偶然的机会,时任九院副院长的王淦昌先生与唐孝威在一起,刚好碰到我,王先生就立刻向我介绍了他。事实上,我早就从王淦昌先生哪里知道他是一位才华横溢的人,王老很喜欢他,多次向我提到他的名字。这以后直到20世纪90年代初,我们虽然认识了但接触不多,但我知道他在苏联杜布纳研究所从事过高能物理实验测试,1960年回国后就直接到九院,负责核探测器研制,领导进行原子弹内爆中子点火的中子测量和氢弹热测试研究,做出了重要贡献。70年代末他转到高能物理领域,曾率领中国实验研究组,到德国进行高能物理实验,参加丁肇中教授领导的马克杰组合作,在实验发现 J/ψ 基本粒子的研究中做出了出色成绩。80年代初,他开始转向研究物理学与生物学交叉科学,后来从事物理学与医学结合研究脑科学。

1995年我被选上中科院数理学部院士,我与他同一学部(他于1980年当选中科院学部委员,1995年起改称院士),我们接触逐渐增多。我感到他不仅学问做得好,而且平易近人,很能关心我们这些年轻院士,处事十分低调,从不以"老院士"自居,给我的印象十分好,我很尊敬他,觉得他是一位良师益友。

1999年浙江大学四校合并成立新的浙大,我被母校聘任为理学院外聘院长。到浙大后才知道唐孝威院士与浙大物理系有合作,正在指导物理系老师和学生开展脑认知科学的研究。我十分高兴,向潘云鹤校长提出,动员他正式加盟浙大物理系,潘校长很支持。我后来知道,潘校长与他在一次会议上碰到时也动员过他来新浙大。这以后,我与唐孝威院士有较密切的联系。我们通过几次电话,热烈欢迎他正式加入浙大物理系,同时告诉他学校领导也十分欢迎他来浙大。我还向他解释,物理系有高质量的学生和年轻教师,请他培养或可作为他研究工作助手;同时新浙大学科较全,可支持他开展交叉学科研究,这与研究所有很大不同。作为朋友我向他保证,如他加盟浙大,理学院和我个人会全力支持他,提供他所需要的研究条件。我还几次派物理系老师到北京高能所与他和他的所里领导商量。经过再三考虑,他最后于2001年3月正式调入浙大物理系做全职教授。使我十分感动的是,我派人与

---

* 作者:贺贤土。2011年7月写于北京。

他谈来浙大工作条件的时候,他只关心如何开展工作,除了学校提供给他的引进的条件外,没有提另外的要求,这使我对他更加敬重。

唐孝威近30年来,积极提倡和实践交叉科学的研究,他认为自然界现象是综合的,很多情况下单一学科研究是不全面的。专门化可以在一个方面研究得很深入,但常常会只见树木,不见森林;交叉学科研究可以看得更全面,特别像人体那样的复杂系统。他从事多年研究物理学,具有深厚的物理学造诣,加上研究实践中积累的科学思维能力和掌握的科学研究方法,这些为他进行交叉科学研究提供了十分重要的基础,他只要了解所交叉的其他学科的背景,就可以深入下去和获得重要的研究成果。唐孝威在浙大的十年,充分利用浙大多学科的优势,为浙大物理科学与生物医学交叉学科的发展做了大量工作。他与理学院的心理系和学校有关生命科学的院系合作,指导脑科学研究,并积极组建了浙江大学交叉学科实验室,成立了软物质(颗粒物质)、生物物理、神经信息学、功能成像等研究组。在这十年中,不仅发表了大量交叉学科的论文,而且出版了《脑的奥秘》《脑功能原理》《梦的本质—兼评弗洛伊德理论》《统一框架下的心理学与认知理论》《从分子到行为》《智能论:心智能力和行为能力的集成》等多部有关交叉学科的专著。此外,他自编教材《脑科学导论》给本科生上选修课,并培养了很多物理学与脑科学等交叉学科研究的研究生。

他一心扑在工作上,除了参加学术会议以外,平时都在物理系三楼的办公室里。我去杭州到物理系去看他时,总看到他不是与学生讨论工作,就是一人看论文资料。几年前,他腰部得了一种病毒性泡状麻疹,十分痛,折腾了他很长时间。痊愈后,神经末梢仍然疼,晚上都睡不好觉,但他白天仍坚持工作。我问他有什么要求,他总是说很好,你很忙,不用管我,他总是怕麻烦别人。这样我不得不叮嘱物理系的领导,要经常问问唐先生,他的需要,包括生活和工作上的需要,一定要设法解决。

他生活十分简朴。日常生活中大家看到他穿着多年的夹克衫上班和开会,十分朴素;他的办公室只有简单的桌子和书架,我想给他添些什么和做些装修,他总是婉言谢绝。

他十分关心人,碰到我时总问我身体情况,要我工作不要太紧张,注意休息。物理系浙江近代物理中心以及成立才几年的浙大聚变理论与模拟中心的老师们经常跟我说起唐孝威院士对他们中心发展的关心,他经常去参加他们的学术会议,给以学术上的指导与帮助,强调与实验结合的重要性,鼓励大家密切结合实际,多与从事大科学工程的中国工程物理研究院等单位密切联系。他十分关心学生们的成长,据我所知,他把学生们当作自己的孩子,关心他(她)们的生活和学习,学生病了,他要他夫人做好吃的送去。他谆谆教导他们,在研究工作中要有自己的想法、努力创新,鼓励他(她)们将来成为能独当一面带领一个团队进行研究的科研领军人物,为祖国做贡献。并鼓励他(她)们做一个实事求是的人、正直的人和具有科学道德的人。

唐孝威院士为人十分低调,他在物理学和脑科学等领域做出了重大贡献,但淡泊名利从不张扬自己的学术水平。他一心为科学,品德十分高尚,心里只是想着他人。这就是我认识的唐孝威院士。正值他八十大寿来临之际,我祝他健康长寿,为国家做更多贡献。

李文铸教授论文选集序言*

　　李文铸教授是我的老师,他曾先后任浙江大学物理系主任和浙江大学副校长。他在 50 多年的教学与科研生涯中为国家培养了大量人才,也为中国物理学发展做出了重要贡献。同时在浙大物理系发展史上,他是重建浙大物理系的大功臣。最近,他的同事和学生要为他出一本论文选集,我十分高兴,这是一件大好事。同时也勾起了我对往事的追忆和怀念之情,在浙大就学时的一幕幕也重新展现在眼前……

　　重建浙大物理系的大功臣。浙大物理系创建于二十世纪二十年代。三十年代后期,浙大物理系云集了王淦昌(中国"两弹一星"元勋)、束星北(诺贝尔奖获得者李政道教授在浙大物理系求学时的导师)等著名教授。他们不仅在教育上培养了一批像程开甲("两弹一星功勋奖章"获得者)、吕敏等优秀人才,而且在科学研究方面做出了有国际影响的成果,如王淦昌教授的实验中微子测试方案论文,为后来他人测得中微子和获得诺贝尔奖奠定了基础,又如浙大物理系在原子核模型方面的研究工作给来访的国际著名大物理学家尼尔斯·玻尔(因提出原子模型而获得诺贝尔奖)留下了深刻的印象。三四十年代,浙大物理系是当之无愧的全国最优秀的物理系之一。但遗憾的是,在 1952 年那场全国高校院系调整中,浙大物理系被撤销了。后来在王谟显教授和李文铸教授等有识之士的极力建议下,浙江大学 1957 年上半年决定重建物理系。李文铸教授等全力投入筹备工作,终于在当年秋季实现了新物理系的首届本科生招生。1959 年以后李文铸长期担任物理系主任等职,为物理系的发展倾注了大量心血,在他的带领下物理系得到了很大发展。经过五十余年的辛勤耕耘,浙大物理系终于成为 A++级的全国十佳物理系之一,并且理论物理和凝聚态物理两个二级学科成为教育部认定的全国重点学科。在物理系的发展和成长过程中,李文铸教授做出了十分重要的贡献。

　　教书育人,培养和组建一支高质量的教师队伍。李文铸教授十分清醒地认识到,重建浙大物理系的重要任务首先是培养和组建一支高素质的教师队伍。为此,他一方面吸纳兄弟院校中优秀人才来浙大物理系工作,另一方面积极从本系毕业的学生中选拔和培养教师队伍。为了教授学生当时快速发展的量子场论课程和开展研究工作,他本人在建立物理系前就去当时的中科院近代物理研究所(中国原子能研究院前身)合作研究了两年。回物理系后,他亲自教授了三门重要课程:一门是物理系"四大力学"中比较难教的课程"量子力学",另外两门是"原

＊　贺贤土。2009 年 1 月写于北京。

子核理论"和"量子场论"。这几门课都是从事理论物理和核物理研究必不可少的核心课程。他在讲课过程中特别注重物理概念,讲得很生动。我特别喜欢听他的量子场论和量子力学课,他讲授的基本内容至今仍记忆犹新,这些在我后来的实践中受益匪浅。

他特别关心爱护物理系重建后通过全国统考招入的首届的 57 级学生。在我们这一届学生毕业后,他选派优秀学生或去我国核武器研究所等国家重要部门工作,或作为研究生继续深造,或留校从事教学和科研。他们虽在毕业四年后遭遇十年"文化大革命"浩劫,但在改革开放后迅速成长。留校任教中的大多数毕业生其后去欧美进修和从事科研,学成回到系里,担起教学和科研的重任。其中就有我的老同学曹培林教授、唐景昌教授、徐伦彪教授和朱雪天教授等。他们在教学和科研中做出了出色的成绩,成为二十世纪八九十年代浙大物理系的主力军。在系主任李文铸教授领导和培养下,57 级以后物理系毕业生分配到国家重要科研院所的有王书鸿、李祝霞等著名学者。从 1957 年重建到"文革"之前,浙大物理系招收十届学生共 480 余人,其中大多数成为各行各业的中坚力量。

我本人 1962 年从浙大物理学毕业。在 9、10 月份等分配时由当时任系主任的李文铸教授告诉我留校在理论物理教研室任教。但 11 月份他突然找我谈,希望我去北京一个十分重要的单位,并说那里有王淦昌、彭桓武等著名科学家,勉励我要为浙大物理系闯牌子。李先生当时不知道我要去的是核武器研究所,以为是他曾经进修过的中科院近代物理研究所。后来才知道 1962 年 10 月中央召开了八届十中全会,决定要加快核武器的研制步伐,但那时大学毕业生基本上都已分配完毕,不得不从已分配去的部门抽调大学生。我到了北京核武器研究所后,发现中央已抽调王淦昌、彭桓武等人来所。王淦昌先生是李文铸的老师,早年留学德国,后来到浙大任教(我进浙大时,王老已经因院系调整到北京任中国科学院近代物理所副所长)。王先生见到我是浙大来的,特别亲切,告诉我他在浙大教书时最满意的学生中有"四李",其中两李是李文铸和李政道,可见学生时代的李文铸已是一位成绩优秀的学生,后来又知道李文铸是中华人民共和国成立前的中共地下党员。我有幸在王淦昌、彭桓武、邓稼先、周光召等领导和指导下工作,牢记李文铸先生的勉励,为浙大物理系争光,努力为中国核武器发展和物理学进步尽自己微薄之力。

七十年代末,李文铸教授出任浙江大学主管科研的副校长,仍抓紧时间给物理系研究生开量子场论等课,培养了董绍静等优秀博士生。他领导多年的物理系还培养了目前在物理系任教的教育部长江特聘教授罗民兴、现任北京应用物理与计算数学研究所所长朱少平、美国俄克拉荷马州立大学物理系教授谢爱华等优秀学生。李先生在任副校长期间,还积极在全校建立分析测试中心,集中全校研究设备资源,建立教学和科研平台。在教学上他还积极促进竺可桢班的建立,培养精英人才。

1988 年,李文铸教授在美国伯克利大学访问期间,受浙江大学校长韩祯祥教授的委托,邀请正在伯克利大学讲学的浙大校友李政道教授来母校访问和筹建理论物理研究所。后来,在浙江省政府和浙大校长路甬祥教授的关心下,在国内外同行的大力支持下,由李政道教授亲自担任主任的浙江近代物理中心于 1991 年春天在浙江大学成立。目前该中心已成为国内理论物理学界的一支重要科研力量。作为浙大理论物理学科创始人之一的李文铸教授长期辛勤努力付出的心血终于结出了丰硕的成果。

具有敏锐的科学洞察力。李文铸教授具有十分敏锐的科学洞察力和战略眼光,总能及时发现物理世界的新生事物和研究跟踪物理学的最新进展。早在二十世纪五十年代,他与科学院同事合作完成了 κ 介子衰变的重要研究。在六十年代初兴起利用对关联研究原子核的椭球模型,诺贝尔物理奖得主 A. 玻尔(尼尔斯·玻尔之子)来浙大物理系访问,李先生亲自接待,并与小玻尔进行了深入讨论。李先生组织了有关这项科研的学术讨论班,准备投入这项物理前沿的研究,终因文革而搁浅。1963 年浙大物理系搬到了之江校区后,激光这项新生事物逐渐兴起。在李先生领导下,物理系建起了激光实验室,在此基础上,物理系在理论物理和固体物理之外又建起了光学这个专业。二十世纪六十年代中期,中国的理论物理界十分关注"对称性"的研究(这是 2008 年诺贝尔物理奖的主题),李先生在"文革"的困境中仍跟踪这项前沿的研究。因此,"文革"结束后李文铸先生成为浙大首批博导之一,带领一批学生在基本粒子相互作用理论研究中做出了出色成绩。这本文集中大量的论文是这个研究方向上的研究成果。八十年代末和九十年代初,出现了关于高温超导和 C_{60} 等凝聚态物理方面新的研究热点,他又组织力量积极投入这一方向研究,为浙大物理系开辟了一个新的研究领域。这本文集也收录了这个研究方向的一些论文。

逢李文铸教授 85 周岁华诞来临之际,又闻他的学术论文选集即将出版,作为他的学生我倍感兴奋。谨以上面的几段回忆权作本集的序言,一为李文铸教授的生日祝福,二为浙江大学物理系的快速发展祝贺。

我的故乡[*]

  我的故乡新碶,北濒深水海道,有长长的海岸线,东西南三面是冲积平原,河道纵横,远处群山隐现,充满了山清水秀的江南风情。这里地杰人灵,人才荟萃,涌现了一批名人学者。就在这里我渡过了美好的童年并接受了小学启蒙教育。

  我爱我的家乡,她留给我诗意般的回忆:淳朴的乡情;小镇上古老的街道;鳞次栉比的古老住宅;广袤的田野;静静流淌的泰河……可是也正是这一切,从另一方面反映了家乡世代不变,赶不上时代发展的步伐。那蕴藏着丰富资源的海域,那富饶的山水和原野,并未给世世代代生活在新碶镇和周围人们的命运带来多大的改变。所以早年不少乡亲们远涉重洋,出外谋生,希望改变自己的命运。因此,70年代末以前当我每次回家时,我脑海中总存在一个美好的憧憬,希望我的家乡有一天会变:欣欣向荣的发展代替这世世代代不变的一切。特别是当我在美国工作和学习的两年里看到人家的一切,这种心情更加强烈。

  1978年以后,党的改革开放的政策,终于唤醒了沉睡多年的家乡,焕发了新的活力。我于1986年去美国做访问学者,1988年回国后重返阔别几年的故乡看望我母亲,在新碶下车一刹那,出现在眼前的景象,我真有点不敢相信自己的眼睛,我多年美好的憧憬变成了现实,家乡真的变了:在我面前一条新的街道连接新大路代替了原来的古老街道,周围的农田已盖起了高楼大厦,我小时住过的老家旁边已成为北仑区政府所在地。特别是有人告诉我北临的海道已建起了深水港,儿时曾去玩过的那个离岸几十米随着海水涨落时没时现名不见经传的北仑小山,它的名字在改革开放后的浪潮中一下子成了闻名遐迩的北仑港的名字。同时国家在家乡附近建立了宁波经济技术开发区,引来了国内外很多投资。看到和听到的这一切使我的心情似海潮起落,一时不能平静。

  以后我几乎每隔一两年回家一次,每次都能感受到家乡大踏步前进,一年一个样的变化。2000年起,在经济技术开发区汪友诚书记和宁波市政府的盛情邀请下,我有幸兼任了家乡新成立的宁波职业技术学院的院长,来家乡的机会就多了,更深切地感到家乡日新月异的变化:新碶已办起了几所中学,包括省重点的北仑中学,莘莘学子可以就地入中学,不像我们那时因为新碶没有中学,需要离开家乡读书;马路四通八达,过去从宁波回新碶要先坐一个多小时的汽车,到大碶车站下来,然后再步行一小时到新碶,现在高速公路只要半个小时就可以从宁波到

———————————
 * 作者:贺贤土。写于2005年5月16日。

家乡;北仑港现在已发展成为我国四大深水中转港之一;北仑区与宁波经济技术开发区合并有利于管理和资源的更好利用;今天的北仑按常住人口计人均 GDP 已超过 8000 美元,开始进入了中等发达国家(地区)的阶段。人们的生活完全变了,盖起了新的楼房,生活富裕,有不少人已买了私家车。

家乡的新貌完全取代我儿时的记忆,家乡的进步和发展使我十分欣喜,作为游子的我坚信今后家乡的发展将会更快。

我心中的中国科学院 *

中国科学院随着新中国的诞生而成立,并随着国家的壮大和发展而成长,1955 年成立了学部后,中国科学院组成包含了多个研究所和学部两大部分。1962 年来,它以发展中国科学事业为己任,服务于经济建设主战场,开拓、建立和发展了自然科学各主要学科领域,成为中国科学事业发展的主力军和核心力量。中国科学院整体上代表了我国最高学术水平,成为人们心中敬仰的科学殿堂。她与高校、中央和地方的产业部门研究机构一起,为我国的科学事业的发展做出了重大贡献。

中国科学院所取得的成就是中国科学界的骄傲。在我的记忆中,1960 年发现了反西格马负超子、1965 年世界上首次人工合成牛胰岛素、1966 年"哥德巴赫猜想"研究成果、20 世纪 50 年代后期起在突破"两弹一星"任务中参与科学技术攻关、1964 年建造了我国首台运算速度每秒一万次大型电子管计算机提供我国第一颗原子弹研究设计使用等,都是中国科学院的科学家们的成果。改革开放以后,中国科学院建立了北京正负电子对撞机、合肥的超导托卡马克、兰州的重离子加速器、上海光源等大科学装置以及近年来实施的知识创新工程,取得了大量科学技术成就,为祖国争得了荣誉。中国科学院人才荟萃,培养和造就了一大批人才,并输送到其他需要人才的部门。

在我的长期科学生涯中,我亲身实践和感受到中国科学院在发展中国科学事业中所起的重要作用,下面仅举三例简单说明。

1. 中科院在发展我国核武器事业中发挥了十分重要的作用

新中国刚诞生不久,美国等西方国家扬言对中国使用核武器,妄图把新中国扼杀在摇篮中。为了共和国的生存和发展,别无选择,党中央决定发展中国的核武器,反对西方的核威慑和核讹诈,1958 年成立了核武器研究所。中国科学院积极响应国家的号召,义无反顾地抽调了王淦昌、郭永怀、彭桓武、邓稼先、于敏、陈能宽等杰出科学家和一大批优秀科学技术骨干支援核武器研究所,他们成为突破我国第一颗原子弹和氢弹的科学领导人和科学技术骨干,为我国核武器事业和国防安全做出了重大贡献。翻开"两弹一星功勋奖章"获得者名单可以看到,他们绝大多数来自原来的中国科学院。在从事核武器研究中还成长了一大批优秀人才,中国工

* 作者:贺贤土。2011 年 7 月 29 日写于北京。

程物理研究院有约四十位研究人员成为两院院士,他们中很多原来在中科院工作。我本人大学毕业后被分配到核武器研究所工作,有幸在来自中国科学院的彭桓武、邓稼先、周光召(后来到科学院工作)、于敏等领导和指导下工作和成长。在突破核武器的年代,中国科学院除了支援人员以外,还合作参与了大量的科学和技术攻关,包括进行了氢弹原理早期探索、提供了包括轻核和裂变物质部分中子截面等基本参数、研制成和提供了核试验用的大量精密诊断仪器设备等。

2. 中国科学院在发展激光驱动惯性约束聚变高技术和大科学工程中进行了开拓性的研究工作

早在 1964 年,王淦昌先生在国际上独立提出利用高功率激光产生激光核聚变的思想(1972 年后国际上发展成为激光驱动惯性约束聚变,以下简称激光聚变),并与中国科学院上海精密光学与机械研究所(以下简称上海光技所)研究人员合作,开始进行激光聚变所需的高功率激光器的研制。经过近二十年的努力,二十世纪八十年代中以上海光技所为主,我国自主创新建成了第一代可供激光聚变物理初步研究的高功率激光器神光 I,开始了我国激光聚变整体研究的历史。为了充分发挥中国科学院在高功率激光技术方面和中国工程物理研究院在激光聚变物理和实验靶制备技术方面的各自优势,二十世纪八十年代初,两院建立了上海高功率激光物理联合实验室,合作研究激光聚变。多年来,这一联合实验室的成功运营以及它对我国激光聚变事业发展的贡献,我认为是中国科学院与国家重点研究院所成功合作研究国家大科学工程的范例。1993 年经国家批准,激光聚变项目纳入国家 863 高技术计划,成立惯性约束聚变技术主题专家组,上海光技所三位专家作为专家组成员参与了我国激光聚变领导工作。主题专家组研究制订了我国激光聚变长远发展规划,全面开展了靶物理理论、靶物理实验、高功率激光器和单元技术、精密诊断设备和技术、靶的制备技术五位一体的研究,中国科学院的多个单位(包括上海光技所、西安光技所、成都光电所和物理所等)参加了研究工作。九五期间,上海光技所等中科院的单位突破了高质量激光工作介质钕玻璃的生产和精密加工、氙灯和镀膜等技术,2000 年又建成和运行我国第二代高功率激光器神光 II。十一年来,神光 II 长期稳定运行,提供了 3000 多发次物理打靶实验,为激光聚变纳入国家重大专项提供了重要科学基础,并为 2006 年开始运行的中国工程物理研究院神光 III 原型高功率激光器建造提供了重要经验。激光聚变计划的实施也锻炼成长了一支激光聚变物理和技术的人才队伍。自 1993 年至 2001 年底,我先后作为主题专家组的秘书长和首席科学家,后来又作为上海高功率激光物理联合实验室学术委员会主任,亲身体验了中科院对发展我国激光聚变事业的重要贡献。

3. 中国科学院学部在发展中国科学技术过程中发挥了重大作用

学部集中了一批具有很高学术水平和科技创新能力并为国家科技发展做出了重要贡献的院士(1995 年前称为学部委员),发挥了科学技术方面最高咨询机构和思想库的作用,对国家科学技术发展规划和计划、学科发展战略、重大科学技术决策、经济建设和社会发展中的重大科学技术问题进行评议和咨询。我印象十分深的几件大事：1986年技术学部和数理学部的王大珩、王淦昌等四位学部委员（院士）向国家提出发展863高技术计划的建议，二十五年来这一计划的执行已获得了很多重要科技领域自主创新的重要成果，为国家中长期科技发展规划中十六个重大专项以及其他有关重要项目的的确定奠定了重要基础；1992年技术学部王大珩、张光斗等六位学部委员（院士）向中央建议成立中国工程院，经中央批准1994年成立了中国工程院，它是我国工程技术界的最高学术机构，在国家重要工程技术决策提供了有重要影响的咨询。此外，中国科学院学部在组织国内外学术交流方面也做了大量工作，包括运作和管理《中国科学》和《科学通报》两种学术刊物，成立了以院士为主体的两刊理事会，两刊目前的发展势头较好；学部在由中科院、中宣部、教育部等创导的"科学与中国"活动中组织了很多院士参加巡回演讲，积极宣传科学精神、普及科学知识，受到了群众的热烈欢迎和好评。2000年至2006年我先后当选为数学物理学部常委、副主任、主任和学部主席团成员和执行委员，有更多机会为学部工作。在学部主席团领导下，数理学部组织了多项国家科学技术咨询工作，例如，在中国参加国际热核实验堆（ITER）的过程中，根据院士们的意见，组织了多次讨论，并完成了咨询报告送交国务院领导；为了更好发展我国的高性能计算科学，学部组织了包括香山会议等的国内大型学术研讨会，就高性能科学计算发展，特别是高性能科学计算机的发展和有自主知识产权的科学计算软件开发等向国家提出建议，并得到了国务院领导的批示。这一系列活动表明了学部为发展我国科学事业做出了重要贡献。

目前我国正面临着加强自主创新能力、建设创新型国家的重大任务，中国科学院作为发展中国科学的中坚力量正肩负着重任，一定会不辱使命与时俱进，不断改革，在新时期的我国科学共同体中努力找准自己的定位。充分发挥中国科学院的人才优势，在基础（特别是在科技活动中提炼出的大量的应用基础）研究以及科技攻关任务中起到火车头的作用，与高校和国家其他重点院所的科学研究分工合作、互补、交流与竞争，同时进一步发挥院士群体在国家科技活动和科技政策中的咨询作用和与研究所的联系，已62岁的中国科学院一定会在新时期中为国家科技事业的发展再立更大的功勋。

宁波一中母校 110 周年讲话*

今天是母校建校 110 周年纪念日,回顾母校的发展历史,我深感母校的光荣和伟大。早在辛亥革命时期受孙中山先生来校演说的影响,莘莘学子积极投身于民国的革命和建设;在抗日战争期间母校输送了一大批热血青年与敌人进行民族生死存亡的浴血战斗。在解放战争中校的一批师生为了祖国美好的明天而投身革命,迎接新中国。

1949 年新中国一成立,一批学子又怀着对新中国美好的憧憬,走出校门参加土地改革,抗美援朝,保卫祖国。在新中国的建设中,母校又输送了一批又一批的人才进入高校深造或走向社会。

改革开放以后,母校获得了更大的发展,为输送更多的人才,为中华民族的复兴做出了贡献。今天我们从不同工作岗位上,来自祖国四面八方的校友们为庆祝母校的 110 周年生日而欢聚一堂,常常感谢母校对我们的培育之恩。

我是 1954 年考入母校宁波一中的,三年的高中学习生活使我深深感到母校的优良校风和宁静的学习环境,老师们富有教学经验,讲课生动而富有启发性,在这样环境下,我对学习特别有兴趣,文科和理科都十分喜欢,以至于到高二时,我还决定不了毕业后考大学填什么样的志愿。1956 年,国家发出"向科学进军"的号召。寒假我作为学生会干部参加了学习班,我深深被王兴廉老师关于物理学的报告所吸引,使我在人生的道路上发生了大转折,这以后我决定毕业后报考物理专业。1957 年高中毕业后我顺利考入浙江大学物理系理论物理专业,从此,我这一生与物理学结下了不解之缘,并为之奋斗终生。

今天我已是 70 岁的老人了,可以说 50 年的物理人生,趁母校 110 周年的机会,我要深深感谢王兴廉老师当年对我这个年轻人的启迪,并请允许我现向王老师献上一束花,作为一个老学生,向老师表示一点敬意,并祝福我们的母校,像一丛开放的鲜花,迎接更光明灿烂的明天。

---

* 作者:贺贤土(宁波中学 1957 届校友)。写于 2008 年。

坚定地走中国特色的自主创新之路*

20 世纪是人类创新活动最活跃和最富有成果的一百年。相对论、量子力学等科学发现以及应用于生产实践产生的技术创新,大大地促进了社会生产力的发展和人类社会的进步。进入 21 世纪的今天,科学和技术已越来越成为引领先进生产力发展的主导力量,而自主创新能力已成为一个国家科技实力的核心,受到各国高度重视。

中央几代领导都强调自主创新的重要性。最近,胡锦涛总书记强调要坚持把推动自主创新摆在全部科技工作的突出位置,在实践中走出一条具有中国特色的科技创新路子。温家宝总理也指出:自主创新是支撑一个国家崛起的筋骨,必须把增强自主创新能力作为国家战略。中央的这些指示为我国今后的科技发展进一步指明了方向。

中国科学院学部成立 50 年来,随着国家科学技术的发展而不断壮大。从 1955 年的首批 200 多位学部委员发展到今天先后有 1000 多位同志进入院士队伍,其中 300 多位已经去世。广大院士们在发展我国科学技术事业中作为学科带头人,自主创新的核心力量,与广大科技工作者一起,为我国国民经济的发展和国防力量的增强做出了重大贡献。

下面我仅就我 1962 年大学毕业后参加核武器理论研究与设计过程中的经历和所了解的情况,谈一点体会。

中国发展核武器完全迫于当时的形势。1958 年核武器研究所成立后,陆续从全国多个部门调来了一批科学家和技术专家,同时分配来了一大批大学毕业生。当时大家只知道原子弹、氢弹名词,而对其中的作用原理、物理规律完全陌生,一切都得从头摸索。当时,核武器理论研究室主任邓稼先和后来所的理论物理学家彭桓武等科学家带着刚刚毕业的大学生们边干边学,摸索前进,攻克了一个又一个难题。1957 年 10 月中苏曾签订了《国防新技术协定》,苏联曾派专家来华简单地介绍了原子弹的概念,可是很快 1959 年 6 月就单方面撕毁协定,我国没有得到过任何有关原子弹设计的关键数据和设计资料,而且苏联专家在介绍中提到的一个重要数据还误导了我们后来的原子弹总体设计,导致了从 1960 年 4 月开始的一次又一次的反复的九次计算。直到 1961 年中,当时理论室第一副主任周光召用理想条件下炸药爆炸最大功的计算证明了苏联专家提供的数据是错误的,才摆脱了当时的困惑,从而全面铺开了原子弹总体物理设计工作。再经过一系列工程技术研究与创新,我国于 1964 年 10 月 16 日成功地爆炸了第一

---

* 作者:贺贤土。写于 2005 年 6 月 2 日。

颗原子弹。美国人在收集到爆炸后的尘云并测试分析后不得不承认中国用了先进的内爆型设计技术。1960年苏联专家撤走时，有专家曾断言："我们走后中国人在20年内搞不成原子弹。"可是就在这样断言短短四年后，中国人通过自力更生、自主创新研制成功了自己的原子弹，为了永远记住苏联1959年6月的毁约这一事件，第一颗原子弹代号就叫"596"，又称"争气弹"。

如果说研制原子弹前还有苏联专家的简单介绍，可是在突破氢弹过程中，就根本找不到一点儿可供启发的资料了。我们只能靠自己的力量和集体的智慧突破氢弹。理论部充分发扬学术民主，大家完全沉浸在思考、热烈讨论和争论之中，晚上12点后办公大楼仍然灯火辉煌。最后彭桓武集思广益、凝聚大家的想法，建议兵分三路，分头进行突破氢弹原理的攻坚战。1965年下半年于敏领导一个小组去上海计算，找到了热核点火和自持燃烧的关键，抓住了氢弹的"牛鼻子"。于1966年12月氢弹原理试验成功，接着1967年又进行了大当量试验，我们抢在法国人之前突破了氢弹。从第一颗原子弹试验到突破氢弹原理，我们仅用了两年零两个月的时间，在核武器国家突破氢弹的历史上中国人的速度是最快的。

突破了原子弹和氢弹之后，我们就集中力量进行型号研究，为装备部队而努力。七十年代后期，我们又投入部分力量进行中子弹的探索。中子弹是一种特殊型的氢弹，需要进行新的原理探索。研究人员分解研究了中子弹作用过程中大量的物理因素，终于抓住了主要矛盾，然后进行集成与总体研究设计。1984年经热试验证明，突破了中子弹原理，我国完全依靠自力更生、自主创新掌握了中子弹技术。

为了保持核武器的生存能力，九十年代中又完成了核武器小型化任务。1996年我国签订了禁止地下核试验条约。为了确保禁核试条件下库存核武器的安全、可靠和有效，需要对核武器科学问题做更深入细致的了解，为此我们又开展了实验室条件下的核爆模拟研究。

我深深感到"热爱祖国、无私奉献、自力更生、艰苦奋斗、大力协同、勇于登攀"的"两弹一星"精神是自主创新发展国防和民用高技术的宝贵的精神财富。

核武器是一个大的系统工程，涉及科学、技术、工程、试验等一系列研究。核武器事业的发展增强了我国的国防力量，也造就了一批优秀科技人才。到目前为止，仅在中国工程物理研究院方面，先后有24位中国科学院院士（学部委员）曾参加或长期从事核武器研究、设计和生产，其中有9位获"两弹一星功勋奖章"。另有14位同志当选为中国工程院院士。这些两院院士自力更生、自主创新，为研究、设计和生产核武器做出了重要贡献。由于工作需要，目前有些院士已转入到基础研究和国家重要高科技的研究工作中去。

50多年来，特别是改革开放以来，虽然我国在经济建设方面取得了很大进步，但是我们的科技综合实力仍然排在很多国家的后面，很多关键技术受制于人。在当今开放的环境下，学习借鉴国外的先进科技成果是我国加速科技进步的重要途径，但是国家的科技进步必须牢牢建立在自主创新基础上，实践表明核心的高新技术，特别是国防高科技，是无法从国外买到的，只有通过自力更生、自主创新才能建立自己的强大的科技基础。目前正在制订的国家中长期科技发展规划，核心就是要求通过自主创新进一步增强我国科技实力，为实现2020年我国建成全面小康社会的目标而努力。

中国科学院学部和全体院士肩负着推动和促进国家科技创新体系建设、带动全国科技界攀登世界科技高峰,为全面建设小康社会提供坚实的科技支撑的重任。我们全体院士将一如既往,响应中央走中国式自主创新道路的号召,积极投身于自主创新建设,充分发挥国家科学思想库的作用,为实现中华民族的崛起做出新的贡献,同时也为中国科学院学部的建设和发展做出自己的努力。

制定计算科学的国家发展战略、提高我国自主创新能力[*]

计算科学(computational science)是应用高性能计算能力预言和了解实际世界物质运动或复杂现象演化规律的科学,它包括研究对象的数值模拟(或工程仿真),模拟所必需的高效计算机系统(包含处理器性能高、访存快、高带宽、低延迟、I/O 快、内存大的高效计算机,以及配套的网络、存储、可视化等)和应用软件。如果说计算机是躯体,应用软件则是心脏,数值模拟应是灵魂。

今天,计算科学已经成为科学技术发展和重大工程设计中具有战略意义的研究手段,与传统的理论研究和实验室实验一起,成为促进重大科学发现和科技发展的战略支撑技术,是提高国家自主创新和核心竞争力的关键技术因素之一。

美国等西方国家认为计算科学关系国家命脉,将其作为国家战略给予高度重视。通过发展四次国家计算科学计划,在核武器等国防领域和基础科学研究方面获得了一系列重大科技成就和强大创新能力,为今天的高技术霸主地位奠定了重要基础。2005 年 6 月,美国总统信息技术咨询委员会(PITAC)提交了《计算科学:确保美国竞争力》报告,再次将计算科学提升到国家核心科技竞争力的高度。

2006 年 2 月,国务院发布了《国家中长期科学和技术发展规划纲要》,以期使我国在 2020 年前建设成为一个创新型国家。加速发展我国计算科学,对实现国家中长期科学和技术发展规划纲要目标,提高我国尖端科技领域的核心支撑能力,具有十分重要的战略意义。

一、计算科学是国家科技创新的战略支撑手段,发展面临巨大挑战

借助计算科学,我国在核武器设计、国家重大专项"国家点火工程"、地球环境科学和气象科学、高超声速科技工程、大型飞机工程、生物医药和生命科学等领域、国家重大工程与装备研制以及在前沿科学研究等领域中,实现了多种实际条件下性态和行为的模拟和预测,大幅度提高了我国的自主创新和核心竞争力。

但是,与西方先进国家相比,我国还存在巨大的差距。要使我国计算科学在实际应用中真正成为科技创新的主要手段,还面临着巨大挑战。

* 作者:贺贤土。原载于第 329 次香山会议《我国高性能计算的发展与对策》内参,2006 年 10 月。

（1）在国家战略层面，缺少对计算科学的宣传、引导和鼓励，对计算科学战略地位、计算科学的整体水平、深度和广度缺乏足够的认识，计算科学的多学科交叉人才严重短缺。

（2）没有从国家战略层面对计算科学统一规划，甚至片面地以高性能计算机的发展规划替代计算科学的发展规划。

（3）体现国家创新能力、高水平自主知识产权的科学计算应用软件严重短缺，大量应用软件从国外购买，受制于人，我国的应用软件发展长期落后于计算机硬件的发展，无法承载通过计算科学提升国家科技创新能力的任务。

（4）国产高性能计算机系统缺少国家层面的统筹规划，片面地追求理论峰值速度，缺乏适用于发展计算科学的高效计算机。

在以上四个问题中，国家层面的战略规划至关重要，否则，我国计算科学难以在各个领域实现整体协调发展，直接影响我国创新型国家的建设。

二、制定我国计算科学的国家发展战略

为了加速发展我国计算科学，提升国家自主创新能力和核心竞争力，通过借鉴美国等发达国家的成功经验，我们建议：

在国家科技部建立由部级领导负责的国家领导管理机构，设立计算科学专家委员会，统一领导、组织和管理我国计算科学的如下发展问题：

（1）提出我国计算科学的整体发展战略和目标，制定中、长期发展规划。根据国际计算科学发展趋势及我国计算科学的发展现状和存在的问题，密切结合国防建设和国家安全、国民经济建设、国家重大工程、前沿科学研究的实际需求，充分征求不同领域专家的意见，提出我国计算科学的整体发展战略和目标，制定中、长期发展规划。

（2）加大力度开发、研制自主创新高性能计算应用软件。美国等发达国家的成功实践表明，在实际应用中，高置信度应用软件直接关系到计算科学能否在科研与工程设计中发挥重要作用，但是，由于物理建模、物理参数、计算方法和算法、软件实现等方面的高复杂度，它们的研制周期通常长于硬件（平均五年更新一代），需要长期、稳定的经费支持。其实，在美国的 ASC 计划中，应用软件的投入是整个计划最主要的经费开支。因此，我国应该尽快改变目前投入严重不足、应用研发力量薄弱分散、人才缺乏、研发单位少等的局面，瞄准重大挑战性问题，制定规划，确保计算应用软件和国产计算机的协调、平衡发展。

（3）大力加强研制用于国家有重要意义挑战性项目（如核武器、航空航天、能源、生命科学、气候模拟、天体物理、纳米技术和前沿基础研究等）的高效计算机系统。这些挑战性项目需要使用处理器性能高、访存快、高带宽、低延迟、I/O 快、内存大的高效计算机系统。因此，必须以实际应用为牵引，研制能解决挑战性问题的计算机作为我国计算机的发展方向，而不是错误地让现在的集群机引领我国计算科学计算机的发展，只有这样，才能实现高效计算机系统技术

的全面提升,发展我国的计算科学。同时,这也有助于推动大众型计算机(如集群系统)的技术提高。

(4)建立几个国家和部委共管的国家级超级计算中心,通过提供高效计算资源,宣传、引导和鼓励科研院校发展计算科学推动科技创新。在计算科学应用需求集中的某些地区,建立超级计算中心,提供计算的公共服务,可以防止用户单位单独购买造成资源分散、技术支持薄弱和应用效率低等弊病。超级计算中心在提供计算资源的同时,研制数值模拟支持软件框架、平台和工具箱,使得应用软件更好地发挥计算机的潜在性能,促进实际应用和高性能计算机之间的良性循环发展,这是计算科学推广、发展的好模式,国家应该给予持续投资和长期支持。

(5)大力培养计算科学的多学科交叉型人才。计算科学涉及应用科学、科学与工程计算和计算机科学等多个学科,高等教育应该建立相关学科,建立合理的评价机制,加大经费支持,鼓励和提高研究人员从事计算科学的积极性。

惯性约束核聚变[*]

问：激光惯性约束核聚变，是强激光技术与等离子体物理、核物理等多学科结合形成的一个新领域。不过惯性约束核聚变概念对大家比较陌生，请您谈谈它的基本原理？

答：先谈聚变反应和聚变能。大家知道高温下氢核同位素氘核和氚核相互作用能够发生聚变反应，即聚合成一个较重的 α 粒子（氦核）同时放出一个中子，并释放出 17.6 兆电子伏聚变能，其中中子带 14.1 兆电子伏能量，α 粒子带 3.5 兆电子伏能量。1 兆电子伏相当于约 3.8×10^{-17} 克 TNT 炸药所放出的能量。虽然一个氘核（D）和一个氚核（T）聚变释放的能量微不足道，但 1/10 克质量 DT（D 和 T 粒子数各约 1.2×10^{22} 个）聚变却释放相当于 8 吨 TNT 炸药能量，如果在极短时间内放出，就足以把一座山夷为平地。氢弹主要通过 DT 聚变在极短时间内放出巨大能量产生强大的破坏力。

为了和平利用聚变能造福人类，科学家们一直在追求实现可控热核聚变的梦想，要达到这样的目的。首先必须创造两个基本条件：一个是从外界提供能量把一定量 DT 燃料加热成高温等离子体，实现点火，使 DT 热核反应（燃烧）自持地进行；另一个条件是设法约束在上述高温等离子体不致快速膨胀而灭火，使热核燃烧充分进行。当然，在可控热核聚变条件下 DT 装量及产生的功率受到限制，不会造成核武器那样破坏力。

目前有两种可控热核聚变技术途径。一种是磁约束聚变（MCF），即通过外磁场使高温带电 D 与 T 核约束在磁场内运动，不致飞散，以完成热核燃烧过程。

另一种便是我们专门要介绍的惯性约束核聚变，又称惯性约束聚变（ICF）。

在 ICF 过程中，DT 燃料（例如几毫克）装在一个球形小容器内，称为靶丸。一种典型的靶丸结构为有一个外壳，内部是 DT 主燃料层（冷冻 DT）和一个充有稀薄 DT 气体的大空腔中心区驱动器在一个极短的脉冲时间内提供几百万焦耳能量（为讨论方便以下用焦耳作为能量单位，420 万焦耳相当于 1 公斤 TNT 炸药当量），均匀地作用在靶丸外壳表面上，加热成为高温高压等离子体（压力可达几千万或上亿大气压）。高温不断烧蚀壳层产生等离子体，高压使高温等离子体快速外喷，同时形成一个向球内部的强大反冲力，使未被烧蚀到的"冷壳"层和 DT 燃料以极高速度成球对称地向中心会聚运动，即所谓内爆。整个过程类似于火箭运动，向后喷气同时火箭向前推进。不过靶丸球对称内爆时所有冷壳层和 DT 都向中心挤，其结果使 DT 物质

＊ 作者：吴明静。写于 2000 年。

受到强烈压缩,体积缩小到原来的几万分之一,平均密度可达到 100~200 克/厘米³以上。这时如果中心蕊部温度达到 5500 万开以上,密度 ρ 和蕊区半径 γ 乘积 $ργ = 0.3$ 克/厘米²,蕊区便点火和燃烧。它释放的 α 粒子的能量进一步加热周围高密度主燃料层,主燃料层的 ργ 达到 3 克/厘米²时便充分燃烧放出大量聚变能。

然而问题是:这时 DT 区压力可达几千亿大气压,它会不会很快向外飞散开,从而灭火。幸好,由于内爆产生的高密度 DT 向中心运动的惯性,它像百米短跑运动员到达终点后一样,由于惯性作用停住需有一个前冲的时间。惯性约束聚变正是利用这种原理,高温高密度 DT 在保持向心运动惯性作用下来不及散开的一段短暂时间内进行了充分燃烧,达到很高增益。所谓增益这里指的是热核聚变释放的能量与驱动器输出的能量的比值,高增益指的是比值达到 100 左右。

问:听了您的介绍,我们对 ICF 原理基本上清楚了。请问怎样才能实现聚变能发电?听说 ICF 还有其他多种应用,是不是这样?

答:ICF 应用于聚变能源有着十分吸引人的前景,主要原因至少有两个:第一,聚变材料在地球上可谓"取之不尽",1 吨海水中约含有 40 克氘和 0.1 克锂,锂与中子作用可产生氚。这样,每桶(约 120 公斤)海水中所含氘和氚可产生相当于 30 公升石油的能量。第二是 DT 反应产物 α 粒子没有放射性,比裂变过程要"干净"得多。

根据现有认识,ICF 应用于能源大致要经历以下几个重要阶段(或称里程碑)。

(1) 靶物理研究阶段。在这一阶段要研究和掌握各个环节的物理规律,在实验室证明在驱动器提供的能量下靶丸的点火是能实现的,并能达到高增益。即证明科学上是可行的。靶物理研究是 ICF 研究关键的第一步。为了实现这一步的目标,要协调发展理论、实验、诊断设备、制靶以及性能适合靶物理研究要求的驱动器的研究和制造。

(2) 演示性聚变发电工程研制。驱动器系统是关键设备之一。聚变发电用的驱动器要求具有不断重复发射高能量脉冲的能力(每秒发射几个脉冲)以及高效率(约 5%~10%)性能。当前正在研究的有两大类驱动器:一类是激光器(包括钕玻璃激光器和准分子 KrF 激光器);另一类是轻离子束和重离子束。其中钕玻璃激光器技术较成熟,已很好用于目前的靶物理研究,但是由于它满足不了聚变能驱动器的上述两个性能,不能用于能源。KrF 激光器和轻、重离子束驱动器具有上述性能的潜力,目前正在深入研制。另外还有一种是采用二极管泵浦激光(DPL),可以达到能源驱动器要求,但目前 DPL 造价很贵,需要不断降低价格才能实际应用;一旦能源用的驱动器研制成功,同时反应堆的工程设计和建造也成为现实,便可实现聚变能发电的演示。驱动器与反应堆可以分离是 ICF 用于能源的一个重要优点。研究表明,如果驱动器能提供每个主脉冲(脉宽约 10 纳秒,即 10^{-8} 秒)几百万焦耳的能量,就可使含几毫克 DT 燃料的靶丸放能达到高增益。如果不断地每秒发射几个上述脉冲,就可建立一个百万千瓦电站。

(3) 建成商业应用聚变电厂。解决了工程建造问题以后,到商业应用还必须降低成本解决经济上可行性,使聚变能发电每度电的价格与其他方式发电的价格可比较。为了实现 ICF 研究对能源的应用,还要经过近两代人的努力。美国政府曾组织著名核专家对聚变能发电做了评估。

根据现在发展专家们估计,2025 年左右才能演示聚变发电,2040 年左右达到商业应用。

ICF 作为能源虽然还有很长路要走,但是它从靶物理研究开始却可有多种中间应用。在国防安全和实验室基础科学研究方面能发挥很好的作用,并能带动强激光技术、材料、高速计算机等其他高科技的发展。

问:请介绍一下国际上 ICF 研究现状。

答:国际上目前仍处在靶物理研究阶段,目标是 2002 年左右用钕玻璃激光器实现实验室的点火演示。同时为能源用的驱动器研究和反应堆概念设计也在加紧进行。

用钕玻璃激光器驱动内爆压缩有两种方式一种叫直接驱动,它是把驱动器出来的激光能量直接照在靶丸表面产生高温高压进行内爆驱动;另一种叫间接驱动,激光照射到一个由高原子序数金属(例如金)壳组成的黑体腔(Hohlraum)内壁上,高温金等离子体辐射的软 X 射线被封闭在腔内并输运到放置在腔中间位置的靶丸周围,形成平衡辐射(Planck 分布)烧蚀内爆。一般黑体腔为圆柱腔,腔的两个底面中间各开一个小孔让激光进入腔内照到内壁。

间接驱动研究方面,美国处于领先地位。它有目前世界上最大的钕玻璃激光器 NOVA,0.35微米波长(钕玻璃激光三倍频后的波长,适合于 ICF 研究)激光的能量约 4 万焦耳,脉冲宽度约 1 纳秒。用这样的激光器进行间接驱动研究,美国已掌握了主要的靶物理规律。虽然因 NOVA 能量低还不能达到点火,但是激光与靶的耦合效率、辐射场性能和内爆压缩研究取得了重要进展。目前美国正在利用 NOVA 上的研究结果,进行点火物理预研,外推研究百万焦耳激光作用下间接驱动靶丸的行为,并正在设计一个国家点火装置(NIF),能量为 180 万焦耳,主脉冲约 5~7 纳秒,目标是 2002 年点火。已得到能源部批准。此外,80 年代中美国曾在地下核试验中研究过间接驱动 ICF,证明了科学上是可行的。由于激光驱动有一系列的物理问题不同于地下试验,所以在实验室演示点火是必要的。

法国也在利用被称为 PHE–BUS 的钕玻璃激光器(0.35 微米波长的能量为 8 千焦耳)进行间接驱动靶物理研究,并与美国合作设计一个百万焦耳能量激光器,计划 2004 年左右点火演示。

日本具有目前世界上第二大的钕玻璃激光器 GEKKO–XII 三倍频,激光输出能量可达 1.5 万焦耳,它在直接驱动靶物理研究方面处于国际领先。目前正在计划建造一个 30 万焦耳能量的激光器在 2000 年初进行直接驱动点火演示。

俄罗斯也在设想发展它的 ICF 计划。

此外,关于具有能源应用潜力的 KrF 激光器以及轻离子束和重离子束驱动器的研究和发展也在美、日等国积极进行着。

问:请您再介绍一下我国开展 ICF 研究的状况,

答:我国 ICF 研究起步于 1964 年,那时王淦昌教授在国际上独立地提出了激光聚变概念。70 年代初上海光学精密机械研究所用我国自己研制出的激光器进行打靶实验,观察到中子产生。到 70 年代末,我国从激光器、实验、诊断仪器、理论、制靶等方面较全面组织力量协调发展。十多年来已经取得十分显著的成果。

1986 年我国建成了当时属于世界上中等规模的钕玻璃激光器"神光Ⅰ"。双束,每束基频(1.05 微米波长)能量达 800 焦耳,脉宽约 1 纳秒,建在上海高功率激光与物理国家联合实验室内。此外,1986 年还建成了"星光"激光器,在中国工程物理研究院核物理与化学所内,单束,目前能量基频为 260 焦耳,三倍频为 130 焦耳,脉宽约 1 纳秒。

1991 年决定使"神光Ⅰ"升级,称为"神光Ⅱ",扩展基频能量为 6 千焦耳,三倍频能量约 3 千焦耳。计划 1996 年完成。此外,目前已开始了三倍频能量为 4 万焦耳左右的钕玻璃激光器"神光Ⅲ"的概念设计,计划到 2000 年完成单元样机建造,2004 年左右建成"神光Ⅲ"整机。

中国原子能科学院研制的 KrF 准分子激光装置——"天光Ⅰ"目前输出能量约 200 焦耳,脉宽约 100 纳秒,它的波长相当钕玻璃激光的四倍频,约 2.25 微米,目前正在改善光束质量,"九五"期间计划进行束—靶相互作用研究。

我国 ICF 研究,钕玻璃激光器研制主要由上海联合实验室承担;实验、诊断、制靶主要由核物理与化学所承担;理论研究主要由北京立用物理与计算数学所承担。

经过几年的专项论证,我国于 1993 年 2 月成立了国家 863 计划惯性约束聚变主题专家组,组织全国有关力量进行 ICF 研究。

近 7 年来,我国利用"神光Ⅰ"进行了间接驱动靶物理的整体研究,也利用"神光Ⅰ"和"星光"进行了靶物理的分解研究。对激光与靶耦合规律、辐射场的特性以及内爆动力学进行了详细研究,获得了重要认识,并在"神光Ⅰ"条件(基频、1400 焦耳左右能量)下获得了间接驱动产生热核聚变中子的成功,这在国际上还是首例。这一结果标志了我国 ICF 总体研究已具备了较强实力,为进一步的研究工作奠定了基础。

随着研究工作的进展,我国也成长了一支高水平的 ICF 研究科技队伍,并且培养了一批年轻专家。

问:ICF 研究的目的在于最终成为 21 世纪能源,同时在不同发展阶段也有着十分重要的中间应用。对此请您做一展望?

答:从目前国际上的研究进展和计划来看,实现 2000 年初 ICF 点火演示已没有大的障碍。一旦点火成功,特别是高增益后,中间应用就可发挥重大效益,对于能源应用,高效率和高重复频率驱动器仍然是目前较大问题。目前在研究的 KrF 激光器、轻离子束和重离子束,以及十分诱人的 DPL 驱动钕玻璃激光器等作为能源驱动器进一步明朗化至少还得 10 年左右时间,如果这一问题能解决,2025 年左右实现点火演示是不成问题的,从而向 2045 年左右商业应用的最后里程碑迈进。

我国 ICF 研究在 2000 年前的基点是中间应用,这将对国防科研、基础科学研究以及带动若干重要高科技发展起着重要作用。2000 年初在中间应用同时也要向能源方向努力。中国是一个能源不是很丰富的国家,2000 年后矛盾更为突出,ICF 研究要为这方面做贡献。

我们的初步设想是:在"神光Ⅱ"靶物理研究基础上,2004 年左右用"神光Ⅲ"进行进一步的靶物理研究。随着国民经济的发展,到 2015 年左右做点火演示。进而在 2025—2030 年左右做发电演示,在中间应用和能源研究方面接近当时的国际水平,并做出有自己特色的工作。

关于参加第七届国际聚变科学与应用
会议（IFSA2011）的简报[*]

　　"国际聚变科学与应用会议"（International Conference on Inertial Fusion Sciences and Applications，简写 IFSA）是国际上交流惯性聚变科学（包括惯性约束聚变能科学和高能量密度物理等方面）和相关技术（如高功率激光器、Z 箍缩装置、诊断技术等）研究成果和探索未来的专业性大会，每两年一次。今年 9 月 12—18 日在法国西南部城市波尔多（Bordeaux）召开了第七届会议（IFSA2011），来自美国、中国、法国、日本、英国、俄罗斯等 19 个国家约 600 位专家学者参加了此次大会。国内参加此次会议的有 19 人，其中北京应用物理与计算数学研究所 12 人以外，还有中科院物理所、国家天文台、中国科技大学和国防科技大学的同行。遗憾的是中物院激光聚变研究中心同行没有拿到签证无法成行。本届 IFSA 会议包含惯性约束聚变（ICF）物理、激光和粒子束驱动器以及聚变技术、高能量密度物理和应用等三大主题，涉及 18 个研究专题。会议期间，各国科学家共贡献了 3 个主题报告、18 个大会报告、105 个口头报告（分为三个分会场进行）和 361 份张贴报告。

　　欧、美、日作为大会组织者分享了三个主题报告，分别介绍了欧洲、日本和美国的惯性约束聚变能源研究，其中 Steven Koonin 代表美国能源部做了美国的惯性聚变研究的报告，综述了美国 ICF 研究的总体情况。在 18 个大会报告中，美国有 8 个、欧洲 5 个、中国 3 个、日本 2 个。

　　此次大会的焦点是美国国家点火装置 NIF（192 束激光，约 20 纳秒脉冲内最大输出三倍频能量 1.8MJ）在实验室演示惯性聚变点火（间接驱动中心热斑点火）计划的进展，为实现这一计划，美国正在执行国家点火攻关任务（NIC）。美国的 8 个大会报告较为全面地介绍了目前 NIC 的研究现状。NIF 计划首席科学家 J. Lindl 代表 NIC 团队做的综合报告提到 NIF 的点火要求：整体面密度 $\sim 2 g/cm^2$，密度 $\sim 1000 g/cm^3$；点火热斑温度 $\sim 4 keV$（仅做功加热，不计热核燃烧），面密度 $\sim 0.3 g/cm^2$，密度 $\sim 100 g/cm^3$。报告认为，在 2010 年 9 月到 2011 年 9 月财年的第一轮实验中，NIC 取得了过去 50 年激光聚变点火和热核燃烧探索以来的重要进展，并认为其间取得的热斑内 2 微克氘氚（DT）质量已达到增益为 1 的结果具有里程碑意义。2010 年 9 月底进行了首次冷冻靶内爆实验，标志着 NIF 点火战役的开始。Lindl 和其他相关的报告表明：这一财年似乎旨在了解点火过程流体力学特性（包括内爆速度、绝热效应、混合和热斑水平）。为了避免氘

　　* 作者：贺贤土等。写于 2011 年 10 月 5 日。

氚靶中子产额超过 10^{16} 后可能对测量各种因素的仪器的影响，2010 年 9 月到 2011 年 2 月的实验用了 THD 靶（以氢 H 代替氚 D），即富氚贫氘靶（T：H：D＝72：22：6）代替 DT 靶，所用激光能量约 1M～1.3MJ。在这一阶段预备实验中发现原来设计的点火靶与实验结果有明显差别：包括黑腔中部分激光束背向反散射能量增加了 30%～40%、内爆速度比原来约低了约 25%、主燃料层压缩面密度～$1g/cm^2$ 小于点火要求、热斑压力偏低和冷主燃料层混合严重。2011 年 6 月开始对靶进行了调整，黑腔直径从原来 5.44mm 变为 5.75mm、长度由 10.0 毫米变为 9.41 毫米以增加对称性，点火靶丸外壳 CH 掺 Ge 调整为掺 Si 以增加烧蚀压，激光能量提高到 1.4MJ，部分发次采用 DT 各 50% 靶进行实验。调整后的实验表明，内爆速度提高了 10%～15% 以上，但与点火靶的设计要求（370km/s）仍有约 10% 左右的差距；表征点火水平的点火阈值可测因子 ITFX 从原来的 0.02 上升到 0.09。由于 ITFX 与内爆速度和中子产额很敏感，ITFX 值在 1～1.5 区间，点火增益曲线从 1 陡速上升到 15，所以调节内爆速度和增加激光能量，完全有可能使 ITFX 大于 1 并达到 15 倍增益。Lindl 报告最后提到，通过第一轮实验，NIC 团队已确定（identified）了达到点火的内爆优化步骤的先后次序，如何使点火阈值可测因子 ITFX 从 0.09 上升到 1 以上。第二轮实验（2011 年 10 月到 2012 年 3 月）中，计划进一步提高激光能量到 1.6MJ（420TW），黑腔内壁用铀（直径 5.75mm），DT 靶丸外壳 CH 掺 Si。在此基础上，协调提高内爆速度和增强惯性压缩（coasting）、调节角向对称性、提高热斑压力和形状对称性，并设法减少混合等来提高 ITFX 到 1 以上。第二轮实验对点火显然十分重要。此外，LLNL 主管 NIF 计划的副所长 E. Moses 还作了 NIF 用于高能量密度科学和用户装置的综述性报告。

在直接驱动方面，美国的 McCrory 介绍了 Rochester 大学研究进展，在 OMEGA 上极向驱动实验与模拟结果在 10% 内很好符合；而 Herrmann 则综述了美国 Z 箍缩 ICF 研究的进展。这些大会报告再加上大量的口头报告、张贴报告对美国 NIC 计划的最新进展、遇到的问题和未来规划在本届 IFSA 会议上做了一个较为全面的介绍。此外，Roberts 介绍了英国 AWE 关于的 ICF 研究，卢瑟福实验室 C.Edwards 介绍了泛欧洲合作计划 HiPER 惯性聚变能研究的路线图，意大利 Atzeni 和其他几位科学家报告了近期国际上十分关心的冲击点火的研究工作进展，Sharkov 介绍了德国利用离子存储环装置研究高能量密度物理相关工作。快点火是近年十分关注的内容，日本大阪大学的 Shiraga 和 Azechi 则分别在两个大会报告中介绍了日本的研究工作，一个值得注意的结果是：经过不断的提高，FRIX－I 获得最新激光转换热斑内能的效率为 10%～20%。由于他们在 2000—2001 年时曾分表了 20%～30% 结果，而后别人一直没有重复，去年他们又宣布这一效率只有约 3%，因此这次结果引起了一些与会者怀疑。

我国的 ICF 研究起步比较早，但由于种种原因一直到 1993 年纳入国家 863 计划后才有很大的发展。在本届 IFSA 大会上，贺贤土院士代表我国 ICF 研究团队做大会邀请报告，他介绍了我国 ICF 研究理论、数值模拟、实验和高功率激光器方面的重要进展，并阐明了我国 ICF 点火研究的路线图是：在近期万焦耳级激光器（神光Ⅲ原型、神光Ⅱ升级装置以及神光Ⅱ）上靶物理研究的基础上，到 2014 年左右进入激光能量 20 万～40 万焦耳神光Ⅲ平台研究，经过这一中间平台上靶物理的充分研究，然后外推 4～5 倍到百万焦耳级的神光Ⅳ上进行 ICF 研究和点火演示,可以减少风险。我国独立自主走的这条路线,完全不同与美、法两国,他们是直接从万焦耳级能量定标外推到能量大 60~70 倍的 NIF 和 LMJ 上进行演示点火。蓝可等分别以口头报告的形式介绍了我们在黑腔物理、内爆物理和 ICF 研究数值模拟能力建设三方面的重要进展,以及在 ICF 内爆靶丸流体力学不稳定性、冲击波诊断黑腔辐射场和冲击波调速研究中预热问题的最新研究成果。此外,裴文兵等还以张贴报告的形式报道了我们关于辐照均匀性、激光等离子体相互作用、稠密等离子体中自生磁场和电子束准直和 RT 不稳定性研究等方面的工作进展。上述 6 个口头报告和 4 个张贴报告进一步细化和完整化了贺院士对我国 ICF 研究的综合报告,在国际同行面前展示了我国在 ICF 理论和实验研究方面的重要成果。由于签证问题,中物院激光聚变研究中心七位参会专家未能成行,为了扩大我国在 ICF 研究方面的影响,贺院士又替郑万国研究员做了神光Ⅲ装置研制进展的大会报告。我国应邀做大会报告还有国家天文台的仲佳勇研究员的关于神光Ⅱ上黑腔内磁重联的实验结果报告,此外,中国科大郑坚教授做了 0.53 激光脉冲与毫米尺度气袋靶等离子体作用的口头报告以及国内其他专家的张贴报告。我国 ICF 研究进展的报告在与会国际同行中引起了较大反响,他们纷纷向我国参会人员表示祝贺、惊叹和赞赏。在会议休息和讨论时间经常听到美国 LLNL、LANL 和欧洲、日本的很多与会者讨论贺院士的报告和我国 ICF 研究进展,也多次听到 LLNL 的人员谈论我国的 ICF 研究进展和总体技术路线选择上的明智。

在本届 IFSA 会议上,Teller 奖委员会将近两年的 Teller 奖分别颁发给法国的 C. Labaune 来表彰她在激光等离子体相互作用方面的突出工作和美国的 B.A. Remington 来表彰他在高能量密度物理和实验室天体物理方面的开拓性工作。

按照原来的约定,IFSA 会议只在美国、欧洲、日本三个地方召开。本次会议结束前,IFSA 科学顾问委员会决定,下一届大会将在日本奈良召开。

加速发展我国高性能计算的若干建议[*]

随着当今科学技术的迅猛发展,高性能计算已经成为科学技术发展中具有战略重要性的研究手段,它与传统的理论研究和实验室实验一起构成了现代科学技术和工程设计中互相补充、互相关联的研究方法,被国际上称为 21 世纪科学研究的三大"支柱"。它的应用,大大拓宽了研究能力,促进和推动了现代科学与工程技术的发展。加快发展高性能计算对于提升我国科技自主创新能力、增强国家竞争力、保障国家安全、促进国民经济建设、建设创新型国家具有十分重要的战略意义。

为了进一步推动我国高性能计算的快速发展,中国科学院数学物理学部于 2005 年 8 月成立了"高性能计算战略研究"咨询组,就如何进一步发展我国高性能计算的战略问题,推动和促进我国高性能计算的应用、高性能计算机系统的发展以及高水平应用软件的开发,加强相关领域的交流与合作等进行了深入研究。在多次召开研讨会,广泛征求意见的基础上,完成了此咨询报告。

一、高性能计算的内涵、战略意义和在科技发展中的作用

20 世纪 80 年代以来,在应用需求的推动下,由于微电子技术的革新,国际上高性能计算机系统(包括高性能计算机本身及其配套的网络、存储和可视化环境等)得到了飞速发展,同时,大量高性能科学计算应用软件(包括科学软件和工程软件)被研发。高性能计算,国际上也称数值模拟实验,涉及数值模拟(或工程仿真)本身,以及模拟所必需的高性能计算机系统、高性能算法和高性能科学计算应用软件。

今天,高性能计算已是科学技术发展和重大工程设计中具有战略意义的研究手段,它填补了传统研究方法上的不足,大大拓宽了研究能力,成为促进重大科学发现和科技发展的战略支撑技术,成为国家实力持续发展和提高的关键技术因素之一。

美国等西方国家一直把高性能计算作为国家战略给予高度重视,在国家层面予以组织实施。自 20 世纪 80 年代初以来,美国从战略需求出发先后执行了三次大的高性能计算计划(战

---

* 作者:贺贤土、赵世荣。写于 2006 年。

略计算机计划、高性能计算与通信计划、加速战略计算创新计划），通过建设国家高性能计算能力，获得了一系列重大科学技术成就，为今天的高技术霸主地位奠定了重要基础。2005 年 6 月，美国总统信息技术咨询委员会（PITAC）在致布什总统的报告——《计算科学：确保美国竞争力》中，再次将高性能计算提升到国家核心科技竞争能力的高度，要求调整策略，适应发展。

同时，日本和欧盟也在积极推进先进的高性能计算计划，日本有些专家甚至提出：高性能计算是日本的生存之路。

当前科学研究与工程实施正在向更大规模、更高复杂度、更加微观或宏观的领域发展，这种发展趋势形成了对高性能计算越来越强烈的需求。高性能计算已经成为各种前沿科学研究、技术开发和工程设计必不可少的重要基石，被世界各国公认为支撑国家科学技术发展的战略技术，也是确保国家长期保持竞争优势和领导地位的重要工具。美国、欧盟、日本等发达国家长期拥有世界高性能计算资源的主要份额。

近 20 多年来，高性能计算已经在世界各国的国防建设与国家安全、经济建设、重大工程和重大基础科学研究等方面发挥了十分重要的作用，并已经成为某些国防科技和前沿科学研究领域唯一可行的实验手段，成为大量尖端科技领域和重大工程实施中必不可少的核心支撑技术，大大地促进和推动了现代科学技术的进步，有效地降低了重大工程实施的风险，减少了投资。

（1）在国防建设与国家安全方面，高性能计算已经成为禁核试后核武器理论设计中唯一可行的实验验证手段，也是惯性约束核聚变研究、航空航天技术、密码破译、导弹设计及新型武器装备型号理论设计等方面必需的核心支撑技术。

（2）在国家经济建设方面，高性能计算是目前短、中期天气预报与跨季度气候预测、海陆气相互作用、全球变化与区域响应、环境与人类、人类健康、灾变形成及其机理研究等方面最重要的手段，是新能源（包括聚变能源）探索和石油与天然气勘探、新药研制中的药物分子结构分析、新材料设计中的结构力学、燃料燃烧中的化学反应及复杂流动、大型水坝设计中流体力学与结构力学分析、航空航天和舰船、汽车等设计中的流体力学（包括空气动力学）计算等必不可少的工具。

（3）在国家重大工程方面，高性能计算已经直接应用于大型复杂系统的设计与装配、载人航天、大型水利工程的设计与施工、机器人的研制、飞机与汽车的设计、大型建筑物的设计与施工、城市交通、电网能源的合理调度等。

（4）在基础科学研究方面，高性能计算已经直接应用于生物信息处理、纳米尺度下的物质奇异特性、凝聚态物质效应、物质更深层次结构及原子分子物理研究、强场物理、生命科学蛋白质研究中的分子折叠与基因测序、宇宙大尺度物理学规律及星体的形成和演化、湍流的时空结构和间歇性等。

2006 年 2 月，国务院发布了《国家中长期科学和技术发展规划纲要（2006—2020 年）》，提出在未来 15 年，应对未来挑战，超前部署重大专项、前沿技术和基础研究等内容，以提高持续创新能力，引领经济社会发展。在部署的 16 个重大专项、8 个前沿技术领域的若干前沿技术和

18个基础科学问题中的大多数项目,以及4项重大科学研究计划中的大多数内容,再加上国防建设和国家安全领域,它们对高性能计算都有共同的迫切需求。同时,纲要还明确提出,加强科技基础平台建设,在高性能计算领域,建设若干大型硬件和软件基础设施,推进这些设施在全国范围内的共享,使之成为我国未来科学技术和工程设计发展的重要的支撑平台,这些都为高性能计算的发展提供了十分重要的基础。

为了使我国在2020年前建设成为一个创新型国家,全面提升我国的科技自主创新能力,确保新形势下的国家安全,加速发展高性能计算,对提高我国国防建设与国家安全、国家经济建设、国家重大工程、基础科学研究等尖端科技领域的核心支撑能力,具有十分重要的战略意义。

二、美国等发达国家在高性能计算方面的重要发展

早在20多年前,美国就充分认识到高性能计算对国家科技发展的重要性。1983年,在美国国防部、能源部、国家科学基金会及国家宇航局等部门的主持下,以著名数学家P.Lax为首的专家小组向美国政府提出报告,强调科学计算关系国家命脉,是国家安全、国民经济发展和科技进步的关键支撑技术,呼吁政府加大对科学计算和高性能计算机的投入,确保美国在这一领域的历史性领先地位。美国国家科学基金会自1985年起,连续五年累计拨款2.5亿美元,支持科学计算的发展。可以说这是以数值模拟为主体的高性能计算的初期萌芽。

随后,为了鼓励科技人员对高性能计算的研究与应用,美国采取了一系列强化措施,包括在国家自然科学基金、NASA基金以及国家重大科技和攻关项目基金中把当时全国五大计算中心的计算机机时作为基金的一部分,以此鼓励科学与技术界充分使用高性能计算机进行模拟计算,增进用户与设计者的沟通,推进高性能计算的效能,促进高性能计算机研制水平的提升。

为了在高技术发展的世界竞争中争夺战略制高点,自20世纪80年代初以来,美国从战略需求出发先后执行了三次大的高性能计算计划。

第一次计划:1983年,美国国防部、能源部、国家科学基金会、NASA等部门在给美国政府的报告中阐明,发展高性能计算机和科学计算的重要性,当时里根政府正好提出星球大战"战略防御倡议"(SDI)计划,白宫很快制订了"战略计算机计划"(SCP)。到80年代中后期这一计划导致了峰值运算速度达每秒十亿次的Cray超级机(向量机)和多CPU并行机等高性能计算机的问世。这些计算机用于科学研究和提高武器性能设计,特别是在SDI中新概念武器的高性能计算研究方面发挥了重要作用。到了80年代末90年代初,美国高技术武器的性能大大提高。在新概念武器方面,SDI计划中发展起来的定向能武器和动能武器今天正在向实战化方向发展,也为现在导弹拦截技术提供了基础。在常规武器方面,高性能计算改进了原有武器的性能,同时也开发了一批新的武器,它们在1991年的海湾战争和后来的南斯拉夫战争、阿富汗战争以及最近的伊拉克战争中以高精度的命中率几乎所向披靡,为所欲为,在南斯拉夫战争中甚

至攻击了我国驻南斯拉夫使馆。在核武器方面,高精度的数值模拟与核试验结合,大大提高了设计性能,使核武器设计水平接近物理极限。90 年代初,美国认为已有把握转到实验室研究,以高性能计算研究代替实际的核试验,签署了全面禁止核试验条约林。最近,为了进一步提高核武器性能和快速实战能力,又在执行以高性能计算为手段的 RRW 计划,企图以这些来遏制中国核武器的发展。精良的武器装备使美国在 20 世纪 90 年代在世界上确立了军事霸主地位。

高性能计算在军事上的应用也快速带动工业部门和科学研究领域的发展。由于 80 年代和 90 年代初打下的基础,克林顿时代以高技术产品为基础的工业得到了很大发展,成为 90 年代美国经济繁荣的重要原因之一,因而也使军事得到了更大进步。

第二次计划:1993 年,根据美国国家科学基金会、能源部、国防部、教育部等专家们的倡议,将"高性能计算和通信"——HPCC(High Performance Computing and Communication)计划作为重大挑战项目纳入总统计划。

HPCC 计划指出,"从以往三十多年来的科学与工程研究工作的发展看,高性能计算已成为能促进科学技术发展的一个必不可少的重要手段"。因此,该计划目标是:加快创新步伐,为国民经济、国家安全、教育与全球环境提供服务。计划重点是:高性能计算机系统(千亿次到万亿次,2005 年末 IBM 公司已提供了 367 万亿次/秒的蓝色基因 1 号机);先进软件技术与算法;国家研究和教育网络;基础研究和人才资源等四个方面。

该计划在科学和工程计算方面列举了若干重大挑战项目进行研究,包括药物设计、高速民用机、催化作用、燃料燃烧、大气环流数值模型、海洋环流数值模型、气候数值模型、臭氧消耗、数字解剖、空气污染、蛋白质结构设计、金星图像等等。这一计划的执行提升了美国近十年来基础科学、应用科学和工程设计中的重大创新能力。

第三次计划:1996 年禁止核试验后实施的"加速战略计算创新"——ASCI 计划,目的是实现以科学计算为基础的核武器库存可靠性、有效性的实验室研究,以高性能计算进行虚拟核试验,同时带动基础科学的发展。主要内容是:

(1)设立五个台阶发展从万亿次到 2004 年的百万亿次高效率、用户满意的高性能计算机系统;

(2)发展高性能、高精度的应用软件,能三维、全物理、全系统、高逼真度模拟核武器的作用过程,应用软件的研制经费占了总经费约一半;

(3)建立解决问题的计算环境,包括如何使模拟程序高效使用计算机系统和确保科学家方便应用平台系统。

为了广泛发动美国国内有竞争力的大学和其他部门科学家参与这一计划,计划提出了很多计算科学和物理科学方面复杂的理论和实践问题以吸引人才。

第一个五年计划执行后,基于用户实践中碰到的实际问题,ASCI 计划明确指出,高性能计算机不应该以峰值计算速度作为衡量水平和性能的唯一指标,而应该以科学计算实际应用程序的运行速度为主要的衡量指标。同时,ASCI 计划也指出,在高性能计算机系统上,是否获得满意的科学研究成果,应该成为衡量高性能计算是否成功的标准。

配合 ASCI 计划的实施,1998 年 7 月,美国国家基金委和能源部发起并组织了"美国先进科学计算研讨会",研讨会的报告与总统信息技术咨询委员会的报告,均建议增加软件研究与开发的基金支持力度,以改进高端计算性能,并且为民用研究团体使用下一代万亿次计算机打开通道。为此,能源部向政府提交了"从先进计算到科学发现"的报告,以推进科学与工程计算。

这三次计划,美国投资约百亿美元。由此可见,美国通过有效地组织和建设国家高性能计算环境,以高性能计算机系统为工具,部署开发各应用领域的高端科学计算应用软件,全面推动其计算机模拟技术在各个领域的应用,带动了科学与工程技术的全面发展。通过高性能计算,美国在过去 20 年来获得了一系列重大科学技术成就,导致了今天各个领域的高科技产品,促进了高科技国民经济的持续发展和国防高科技武器的出现,并且获得了基础科学研究的强大创新能力。目前,美国最新研制的超级计算机——蓝色基因(Blue Gene/L)计算速度已达每秒 367 万亿次,2007 年将达 1000 万亿次。

同时,日本和欧盟也都在积极推进各自的先进计算计划。2002 年日本研制出地球模拟器(Earth Simulator),一度以每秒 35.86 万亿次的峰值计算速度在超级计算机 500 强中占据首位,此后,日本又开始积蓄力量计划研制每秒能进行 1 万万亿次以上浮点运算的"超高速计算机"系统,试图与美国在高性能计算机领域一决高下。

三、我国高性能计算的发展现状、面临的挑战及存在的问题

我国的高性能计算机系统的发展大体经历了四个阶段。

第一阶段,自 20 世纪 60 年代中期到 70 年代末,主要从事电子管单处理器的大型机(运算速度从每秒一万次至每秒几十万次)的关键技术研究和建造。

第二阶段,自 20 世纪 80 年代初至 80 年代末,主要从事每秒近亿次的晶体管向量机到约每秒 10 亿次的向量多处理器的高性能计算机的研制和建造,同时发展并行多处理器技术。

第三阶段,自 20 世纪 90 年代初至上世纪末,主要进行以高性能微处理器为核心的大规模并行处理器(MPP)系统的高性能机的研制(每秒百亿次至每秒万亿次),同时 PC 集群机技术得到迅速发展。

第四阶段,自 21 世纪开始近五年内,PC 集群机技术成熟,每秒 10 万亿次高性能计算机问世,并在中国迅速推广。同时,MPP 系统向更高高端进军(低端 MPP 技术已被 PC 集群机技术代替),并且新的设计概念的探索开始出现。

经过几十年不懈地努力,我国在高性能计算领域的发展已经取得很大进步,"银河""曙光""神威""深腾"等一批国产高性能计算机的出现,使我国成为继美国、日本之后,第三个具备研制高峰值速度计算机系统能力的国家。但是,这些高性能计算机主要是跟踪国外的技术,缺乏自主创新的成分,芯片等关键技术完全依靠进口。

目前,我国在一些重要的科技领域已经有效地运用了高性能计算,取得十分重要的成果。

例如：在核武器的研制中，我国仅以 45 次的试验就在物理设计上达到了美国同一档次的水平；在常规武器破甲弹的优化方面，在尺寸、重量、重心、装药不能变的条件下，仅改变药罩的构形，就使射流大大增强，破甲深度比原有国外的型号增加 1.5 倍；在惯性约束聚变研究中，高性能计算不仅在突破一系列关键技术和设计大能量、高功率激光器方面发挥了重要作用，而且通过数值模拟在认识和掌握惯性约束聚变过程的物理规律方面起了关键性作用，高性能计算为国家中长期科技规划中的"点火工程"重大专项的实施做出了重要贡献；在大气环流、海洋环流和气候变化的数值模拟方面，我国不仅发展了独具中国特色的四代气候系统模式，而且已利用它们在高性能计算机上模拟了人类活动对全球变化的可能影响以及未来气候的可能演变趋势，其结果被政府间气候变化委员（IPCC）已有的三次气候评估报告所采纳，为世界各国经济发展长远规划和科学研究提供了重要参考；在业务数值天气预报方面，不仅能对全球范围的天气形势做 3~10 天的中期天气变化预报，而且通过同化各种观测资料，能对区域尺度的剧烈天气事件做 24~48 小时短期精细预报；在海洋灾害预报方面，不仅能利用高性能计算机对厄尔尼诺做长期预测，而且能对风暴潮、海浪、海流和海冰做日常业务预报以及对溢油等紧急事件做应急预报；在量子模拟方面，已从几百个到几百万个原子的模拟，发展到忽略原子个体的连续介质的模拟，利用高性能计算机研究量子的多体效应、交叉关联等特征及其复杂过程；在新药研发的高性能计算方面，能够利用高性能计算机实现活性化合物的虚拟筛选、从筛选的活性化合物出发进行靶点的发现与确证以及进行生物大分子的动力学模拟来研究靶标的构象空间与作用机理；另外，高性能计算在复杂航空航天飞行器和航空武器的设计方面也得到了成功的应用。

但是，也应看到，与发达国家相比，目前我国的高性能计算不论是在对其战略高度的认识和高层的组织管理方面，还是在数值模拟、高性能算法、高端科学计算应用软件及高性能计算机系统（包括高性能计算机本身及其配套的网络、存储和可视化环境等）的整体水平方面，都有很大差距，特别是具有自主知识产权的高水平的数值模拟应用软件的研制与开发以及高性能算法的创新，更是严重不足。制约了我国科学原始创新能力的提升，以及大型工程设计和国防高科技武器关键技术的发展。

目前，我国高性能计算存在的主要问题如下。

（1）长期以来，对高性能计算存在认识上的误区。将高性能计算等价于高性能计算机的研制，并以高性能计算机的发展战略代替高性能计算的发展战略。高性能计算的目的是利用高性能计算机系统，通过数值模拟（或仿真），解决国防建设与国家安全、国民经济建设、国家重大工程技术、国家基础科学研究等领域的重大挑战性问题。高水平的数值模拟、高水平的物理建模和高效的计算方法、高水平的应用软件以及支撑数值模拟的高性能计算机系统，是构成高性能计算的四个方面，缺一不可，应该以国家需求为牵引，协调、稳定地发展。实际上，没有对复杂系统的高水平的物理建模，没有高性能算法的创新，没有用于高性能计算的高水平应用软件的开发，高性能计算机就无法发挥其应有的作用。由此可见，在加强硬件研究的同时，应该强调算法及物理建模的研究与创新，强调应用软件的研究以及自主开发能力的提高，否则硬件的优势作用很难得到发挥。除了发展高性能计算机系统外，研制具有自主知识产权的高水平的应用软件也具有同等的战略意义。当前,我国虽然建立和发展了许多软件公司和产业基地,但是,这些公司和基地尚没有或缺乏开发高水平的数值模拟应用软件的能力。同时,国家对这些应用软件的开发缺乏有效的政策,投资力度远低于高性能计算机系统的研制。大量需用单位只能放弃自主研制和开发,直接花费大量外汇购买无源程序的国外应用软件,这些引进的应用软件无法修改和换代,而且,很多重要的、高水平的应用软件还属于禁运物资,也很难买到。因此,如果没有自主知识产权的高水平数值模拟应用软件,即便有了高性能计算机系统,也难以很好地发挥作用,从而在较大程度上制约了我国尖端科技水平的提高。

(2)我国高性能计算机系统的关键技术亟待突破,关键部件仍然依赖进口,对在非常时期的国家安全造成潜在隐患。当前,我国高性能计算机的发展迅猛,取得了令人瞩目的成就,中国研制的计算机的峰值性能也已跻身世界 500 强。但同时,我们必须清醒地认识到,由于设计者和用户缺少互动,我国目前研制的高性能计算机系统,一方面不能很好地适应用户的需求,另一方面,其自主知识产权程度低,关键技术亟待突破,关键部件(处理器、内存、互联网络等)和系统软件均依赖进口,只是在国内完成组装。从自主知识产权的角度看,我国与国外的差距不是在缩小,而是在扩大。这不能不引起我们的高度警惕,一旦出现非常情况,我们能否依靠自己的力量,生产出国家需要的高性能计算机,这是一个需要引起警惕的重大问题。

(3)高性能计算的应用研究与开发严重滞后于高性能计算机的发展。20 世纪 90 年代以前,我国高性能计算的发展主要受核武器研制等国防发展的牵引,与应用结合密切,以自力更生研制为主。20 世纪 90 年代开始,我国高性能计算机系统的研制基本上跟踪国外技术,并且只追求峰值计算速度,特别是民用高性能计算机系统的研制缺乏考虑用户的需求和实际应用效果,高效并行处理技术研究没有得到实际的重视,高性能计算的应用软件的开发严重不足,以及对高性能计算在国民经济建设和国家安全中的作用缺乏足够重视,使我国高性能计算的应用研究与开发严重滞后于高性能计算机的发展。同时,对应用的投入严重不足,国家缺乏鼓励用高性能计算进行大规模数值模拟的政策,应用研发的力量薄弱且分散,缺乏跨学科的综合型人才,从事高性能应用软件研发的单位很少,没有良好的、相互交流的组织渠道等等,这种严重的不平衡已经制约了我国高性能计算事业的健康、可持续发展。

(4)对高性能计算缺少国家行为的有效规划和组织,在高性能计算几个重要环节的发展上没有形成有机的整体。高性能计算是全面加速国家科技自主创新发展的战略支撑技术之一。对此,美国、日本等发达国家视之为政府行为,制定国家规划,并给予长期稳定的资金投入。去年 6 月,美国总统信息技术咨询委员会(PITAC)给布什总统写了一份长达 105 页的报告《计算科学:确保美国竞争力》,阐述了高性能计算是保证美国 21 世纪的竞争力最重要的领域之一,对于保证美国在 21 世纪继续占有领导地位,保持美国长期的技术领先地位十分重要。但是,不得不指出,我国目前对高性能计算尚没有一个互相关联、能够满足数值模拟要求的统一规划,缺乏一个有效的、长远的国家目标,缺少国家行为的有效规划和组织。即使是在国家高度重视的高性能计算机系统的研制方面,也是各个部门条块分割,缺少在更高层次上的政府规划。因此,在一定程度上造成使用高性能计算的用户、高性能计算机的研制者和科学计算的应用软件开发者之间相互分隔，没有形成有机的整体，影响了我国高性能计算的整体发展。

另外，高性能计算机系统的发展，可根据需求目标分为市场牵引与国家行为两类。对于普及型、服务型的高性能计算机，主要是面向社会的一般计算需求，提供高性能计算的服务平台，应由市场机制推动，细分市场，协调发展。而对于涉及国防建设和国家安全、国民经济建设、国家重大工程技术、国家基础科学等领域，需要通过大规模数值模拟（或仿真）以解决具有重大挑战性问题的高性能计算机系统的研发，应该由国家承担主要责任，确定有限目标，量力自主发展，同时组织高性能计算机资源的有效利用，以解决国家重大需求。美国对此非常明确，研制这类高性能计算机主要是国家行为，由国家主要投资研发，研制成功后，把计算机买回去的也主要是国家部门。因此，发展高性能计算机系统，必须根据国家的实际需求，统一规划，平衡发展。

四、重大挑战性项目和若干基础科学问题中的高性能计算

数值模拟、理论和实验三位一体是促进 21 世纪科学研究和技术开发的三大支柱。为了响应中央关于建设创新型国家的号召，更好地实施国家中长期科学和技术发展规划，充分重视和发挥高性能计算的关键作用。根据中长期科技规划中的重大专项、前沿技术和基础研究等内容，我们建议对如下一些重大挑战性项目和若干基础科学问题，大力加强高性能计算。

1. 高速大飞机和高马赫数的飞行器

主要包括四个方面的数值模拟工作：

（1）气动力学效率和稳定性（包括空气动力学的附面层结构、湍流、尾流等问题）以及高马赫数下的击波特性、物理应力、音障等环境问题；

（2）机身和发动机的先进材料、本构特性的模拟计算和设计；

（3）发动机内高效率燃烧过程，特别是高马赫数下发动机的超燃过程的模拟探索；

（4）高速大飞机和高马赫数飞行器的模拟计算设计。

2. 生物医药和生命科学领域

重点是癌症、艾滋病、心血管病的药物和治疗的模拟计算。

（1）新药发展过程的模拟计算：虚拟筛选（从数据中发现活性化合物）；靶点的发现和确证（从活性化合物出发找靶标）；生物大分子的动力学模拟（靶标的构象空间和作用机理）；药物发现网格（通过互联网集中和利用世界各地计算机资源）。

（2）生命科学探索的模拟计算：蛋白质—蛋白质和蛋白质—核酸的识别和组装（老年性痴呆症、转录因子的功能等）；大系统和整个功能单元（膜蛋白、信号传导、代谢途径、病毒衣壳蛋白、疾病的药物作用机理）；长时间（微秒）分子动力学模拟（构象变化、蛋白质折叠、离子在通

道中的传输）；基因变迁产生的缺陷和修复；量子生物化学和 DNA 链；等等。

3. 材料领域的模拟计算

模拟研究和理解材料的物性；探索多体系统的规律；预测和理解材料的结构和性质及其相互关系；为新材料开发和应用、新型信息的存储和传输方式、新型能源的利用手段等提供科学的依据。具体包括：超导和磁性材料，纳米材料的表面和界面效应，材料缺陷的力学性能，材料老化、脆裂、疲劳和灾难性失效，半导体材料和自旋电子学，软物质特性，材料的光学、电学、磁学特性和热效应；等等。

4. 热核聚变等离子体物理和聚变能源

热核聚变（磁约束聚变和惯性约束聚变）物理主要是高温等离子体物理。磁约束聚变主要模拟研究湍流和能量输运（等离子体边缘和芯部的模的转换和能量输运）；宏观平衡和稳定性问题；电磁波与粒子作用的不稳定性；能量注入加热；等离子体与器壁作用问题等。惯性约束聚变的激光与等离子体相互作用不稳定性和能量转换（包括快点火过程的带电粒子束加速、准直和能量传输效率）；辐射产生和输运；内爆动力学；流体力学不稳定性；高剥离态的原子物理。

无论磁约束聚变和惯性约束聚变，点火（包括α粒子输运）和自持燃烧热核反应动力学研究是一个共同问题。磁约束聚变模拟研究可促进空间等离子体特性的了解。惯性约束聚变模拟研究可为高能量密度物理等提供基础。

5. 大气与气候

天气数值模拟主要是了解雷暴、风暴（包括台风）、雪暴、暴雨、沙尘暴、泥石流、热波等形成和传播，并及时预报（包括局域和灾害控制，大范围、短期和长期）。气候模拟主要是模拟气候的历史，预测今后中长期气候变化，特别是模拟大气、陆地、洋流的互相耦合界面（包括效应）的局域和全域（Global）变化。

6. 海洋模拟

海洋是气候系统中另一种湍流的流体。洋流几乎同气流传输一样多的热量，可以显著影响大气和环境的变化。海洋又是一个有机的水流系统，宛如一条传送带，对维持南北半球气候起着极重要作用。但它与大气层相反，它的空间远比大气小，是模拟中不同于大气的特点。

海洋模拟：

（1）了解洋流动力学过程，包括环流中湍流的特征，涡旋的形成和演化，湍流与涡流（相干湍流）的相互作用（能量、动量的转换），能量（热量）传输以及对大气变化的影响；

（2）预报海洋灾害：巨浪对船舶的影响，风暴潮、海浪、海啸、赤潮、厄尔尼诺现象、溢油等产生的灾害。

7. 宇宙起源、天体物理和地球科学

模拟计算探索宇宙的发生和演化,暗物质与暗能量的分布及其与宇宙加速膨胀的关系,以及新的天体现象;解释观察到的天体现象(超新星爆炸、喷射现象、γ射线暴、夸克—胶子等离子体问题、致密天体吸积盘特性、黑洞周围及内部特征、强磁场效应、粒子加速等);地球科学模拟(全球地幔对流、地球发电机问题、全球区域地震波的发生和传播、计算矿藏学等)。

8. 物质的基本结构

量子场论成功地描述了物质运动的基本规律,已成为现代物理研究的基础。其最重要进展是建立了标准模型,由弱电统一理论和量子色动力学(QCD)两部分组成。30多年来,这一模型在解释强、弱电磁相互作用方面取得了巨大成功。但是,随着人们认识物质内部世界愈来愈深入,标准模型也显现了许多具有挑战性问题,数值模拟的任务是:检验标准模型以及减少模型中的参数约束个数;用标准模型来发现新的现象,包括寻找 Higgs 粒子;探索超越标准模型的现象;与高能天体物理建立密切联系。

9. 环境污染

目前我国环境污染十分严重,造成重大经济损失并严重影响人们健康。江河污染方面,计算模拟江河污染中污染物的扩散特性和控制方法,以及水质的物理化学性质和改善;海藻污染与水中生命体关系。空气污染方面,模拟污染物和污染母体的源头和散发,城市和城市之间污染物传播和变化,污染物的物理、化学和气象学的特性和危害。通过模拟力求找到有效和高效率的解决办法。

10. 化学过程动力学与催化

化学工程中的过程放大与小型化及其控制,化工过程计算机模拟。离散化和多尺度方法的结合解决复杂化工过程的定量模拟与优化设计问题。针对多尺度离散模拟的专用与通用相结合的高性能计算。催化反应动力学与催化剂设计中的高性能计算。

11. 多尺度计算方法的研究

多尺度非线性问题是模拟计算中一个很大的难点,涉及十分广泛的研究领域(材料设计、流体湍流、等离子体物理、天体物理等等),在国家中长期规划中的重大专项、前沿高技术、基础科学问题有关科学计算都会涉及。因此,单列一个项目进行基本问题研究,对发展模拟计算是十分必要的。

除上述 11 个项目外,高性能计算在国家安全领域中也有很多重要应用,包括核武器物理的实验室模拟、航天航空器模拟、高性能常规武器的性能改良和其他有关国家安全重大问题。鉴于这些应用已在国防等部门有所计划和安排,未被列入。事实上,这些项目中的很多基础科

学问题已包含在上述所列项目之中。

我们再次强调,要真正实现上述重大挑战性项目和若干基础科学问题中的高性能计算,不仅需要高性能计算机系统,还必须有自主开发的用于科学计算的高性能应用软件(也包括物理建模和高性能算法)的研发,否则通过高性能计算促进科技创新是难以实现的。如果高性能计算机系统只追求峰值速度,不能提供用户在计算中大量处理器的稳定运行、确保计算机系统高效、灵活和优良的运算环境(如视算等),高性能计算将难以实现,计算机系统只能是一种陈设。

五、关于加快我国高性能计算的建议

(1)建立相应的国家管理机制,成立一个类似863计划中领域委员会那样的国家级的高性能计算战略专家委员会。研究我国高性能计算发展战略,提出国家目标,制定一个具体的中长期发展规划,并在政府指导下由专家委员会组织实施。

(2)把高性能计算纳入国家发展战略加以研究。在统一规划和指导下,密切结合国家重大问题的高性能计算的实际需求,在高性能计算创新方面建立国家体系,结合国外成功发展经验,进一步提高我国高性能计算机系统及其相关核心技术的设计、研制水平和创新能力,增强国际竞争力。在2010年前设计出具有自主创新的高效、稳定运行、方便用户的500万亿次计算机,到2020年设计出万万亿次的高性能计算机。

(3)在国家层面上,有组织地加强具有自主知识产权的科学计算应用软件的研发,增加资助强度,改变发展高性能计算中重"硬"轻"软"的局面,研究建立自主创新应用软件平台和检验平台。瞄准国防建设和国家安全、国民经济建设、国家重大工程技术、国家基础科学等方面具有重大挑战性问题,在高性能计算专家委员会的协调组织下,根据发展纲要,在各个明确的应用领域,加强算法的创新以及具有自主知识产权的科学计算应用软件的研制和开发,并在应用软件的开发过程中,既满足应用部门的任务需求,又使部门之间的资源共享。确保物理建模和高性能算法、应用软件以及高性能计算机系统协调发展。

(4)面向国家重大需求,以解决具有重大挑战性问题为目标的高性能计算机系统的研发,应由国家承担主要责任,确定有限目标,量力自主发展。要密切关注国际上的最新发展态势,重视自主创新,形成具有我国特色的高性能计算的体系。同时,应根据不同的需求目标将高性能计算机系统的发展划分为市场牵引与国家行为两类,统一规划,平衡发展。

(5)重视和加强高性能计算的新型交叉学科人才的培养。发展高性能计算需要有对专业研究领域和计算机、软件领域都很了解的复合型人才,其中既包括应用开发技术人才,也包括计算机维护管理人才。要改革高等教育中相关学科专业理论脱离实际的人才培养模式,国家要建立对此类交叉学科人才的合理评价机制,制订有关政策,加大经费支持,鼓励研究人员运用高性能计算的积极性。

致谢

　　本文是提交中国科学院咨询委员会关于加速发展我国高性能计算的若干建议报告的部分内容。文稿征求了很多相关院士与专家的意见,其中第四部分主要内容综合了"加速发展我国高性能计算会议"上部分专家们的报告,在此表示感谢。

面向国家重大需求的北京大学*

　　一百多年来,北京大学在中国高等教育的发展史上是一面鲜明的旗帜。历史上,它与国家民族的命运紧密相连,影响和推动了中国近现代思想理论、科学技术、文化教育和社会发展的进程。改革开放以来,北京大学获得更快的发展。新的北大聚集了大量著名学者和专家,大师云集,培养了众多优秀人才,为国家的进步和发展做出了重大贡献。"十五"期间,国家实施科教兴国战略,提出高等教育要面向国家重大战略需求的呼吁。面对社会主义建设新形势,北京大学积极响应号召,与中国工程物理研究院(以下简称中物院)合作,开展与国家重大任务有关的协同创新科学研究和高层次人才培养。

　　北京大学作为一所世界名校,有一种"兼容并包""有容乃大"的精神和魅力,高水平人才云集,老师们思想开放、活跃,有很强的创新能力,基础研究水平高,学校学科齐全,容易互相讨论启发,学生们质量高。但在科学研究方面,不少成果不免存在研究内容和成果缺乏实践基础和非国家所需的问题。而中物院是国家重点研究院,研究内容有明确的国家目标,专业性强,研究队伍专业水平高,实践能力强,并且有高校所没有的具有国际先进水平的科学研究设备以及进行大科学研究和工程设计的经验,但不足是:多学科互相合作和启发受限,任务性强和时间紧,又常常伴随着基础研究深入性不足,导致大科学研究和设计缺乏具有深度的科学认知基础,同时高质量的年轻研究的人才需要不断补充。因此,北大和中物院的合作是一种集各自所长、补各自不足的双赢合作,是发展国家科技和高等教育事业的一种新尝试。

　　2007年12月,两家单位合作成立了北京大学应用物理与技术研究中心(以下简称中心),我有幸被任命为中心主任。中心的目标是:研究中物院在国防以及激光聚变等国家重大科学工程研究中提炼出来的若干重要应用基础科学问题;拓宽探索具有挑战性的若干高能量密度物理有关的科学前沿问题,发展新的学科生长点;培养和训练一批具有创新能力和奉献精神的优秀人才。研究内容包括高能量密度状态下物质性质、激光与物质相互作用物理、流体力学不稳定性和可压缩流体湍流、高能密度科学计算等方面。中心成员包括北大工学院、物理学院和数学学院的部分教师以及中物院有关研究所的部分研究人员。

　　十年来,在中心成员努力下,经过摸索前进,研究工作在温稠密物质性质和新材料设计、带电粒子强场加速机制、强场原子电离、激光等离子体相互作用物理、超强磁场产生机制、流体力

---

　　* 作者:贺贤土。写于2017年8月11日。

学不稳定性、可压缩流体湍流、天体行星物质性质和磁重联现象、高能量密度物理有关的科学计算等方面做出了大量创新成果。至今,中心已在国际著名杂志上已发表了 1000 多篇论文(近年每年平均 160 篇以上)。这些成果很多为深化中物院在完成有关任务和工程设计中的科学认知发挥了积极作用,并在大科学工程设计中得到实际应用。这些成果的完成也发展和充实了高能量密度物理科学内涵,发展形成了高能量密度物理新学科。大量成果得到国际同行高度评价和引用,产生了重要的国际影响,不少成员应邀在有关专业的国际会议上做大会报告。北京大学成为国内高能量密度物理学科教学科研方面的领跑单位。

十年来,中心还培养和训练了一批优秀人才。中心十分关注学生质量的培养,在研究工作中,严格要求他们深入分析数值模拟和实验结果,掌握问题的物理规律,而不只是罗列大量数据,做到不仅知其然,而且知其所以然。在研究过程中还特别注意培养学生深入分析科学问题、抓住事物本质的能力,重视提高他们的科学思维水平。一大批毕业后的博士生和博士后具有创新能力和奉献精神,热爱自己从事的专业,几乎都继续从事有关方向的研究。他们之中,有些进入中物院进行相关研究工作;有些到国内著名高校任职,建立队伍,继续从事高能量密度物理研究;也有些出国深造,继续进行有关研究。从目前的结果来看,从中心毕业的绝大部分学生都十分优秀,很多毕业生得到了用人单位的好评。

在培养学生的同时,年轻的中心成员们也得到了自我锻炼和迅速成长的机会。他们中的绝大部分在中心从事兼职研究工作和承担合作培养博士生任务,具有很高的敬业精神。北大老师为了完成面向国家需求的研究任务,在繁忙的教学和原有的研究任务中努力了解以前没有接触过的研究背景和内容,有些不得不调整甚至完全改变他们的原来的研究方向。为了研究需要,有些老师想方设法利用废弃的设备,改造成仪器装置,进行实验研究。有的老师为了使理论研究结果获得实验证实,一次又一次出差绵阳,与当地合作并进行实验。中心需要大量数值模拟。在中心自己购买和安装大型计算机以前,研究人员设法在国内超算中心寻找资源。他们与中物院研究人员密切合作,深入讨论,共同培养研究生,十分融洽。通过这样的研究,北大老师特别是年轻老师的水平也得到了很大提高,有些由于在中心做出了高水平成果而晋升为长期教授、副教授。中物院的研究人员提高也很快,除了完成所内的任务外,还要努力熟悉基础研究所需要新知识,有些年轻研究人员由于出色的研究成果而被所在的研究单位提升为研究员和副研究员。这些年来,中心产生了很大的吸引力,不少中物院的研究人员和北大老师要求加盟中心,中心成员已从当初的 23 人扩展到现在的 50 多人。

中心积极开展国内外合作和交流,邀请很多高能量密度物理领域的著名专家学者来中心讲学和交流。从 2012 年开始,中心以北大的名义举办了三届高能量密度物理系列国际会议(每两年一届),吸引了很多这一领域的著名专家来华参加会议。

中心是教育部被批准的高能量密度物理数值模拟教育部重点实验室、工程应用基础技术基地(北京大学)、教育部 IFSA 中心北京大学分中心。经过这些年努力,中心已发展形成了一个高能量密度物理新的学科生长点,并经过学校批准,从原来的虚体结构变为实体研究中心,展现了宽广的发展前景。

回顾十年来中心从小到大摸索前进的发展过程,得到了学校领导的关心和支持。林建华校长从当年任常务副校长开始到现在作为校长一直关心和鼓励中心的发展,并给予了很多支持;陈十一教授是中心的主要发起人,同时也是中心的成员,不仅指导学生做了大量高水平的研究,而且从当年工学院院长到后来作为北大副校长都为中心做了大量组织领导工作。工学院、物理学院、数学学院的有关领导以及先进技术研究院等校内很多职能部门也为中心的发展做出了贡献。此外,我也感谢中物院的有关领导和职能部门对中心发展给予的大力支持。

在中心十年的工作经历,让我深深感受到了北京大学的精神魅力。一百多年来,它一直站在祖国发展和民族复兴道路的前面。在社会主义新形势下,当国家要求高等教育面向国家重大需求的时候,它积极响应号召,与中物院建立了实质性的合作。它开放包容,聘请了我这样非本校人员作为主任,还以学院的名义聘请了校外兼职研究人员;它为中心的发展提供了宽松的研究环境和融洽的合作机会;它不因循守旧,而是积极支持新学科的生长与发展。这些都体现了北大“兼容并包”“有容乃大”的精神。正是北大的这种为祖国需要冲在前面的担当和有容乃大的精神,使得处于双甲子之年的世界名校还能够永葆青春,并焕发出新的活力。

谨以此文迎接北京大学 120 周年校庆年来临!

第三篇　重振浙大理学雄风

浙大人眼中的贺老师：同祖国一起创业[*]

国防科技,历来是科技前沿角逐之地,国家战略必争之所。

教育事业,更担负着民族强盛、国家兴旺的伟业,时刻牵动着无数老一辈科学家的心弦。

中国科学院院士贺贤土的研究领域,就一直瞄准国家急需。从原子弹、氢弹,中子弹到惯性约束核聚变,他一直参与其中。"战略技术从来无法从国外买来,即便是高价也买不来。"

今年 80 岁的贺贤土和过往一道合作过的同事们的工作,归结起来就是,研发了大量自主创新的物理模型,完成了多个大科学工程的理论设计,突破了一次次西方的技术封锁,为国家和民族的独立自强默默贡献了青春智慧。同时,他也为母校的理科教育发展贡献了自己的光和热,担当起一位老校友的责任。

一、求学浙大,人生轨迹从此转折

贺贤土从小便看了很多古代文学,五年级就读过《三国演义》。到了高中时,他就更爱好文学了,还尝试写过小说。

但是改变他一生的,却是快高考前的那一次学生干部集中活动的录像短片。

透过屏幕,贺贤土看了王淦昌讲授的物理课,那节课程十分生动,给贺贤土留下了十分深刻的印象,这之后贺贤土做了一个重大的抉择——高考时报考物理学专业。当时,贺贤土报考的学校,正是王淦昌曾任教多年的浙江大学。

有人曾开玩笑说,那次电视片可能让中国少了一位"文学家",但事实上中国就此多了一个与共和国一起奋斗、一起创业的"战略科学家"。即便到读大学时,贺贤土还保留着自己的文艺气质。他是浙大民乐团的二胡手,是文艺演出中最常出现的嘉宾。"父辈他们的美好希望是,我能够脚踏实地为社会做贡献。"

1957 年贺贤土考入浙江大学物理系,刚好遇上了经历院系调整后物理系的首次全国招生。差不多在这个时候,1958 年核武器研究所成立,全国陆续调去一批科技专家。

时间一晃,5 年的本科生涯在 1962 年结束,贺贤土被分配留校任理论物理专业助教。这份

---

* 作者：柯溢能（《浙江大学报》记者）。写于 2017 年 5 月。

被看作是"跑龙套"的职业,他却非常重视,每天跟着老师听课备课,批改学生作业。可是时间不长,同年 11 月,一纸调令把他带到北京一个神秘的单位,他的人生轨迹就此改变。

"作为南方人,不适应北方的严寒,本来想打退堂鼓。但是一想到是国家的需要,就接受了组织的分配。"这一次贺贤土进入到的正是刚建立不久的中国核武器研究所,从此,"贺贤土"这个名字便与中国核武器研究结下了不解之缘。"当时还有点小波折,让我去北京报到的单位是煤炭工业部招待所,我心想这与自己的专业不相符,心里感到很苦恼。"贺贤土回忆,"报到后,发现来的大学毕业生都是学理科的,我也就放心了。"

从此贺贤土不能与同学亲友自由联络,开始了隐姓埋名的奋斗。

直到 1963 年 3 月,贺贤土才得知自己所到的新岗位是从事核武器的研究,这令他既兴奋又紧张。兴奋的是在这里他能够与一大批国内顶尖的科学家一起工作,在专业上完全可以放手干,为实现报效祖国、服务人民而努力工作;紧张的是如何才能够达到这些大科学家们的要求,不负国家赋予的光荣使命。兴奋与紧张中,他开始了忘我的工作,个人的命运与国家的需要从此紧密交织在了一起。

多年以后,当人们仅以"两弹一星的杰出贡献者"这一赞誉来指代他们时,贺贤土的名字虽然少有人提起,但是他说:"自己出不出名并不重要,实质是要为国家做贡献。"

二、与大科学家同行,探索原子弹奥秘

和所有新分配来的大学毕业生一样,对于"原子弹"很多人印象都只停留在对这个名词的知晓,对其中的科学规律完全是陌生的。如何进行研究工作? 一大批科学家选择了边学边教,他们既自己推导理论模型,同时又给年轻人上课。

贺贤土由此得以经常去听我国著名理论物理学家的课,他的脑袋里记下了彭恒武的善抓本质、周光召的缜密逻辑、邓稼先的严格要求,他们的治学方法使贺贤土深度启发。

在 1963 年初,贺贤土第一次听彭恒武的课。彭先生一边讲课,一边启发听课者提问,这让贺贤土颇感与众不同。在课堂上有一位较年长的学者不断向彭恒武提问,有时甚至出现争论,但结果就是将课堂上一些似懂非懂的问题解决了。后来贺贤土才知道,这位"找茬"的学者就是程开甲先生。

"我们以前习惯了满堂灌的听课,对这种提问式课堂既感到新奇,但自己还是个初出茅庐的小子,要提些问题也有点胆怯。"贺贤土说,这种方式也为后来自己的研究提供了榜样。

也是在这一年,核武器研究所扩展为二机部九院,从北京搬到了 1800 公里外的青海,但贺贤土所在的物理研究和设计部仍在北京。现实中的那个遥远的地方,并非歌中唱的那般浪漫。"草地蓝天,帐篷为家"是最初一段时间的写照。

高原缺氧,气压很低。不到一百度就开的水、蒸不熟的馒头,特别是自来水来自雪山融水,贺贤土每次到青海出差,早晚洗脸时,手指和脸都会红肿过敏。"我还常常因为缺氧,晚上睡觉

的时候迷迷糊糊睡不成。"但即便这样的环境，一支几万人的队伍在那里生活了很多年。

在攻克第一颗原子弹的试验中，贺贤土的主要研究是有关原子弹内爆达到高超临界时由于外界偶发中子引起的过早点火概率及有关问题的计算。在这个研究院的工作，既有板凳甘坐十年冷的静，又有为科学真理不辩不明的动，在动静中，处处洋溢着浓郁的学术氛围。

在过早点火概率研究工作中，贺贤土经常请教彭恒武先生有关问题。1964 年，因为搬到同一层办公楼，这种交流显得更为频繁。经过艰苦的研究，贺贤土最终给出了过早点火概率计算的物理模型，由数学同志编程，他进行了精确的数值计算，为第一次原子弹试验提供了重要数据。

三、一鼓作气，参加氢弹设计并负责地下核试验

1964 年 10 月 16 日，中国西部的新疆罗布泊戈壁上空，一朵蘑菇云宣告中国进入原子弹时代。

这枚原子弹的代号"596"，为的是永远记住苏联 1959 年 6 月撕毁协议。"我们那时候还把这颗原子弹称为'争气弹'，这是我们中国人独立自主研制的，这之后我们开始氢弹原理探索。"

氢弹的结构和材料是什么样的？ 它的点火和燃烧的科学原理是什么？ 怎样进行计算？ 在邓稼先等领导下，贺贤土他们当时开展了踊跃的讨论、争论和深入的研究。特别是得知比中国早研发成功原子弹的法国也在研制氢弹，大家就"别上了一股劲"，一定要赶在法国人之前突破氢弹原理，以涨中国人的志气。那时在每一个科研楼的会议室里都有块黑板，谁有想法都可以圈画讲解，有时大家争论得面红耳赤，但大伙的初心就是早日研制成功。贺贤土说，他被当时理论部的学术氛围深深感染，一直到现在还记忆犹新。

"如饮到令人酣畅解渴的理论之泉。"这是当时科研工作者对贺贤土等参与的突破氢弹物理设计的描述。在氢弹的研制中，贺贤土的工作是研究氢弹作用过程的物理规律，并提出测试这些物理规律的相关原理和实验方案，与实验同志讨论。热试验后，他与实验同志一起分析测试结果，去伪存真获得裂变和聚变爆炸当量、热核反应温度等重要数据。他与实验人员打成一片，给他们讲解氢弹作用过程的原理，互相进行探讨，这使得贺贤土深受实验研究人员的欢迎。

在第一颗氢弹爆炸后，中国又加快投入到地下核试验中。核武器物理研究所（原九院理论部）在 1966 年成立了一个理论研究小组，贺贤土任组长。他们组的主要任务是研究设计出第一次地下核试验用的核装置，同时研究突破氢弹后需要分解研究的若干重要物理过程，用于地下核试验的实验测量。在核装置理论研究设计中，需要克服爆炸过程中山不能冒顶、爆室填充物和廊道局部填充物不放枪、山不裂缝这三项要求，这对当量的设计精度提出了绝高的要求。同时由于距离第一次原子弹试验不久，对核装置作用规律的科学认识还不够深入，团队还需克服每秒仅几万次计算速度的困难，贺贤土带领大家经过近三年的艰苦努力，于 1969 年国庆前圆满完成第一次地下核试验任务，表明了他们研制的核装置十分成功。这期间，他需要不断到

新疆马兰基地参加有关试验讨论,用以促进理论研究。马兰基地地处戈壁深处,这里白天像夏季里燃起的炙热火炉,夜晚如冬日里的冰窟。1970 年的冬天,贺贤土他们来到这里做地下核爆炸试验,有一天突然夜里停电,温度骤降到零下 20 多摄氏度,盖上三床被子依旧没有丝毫热气。当然,恶劣的环境也无法阻挡他们对国家奋斗的脚步。

坐三天三夜的火车经先到吐鲁番,再乘十来个小时的卡车到马兰。这一路是有名的"搓板路",不仅车行颠簸厉害,而且到达马兰后全身变成"灰人"。"我那时候是被压了重担,但我要坚定地完成组织交给我的科研任务。"即便充满千辛万苦与牺牲,贺贤土总是一往无前。

四、领衔突破中子弹科学原理和次级设计

随着对核武器研究的层层深入,中国对战略武器关键技术的掌握越来越迫切。中子弹是继氢弹之后,又一个需要攻克的难题。"人们都说中子弹是特殊的氢弹,这没错,但中子弹不是氢弹的小型化,它的科学原理和材料完全不同于氢弹。怎样突破中子弹科学原理,需要中国人的自力更生和艰苦创新。"

贺贤土受命组织一个十几人的探索团队,他们的任务是研究清楚点火的原理以及实现点火的条件,同时研究清楚点火后自持燃烧的物理规律以及爆炸后的中子剂量。经过长期不折不挠的艰苦努力,他终于找到了新的点火和高效自持燃烧途径,给出了中子弹的物理原理和理论模型,并组织团队分解研究和总体模拟,证实了模型的正确性。根据这些科学认识,他们设计出了中子弹实验装置。研究的过程中很多人对他们的科学理论和设计提出了质疑,不相信他们给出的模型是正确的,但是贺贤土和他的团队始终坚持真理,坚信在大量物理规律研究基础上得出的结论是可靠的,终于在 1984 年的核试验中得到证实,成功地突破了中子弹原理。后来,贺贤土深有体会地说:"在中子弹研究中,充分发挥团队的智慧与积极性,用科学思维方法抓住复杂事物的主要矛盾,分解研究,集成创新,是突破中子弹科学原理的重要因素。"

中子弹试验成功完全是中国人智慧的表现。1999 年,美国国会组织的《考克斯报告》中提到中国人窃取美国中子弹机密完全是无中生有,是对中国科学家的污蔑。

五、领导中国 ICF 发展计划 奠定 ICF 研究基础

煤是目前最重要的能源之一,但是却有着很多缺陷。随着地球上的能源资源愈来愈稀缺,发展核能源愈来愈成为经济、科技发达国家的共识。在对核电的不断研究中,新的认识不断更新人们的知识库。当前核电主要是通过核裂变产生能量源,但裂变材料其实也有限度。如果使用核聚变技术,则可以源源不断提供清洁能源。

1988 年,贺贤土从美国回国后,受命负责研究所里的惯性约束聚变理论。我国的惯性约束

聚变研究最早是从王淦昌院士 1964 年提出的激光聚变出中子概念开始的。但是由于国内当时经济条件的限制和"文化大革命"的影响,1988 年时,贺贤土面临的困难是：一没有足够的研究经费,二没有明确的长远研究目标。为此贺贤土不得不找王淦昌先生,请他与王大珩、于敏院士三位出面上书中央,把我国的惯性约束聚变研究纳入到 863 计划。1993 年,863 计划直属惯性约束聚变主题专家组成立,从此开始了我国在国家重大计划支持下的惯性约束聚变研究。

从 1993 年到 2001 年底,贺贤土先后成为主题秘书长和第二任首席科学家,领导我国的惯性约束聚变研究。贺贤土常说,大科学工程是国家科学技术发展的重要标志,必须为国家负责,努力出色地完成任务,他身体力行。贺贤土抓住主题的主要关键科学和技术问题的主要矛盾,努力发挥全体研究人员的自主创新精神,取得了很大的成果。在"九五"末,国家对惯性约束聚变主题评估结论是"取得了多项阶段性的重大成果,建立了我国独立自主的研究体系"。

一般认为,核聚变有两条路子,一条路子是激光聚变,还有一条就是磁约束聚变。贺贤土院士在负责国家中长期科学发展规划研究时,作为战略高技术专项的战略能源组组长,极力推进这两条路子的研究,积极将惯性约束聚变和磁约束聚变同时纳入《国家中长期科学和技术发展规划纲要》。"两条腿走路的办法,能够让中国在吸取国际核聚变研究中走过的弯路。"这是贺贤土对科研事业的开阔眼界,即便是与自己研究有竞争关系的方面,他也积极支持,他不计较个人得失,只以国家利益为重。

在惯性约束聚变研究中,贺贤土团队早年遇到的困难就是要建造高功率大能量激光器,但当时国内相关技术特别是关键材料不过关,"我们曾想着向美国公司购买几块小的激光玻璃,但是卡在美国政府那里被禁运了。"贺贤土就发动专家自力更生,终于解决了激光器建造的瓶颈问题。

就这样独立自主的研究,中国从 20 世纪 90 年代初对惯性约束聚变的研究基础薄弱,没有国际话语权,到突破多个关键技术难点,建立独立自主创新体系,受到国际上的重视,贺贤土用了近 10 年的时间将我国惯性约束聚变研究提升了一个层次。又一次打破了西方对我国的技术封锁,为进一步发展惯性约束聚变点火提供了基础。

六、助力新浙大 推进理学发展

贺贤土院士一直以来都心系母校浙江大学,2000 年起,他在聚焦科学研究的同时,开始兼任浙江大学理学院院长。贺贤土十分重视人才的培养,他到任后所做的最大的一件事情就是构建人才队伍。在他任期内,浙江大学理学院引进了一大批学者。曾任浙大理学院党委书记翟国庆深有感触地说："贺院士提出人才引进工作要像'猎头',眼光精准,锲而不舍。"

贺贤土提出引进人才要以教学与科研两大体系为抓手,培养适合国家科技迅猛发展的潜力人才。特别强调 30、40、50 的梯队设计,强调团队,每一个教授必须有一个团队。强调要自己感悟和形成科学的思维方法,不仅在科研实践中,要在给学生的教学中也要讲清楚老师的思路,让学生感受到这些思路,而不是让学生死记硬背。

　　人才引进需要经费,但当时理学院缺乏可以支配的经费,而学校的经费都有统一的分配。如何解决巧妇难为无米之炊的困境,贺贤土想到了"借钱办院系"。他向学校提前借来办学经费,为引进教师购买实验设备和发放科研启动经费。这是贺贤土的一大"创新"。

　　"借经费既不破坏学校的规矩,不单独给理学院多划拨经费,同时也让青年学者能有序开展研究。"一个稳定的科研队伍,贺贤土充分发挥他们的积极性。对于引进的人才,贺贤土还首创了"特聘研究员制度"。这一做法还被运用到他当时兼职的宁波职业技术学院的运行之中。现在"特聘制"成为中国高校广泛使用的发展策略。

　　如今,80岁的贺贤土院士还在科研育人一线忙碌,他的工作大多数都是从无到有的建设性开拓,伴着共和国一起开创战略科研领域。他曾感叹,一个人的一生很短暂,用于工作的时间也只有五六十年,如果没有目标则很快就过去了,但如果为了国家和人民,即使做了再小的贡献,也不是碌碌无为。

回忆贺贤土院长*

  1999 年,四校合并后的浙江大学组建了理学院,贺贤土院士出任院长。我和鲍世宁分别担任常务副院长和院党委书记,与贺院长一起共事了最初的三年,留下了一段非常美好的记忆。

  贺贤土院士 1962 年毕业于浙江大学物理系,无论年龄上还是学问上都是我们的前辈和师长,但他平等待人,与大家亲密无间,我们都习惯于叫他贺老师。

  贺老师虽然没在高校工作过,但他一当院长就能抓住方向、抓全局、抓大事。理学院由数学、物理、化学、地球科学和心理学等五个系组成,不仅是浙江大学里学科门类最多、教职工人数最多、教授和院士最多的学院,而且人员的来源也最广,教学、科研、办公用房最分散。组建伊始,首要任务是形成向心力、凝聚力和认同感。在贺老师的主持下,这方面很快就得到了较好的解决。院系调整前,浙江大学的理科在中国大学中当属师资最强、综合水平最高、培养的杰出人才最多者,声誉卓著。因此,新组建的理学院自然就肩负"重振浙大理科辉煌"的重任。贺老师以他的学识和远见组织大家在这方面进行讨论和谋划。对于他熟悉的领域,贺老师亲自主持讨论并多方争取资源,物色和引进人才;对他不完全熟悉的领域,贺老师以开放的心态耐心听取学科的意见并积极予以引导、帮助,给大家以鼓励。在学校的支持下,理学院很快就呈现出安定团结、队伍壮大、欣欣向荣的局面。

  贺老师在北京有重要的科研任务和多项兼职,但他总是定期来学院听取汇报,到各系调查研究,给学生做讲座。即使不在杭州,大家也总能联系上他讨论工作。这种敬业精神、责任感和对母校的爱深深地感染了理学院班子成员。

  贺老师作风朴实,不讲排场,不提特殊要求,在求是村的生活极其普通,为营造健康的氛围和环境带了好头,起了积极的作用。

  十年树木,百年树人。贺老师担任浙江大学理学院院长谈不上有轰轰烈烈的事迹,但正是这种踏实、平凡的工作及其背后的精神,奠定了浙大理科一步步发展的坚实基础。

---

* 作者:陈叔平(曾任浙江大学理学院常务副院长)。写于 2017 年 4 月 15 日。

贺老师与重铸浙江大学理学辉煌 *

    1999 年四校合并后,浙江大学成立了浙江大学理学院。浙江大学的理学有过辉煌,经过 52 年院系调整等一系列的折腾后,浙江大学的理学早以辉煌不再。振兴浙江大学理学学科,重铸浙江大学的理学辉煌是每一位浙江大学理学学子心中的一致愿望。贺老师是浙江大学物理系 62 届的杰出学生,他义无反顾地在困难的时刻受聘担任浙江大学理学院的院长。作为浙江大学理学院的第一任党委书记,我有幸见证了贺老师来浙江大学的全过程。

    因为贺老师是我的老师曹培林、唐景昌的同学,按照习惯我就称呼他为"贺老师",不想贺老师这一称呼为浙江大学理学院的全体师生所接受。无论是教师、职员还是本科生、研究生都是用"贺老师"来称呼他。我后来发觉在其他地方人们都称他为"贺院士""贺院长"。"贺老师"这一称呼只有在浙江大学理学院才通用。不过贺老师非常高兴地接受了这一个在学校里普通得不能再普通的称呼,也是因为这个普通的称呼一下子拉近了他与理学院里每一位老师、学生的距离。大家都希望在贺老师的带领下,共同克服困难,迎接挑战。

    我清楚地记得,我陪同贺老师第一次去见潘云鹤校长。见面时贺老师完全没有提及浙江大学的待遇和权利,贺老师只是坚定地表示要带领大家重铸浙江大学的理学辉煌。贺老师全面负责理学院的学科发展、规划。十余年间,贺老师除寒暑假平均每月来一次。开各类座谈会、为各层次学生做报告、找个人单独谈话或交流学术思想。他坚持把学术放在首位,把学科建设作为重点,把正确的学科发展方向作为关键。提出学科建设的原则:知己知彼,扬长避短;理工结合,交叉互补;人才是关键,要有能干的,能干的要为我干;设备要一流,一流的设备要出一流的成果;国家重大项目要大胆申请,千方百计去争取。提出组建学术委员会的建议,亲自动员并聘请国内知名学者(其中有 17 位院士)担任理学院学术委员会,并请院外专家帮助审查学院学科建设规划;评估学院学科发展情况;确定重点支持领域(方向)及资金使用计划(方案)。提出组建研究所的思路:多形式产生所长原则,可民主推选,可组织考察任命,可两者结合产生;明确院、系、所三者关系,科研任务的完成,考核到所;科研所实行所长负责制。举荐和稳定人才,推荐宣传科研成果。贺院长老师时还积极举荐和稳定人才。

    今天,浙江大学的理学学科已经不是当年可以比的了。再铸浙江大学的理学辉煌的目标已经逐渐变成现实,贺老师居功至伟。

---

* 作者:鲍世宁(曾任浙江大学理学院党委书记)。写于 2017 年 4 月 12 日。

国之栋梁，感人风范！[*]

1998 年，浙江四校合并成立新浙江大学，贺贤土院士应邀回到母校担任理学院院长。作为他当时的助手之一，我十分有幸在贺先生领导下工作约六年时间，见识了一位世界级科学家和祖国栋梁的风采，学习了许多，领悟了许多。

四校合并初期，全国对新浙江大学的期望值很高，广大师生对振兴浙大理学的期望值也很高，理学院急需一位具有丰富管理经验且品格高尚的优秀科学家担任主帅。校领导决定邀请贺先生来浙大担任理学院院长时，作为首席科学家，他正承担一项国家重大研究任务，工作十分繁忙，而且当时浙大各方面的基础条件还比较艰苦，因此我们很担心贺先生是否会接受这一职务。但贺先生的回复出乎我们的意料：浙大是我的母校，浙大理学院的事我一定要尽力。

贺先生是世界级的优秀科学家，是国家栋梁！在刚来浙大工作的几年时间里，他基本上每月来浙大理学院工作几天，一般利用周末和晚上开会，常常深夜赶回北京，有时通过电话和我们商量工作。他为人谦虚、和善、平易近人，从不训斥他人，对理学院的每一位成员均非常尊重。在生活上，他从不提要求。当时他临时住在求是村一个不到 50 平方米的一楼宿舍里，简陋且潮湿，我们希望将此宿舍好好装修一下，他坚持不麻烦学校，我们的师母同样从无怨言；我们有时到他在北京的家中请示工作，他热情随和接待我们，好客的师母还为我们端上热茶；和他一起出差、住宿、吃饭等，他均和我们一样，没有任何特权；过年过节电话问候，他总是不忘问候我们的家人；对广大青年学生来说，贺先生是院士，是世界级的优秀科学家，更是一位谦和的老师和长者，他十分关心大学生的成长，每年要和新同学见面，为大学生做讲座，当时他为大学生讲述我国"两弹一星"精神，讲述他在科学道路上攀登的一个个感人故事，很震撼，很励志，在浙大学生中引起了强烈的反响。总之，我们在贺先生的领导下开展工作，心情舒畅，团结奋斗。可以说，当时我们理学院是四校合并初期新学院组建和运行最顺利的学院之一。

贺先生在管理方面的特点十分鲜明：抓重点，极度重视人才问题！他花费大量心血用于优秀人才的引进和培养。记得当时他参加国际国内各项活动时，只要有机会，就积极宣传浙大，动员优秀青年加盟浙大。他每次组织我们开会，到校领导那里汇报工作，谈得最多的也是人才问题。

2002 年的一个周末，贺先生组织我们在理学院开会刚结束，突然讲起有一位优秀青年学者于博士即将从美国回国，国内好几所大学希望引进于博士，贺先生立即用他自己的手机给于博

---

* 作者：叶高翔（曾任浙江大学理学院副院长、党委书记，现任浙江科技学院院长）。写于 2017 年 4 月。

士打电话,邀请他来浙大理学院工作,这个电话一直持续了 40 多分钟,当时我在旁边又感动又焦急,因为那时能开通国际长途的电话很少,费用很贵! 2003 年,我与徐铸德教授随贺先生一起访问台湾成功大学和台湾大学,当时他与许多青年学者交谈,鼓励他们来浙大工作的一幕幕感人情景仍历历在目!

此外,对青年教师的培养,贺先生同样倾注了大量心血。当时理学院的学科建设经费很有限,但每年还是要拿出一部分来资助青年教师,贺先生与我们一起,认真分析,选拔优秀青年苗子给以资助。有一天他十分高兴地对我们说:理学院前年资助的一位化学系青年教师许教授获得了国家杰出青年科学基金! 当时贺先生脸上喜悦的笑容感人肺腑!

在贺先生的领导下,理学院成立 6 年后,各类人才(包括长江学者、国家杰出青年科学基金获得者等)大幅增加,迅速赶上或接近全国同类大学水平。令人高兴的是浙大理学院一直延续着贺先生的工作风格,高度重视师资队伍建设。我觉得:四校合并至今,理学院引进和成长的各类优秀人才数量迅速增加,理学院在全国的学术地位也迅速上升,所有这些,均与贺先生对人才工作的极度重视密切相关。2008 年以后,组织上先后调我到杭师大和浙科院工作,期间我对优秀人才引进和培养的许多思想和政策与贺先生工作风格对我的影响有很大关系。

贺先生是浙大培养出来的优秀科学家,是浙大的骄傲! 他为人类的科学事业、为我国"两弹一星"以及"核能"事业所做出的贡献是永载史册的,同时他也为新浙江大学的发展做出了重要贡献,为我们树立了光辉的榜样!

贺贤土院士、王淦昌女儿和叶高翔合影

贺贤土院长与"重振理学雄风"[*]

3月29日,收到了应和平老师发来的邀请函,是关于正在组织编写一部记述贺贤土院士文集的事情,文集题为《科学家情怀》,约稿于我。我脑海里瞬间浮现出理学院老院长贺贤土院士和蔼可亲的面孔。一直以来,他都是我十分敬重和思念的好老师。老院长对新时期浙大理学院和理学的发展贡献良多,我印象最深刻的,是他提出了"重振理学雄风"的发展目标,并为此殚精竭虑,辛勤工作。

1999年7月,新浙江大学的理学院正式成立,浙大校友、中国科学院贺贤土院士受聘担任浙江大学理学院院长。当时,我被推选兼任了理学院的工会主席。新建立的理学院来自四个校区,学科之间、人与人之间彼此还非常陌生。1999年下半年,新理学院将召开第一次双代会。学院双代会怎么开才能使全院教职员工心往一处想,劲往一处使?学院当前最重要和最迫切的主题是什么?各种问题和困惑都没有头绪。我们正犯愁的时候,记得在学院的一次党政联席会上,由贺院长提出的"重振理学雄风"的发展理念和目标,顿时使大家豁然开朗。"重振理学雄风",就是需要重现三四十年代、浙大西迁过程中,理学院在艰苦年代所创造出的辉煌成就,能够培养出如叶笃正、谷超豪、程开甲这样的国家最高科学技术奖获得者,以及如李政道这样的国际物理大师。贺院长一席话,也就此成为理学院第一次双代会的主题。

学院第一次双代会开会那天下午,老天像是要考验我们似的,下起了大雪。贺院长不仅坚持参加了大会,晚上还冒雪到会参加了代表小组的讨论,介绍了理学院的重点工作思路,听取了大家的意见和建议。这让我非常感动。一位院士,自身的工作已很繁忙,在恶劣天气下还亲自到会参加讨论,可见贺院长对理学院工作的重视和高度的责任心。由于贺院长"重振理学雄风"的理念深得人心,也使这一目标延续至今。

贺院长担任院长期间,非常重视理学院的人才队伍建设,他亲自联系、动员、过问,引进高层次人才数十人。贺院长在学院党政联席会上常提人才引进,我记得最深切的,是他经常提及一个词,叫作"猎头"。贺院长提出,我们人才引进工作需要像"猎头"一样,眼光精准,锲而不舍。当时他第一次提"猎头"的时候,我尚不明白,在十多年前这还是个新词汇,后来才知道是指人才引进需要如何做工作。贺院长为了引进一位人才,经常一次电话通话会打

---

* 作者:翟国庆(曾任浙江大学理学院党委副书记兼工会主席、党委书记)。写于2017年4月2日。

到停机为止,一个月的电话费用经常达到数千元。为了引进人才,贺院长就是这样不辞辛劳地日夜工作着。

回顾近二十年历程,从理学院到理学部,我们始终没有忘记这六字目标,并不断努力深化。目前各学科已取得了骄人的发展,除了师生员工的努力外,相当大的程度上,也应该源于贺院长建院之初提出的"重振理学雄风"的理念和目标。

促进理学学科引进和培养人才[*]

促进理学学科引进和培养人才[*]

贺贤土院士为浙江大学理学学科的发展做出了巨大的贡献。给我留下深刻映像的是促进理学学科引进和培养人才。

记得我还是化学系系主任时,有一次在参加当时理学院院务会时,见到时任理学院名誉院长的贺院士。他问我:"化学系在发展的过程中有困难吗?"我脱口而出:"教八生物系搬走后,若是能将空间留给化学系,将会推动化学系引进人才。"我深知在浙江大学争取空间的困难,既然贺院士问到了,就随口一说。没想到话未落音,贺院士就拿起电话打给学校相关领导和部门,不久学校就把这些空间留给了化学系。正是有了这些空间化学系先后引进了彭笑刚、黄飞鹤、范杰等人才。贺院士雷厉风行的办事作风可见一斑。

2008年6月我接到校组织部通知拟担任理学院常务副院长,我马上给贺院士打电话说恐难胜任。贺院士鼓励我说做好理学院的发展关键是抓住龙头,龙头就是引进和培养人才。在之后配合贺院长的工作中,我多次目睹贺院士尊重、关心、爱护人才,如关心陈骝、包刚的引进,促进聚变理论与模拟中心及关联物质中心的建立,从北京专程参加王浩华的面试,多次看望彭笑刚、袁辉球、唐睿康、黄飞鹤、范杰等人才,并帮他们解决遇到的困难。

在贺院士的领导、关心下理学学科的人才引进有了起色,为今天理学部的发展打下了基础。

* 作者:李浩然(曾任浙江大学理学院化学系系主任,现任浙江大学学术委员会秘书长)。写于2017年4月16日。

回忆与贺贤土院士的交往*

一、初识贺贤土先生

2009 年 5 月,我正在北京访问,好友说要带我去拜访一位物理学前辈,我们就一同去了贺贤土院士的家——那次便是我与贺先生的首次见面。贺先生是为我国核武器研究做出了突出成绩的元老、中科院院士,曾任中国科学院数学与物理学部主任,当时兼任浙江大学理学院院长。初识先生,我们聊得很愉快,他的谦和与真诚就给我留下了深刻的印象。当时恰逢浙大推行学科建设改革,理学部所属的数学系、化学系和物理系都在面向全球招聘系主任。谈到有人推荐我应聘的事情,我推说自己与浙大并无渊源且还要考虑家庭原因,恐难胜任。贺先生说:"一起去看一看,能不能任职没关系。"言谈间,贺先生的民族自豪感、对祖国的热爱和对科研的赤诚之心,深深打动了我。

当年 7 月我来到杭州,贺先生亲自陪同我与时任浙大校长的杨卫院士畅谈数学学科的建设工作。由于回国时间仓促,面临困难较多,我对接任系主任之职仍多有犹豫。贺先生做了大量工作,多次通过越洋电话与我交流,还顺带做通了我夫人的思想工作,终于促成了我成为理学部实行全球招聘后第一位上任的系主任。2009 年 12 月,我正式受聘浙江大学。回想起来,当时下这个决心不可谓不难。但真正能做到,一个是自己的中国情结,另外一个就是鼓励我来浙大这些朋友们,尤其是贺先生的大力支持。直至今天,谈及此事,知情的朋友还会笑称:"被贺先生看上的人,基本跑不了。"

在回国就职的过程中,贺先生这种孜孜报国的精神感染了我,自此我们成了忘年交。

二、重视人才的"伯乐"

担任浙大理学院院长那些年,贺先生珍惜人才,渴望人才之事广为人知。来到浙大工作

---

* 作者:包刚(曾任浙江大学理学院数学系系主任)。写于 2017 年 4 月 20 日。

后,我随时可以向他汇报工作,对于高层次人才引进工作,贺先生总是事无巨细,非常重视。当时浙大数学系刚完成一次国际评估,其中最突出两个的问题就是人才状况堪忧和经费困难。每当我找贺先生求助时,他都会尽力帮助,争取学校政策支持。

对于许多经由贺先生亲手引进的海外人才来说,贺先生不仅仅在工作上大力支持,更在生活上待大家亲如家人。贺先生时常关心青年人引进后的发展问题,一次我与他一起用工作餐,他心中还挂念一位刚回国的年轻教授的近况及一些亟待解决的问题,最后干脆招呼过来一同边吃边聊。

贺先生一直以来都对青年人非常重视和关怀。我每每去先生家里谈工作,常常遇到他与青年人在家中讨论学术问题。记得有一次先生在上海学术交流中不幸跌了一跤,我们去看望他。在病房中,他还在关心多位人才的引进事宜。他以乐观的精神,不断求知,教学相长,令我们这些后辈受益良多。

三、高山景行的楷模

我来浙大工作几年后,贺先生由于不再担任院长一职,我们没有了直接的工作关系,反而联络更多。我每到北京开会、评审时总会挤时间去看望他和师母。他心怀母校,记挂着浙大理学发展,也经常来浙大访问。虽然每次贺先生来都提到杭州美,但他一心扑在工作上,行程都是安排密集,毫无闲暇,以至于杭州周边的著名景点都没有去过。在这期间,贺先生为浙大师生做了多场公众演讲,介绍了"两弹一星"元勋们艰苦创业、赤忱热血报国的事迹,讲述他本人攀登学术高峰的故事。贺先生的报告生动且富于感染力,展现了一位老科学家的风采,有幸听到报告的师生都受益无穷。

贺先生求学时期,潜心钻研,志在报国,为攀登科学高峰不断求索;工作期间,献身科学,志在强国,为国防事业鞠躬尽瘁;先生一直重视人才,志在教育,为浙大理学发展倾注心智。在我的心目中,贺先生可以说是这个时代科学家中最杰出的代表之一。有幸认识贺先生改变了我的人生轨迹,使我的生命更有意义。

自信人生二百年,会当击水三千里。愿先生康健!

令人敬仰的师长和爱护人才的伯乐[*]

一、与先生的师生情缘

我与贺贤土先生的交往缘自 2001 年。那一年潘云鹤校长邀请我回母校工作,希望我以长江学者特聘教授的身份回校工作。当时根据学校的希望和我本人的特长,安排我推动学校高性能计算的具体应用。而贺贤土先生也在推动学校大规模科学计算的研究,并且已购置了相应的高性能计算设备。这两件事不谋而合。

那时我和先生并不相识,但他对引进新生力量非常重视,对我特聘教授职位的申请、随后设备条件的建设等都非常关怀,时时体现出长者对晚辈的关爱和提携之心。

尽管我回到学校后没有在理学院工作,而是根据工作需要,被安排在了计算机学院,但先生一直长期关怀我的工作。作为强有力的领导者、作为严谨多产的科学家、作为关怀后辈的长者,先生的一言一行影响到了许多同行与晚辈。

二、德高望重的楷模

先生 1962 年毕业于浙江大学物理系理论物理专业,后进入北京应用物理与计算数学研究所。他从宁波东钱湖、杭州西湖、青海湖,再回到杭州西湖的经历看似平凡,却记录了他从事我国核武器物理研究与设计的历史,记录了从事激光驱动惯性约束聚变(ICF)研究的经历,记录了他长期从事国家重大科学工程研究与基础科学研究的历程。

先生五十多年来服从国家需要,不断改变研究方向,从核武器科学、ICF 物理到基础科学研究,出色地完成了学科跨度很大的任务。这些研究中,有相当的部分都是国家急需的密级很高的重要任务。了解他的人都认为他是我们爱国爱校的楷模,一位我们非常敬仰的师长。

---

* 作者:郑耀(曾任浙江大学航空航天学院院长,现任浙江大学工学部副主任)。写于 2017 年 5 月 22 日。

三、重视人才的伯乐

先生出于对母校的热爱,曾长期担任理学院院长,将重振理学雄风视为己任。他放手发动各级领导,积极通过多种途径,强化人才队伍建设。这些年来,通过他亲手引进的各类师资不计其数。

在引进人才过程中,有许多个案,这都需要先生费尽心思。在理学院,先生又在已有的队伍中,发现好苗子,积极提携,使他们苗壮成长。先生对新生力量的重视,不局限于浙江大学理学院,不局限于北京应用物理与计算数学研究所,而是他所认识的所有晚辈。

2002年我回国后,先生常常关心我的科研进展,希望我能参与到中国工程物理研究院的相关科研实践中去,特别是网格生成技术的应用研究。我清楚记得,先生曾安排我等向于敏院士汇报工作一天半时间,具体讨论了数值模拟技术的应用研究。

四、强有力的学院建设者

先生不仅是浙江大学理学院坚强的领导者,他对学校多方面的建设也非常重视。我清楚记得,在浙江大学工程与科学计算研究中心的创建初期,先生常常关心我们的人才队伍建设、计算设备购置和实验室用房问题。先生对我校高性能计算应用研究的关切,体现了他鼎力的支持和细心的关爱。

先生对理学院建设的用心和干劲深深地影响着我,影响着我后续筹建和建设航空航天学院的步伐。尽管航空航天学院与先生在行政上没有归属关系,但先生一直关心我的成长和发展,关怀着航空航天学院的建设与提升。

我和浙大物理系的缘[*]

在浙大物理系工作是我生涯中十分有意义的一段日子。和它的缘分主要是三个人促成的。其中两个人是我的双亲。他们从小就告诉我我是浙江杭州人，向我细述西湖的绮丽风光，表达他们未能实现回到杭州终老的遗憾。另外一个人就是贤土兄了。

我是二十世纪七十年代末开始与国内等离子体物理界交流与合作。当时主要是在北京从事学术活动。因为是小同行，认识了贤土兄并与他在国内外常有交集。九十年代中期，已故的蔡诗东院士、贤土兄、我和韩日科学家们创立了亚太等离子体理论会议，延续至今。

1998年贤土兄至浙大担任理学院院长，上任后就启动了建立等离子体物理专业的构想。2000年在林郁、林志宏和盛正卯的协助下，我们在浙大讲授等离子体物理课程，开始了我和浙大物理系的缘分。

我是从事磁约束聚变能源研究的。2005年是个关键年，当年中国政府签署了参与国际核聚变实验反应堆（ITER）计划的协定。面对国内聚变物理人才严峻欠缺的现状，大家普遍认识到必须在高校内普及并加强等离子体物理教研队伍的建设。浙大在贤土兄的领导下，于2006年建立了聚变理论与模拟中心（Institute for Fusion Theory and Simulation，IFTS），我有幸担任了首届中心主任，直到2016年由傅国勇接任。中心一直在贤土兄的关怀及国内外同行们的共同努力下，围绕着建立一个人才宁缺毋滥和学科全面发展的卓越中心健康地发展。

2009年国家启动"千人计划"，贤土兄希望我能参与这个计划全职到浙大任职。到底我在美国工作生活了四十年了，并且我也喜欢我在加州大学尔湾分校的工作及生活环境，这不是一个容易的决定。与贤土兄坦诚地交流多次，贤土兄也主动与我妻子交流，我们都被他诚挚之心所感动，觉得能与他共事为浙大及国家的聚变等离子体物理事业做出自己的微薄贡献是我一生中难得的机会，也是我毕生一直希望的机会。2010年我在贤土兄和国内聚变同仁们的赞助下成了"超龄千人"，全职回到浙大物理系，圆了我回到人生起点的梦，也代我双亲圆了他们终老杭州的愿望。

我衷心感谢贤土兄这个"红娘"，促成了我与浙大物理系的缘分，给了我一段充满意义的美好人生。

---

* 作者：陈骝（曾任浙江大学聚变理论与模拟中心主任）。写于2017年4月10日。

一位具有魄力的领导和令人敬佩的长者[*]

在我的印象中，贺贤土院士是一位德高望重、非常具有魄力的领导和长者。他心系浙大，广纳天下贤才，为理学院和物理系的飞跃式发展，做出了诸多努力。他办事果断，敢做敢当，深受师生们敬佩。

我是贺老师引进的众多青年人才中的一员，也是贺老师的魄力让我来到了浙大。2007年前后，国内有几家985高校和研究院所邀请我回国工作，但由于当时国内发展的前景远没现在明朗，很多朋友劝我不要回去，加之我在美国也有比较好的发展，所以当时还是很犹豫的。2007年5月，我在参加"强关联电子体系国际会议"期间认识了戴建辉教授，他问我是否有兴趣考虑浙大，可以向贺贤土院士推荐。当时我对浙大的情况知之甚少，只是抱着了解一下的心态，并没有十分在意。后来听戴老师说，他回去将我的情况向贺老师汇报后，贺老师当即电话联系了他在美国的朋友，了解相关情况后随即表达了聘用意向。在后续的邮件和电话联系中，贺老师的热情和领导魄力让我无法拒绝。随后，我也就放弃了其他选项，同意加盟浙江大学。当时理学院的资源还相当紧缺，当我向贺老师提出建设极端条件实验室至少需要500万元启动经费时，贺老师当即承诺，他将向学校借款来满足我的实验需求。同时，贺老师还积极协助我们争取国家资源，获取更好的研究和生活条件。这为我在浙大的后续发展奠定了很好的基础。加盟浙大后，实验空间成了我的第一个棘手问题，久拖不决，耽搁了很久。后来，贺老师亲自督阵才得以临时解决部分实验空间，在紫金港校区开始筹建我自己的实验室。我想，当时若没有贺老师的领导魄力，我不太可能加盟浙大，也很难在浙大有所发展。

贺老师尊重人才，关心和支持年轻人的发展。贺老师每次来杭州都要约谈我们，了解我们的工作、生活以及存在的困难。对于工作中的问题，贺老师总是想办法帮我们解决。对于我们存在的一些不足，他也会提出严厉批评和指正。当然，若我们在工作中取得一点小成绩，他也会在第一时间给予鼓励，同时提出更高的要求。他是一位慈祥的长者，为年轻人传授经验，给我们带来信心和鼓舞。

贺老师特别重视团队建设，多次在物理系的会议上强调浙大物理系应该建立若干个高水平的研究团队，带动相关学科的发展。几年前，当我提出组建关联物质研究中心，邀请Frank Steglich教授任中心主任时，贺老师给予了充分的肯定和支持。如今，我们在国内组建了第一支高水平的国际化的重费米子研究团队，在国际上的学术影响正在显著提升。贺老师对我们前几年的努力给予了充分肯定，这也算是我们给贺老师的一个回报。

---

[*] 作者：袁辉球（浙江大学物理学系教授）。写于2017年4月27日。

我所认识的贺贤土院士[*]

  我与贺贤土院士的最初接触是在 10 年前。当时我正考虑回国发展,刚好我有一个大学同学在北京应用物理与计算数学研究所工作,算是贺先生的同事和下属。我通过同学与时任浙江大学理学院院长的贺老师取得了联系,了解了浙江大学有关人才引进的政策,并表达了加入浙大的意愿。贺老师对我考虑加入浙江大学表示欢迎,并认为可以为我申报教育部长江学者。为解除申报可能失败的后顾之忧,贺老师同物理系、理学院以及时任校领导沟通后,以书面形式承诺以长江学者待遇引进我。这样我就不用等到长江学者申报成功才加盟浙大。同时,贺老师在我的长江学者申报过程中给予了大力支持和帮助。从这件事中,我看到的是贺老师作为一位领导者的担当以及对年轻人的爱护,令人由衷敬佩。

  加盟浙大物理系以后,同贺老师有了更多的接触和交流。贺老师虽然不能全年在杭州,但是由于心系浙大物理系的发展,时常过来指导工作和看望大家,关注每一位物理系尤其是近代物理中心成员的发展状况。众所周知,由于各学校,包括浙江大学,主要着眼于引进高端人才,每一个引进人才最后基本上都成为一个独立的 PI(principal investigator),而中级和以下的未来人才的引进比较困难,这样使得科研团队和梯队建设变得相对滞后。另一方面,我们的生源和研究生整体水平难以同欧美的优秀学校竞争,因此我们的科研在国际竞争中难免处于劣势。针对国内这种科研现状,结合自己多年来的科研经验以及对国际上重大科研突破的观察,贺老师明确提出和倡议,我们应该积极组建大的科学团队,这样会更有利于做出大的工作,取得重大成果。个人认为这是充满智慧、高屋建瓴的全局观点,具有重要的指导意义。虽然有困难,我们也应该坚定不移地向着这个方向努力。

  贺老师是参与"两弹一星"研究的杰出科学家。应广大师生要求,贺老师曾在紫金港校区给全校师生做了非常精彩的科学生涯报告。尤其是早年参加核科学的研究经历,是如此激动人心,以至于 90 分钟(原定一个小时)报告结束后同学们还想再听更多,不想散去。贺老师给同学们展示的老一辈科学家在艰苦的环境下吃苦耐劳、为国为民的奉献精神,给同学们很强的激励和鼓舞。相信听过的同学们都受益匪浅。

  贺老师做事能持之以恒,令人感佩。这可以从一件生活中的小事看出来。贺老师有每天早晨快走锻炼身体的良好习惯,几十年如一日,从不间断。说是小事,但能几十年重复一件小事,就变成我们很多人都做不到的大事了。愿我们能以贺老师为榜样,无论是生活还是工作,都能持之以恒地做小事,做于国于民有益的正确的事。

---

* 作者:陈启瑾(浙江大学物理学系教授)。2017 年 4 月 25 日写于芝加哥。

贺老师关心浙江近代物理中心的成长[*]

    1998年在四校合并之后,新的浙江大学重新成立了理学院,包括物理学系在内的浙江大学理学学科开始了一段新的历史发展阶段。浙大物理学系最初成立于1928年,1952年因全国院系调整停办,到1957年又开始恢复招生。贺贤土老师就是恢复招生的第一届(1962届)物理学系毕业的优秀学生。1999年,贺老师又在关键时刻回到母校受聘担任了浙江大学理学院院长。上任以后,贺老师为浙江大学的理学学科发展做出了巨大的贡献,特别在理学学科的队伍建设和人才引进方面呕心沥血,竭尽全力。作为一名物理学系的教授,我有幸参与了一些相关事件的发展过程,协助贺老师做一些事务性的具体工作。在此过程中,亲眼见证了贺老师在许多事上亲力亲为、雷厉风行的办事风格。

    2001年,浙江近代物理中心(ZIMP)迎来成立十周年的大庆日,想筹办一个有影响力的研讨会来纪念十年的成长,在新的十年中能够更快地发展壮大。贺老师作为兼任的ZIMP副主任,十分关心理论物理学科的成长与发展,非常理解和支持我们办研讨会议来纪念中心成立十周年的想法。为此,他亲自帮助邀请了十余位数理学部的院士来参加研讨会议,与他们一起听取中心教授们的研究成果汇报,加深对中心各个学科研究方向发展现状的印象。自从这次研

浙江近代物理中心成立十周年暨学术研讨会合影

* 作者:应和平(浙江大学物理学系教授)。写于2017年5月21日。

讨会成功举办之后,ZIMP 的学科发展进入了新的阶段,特别是人才队伍建设在新的十年里快速而高效地开展起来,在多个研究方向上都引进了新的力量。

然后,贺老师作为理学院院长,就以浙江近代物理中心的发展现状为切入点,对整个理学院当时的科研管理体制与运作方式开展了深入调研,提出一种改革科研管理的模式。并立即在 ZIMP 率先进行了试点。通过半年多来的实践,取得了良好的效果。并在试点的基础上,新学期刚开学又召集数学系、物理系、化学系学术骨干进行座谈。该科研管理思路得到了广大教授们的支持。

具体做法是改变研究所(研究中心)当时存在表面上集中,实际上分散"经营"的现状。组成有优势的学科作为重点研究方向的研究小组,由学科带头人负责和组织。而学科带头人由在国际上有较高学术评价的公认的有水平的教授担任,学院则重点支持这些研究小组。不愿入组研究人员可自由选题,一旦有新的重要突破和进展,也可变为重点方向与成立研究组。例如,对于 ZIMP,根据当时的优势学科研究方向的现状分布与发展情况,设立了强关联系统、临界动力学和粒子物理三个重点研究方向,分别由教育部长江学者奖励计划特聘教授李有泉教授、郑波教授和罗民兴教授担任学科负责人。总体思路是淡化研究所(中心)的科研管理职能,重点支持有优势的学科,突出以学科带头人为主的研究小组的作用。要创造条件培养和引进长江学者、杰出青年和院士等优秀人才。当时,我作为物理中心的学术秘书,参与了在研究所(中心)设立由重点研究方向学科负责人领衔的教授委员会管理制度,帮助学科负责人协调学科建设及发展,承担管理日常行政事务的具体工作。

该举措的宗旨是更迅速地促进学科发展,有助于人才培养,形成一支团结的、高水平的研究队伍。在贺老师的直接关心领导下,浙江大学理论物理学科的研究队伍明显地扩展壮大起来,为学科进一步发展打下了坚固的基础。至今,ZIMP 已经发展成为由多位院士、杰出青年、长江学者等二十余位教师组成的多层次人才的理论物理领域的研究中心,他们在量子场论与粒子物理及核物理、凝聚态理论及冷原子物理、统计物理与复杂系统及非线性物理,量子信息与量子计算等多个相关研究方向开展科学研究。ZIMP 已经成为我国理论物理研究领域,特别是华东及长江流域地区的重要研究中心之一。

另外,贺老师对其他相关学科发展的重要工作也都是一抓到底。如理学院要购买一台 Origin 2000 大型计算机,从调研、论证、谈判到签约,贺老师全程参与了立项过程,特别是在比较不同品牌大型计算机的性能时,他建议学院派科研人员分别到北京、南京、上海等地上机反复比较,然后写出书面报告,供学校决策时用。当时,我与谭明秋教授还一起到北京大学的欧阳颀院士的实验室参观调研,而这次调研的前期联系工作都是贺老师帮助我们办好的。理学院其他同事们,包括 ZIMP 的一些同行,也参与了该计算机的立项工作,并利用该研究资源做出了相应的研究成果。

从上述的这些事项中,我们可以看到贺老师作为浙江大学理学院院长兼浙江近代物理中心的副主任,为浙大理论物理学科的重铸辉煌做出了不可替代的贡献!

抓关键、促发展[*]

自上世纪末以来,从媒体到院校、从官方到民间,人们一遍一遍地谈论着世界一流大学的美好愿景,一轮一轮地争论着世界一流大学的建造途径。然而,贺老师并没有在桌子边上泛泛论之,而是从一件件关键实事具体抓起。

贺老师最费心思的当属人才引进和队伍建设。上世纪末教育部开始实施"长江学者奖励计划特聘教授"评聘制度。在前三批次的申报中,浙江大学的物理学科不在设点目录中,也就没有资格申报。贺老师多次与教育部领导及有关部门沟通、争取,开启了没有设点也可以申报的先河:竞争力强的人选可直接申报,如获批长江学者,物理学科则同时被列入长江学者学科点目录。显然,这对浙江大学物理学科的发展十分重要。这样,物理学科有两位教师获得了第四批长江学者,并被列入长江学者学科点。此后,物理学科相继增加了多名长江学者。目前物理学科的长江学者及杰出青年基金获得者人数在全校的学科中是排名很靠前的。大家知道,2008年国家推出了另一项人才引进措施——"千人计划",在经贺老师不惜余力地争取后,国家人事部放宽了千人计划候选人的年龄上限,物理学科于是在第二批评审后获得二名千人计划学者。浙大物理学系在2008年一举获得两个教育部的重点学科之前,能从常规渠道下达的经费非常有限。贺老师为新引进人才一个一个地筹措经费,有一次为满足一实验启动经费的需求,向校长"预借"了一笔实验设备费。

贺老师对人才和学科建设方面的好建议很重视,并雷厉风行地推动落实。例如,对发展量子计算实验研究的建议非常重视,为了让该方向的引进人才能顺利通过学校人才引进的快捷途径——"绿色通道",他从北京专门赶来杭州在理学部的评审会上做说明。贺老师除了不拘一格揽人才外,对有利于学科发展的建议也是大力支持。例如,我们搞理论的于2001年下半年自发组织了七次学术活动(Colloquia)。第二年,我们向贺老师汇报并向学院提交了《物理学术前沿定期讲座(Physics Colloquium)项目可行性报告》。报告概要是外请演讲人的三年预算,提出申请该预算的一半经费(主请人的经费承担另一半费用),建议所批经费委托浙江大学近代物理中心的学术秘书保管,专款用于邀请有关专家来为全系做Colloquium演讲。贺老师很快从理学院的经费中给予支持。从此,以星期五下午固定时段为主的物理系Colloquium就一直坚持到了今天,每年约有50人次的报告,业已形成一个传统。毫无疑问,当时贺老师的肯定和支持是非常重要的。

---

* 作者:李有泉(浙江大学物理学系教授)。写于2017年4月17日。

平凡中的伟大[*]

贺贤土院士身上有无数闪亮的标签,"两弹一星"功臣、863 项目首席科学家、著名理论物理学家等,是当之无愧的当代著名学者。但现在我回忆的不是屡攀科学高峰的科学家贺贤土,而是在教育事业上兢兢业业的浙江大学前理学院院长贺贤土。

2000 年春,我访问中国科学院理论物理研究所期间,应浙江大学应和平老师的邀请访问物理系,第一次见到了时任理学院院长的贺老。那时,国家刚开始大幅增加教育科研方面的投入,长江学者特聘教授计划也仅仅评聘了三批,实际上高校在人才引进上还没有太大动作,所以我其实还没有回国发展的计划。但在与贺老的短暂交流中,贺老表示浙江大学物理学系将特设理论物理长江学者特聘教授席位,并热情地邀请我申请。我被贺老求贤若渴的诚恳和高尚的人格魅力深深打动,从此与浙大结缘。

一、求贤若渴的实干家

九十年代中末期,随着一批骨干教师的退休,物理学系的学科发展进入了一个相对困难的时期,学术环境和薪酬待遇等都亟待改善。临危受命的贺老从人才着手,坚持人才引进和内部培育两条腿走路,为人才队伍建设呕心沥血。贺老有一双"慧眼",看人才的眼光独到,对有潜力有培养前途的教师都不遗余力的给予支持。当时一位教授本已应聘其他学校任职,在贺老的极力挽留下继续留在物理系工作,后来不仅评上了长江特聘教授,还获得了国家自然科学重要奖项。贺老有一张"巧嘴",对每位老师的成果倒背如流、如数家珍,在贺老不遗余力的支持和推荐下,短短几年,物理学系就涌现出六位长江教授,其中四位还获得国家杰出青年基金。

正是贺老在人才工作上的先行一步,重新唤起了国内物理学界对浙江大学物理学系的关注,并在 2007 年国家重点学科评选发挥了重大的作用。浙江大学物理学科成为全国唯一一个两个二级学科同时被评为重点学科的学校,这也奠定了浙江大学物理学系在校内校外目前的地位。此后,由于理论物理和凝聚态物理两个重点学科的支撑,物理学系有了更好的发展基础,得到了学校和国家 211、985 计划的支持,从而陆续又引进了一批高端人才和年轻有为的教授。

---

* 作者:郑波(浙江大学物理学系教授)。写于 2017 年 5 月 1 日,马玉婷老师协助材料整理和文字撰写。

二、高瞻远瞩的设计师

2007 年以前,物理学系基本上处于经费不足的窘境,贺老敏锐地决定先集中精力发展理论物理,大力引进理论物理人才,这一方针在 2007 年重点学科的申报中发挥了重要的作用。同时,为推进受制于经费不足的实验物理学科的发展,贺老充分借用自身的影响力向学校申请经费,"发明"了向学校预借经费的方法,及时地支持了数位实验人才的引进和实验室的建设,抓住了学科发展的关键时期。除此之外,贺老还创新性地建议和推行了特聘研究员制度,可以说是目前浙江大学实施的百人计划的前身。

2006 年,在贺老的领导和直接规划下,浙江大学聚变理论与模拟中心成立,目前已初步形成一支以两位国家千人计划学者、一位求是特聘教授、两位青年千人计划学者为核心的等离子体物理研究和人才培养队伍,拥有的计算机集群计算能力在国内高校中名列前茅。经过几年的发展,浙江大学聚变理论与模拟中心以成为国内少数核聚变研究的核心基地,在响应国家新能源建设方面做出了不平凡的贡献。

最近几年,国内外凝聚态物理方向取得若干重要突破,浙江大学物理学系也做出了突出的贡献。同时,贺老积极倡导引进重费米子国际权威专家 Steglich 教授,并大力支持建立高水平研究中心,近年来关联物质中心取得了突出的研究成果。贺老大力支持引进的年轻教师王浩华,经过几年的潜心研究,在超导量子计算方面拥有独到研究心得,取得国际领先的标志性研究成果。

三、求是精神的守望者

贺老师极具责任心,担任理学院院长时期,日理万机,全心全意投入。提倡实事求是的工作作风,鼓励踏踏实实做事做人。心胸开阔,知人善用,善于发现每个人的优点和长处。情商极高,擅长与人打交道,与不同层次的人都能真诚相待,良好互动。做事的思路清晰,凡事抓要点,不计较枝节问题。

2009 年,理学院转制为理学部,下设的五个系升级为院级系,贺老支持我担任物理学系主任,而在这之前物理学系已经几年没有系主任了,这是一种极大的信任也是挑战。此时贺老已经卸任理学院院长,但仍一如既往的关心物理学系的发展,在物理学系的重大事项如学科建设和发展、人才引进和培育培上给予了大力的支持。特别是在贺老的推动下,物理学系成功引进凝聚态理论权威专家张富春教授和量子光学专家朱诗尧院士。这两位资深教授的加盟,为物理系凝聚态物理和光学物理的学科发展做出了重大的贡献,例如,推动 2011 计划、科技部量子调控重大专项、量子信息和量子计算交叉学科研究中心等。

贺贤土院士与浙江大学理论物理学科的传承和发展[*]

　　浙江大学物理系有着辉煌的传统。四十年代,王淦昌先生、束星北先生等老一辈学者培养了诺贝尔奖得主李政道、"两弹一星"元勋程开甲等一大批杰出人才。1952 年院系调整之后,浙江大学变成了一所纯工科大学,物理学系师生被分配到中国科学院和多所著名高校工作。然而,理学是工科的基础,缺乏好的理科会直接制约工程学科的发展。1957 年上半年,在王谟显教授和李文铸教授等有识之士的建议下,浙江大学决定重建物理学系,进而成为一所理工科大学。在八九十年代,浙江大学扎实的理学基础为新兴学科如光电信息和新材料研究等的发展起到了重要的作用。也正是在 1957 年秋,贺贤土老师成为复建的浙江大学物理学系的首届大学生。一个甲子以来,贺贤土院士与浙大物理系的发展产生了长期密不可分的联系。

　　1962 年 9 月,贺贤土老师本科毕业后,先被分配留校任理论物理专业助教。当年 11 月,时任物理系系主任的李文铸教授告诉他,组织上要调动他去北京一个十分重要的单位工作,并勉励他到新单位后,要为浙大物理系增光。贺贤土到了北京以后才发现是二机部九所,此时中央已抽调王淦昌、彭桓武等老一辈著名物理学家来到该研究所。王淦昌先生是李文铸教授的老师,他见到贺贤土是从浙大来的就特别亲切。此后数十年,贺贤土老师一直工作在王淦昌先生和彭桓武先生身边,作为一线研究人员,他参与了我国的原子弹、氢弹以及地下核试验的各项任务,后来又在我国中子弹的研制中起了关键作用。八十年代起,贺贤土院士作为首席科学家主持了我国的惯性约束核聚变。在为国防事业做出重要贡献的同时,他在等离子体物理基础科学研究的相关领域中取得了一系列重要成果。

　　虽然离开了母校,但贺贤土院士仍然时刻关注母校的点点滴滴,一直保持着与浙大物理系的紧密联系。1984 年,浙大理论物理学科董绍静老师成为浙江省第一位理学博士。他曾回忆道,李文铸教授带领他加入了 1974 年才出现的格点规范场论的研究队伍,正是通过王淦昌先生和贺贤土老师的介绍才争取到了使用当时中国最大的超级计算机的机会,帮助了他及张剑波、应和平等顺利开展了 QCD 的非微扰蒙特卡罗模拟研究。此项研究后被光明日报评为我国第一台超级计算机的重大应用成果之一。

　　1998 年,四所同宗同源的高校合并组建新的浙江大学,也重新成立了浙江大学的理学院,包括物理学系在内的浙江大学理学学科开始了一段新的历史发展阶段。值此之际,贺贤土院

　　* 作者:罗民兴(浙江大学物理学系教授)。写于 2017 年 5 月 21 日。

士在潘云鹤校长的邀请下，回到母校受聘担任浙江大学理学院院长，开始了他新的一段浙大历程。十余年来，贺贤土院士为浙江大学理学学科的重铸辉煌，特别在理学学科的队伍建设和人才引进方面，做了许多具体工作。

浙江大学理论物理学科于1981年成为教育部首批博士点学科，创始初期主要以量子场论和粒子物理为主，包含统计物理和计算物理，是国内理论物理一个重要的学科点。1991年5月，浙大物理系校友、诺贝尔奖获得者李政道教授建议成立浙江近代物理中心并亲自出任主任，同年在中心设立了理论物理博士后流动站。1998年贺贤土院士出任浙江近代物理中心副主任，1999年本学科点被浙江省政府批准为浙江省重点学科。

2000年5月，浙江近代物理中心迎来了成立十周年的大日子。贺贤土院士亲自帮助邀请了国内十余位数理学部的院士来参加研讨会议，并听取中心教授们的研究成果汇报，了解中心各个学科研究方向的进展。会后，贺贤土院士根据当时的优势学科研究方向的现状分布与发展情况，建议中心设立强关联系统、临界动力学模拟和高能粒子物理三个重点研究方向。

在贺贤土院士的直接关心和指导下，浙江大学的理论物理学科发展进入了新的历史阶段，新的一代理论物理学科队伍也成长和发展起来，特别在多个研究方向上都引进了新的力量，在一些理论物理新的生长点和交叉学科等方面得到了开拓和发展。培养了包括院士、国家杰出青年、长江学者在内的多位高端人才，并且在2007年成为国家重点学科。目前，该学科在量子场论与粒子唯象学、统计物理与复杂系统、量子信息与量子计算、光子原子系统的关联特性和聚变理论与模拟等研究方向取得了具有国际影响的成果，形成了一支活跃在物理学前沿的学术团队。

贺贤土院士为浙江大学的理论物理学科在新时期的发展壮大付出了巨大心血，为学科的发展起到了承前启后的关键作用。浙江大学的理论物理学科也在贺贤土院士的亲自关心和带领下，踏上了一条稳步前进的道路，为继续发展打下了扎实的基础。

编辑说明

　　本书是贺贤土院士学术论文以外所发表的文章、讲话报告、媒体采访他的各类报道以及同事与后辈的回忆文章等的汇集,从多个侧面反映了贺院士的成长历程、人生轨迹和学术成就,可作为相关学科领域重要的参考资料。因部分文章在不同刊物上发表,因此文章的风格和格式有所不同。为此,我们既注意保持文章的历史原貌,又兼顾全书格式上大体一致,对原文的语句表述等,一般保持不变,仅对少许字句、计量单位、名词术语等做了统一和订正,对原文中贺院士的个人介绍做了删减。编辑过程中难免有疏漏和瑕疵,恳请读者原谅并予以指正。

2017 年 11 月

图书在版编目（CIP）数据

科学家的情怀：贺贤土院士访谈文集/张剑波等编
.—杭州：浙江大学出版社，2017.12
ISBN 978-7-308-17884-6

Ⅰ.①科… Ⅱ.①张… Ⅲ.①贺贤土—访问记 Ⅳ.
①K826.11

中国版本图书馆 CIP 数据核字（2018）第 007726 号

科学家的情怀——贺贤土院士访谈文集

张剑波　马玉婷　应和平　盛正卯　编

策　　划	许佳颖
责任编辑	金佩雯
责任校对	杨利军　吴水燕
封面设计	程　晨
出版发行	浙江大学出版社
	（杭州市天目山路 148 号　邮政编码 310007）
	（网址：http://www.zjupress.com）
排　　版	杭州林智广告有限公司
印　　刷	浙江海虹彩色印务有限公司
开　　本	889mm×1194mm　1/16
印　　张	21.5
字　　数	482 千
版 印 次	2017 年 12 月第 1 版　2017 年 12 月第 1 次印刷
书　　号	ISBN 978-7-308-17884-6
定　　价	168.00 元